"企业·市场·政府"论丛

公司治理
——现代企业制度新论
（第三版）

张银杰　著

上海财经大学出版社

图书在版编目(CIP)数据

公司治理:现代企业制度新论/张银杰著. —3版. —上海:上海财经大学出版社,2017.6
("企业·市场·政府"论丛)
ISBN 978-7-5642-2739-5/F·2739

Ⅰ.①公… Ⅱ.①张… Ⅲ.①企业管理制度-研究-中国 Ⅳ.①F279.246

中国版本图书馆CIP数据核字(2017)第117316号

□ 责任编辑　何苏湘
□ 封面设计　张克瑶

GONGSI ZHILI
公司治理
——现代企业制度新论
(第三版)

张银杰　著

上海财经大学出版社出版发行
(上海市中山北一路369号　邮编200083)
网　　址:http://www.sufep.com
电子邮箱:webmaster@sufep.com
全国新华书店经销
江苏省句容市排印厂印刷装订
2017年6月第3版　2022年6月第2次印刷

787mm×1092mm　1/16　21.75印张　379千字
印数:17 001—17 500　定价:49.00元

前　言

《公司治理》这本书第三版就要同读者见面了,我很高兴,说明读者对我这本书有需求,这是对作者最高的奖赏。目前公司治理在我国受到了空前重视和关注,一个原因是现代企业制度发展到今天,大多数企业已经具有了一定规模,治理问题成为当务之急;另一个原因是随着国有企业体制改革的推进,许多国有企业都变成了混合所有制企业,混合所有制企业要搞好核心问题是要按公司法和证券法行事,要实现"三会四权"制衡。具体来说要实现三个"化":去行政化,公司治理要严格按照公司化进行运作,形成以资本为纽带的督导体系;法治化,所有股东要按照签订的契约,实现契约主体的公平,不存在没有法律依据的特殊股东;市场化,由掌控国有企业变成掌控国有资本,以管资本为主加强国有资本监管,市值管理是资本管理的重要实现形式。

公司治理是要与时俱进的,随着经济的发展,公司治理的理念也在改变和调整:一是事业合伙人制度正在逐步取代职业经理人制度。如果一个经理人的收入以年薪奖金为主就是职业经理人,如果一个经理人的收入以股息红利为主就是合伙人。万科的董事长王石2017年的年薪奖金近1 000万元,股息红利收入有500万元,他的年薪奖金收入超过了他的股息红利,证明王石是个地地道道的经理人。经理人只负盈不负亏,事业合伙人既负盈又负亏。职业经理人不愿意投一些投资大、建设周期长、见效慢的项目,因他会想到这些项目产生效益时他可能早已经不在经理人岗位上了,并不能分享这些项目带来的利益。而往往这些投资大、建设周期长、见效慢的项目对公司长远发展至关重要。而由于事业合伙人作为股东,并且以股息和红利收入为主,他利益与公司长远发展有很高的关联度,他就会把长期利益与短期利益兼顾起来,即使有些项目投资大、建设周期长、见效慢,出于对公司未来发展的利益考虑也会愿意积极地投入。

二是好的公司都是铁打的管理团队流水的股东,而频繁更换经理人的公司一般都是二流或三流公司。通用电气之所以是一个在世界500强榜单上超过130多年的公司,就是因为它始终都有稳定的管理团队,130多年通用电气换了10个CEO,杰克·韦尔奇在通用电气当了20多年CEO,一直到70多岁辞职为止。张瑞敏在青岛海尔当厂长和CEO超过了30多年,王石在万科也做了30多年了,所以海尔和万科都成了本行业的佼佼者。公司频繁更换经理人就会使经理人战战兢兢,没有安全感,失去长期发展公司的积极性,而且不利于公司持续发展。

三是善意收购成功的案例中有许多都是差公司收购好公司的,而恶意收购成功的案例中很少有差公司收购好公司的。善意收购原有的管理团队可以留在公司,并帮助收购者把公司搞好。恶意收购者通常会同原有股东和管理层发生冲突,从而使原有管理团队或主动或被动地离开公司,使公司在整合过程中出现问题,最后两败俱伤。从地产板块来说,万科是好公司,宝能相对万科就是差公司,所以宝能即使收购万科成功了,万科原有的管理团队离开了万科,万科也很难有好的结果,因为宝能如有能力把万科搞好了,早就把自己的地产板块做好了。

四是一流的公司都不是把股东利益放在第一位,而是强调顾客和员工的利益,而是把公司利益相关者(股东、经理、顾客、员工、债权人、供应商等)利益均衡好的公司。阿里巴巴的"顾客利益第一,员工利益第二,股东利益第三"和任正非的"笑脸给客户,屁股给老板"都反映了股东或老板的与时俱进的理念。西方许多国家在修改公司章程时,股东主动提出把顾客和员工利益放在股东利益之前有利于公司的长期稳定发展,这是因为他们在实践中悟出了一个道理,把股东利益放在第一位,为股东多赚钱,可能产品偷工减料伤害了顾客利益,导致顾客流失;把股东利益放在第一位,为股东多赚钱可能减少员工的工资和奖金,伤害了员工利益,导致员工频繁跳槽,使公司职工队伍不稳定,结果股东的利益不仅没有得到保障,反而丧失了。相反,股东把顾客和员工利益服务好,对股东的利益不仅没有伤害,反而对股东利益有加分。所以世界一流的公司往往不是把股东利益放在最前面的公司,而是把顾客和员工利益放在最前的公司,是把所有的利益相关者利益兼顾好的公司。

多年来,本人一直在多所高校的EMBA项目、总裁班和企业内部培训中讲授公司治理,也帮助许多上市公司设计公司治理方案,并且在上市公司担任独立董事,把近年来积累的经验教训和感悟都写在第三版的书里了。希望大家读完能有所收获,也希望大家批评指正。

张银杰

2017年5月于上海

目 录

前言 ……1

第一章 公司治理与管理中的经济学分析 ……1
第一节 经济学与管理学的联系与区别 ……2
一、经济学与管理学的联系 ……2
二、经济学与管理学的区别 ……3
第二节 公司治理与管理中的经济学分析 ……7
一、经济学分析问题的方法 ……7
二、经济学分析方法的特点 ……10
第三节 经济学的几个重要观点 ……27
一、没有最优,只有次优,要选择次优中的最优 ……27
二、经济学中充满悖论 ……28
三、制度和政策的边际效用是递减的 ……37

第二章 现代企业制度与国有经济改革战略 ……39
第一节 企业与现代企业制度 ……39
一、企业与企业的基本特征 ……39
二、企业及现代企业制度的基本形式 ……42
三、现代企业制度中的出资者——股东——和公司法人的权、责、利 ……60
四、现代企业制度的基本特征 ……62
五、建立现代企业制度、转换企业经营机制是国有企业改革的方向 ……86
第二节 国有企业分类改革和战略性调整 ……91
一、公共物品行业的国有企业继续实行国有国营的模式或通过

　　　　许可证招标形式交给私人经营 ……91
　　二、自然垄断行业的国有企业要实行国有控股模式 ……94
　　三、竞争性行业的大型国有企业要建立不要求国家一定控股，
　　　　一般来说是国家参股的产权主体多元化的现代企业制度 ……96

第三章　产权及有效率的产权制度 ……105
第一节　产权及产权的提出 ……105
　　一、产权与所有权的关系及产权的作用 ……105
　　二、产权理论产生的原因及我国产权问题的提出 ……108
第二节　有效的产权制度的主要内容 ……114
　　一、有效的产权制度，产权必须清晰 ……114
　　二、有效的产权制度，产权（股权）结构必须合理化 ……115
　　三、有效的产权制度，产权必须有效保护 ……133
　　四、有效的产权制度，产权流通必须顺畅 ……135

第四章　企业中的委托代理关系及代理问题 ……140
第一节　企业中的委托代理关系 ……140
　　一、企业中的委托代理关系概述 ……140
　　二、企业中委托代理关系产生的原因及委托代理关系的选择 ……142
第二节　企业中经济学意义上的代理（成本）问题 ……145
　　一、什么是经济学意义上的代理（成本）问题 ……145
　　二、经济学意义上的代理（成本）问题产生的原因 ……146
第三节　企业中管理学意义上的代理（成本）问题 ……149
　　一、什么是管理学意义上的代理（成本）问题 ……149
　　二、管理学意义上的代理（成本）问题产生的原因 ……150

第五章　公司治理 ……158
第一节　公司治理的分类 ……158
　　一、内部治理和外部治理 ……160
　　二、单边治理和共同治理 ……209
　　三、相机治理 ……239
第二节　公司治理的实质及功能和作用 ……246

一、公司治理的实质和作用 ……246
　　二、公司治理的主客体及公司治理的手段和准则 ……255
　　三、公司治理结构和治理机制的变化趋势 ……257

第六章　公司治理中的激励机制和约束机制 ……262
第一节　公司治理中的激励机制 ……262
　　一、激励与激励机制 ……262
　　二、建立有效的激励机制的两个环节 ……265
第二节　公司治理中的约束机制 ……295
　　一、约束机制及其内容 ……295
　　二、如何建立有效的约束机制 ……299
第三节　激励机制与约束机制的关系 ……300
　　一、激励机制与约束机制的统一 ……300
　　二、激励机制与约束机制的矛盾和对立 ……301

第七章　国有资产管理体系改革 ……305
第一节　国有资产管理体系改革的必要性 ……305
　　一、我国国有企业不仅有代理人问题，还有委托人问题 ……305
　　二、我国国有资产管理体制改革的过程及其变化 ……311
第二节　国有资产三层次经营管理框架中的四层次授权经营关系 ……321
　　一、国有资产的第一层次授权经营或委托代理关系 ……321
　　二、国有资产的第二层次授权经营或委托代理关系 ……325
　　三、国有资产的第三层次授权经营或委托代理关系 ……326
第三节　国有资本预算体系 ……328
　　一、国有资本与国有资产的区别及国有资本的性质 ……329
　　二、国有资本预算体系的建立及其内容 ……330
　　三、国有企业向国资委的分红 ……333

参考文献 ……336

第一章

公司治理与管理中的经济学分析

经济学是研究人的行为的科学。我们常说,经济学是研究资源配置的科学,实际上,资源是通过人的行为来配置的。研究资源配置就必须研究人的行为。

经济学能够用来解释现实中的经济现象和经济行为;经济学能够对在给定的现实经济环境、经济人行为方式及制度安排下所可能导致的结果做出科学的预测和推断,并指导解决现实经济问题;经济学让人们明确:面对的问题是什么,怎样选择最好。也就是说,经济学研究怎样用最好的办法做一件事;经济学的许多理论研究上的不可能性结果可以用来避免实施许多现实中不可行的目标和项目。经济学作为经济理论,是从经济现象出发,通过对经济现象进行归纳总结,得到一定的经济规律,通过不断向上伸展,以接近甚至达到绝对真理那一点,力图对于更多的现实经济现象做出解释和预测。如果一个经济学结论在理论上不能成立,只要理论的前提假设条件符合现实,这个结果在现实中也一定不可能成立。学习经济学有利于搞好个人决策;有利于了解周围的世界;有利于判断政府政策的优劣;有利于建立独特的思维。

我们学习经济学不仅仅是了解它的基本原理,更重要的是学习用经济学思考问题、提出问题和解决问题的方法,学会用经济学的逻辑想问题,培养经济学的直觉。经济学思维对企业的运作非常有用。宏观经济学可以帮助我们理解企业运行的环境。微观经济学可以帮助我们理解企业是如何相互竞争的以及什么是最优对策。金融经济学帮助我们解决公司的财务与投资问题。经济学思维本身对于商务决策是非常有用的。

公司治理和管理,是从公司对管理者的要求出发,以企业整体长远发展的系统要求为目的,提出问题和解决问题。这不仅涉及公司治理原则中惯用的财务制度、法律和金融条例和规则,而且在内容上涉及公司的战略规划、市场地位、创新能力、生产力、管理水平等问题;涉及公司领导者的指导思想、思维方式、逻辑视野和战略意识等问题。公司治理和管理必须同公司战略和公司的政策措施构成一个整体,成为企业领导正确决策的基础。在这一章,我们主要分析如何用经济学方法分析公司治理与管理中的经济学问题。

第一节 经济学与管理学的联系与区别

广义的经济学由三部分构成:理论经济学、应用经济学和管理学。狭义的经济学不包括管理学。这一节中我们分析狭义的经济学与管理学的联系与区别。

一、经济学与管理学的联系

经济学是在18世纪70年代形成的,管理学是在20世纪初期产生的,经济学的历史要比管理学的历史长得多。管理学的发展历程经历了从经验和常识到一门职业教育学科和研究性学科,再到科学的转变。管理学既是以实践为基础的技艺,是对常识的一种精炼。同时管理学也是一门研究性和学术性的科学。管理学的发展,从1911年泰罗出版《科学管理原理》算来,已走过了100多年。自从泰罗开创了管理学以来,迄今为止整个管理学的百年发展史可以分为四个阶段:(1)以泰罗的"科学管理理论"为代表的科学管理阶段;(2)人际关系与行为科学理论阶段;(3)管理理论的百花齐放即"管理丛林"阶段;(4)以企业文化理论、学习型组织理论等为标志的"软管理阶段"。这四个阶段的划分虽可商榷,但基本反映了百年管理学从"以物为本"到"以人为本"的基本路径。管理的对象既包括了人,也包括了物。由于对个体的人的问题我们必然要依赖于心理学,对于群体人的问题我们又要诉诸社会学、社会心理学、甚至政治学等相关的知识;而对于"物"的问题有可能应用物理、机械、计算机等自然科学的知识。跨学科研究是管理学科的固有属性。

近百年来管理学大师级的人物全在西方,形成了全世界公认的各种学派。综合各种观点,每一学派都丰富和深化了对管理的认识,但每一派都研究了管理的部分问题。管理是人类的一种实践活动,它涉及时间、空间、环境、人、组织、目标等多维变量。管理方法随着时间、空间、环境、人、组织、目标的变化而变化。所以,对"管理"下定义必须能够全面概括管理概念的内涵和外延以及管理要素的变化。管理概念的一般表述应包括以下内容:一是特定组织变量,它可以是政府、企业、学校、军队、政党。组织性质和目标不同,管理的过程和方法也不同。

二是特定环境变量,它包括特定时间、空间,特定环境要素(如社会人文环境、政治环境、经济环境、市场环境等),环境不同管理方式方法也不同。三是特定人变量,人的能力、素质不同管理方式方法也不同。四是特定目标变量,目标不同管理的手段也不同。五是特定管理者变量,管理者不同管理的方法也不同。

管理学是在吸收经济学和其他学科的营养的基础上建立的。管理学知识最为重要的理论来源是经济学。经济学为充分理解现实管理中的问题和管理行为提供标尺,为衡量管理的效果和效率提供度量标准,以及为最优管理决策提供基本的分析结构。同时,经济学从现实的管理实践中获得经验和发展。

很多具体的管理科学是在经济学发展到一定阶段,从经济学中分化出来的具体学问。比照管理学操作导向和具体学科,经济学具有相当的基础性和指导性。经济学,特别是理论经济学是管理学的专业基础课。

二、经济学与管理学的区别

经济学与管理学相比,有许多区别,概括起来,主要有以下几点:

第一,经济学和管理学研究的目标和任务不同。

经济学主要研究的是什么是理想的制度和为什么是理想的制度;管理学则更多地研究怎样实现理想的制度,管理学一般要考虑五个方面的问题:一是技术上和操作上是否可行;二是经济上是否合理;三是法律上是否允许;四是进度上是否可实现;五是政治上是否能为各方所接受。

第二,经济学与管理学研究的内容不同。

经济学和管理学都研究资源的配置和利用问题,不同的是,经济学主要从经济利益的角度来分析社会资源的利用和配置问题;管理学主要从组织激励的角度来分析组织资源的配置和利用问题。经济学研究人的经济行为,管理学研究人的组织行为。

第三,经济学与管理学的假设不同,尤其是对人的假设不同。

经济学对人的假设是,人是同质的,人都是"经济人";管理学对人的假设是,人是异质的,人都是社会人和现实人,社会人和现实人是兼有"经济人"和"道德人"双重属性的人,管理学承认每个人因文化背景、家庭条件、工作经历等方面的不同而具有较大的差异。

有人责难"经济人"假设把人抽象为唯利是图的人,无视人性善、正义等倾向,张扬了人性中最低级的本能。实际上,经济学并不否认大公无私的人存在,也并不提倡人自私自利。只是经济学是研究制定制度的,在制定制度时,按照经济人去制定更有利,因为只有按自利的"经济人"制定制度,制度才能严谨缜密,不给一些人钻制度空子以获取个人利益。

除了对人的假设不同外,经济学与管理学的假设还有许多不同,从而形成两门不同的学科。经济学的假设条件还有:资源是稀缺的;人是"有限理性"的(早期的经济学假设人是"完全理性");"信息不完全和非对称"(早期的经济学假设是"完全信息");"不完全竞争"(早期的经济学假设是"完全竞争")等。

管理学的基本假设条件还有:企业都有各自十分清晰的边界;产业之间有着截然不同的特性;某种产品或服务的用途是特定的,因而可以预测未来的市场;与某个产业相关的技术是特定的。

第四,经济学与管理学对人与人之间的关系界定不同。

作为经济学研究领域中的人是独立的不依附任何组织的行为主体,即平等的、自由的、自愿市场交易主体;作为管理学研究领域中的人则是依附于组织而存在的不平等行为主体。管理学讲民主决策,集中管理。在决策时要大家充分讨论,发表意见,而一旦决策后,所有人都必须很好地执行。社会大生产需要统一的指挥,在管理系统的金字塔框架中,处于低层人员必须服从处于高层人员的领导和指挥。

第五,经济学与管理学的分析逻辑有差异。

在分析逻辑上,经济学倾向于演绎推理,即从高度抽象到具体实事、现象的推理;管理学更倾向于归纳推理,即从具体到抽象的积累和总结过程。

第六,经济学与管理学的分析工具不同。

经济学有自己十分独特的分析工具,如成本收益比较分析、机会成本分析、外部性内在化分析、边际分析或均衡分析;管理学可以说没有独特的分析工具,更多地依靠对不同学科研究方法和分析工具的移植和综合,如运用经济学、数学、运筹学、工程技术、心理学、社会学、系统工程、控制论、信息论和案例分析等多种学科的方法和研究成果,对管理活动进行描述和定性或定量分析。

第七,经济学有理论性强,而实用性差的特点,管理学则有实用性强,而理论性差的特点。管理学者是管理知识的发现者而非创造者。管理知识的生产过程与自然知识的生产过程有着很大不同,因为管理实践是一个永恒的、动态的、不断演进的过程,所以管理知识的发现也是一个不断演进和不断扬弃的过程。

二者之间的差别,决定二者要互相借鉴,管理学需要经济学的理论支撑和方法的借鉴;经济学理论需要管理实践的检验和从管理实践中获得更广阔的发展空间。

第八，经济学是完整的科学，管理学既有科学的成分，同时也包含着许多艺术和技巧的成分。

科学主要是讲因果关系，科学具有逻辑理性的结构和确定的内容，科学是经验的、可以验证的、综合性的，科学的特性除了"理性"和"实证"之外，就是要有"确定性"；管理学虽然有科学的因素，但管理学更多是包含艺术和技巧的成分。科学的本质是为了创造出关于研究对象新的规律性知识，以解释和预测研究对象所不断生发出来的新现象，而不是推广某一具体理论或者学科。如果一项研究仅仅解释现象而不能预测趋势，这个研究很可能仅停留在讲故事的层次；而如果一项研究不能解释现象而只是做预测，这个研究最多不过是运用科学研究的结果而不是推进科学研究。艺术讲感动和洞察力，技巧讲经验，因为熟能生巧。管理的对象是财、物、信息和人，对财、物和信息的管理是科学和技术层面的管理，要讲国际化；对人的管理是文化层面的管理，讲艺术，要讲本土化。

科学和艺术的本质区别在于，科学的内容可以通过系统而富有逻辑的方式来学习，而艺术和技巧的修炼则只有依靠例子、经验和实践来进行。

第九，经济学和管理学虽然都强调规范分析与实证分析相结合。但经济学相对来说更强调规范分析，管理学相对来说更强调实证分析。

实证研究是一种归纳的方法，它根据研究对象在现实中的变化，确定与其变化相关的因素及其相关度。实证分析方法基本有两大类：一类是对事实的调查，也称案例分析；另一类是数据调查，这是从数量维度来把握经济现象，并通过经济变量之间的数量关系来揭示经济过程的内在机理和变化。与规范研究不同，实证研究不预设假设条件，由此可能因信息噪音而失真，也可能发现了规范性研究中假设条件或结论的偏差，在这种条件下，可以把它看成是对规范性研究的补充和修正。管理学因受多种因素影响，难以界定和取舍，不能建立规范性的分析框架，只能借助实证研究。在这种情况下，可以看作对规范性研究的替代。实证分析方法是管理学研究的基本方法。实证分析方法的两个基本原则是：经验实证原则和客观主义原则。按照管理学理论要求，在主观的概念和理论与外在客体之间必须有一种一一对应的关系，否则，所形成的概念和理论就不是科学的知识。实证分析方法的缺陷是，很容易混淆管理问题中因果关系和相关性的错误。在实证领域对事实的描述与确认经济学家和管理学家有相当的一致，但在规范领域（涉及伦理和价值判断，即应该怎么做），则分歧与普通人一样大。

东西方管理的理念是有区别的。东方管理关注人治，长于哲学思考，短于技术操作,而西方管理正好相反,强调实用性,欠缺哲学思考。东方管理以"情"为特质,强调"崇本重义",即人无"信"不立,人无"义"不正,体现了以人为本,追求"因"和"果"的人文主义管理哲学。西方管理理论善于运用科学方法和技术手段,充分发挥竞争机制作用,讲究管理活动的效率,注重管理创新,重视个人所具有的能力和专长,注重发挥法律和契约的作用,强调精确、量化、分解、逻辑和规范,形成以制度为主体的商业环境,但过度重视传统造成了忽视人的主观能动性。在对管理的某一要素进行科学的逻辑分析总结出某一方面的规律后,却往往把这局部规律当作管理活动的普遍法则,容易产生以偏概全的弊端。

东西方管理是"道"与"术"的关系。东方管理思想、理念是"道",所谓"道",就是客观规律、基本原则和正义,就是精神,就是原则,就是境界。西方管理思想、理念是"术"或"器"。"术"是实施的具体方式和方法。无"术"者很容易无"道",大"道"无"术",但是做到大"道"很不容易。求"道"容易走空,求"术"容易"凿",但"术"与"道"并不是两个截然对立的概念。"术"是达到"道"的手段,"道"通过机制变成"术"。

中国管理与西方管理的文化基础不同。中国的商业社会有自己的特色,其商业管理思想是以儒家文化为基础的,这与西方管理理论以基督教文化为基础的情况截然不同。可以说,中国一旦产生了管理理论,对后发的、非基督教的国家将具有重要意义。

在中国经商,只掌握西方管理规则还远远不够,只有那些能将西方规则与本土智慧融会贯通的企业家,才有基业长青的可能性。"管理学本土化",是指在当今的管理学研究中,在不忽略西方管理学方法的前提下,避免不加批判、食洋不化地套用国外的理论、概念、方法及工具,并且从本国的管理现实出发,逐渐建立起中国本土的管理学理论及相关方法,使管理科学能更符合中国的社会现实、文化和历史传统,并更好地指导我国的管理实践。管理学大师彼得·德鲁克说过:"只有根植在本土文化中的管理思想才是真正有实践意义的管理思想。"因此,越来越多的企业管理者和管理学者意识到,创新中国式的管理思想和管理工具才是长久之道。与之相对应,国内对于建立中国本土管理理论的呼声也日益增高。

世界上所有的管理学理论和管理学科,几乎都产生自美国,这与美国经济和技术领先、管理相对成熟有关。因为只有经济发展了,有了前沿的管理实践,才会产生新的管理问题,并通过总结概括形成管理学理论。而日本对管理学科的贡献为2.5门,意思是说管理理论和管理学科如果有10门,7.5门都是由美国人建立的,2.5门来自日本。市场经济是从西方开始的,管理学也是西方发明的。

对中国企业来说,学习是为了强大,强大是为了超越。目前在中国许多管理理论和管理书籍要么大道理满篇而离市场太远,因此很多管理理论和管理书籍常常被企业家们讥讽为"正确的废话";要么过于形而下,一味追求急功近利之术,只重眼前,不顾长远。换句话说,不少管理理论和管理书籍要么多是对既有管理理论的重复,创新不足;要么多是对经验事实的堆积,高度不够。实际上,人们需要的是理论性与实践性兼具的管理理论和管理书籍,既立足于市场指导企业实践与应用,又能上升到理论高度进行抽象概括与归纳;既强调理念、方法的实践性,又注重前瞻性;既要来自市场,又不能只是照搬市场经验;既要有利于企业提升,又要有利于企业落地。

第二节　公司治理与管理中的经济学分析

学会如何用经济学方法分析公司治理与管理中的问题,这对于企业家和管理者来说是十分必要的。为此我们需要分析一下,什么是经济学分析问题的方法,如何运用经济学方法分析公司治理与管理中的问题。

一、经济学分析问题的方法

经济学分析问题的方法是三段式框架(见图1-1)。

图1-1

基本假设条件是经济理论体系赖以建立和理论逻辑分析展开的逻辑起点或基本的理论前提。确定假设条件的一个最基本目的,就是要创造性地简化现实现象的复杂性,从而确立现象间联系的核心结构。一般来说,不同条件下所形成的分析思路、分析范围和分析方法往往是不同的;不明确提出假设条件,理论本身将显得含糊不清,无法形成理论讨论中的共同规范,往往会造成对同一理论认识和理解不同,容易引起概念的混乱,这将阻碍理论研究中广泛探讨的统一基础的形成,最终将破坏理论发展以积累方式形成的过程。

由于假设条件的不同,西方经济学形成了不同的流派。经济人假设确立了约束条件下的最大化的分析框架。如果这个约束条件仅仅包括资源、技术和市场条件,那么这是新古典经济学所研究的消费者理论、厂商理论;如果这个约束条件中还包括其他人的战略反应,那么这是博弈论所要考察的领域;如果说这个约束条件中还包括人们的认识能力、规则、社会习俗,甚至历史因素,那么这是新制度经济学所要研究的现象。

经济学中的假设条件越来越受到人们广泛的关注,有些假设条件因其不切实际饱受责难;有些假设条件因其简单明了广受好评;有些假设条件因其解释力强备受重视;有些假设条件因其站不住脚屡遭抛弃。正确的命题,是由合理的假设条件推导出来的。合理的假设条件抓住了问题的关键,反映了事物的实质。

从假设条件与事实的关系的角度看,假设条件可以分为两种类型:一类假设条件是通过对现实的现象归纳出来的;另一类假设条件是纯粹为了理论体系本身的方便而人为设计的。对现实经济活动的高度理论抽象是一种对复杂事物的简单化过程。对现实经济活动进行理论抽象的方法,也就是应用人脑的抽象思维能力在大量琐碎的经济现象的细节描述中经过分析演绎、判断推理,提取某种共同的东西,形成经济理论的假设条件。假设条件就是某一理论的适用条件或范围。任何理论都有适用范围或约束条件,离开了这个适用范围理论就不适用。假设体现功力,推理依赖训练和技巧,具体研究的价值主要看结论。

理论是一个由概念或者变量组成的系统,通过命题将概念之间的关系表达出来,通过假设将变量之间的关系表达出来。由此可见,概念、变量、命题和假设是构成理论的基本要素。因此,科学研究要描述和解释事物之间的联系,必须首先界定原因与结果的逻辑关系与结构。假设给出了因果逻辑的陈述,并使其关系确切而不被其他因素干扰和混淆。一个理论必须详细说明自变量、因变量、中介变量、调节变量之间的关系,提供这些变量如何相关以及如何相关的理由和逻辑。

比如,政府不用干预经济,还是政府要干预经济?斯密认为经济活动要靠市场这只"看不见的手"调节,凯恩斯的市场有失灵,经济活动需要政府的干预或宏观经济调控。表面看两种观点完全不同。但经济学者并不这样认为,他们认为,二者观点不同只是由于其经济理论假设条件不同,导致的观点不同。斯密的经济学被称为繁荣经济学,因为斯密的《国富论》的假设条件是经济繁荣,即《国富论》是研究一个国家经济繁荣时,政府应该做什么?而凯恩斯的经济学被称为萧条经济学,即《通论》是研究一个国家经济萧条时,政府应该做什么。所以,政府不用干预经济,还是政府要干预经济？结论是不一定,要视经济发展的状况而定,如果一国经济处于繁荣状态,政府干预经济就不对了；如果一国经济处于萧条状态,政府不干预经济就不对了。

还比如,是商品的生产成本决定商品的市场价格,还是商品的市场价格决定商品的生产成本？这取决于假设条件或前提条件。如果是供小于求短缺经济,卖方市场,就是生产商品的生产成本决定商品的市场价格；反之,如果是供大于求过剩经济,买方市场,就是商品的市场价格决定商品的生产成本。

经济学没有万金油式的理论,不是套在哪里都可以用的。所有的经济理论都有前提条件和适用范围。理论自有它的边界,读懂一个理论的标志,就是发现了它的边界。我们常说,一个人只懂理论,不懂实际,容易犯教条主义的错误；一个人只懂实际,不懂理论,容易犯经验主义的错误。我们要既不犯教条主义的错误,又不犯经验主义的错误,就必须用理论指导我们的实践。而在用理论指导自己的实践时,就需要搞清楚这个理论适不适用自己,如果用一个不适用自己的理论指导自己的工作,会南辕北辙,产生适得其反的结果。我们不能在灯光下寻找我们在黑暗处丢失的钥匙。如果我们所使用的理论不适用于我们所要分析的问题,那么不管再怎么努力也还是不能解决我们想要解决的问题。经济学的基本方法是普适的,在解释、推断人的行为上有很大的准确度和很强的解释力。当然,世界上没有纯粹的普适性或普遍性,没有抽象的超越时空的绝对价值,只有与特殊性相联系的普适性或普遍性。经济学本身的科学性质决定了,理论不是放之四海而皆准的真理,而是有条件成立的。

经济理论能否适用于某个具体的国家、地区或企业,就取决于是否具有这种假设条件、历史经验、价值取向、文化背景和逻辑结构。不从实际出发,照搬现成的理论——尽管这些理论已被其他国家或企业证明是正确的,或者套用别国或别的企业已有的经验——尽管这种经验在别国或别的企业也是成功的,结果只能是东施效颦。从植物学的角度看,移植能否成功与移植技术有关,但起决定作用的是气候和土壤,技术可以学习,气候土壤则无法改变。如果因为技术原因导致移植失败,应该继续学习直到成功,否则就是因噎废食。如果是气候和土壤问题,就应该果断放弃,而不能再继续折腾。

经济理论的应用者需要有足够的经济学修养才能在实际中有取舍地使用经济学。经济学修养就是搞清楚现代经济学的假设条件、分析的方法和分析工具,以及对已经发现的经济变量之间的关系有融会贯通的理解。

二、经济学分析方法的特点

经济学分析方法有三个特点,即视角、基准点与参照系和分析工具。

经济学分析方法的第一个特点就是视角,虽然哪个学科都讲视角,但只有经济学视角的意义最为突出,因此人们常将视角说成是经济学方法的特点。视角是指一个经济现象可以从多个视角去观察、去分析。不同的视角会得出完全不同的结论。从经济学研究范式的角度来看,研究视角是经济学"语言"的表现形式。同样的客观存在,在不同人眼里,因方法、角度、立场、信仰、知识结构、经验等不同,得出的判断也会大相径庭。

研究经济问题,既要从微小视角(用显微镜)看问题,又要从宏大视角(用望远镜)看问题。从微小视角,用显微镜看问题的优势是观察入微、条分缕析,可以用它看病理、查病因;从宏大视角,用望远镜看问题的优势是系统全面、高瞻远瞩,可以用它观全局、知未来。单纯用微小视角(用显微镜)看问题,可能会以偏概全,只见树木不见森林;单纯用宏大视角(用望远镜)看问题,可能会脱离实际,放言高论,眼空无物。

到目前为止,绝大多数的经济学理论,只能通过一个片面的视角去分析在一个复杂的现实世界中,一个自变量对一个因变量之间的因果关系,才能得到一个貌似精确的、符合科学标准的、唯一的,因而看来具有应用价值的决定性结论。

比如,各种所有制是平等的竞争关系,是有高低贵贱之分,还是没有高低贵贱之分,这就有个视角问题。从发展生产力和市场经济的角度看,各种所有制是平等的竞争关系,没有高低贵贱之分;但如果从坚持社会主义经济制度的性质的视角看,各种所有制就有高低贵贱之分,因为没有非公有制经济,非国有经济不影响社会主义经济制度的性质,而没有公有制的主体地位和国有经济的主导地位,社会主义经济制度的性质就会丧失。

比如,中国经济是过热,是衰退,还是正常?经济过热就是不可持续的经济增长。经济过热也就是总供给小于总需求,缺口超过了5%。经济衰退就是总供给大于总需求,大于的部分超过5%。经济学把经济增长率低于潜在经济增长率1个百分点定义为经济衰退。经济萧条一般是指长期的持续的经济衰退。经济正常是指总供给与总需求正负误差控制在5%以内。衡量一国经济是过热,是衰退或是萧条,还是正常?主要指标(视角)有:一是物价指标。一般情况下,通货膨胀率在1%~3%区间经济是正常的;通货膨胀率低于1%~3%区间是经济衰退或萧条;通货膨胀率高于1%~3%区间是经济过热。(通胀率1%~

3%为安全区;3%~5%为预警区;5%以上为危险区,容易影响一国宏观经济稳定。)反映物价水平的主要指标,一是居民消费价格指数(CPI);二是工业生产者价格指数(PPI);三是GDP缩(平)减指数。我国目前CPI和PPI的调控目标定为4%左右。因为根据"巴拉萨—萨缪尔森效应"理论,新兴经济体的最优通胀率高于发达国家。新兴经济体属于经济增速较高的类型,由于后发优势、人口红利、资源丰富等固有的高增速因素,新兴经济体的潜在经济增速本身就高于欧美发达国家。需要指出的是,我国物价总水平表现为明显的顺周期特征,在正常情况下,价格水平将与产出水平发生同方向的变动。但当经济周期波动是由总供给方面因素导致时,如新技术的发明和使用等,将会带来产出水平和价格水平的反方向变动。二是经济增长指标。一般情况下,现实的经济增长率(国家统计局公布的GDP增长率)在潜在的经济增长率(一个国家在一个较长的时期内,比如近20年,或近30年的平均增长率就是一国的潜在的经济增长率。我国现在的潜在的经济增长率在9.68%~10.08%之间)区间经济是正常;现实的经济增长率低于潜在的经济增长率区间,是经济衰退或萧条;现实的经济增长率高于潜在的经济增长率区间是经济过热。我国政府认为,我国GDP合理取值是"八九不离十",即年增长率为8%~10%。经济增长存在适度区间,其根本原因在于"边际生产力递减规律"。这一规律表明,经济增长速度在一定的区间内,速度、质量、效益能够得到较好的统一,但超出一定的区间,高速度的结果,只能以牺牲质量和效益为代价。中国经济30多年的高增长可能已悄然结束。不是做不到继续高速增长,而是长期积累下的各种矛盾、问题需要慢慢调整、消化、解决,因而不会也不能一味地追求高增长了。三是失业率指标。一般情况下,失业率在4%~5%区间经济是正常的,失业率高于4%~5%区间是经济衰退或萧条的,失业率低于4%~5%区间是经济过热。失业率为零并不好,失业人口在经济学里还称为"产业后备军",失业率为零,就是产业后备军为零,会束缚一国产业的发展,打压该国的经济发展。四是国际收支指标。一般情况下,繁荣扩张期,伴随着需求旺盛,进而导致顺差减少,递差增加,而收缩衰退期,会伴随着出口压力加大,进口需求下降。五是基础设施的保障受到很大压力,能源、运输供应紧张,是经济过热,反之是经济衰退或萧条。如果只出现上述几方面的特征的某一方面,则很难断定是经济过热或经济衰退,还是正常。需要全面系统分析。由于人们分析同一问题的视角不同,常常产生不同的结论。以不同的思辨、不同的眼光、不同的标准、不同的价值观、不同的利益链去审视同样的经济现象,判断往往南辕北辙。

为什么人们看问题的视角不同呢？不同视角形成的原因：一是与思想的片面性有关。经济学研究范围很广，而人的精力又是有限的，你要是什么都研究，就什么都研究不透。因此每一个学者都根据自己的爱好和特长选择一个自己擅长的喜欢的部分去研究。一个人长期研究一个问题，思想上就容易产生片面性，认为自己研究的问题重要，其他问题由于不研究，是否重要自己也不知道了。另外，长期研究一个问题，也会产生路径依赖。二是与对主要矛盾的判断有关。比如，有人认为经济稳定不稳定首先要看就业稳定不稳定。有人认为经济稳定不稳定首先要看物价稳定不稳定。三是与个人利益有关，即往往偏向于对自己有利的立场，这是最糟糕的。这也是人们常说的，利益决定态度，态度决定观点。经济学观点分歧被放大的原因有：一是研究和讨论的问题都是关乎国家大事和百姓民生的问题，大家都十分关心。又由于任何一个经济学问题都涉及每个人的切身利益，经济体制改革和经济政策的调整都关系到经济利益的重新分配。不同的人群会从自己的利益出发考虑问题，从而得出不同的结论。二是科学理论的诸多禀性，如客观性、经验性、实证性、实验可重复性、可测量性、定量性、可靠性、累积性，还如合理性、统一性、融贯性、严格性等。经济学作为一门重要的社会科学，除了具备科学的一般特征外，也有其特点。经济学的特点是实证性的、可检验的学科，但又是缺乏客观标准的学科。经济结果经常是模糊的，多因素影响的结果，每个因素的作用又难以量化。三是经济学门槛低，并且经济学这个江湖俨然盘根错节、鱼龙混杂。有真才实学的，也有滥竽充数的；有学富五车的，也有才疏学浅的；有求真务实的，也有满口胡言的……人多、嘴杂、林大、水深，总之，作为一门科学的经济学越来越不像那么回事，而是常被随心所欲地发挥、不假思索地解释或者干脆被别有用心者拿来误人子弟、愚弄大众。

正如哈佛大学经济学教授格里高利·曼昆所言，虽然从10个经济学家身上你能听到11种声音，但当经济学家与其他领域学者混杂在一起时，你会发现经济学家们的各种议题上的立场又出奇一致，这显然与其受过的相同经济学思维训练有关。

一个好的企业领导者要学会从360°视角看问题，打开因平时工作经验的局限所形成的有惰性思考习惯的思维。我们不能对单个视角、单个经济现象无限放大，而不顾及其他视角，只有这样才能做到不片面、不偏激，从全面的、整体的、系统的角度思考问题，从成熟的理性高度把握问题。

经营管理者要学会用系统的方法，多视角全面地思考企业的发展战略问题：许多高学历的理工科专业出身的经营管理者易于陷入"技术至上"的专业思维方式中;一些经营管理者习惯于用资产经营的方法去思考资本运营问题;有些集团公司的经营管理者习惯于用管理单个企业的思想去考虑集团公司的整体发展问题;有些经营管理者习惯于用专业化集中经营管理的思想去思考多元化经营的问题。

要成为一名优秀的企业家,仅凭惯性思维和顺势投资是远远不够的。巴菲特的名言"在别人贪婪时恐惧,在别人恐惧时贪婪",正是告诫我们需要与众不同的思考方式。美国次贷危机的发生起源于房地产市场连续多年保持上涨,以至于大家都对未来房价还会保持同样的上涨趋势深信不疑。最终,所有遵循惯性思维的投资者都在金融危机中损失惨重,包括曾连续15年战胜比较基准的投资大师比尔·米勒,而敢于对地产泡沫说"NO"的少数对冲基金则在百年一遇的危机中赚得盆满钵满。敢于坚持、善于逆向思考的精神,才有可能在长期投资中获得持续的超额收益。要把握好顺势而为与逆向思考的关系绝非易事。在什么样的情况下应该顺势而为?什么样的情况下应该逆向思考?在过去的趋势未曾打破前应当多研究与尊重规律并可谨慎保持顺势而为的策略,而如果新的数据不断偏离过去的趋势同时伴随着投资者情绪走向极端时,则需要反复提醒自己考虑逆向思考的必要性。

经济学方法的第二个特点是基准点与参照系。基准点是指标准的经济学原理、公式、图表或模型,它导致了理想的结果,如资源有效配置等。基准点是一面镜子,让你看到各种原理、公式、图表或模型。作为经济的理想状态与现实之间存在的距离,理论基准点的主要作用在于发挥"参照系"的功能。所谓"参照系",是说理论或模型为我们提供了一个分析框架。我们可以把某个新的因素加入进来,利用理论或模型所建立的既有平台做分析,然后和理论或模型的既有结构进行比较,就可以观察出新因素的作用机制和效果了。

经济学原理是用文字表述的经济规律,比如供求规律、竞争规律等。经济学公式,是用公式表示的经济规律,比如利润率计算公式、股票价格的计算公式等。经济学图表,是用经济学图形表示的经济规律。经济学模型,是用模型表示的经济规律,指经济理论的数学表述,是一种分析方法,它极其简单地描述现实世界的情况。反映经济关系复杂变化的经济数学模型,有不同的分类标准。一是按经济数量的关系,通常分为三种,即经济计量模型、投入产出模型、最优规划模型;二是按数学形式的不同,模型一般分为线性和非线性两种;三是按时间的状态分布,模型有静态与动态两种;四是按应用的目的不同,可分为理论模型与应用模型(这两种模型的主要差别在于是否利用具体的统计资料等)。经济数学模型的建立和应用的步骤通常包括四个递进的层次：一是理论和资料的准备。二是建立模型，采用一定数学形式来反映经济数量关系。任何数学形式主要由方程式、变量和参数三个基本要素组成。三是求解或模型的实验。四是分析说明和实际应用。

经济学的基准点揭示的都是经济发展规律，是人们对多年经济生活中的规律的总结和概括，并用简洁的语言进行了描述。经济学是要探究经济发展的规律性，将表面上不相关的东西联系起来，用最简洁精确的语言描述事物的本质。规律揭示的是事物发展中必然的、稳定的、客观的联系，人们可以认识和利用规律，却无法改变规律。规律是指事物的本质的内在联系。由于是本质的内在联系，所以，在外界情况基本相同时，同一种现象就会反复出现。认识和把握了这种内在必然联系，就可以对将要出现的现象和已经出现的现象的未来发展趋势有正确的预测，并提出相应的正确对策。同样，认识和把握了这种内在联系，我们也会更清醒、更自觉地按照这种因内在联系而产生的因果效应来提出我们的整体工作思路。这就是把握规律的意义。如果经济现象与经济规律相一致，经济学和经济学家的存在就是多余的。理论基准点，即经济规律的主要作用在于发挥"参照系"的功能。无论是国家还是企业，制定一个制度、出台一项政策、采取一种措施，是好是坏，是对是错，衡量标准只有一个，就是看其是否符合基准点，即经济规律，如果符合经济规律就是好的、对的制度、政策和措施；否则就是坏的、错的制度、政策和措施。符合规律早晚会成功，违背规律早晚会受到规律的惩罚。

如供给学派提出的"拉夫曲线"，即随着税率由低到高的增长，政府收入也在增长，但是到达一个转折点时，政府税收将随着税率的增高而降低，如果政府实行100%的税率，政府收入将为零。这条曲线揭示了税率与税收之间的经济规律。供给学派理论和政策对里根的执政思想有重要的影响。

如菲利普斯曲线。菲利普斯曲线是表示失业率和通货膨胀率之间替代关系的曲线，它可以用来说明经济周期中失业率变动与通货膨胀之间的负相关关系。英国经济学家菲利普斯根据失业率与名义工资变化率之间存在着负相关关系，创立了菲利普斯曲线。凯恩斯主义者进一步用这条曲线来表示失业率与通货膨胀率之间的交替关系。"拉夫曲线"和"菲利普斯曲线"是宏观经济理论的重要的基准点，揭示两个宏观经济规律，对现在的宏观经济政策有着重要的指导意义。

还如一个国家产业升级基本遵循两大规律，即恩格尔需求变动定律和库兹涅茨产业劳动生产率变动规律。恩格尔定律是指随着居民收入水平的提高，食品消费占消费比重逐步下降，并扩展为物质消费比重下降、服务消费比重上升，从而引致服务业发展。库兹涅茨产业劳动生产率变动规律是指一、二、三产业之间存在劳动生产率的差异，这推动劳动力在产业间转移，引致资源在产业间重新配置。从产业升级的一般规律看，发达国家第三产业比第二产业具有更高的劳动生产率，这会推动第三产业持续扩张和资源向第三产业配置。但是，如果第三产业受到某种体制抑制，劳动生产率比第二产业低，就会导致服务业难以发展，或者即使发展也会导致经济效率下降。目前，很多发展中国家第三产业的比重已经超过60%，但由于劳动生产率仍低于第二产业，导致这些经济体中很大一部分是效率低下的第三产业，经济陷入了低增长怪圈。可见，产业升级的关键是提升产业劳动生产率。只有提升产业劳动生产率，才能加快产业升级并带动经济高质量增长。

微观经济理论也有许多基准点，如营销管理中的"4P"理论（产品、价格、地点和促销），财务管理中的"现金流"理论，战略管理中的"高差异，低成本，专门化"理论，人力资源管理中的"合适的人放在合适的位置"、"科学的考核指标"和"激励和约束相容机制"理论。这些人们在长期的生产实践中总结出来的经济规律，用了几百年上千年，行之有效、经久不衰的规律对现实经济生活有重要的作用。

"现金为王"不是一味持有现金，而是强调企业应重视现金储备，确保企业的正常运转，从而产生可持续盈利能力。现金流量是否足以支撑公司成长，有三个关键因素：一是公司营运的现金周期，也就是在公司所生产的财货和劳务取得款项前，公司的资金被绑在存货和其他流通资产上的时间；二是融资每单位销售额所需现金流量，包括营运资金和营业费用；三是每单位销售额所能产生的现金流。

"现金为王"有个致命的缺陷，现金不能增值；当通货膨胀来临时现金还会贬值。另外，在经济衰退时，大家都"现金为王"，不投资，会进一步使经济恶化，延缓经济复苏。

"低成本战略"本身并没有过时，但是它在不同的时空环境下应该有不同的内容。只要企业还需要战略，即还有做大、做强、做久的愿望，就不能省下不可或缺的投入。"低成本"存在三个误区：一是因小失大的低成本意识；二是杀鸡取卵的低成本意识；三是触犯法律的低成本意识。

企业在市场竞争中获胜，40%取决于商业模式，20%取决于商业机会，40%取决于执行力。正如管理学大师德鲁克所说"当今企业间的竞争，是商业模式的竞争"。这也是重要的经济学基准点。

商业模式最简单的定义,就是"做生意的方式"。它是一种包含了一系列要素及其关系的概念性工具,用以阐明某个特定实体的商业逻辑,它描述了公司所能为客户提供的价值以及公司内部结构、合作伙伴网络和关系资本等用以实现(创造、营销和支付)这一价值并产生可持续、可营利性收入的要素。

具体来说,商业模式就是在谁是你的顾客,你在每项业务中如何赚钱的基础上的设计,它潜在的经济逻辑就是如何以合理的价格为顾客提供价值和产品,如果某一方的价值被无限放大,那么就必然有另一方被迫地缩小,市场共赢的本质因此也就失去了。

任何一种商业模式都是一个由客户价值、企业资源和能力、盈利方式构成的三维立体模式。客户价值是指在一个既定价格上企业向其客户或消费者提供服务或产品时所需要完成的任务。资源和生产过程是支持客户价值主张和盈利方式的具体经营模式。盈利方式是企业用以为股东实现经济价值的过程。

商业模式由三个部分组成:外部现实情况、财务目标和内部活动。商业模式讲的就是这三个部分及其相互关系。一是外部现实,主要是指行业的历史盈利情况、整体商务环境、客户群和根源分析等;二是财务目标,主要是指经营利润、现金流、资本密集度、利润增长和资本回报等;三是内部活动,主要是指战略运营、人员和组织结构等。

衡量商业模式是否合格的标准:一是价值主张;二是消费者目标群体;三是分销渠道;四是客户关系;五是价值配置;六是核心能力;七是合作伙伴网络;八是成本结构;九是收入模式。

商业模式创新的具体内容,可概括为三个层面:销售模式—运营模式—资本模式,核心就是资源的有效整合。销售模式指的是产品或服务的销售方式,这是商业模式的最基本体现,是商业模式的实现通道。缺乏有效的销售模式,看起来再好的商业模式也没有用。麦当劳的连锁销售方式、安利的无店铺直销方式、微软的客户捆绑销售方式、携程的网络销售方式等均为比较典型的成功销售模式。运营模式是指企业内部人、财、物、信息等各要素的结合方式,这是商业模式的核心层面。如果缺乏合理有效的运营模式,即使再高效的销售模式也会由于缺乏持续而优质的产品服务供应而变得空心化。微软的产品更新换代模式、麦当劳的房地产零售模式、安利的开发与生产结合模式、携程的低价酒店经营模式等都是比较有特色的运营模式。资本模式是指企业获得资本的方式以及资本运行的方式,这是商业模式的支撑体系。缺乏有效的资本模式,前两种模式都可能会遇到现金危机而导致整个商业模式的崩溃,如美国的安然、中国的德隆以及港湾网络公司等。微软的"风险投资＋收费"模式、国美的"地产＋供应商资金的占用"模式等均是可圈可点的模式。以上三种模式的有效结合使得内外资源获得有效整合,形成强大的竞争力;如果结合不到位,资源就很难获得高效整合,甚至导致企业的失败。仅仅重视其中的一两个模式,如德隆过分重视资本模式而忽略了销售模式和运营模式,最终使得无序的运营模式、低效的销售模式和过于冒险的资本模式导致整体集团的失败。

商业世界是个变化快捷的世界,商业模式也有局限性、有生命周期、有环境适应性,任何商业模式都不是永恒的,也不是一劳永逸的,即使暂时被认为最优秀的商业模式也是如此。因此企业要与时俱进、根据商业环境的变化不断创新商业模式。约1万年前人类进入农业社会,主要特点是以农业为主要产业;是一个分散的、非标准化的手工业生产阶段;没有专业化分工。约300年前人类进入工业社会,工业时代真正的突破是第二次工业革命,人类社会知道怎样使用电,电是工业文明的基础。工业经济时代的商业模式最根本的特点是标准化、流水线、大规模、低成本,造成了我们现在所谓物质生活的极大丰富。为低成本付出的代价是"一致"——所有人买的东西是一样的。大约在50年前,开始进入信息社会,但其实质性展开,则将始于公用计算服务(云计算)的日渐成熟,这是一个标志性事件。信息化时代最大的特点是大规模定制,最终走向个性化定制。今天已经可以用很低的成本为很多人定制,满足他们的需求。信息经济时代的商业模式是个性化营销、定制生产,以社会化的供应链管理为基础,形成一种多品种、小批量的新商业模式。由于应用共享平台,可以更便宜、更快速地生产多种产品和服务,柔性生产方式为其提供了实现的可行性,而以前这些需求是无法得到满足的。所以互联网的未来、电子商务的未来就是范围经济(多品种、小批量)加规模经济的大规模定制时代,这是我们新的商业模式。这种新的商业模式基础有三个模块:柔性化生产、个性化营销、社会化物流。

企业成功带有规律性的经验之一:一是企业安全比企业发展速度更重要。我们的企业在质量、安全和信用等方面的成长远远赶不上在规模、速度和利润方面的增长,从而使企业不断出现问题;二是企业拥有核心优势比占有的市场份额更重要(高技术的产品形成生产上垄断,厂家赚钱;低技术的产品形成生产上竞争,商家赚钱);三是企业合理的定位比企业的规模更重要。"定位"这个词来自于军事战争,如果一个小的部队占领了很好的位置,那种要害位置可以比得上千军万马。

企业成功带有规律性的经验之二:企业成功离不开三种能力,即具有及时发现市场重要需求的能力；善于适应形势，建立新的、合适的商业模式的能力；建立设有暗道机关，具有核心优势，使别人无法模仿的商业模式的能力，即张维迎所说的"偷不去、买不来、拆不开、带不走、溜不掉"的核心竞争力。

企业成功带有规律性的经验之三：第一，看企业对其所在的行业，是不是有深刻的理解。把自己的行业研究透，非常重要。因为大家都在竞争，同行做得好了，对你就是种危机。要立足产业审视战略，围绕目前的主业来做发展规划。做多宽？也就是产业的横向边界究竟在哪里；做多长？就是产业纵向边界在哪里；做多远？就是产业的空间边界在哪里。把这样的问题想清楚了，整个企业发展战略才能有一个清晰的思路。第二，外面环境不断在变，要把自己的战略想清楚。比如胶卷做得再好，数码相机时代来了，企业肯定会遭受重大打击。广东沿海大量的出口企业，当人民币和外汇的汇价比率逐渐发生变化的时候，一定要想到毛利率撑不撑得住。如果撑不住，又不想办法的话，后面就一定会遇到危机。所以，做企业一定要在战略层面看得远一点。要经常研究环境的变化，把最好和最坏的可能性都考虑到，然后有针对性地来决定自己的企业怎么做。

企业成功带有规律性的经验之四：企业要实现标准件生产，降低成本；企业要实现核心件管理，掌握核心竞争力；企业要实现控制系统的专门化，提高劳动生产率。

总之，企业要成功具有规律性的原因：一是有核心技术。微软和互联网都是靠核心技术取胜的。二是有成本优势。在制造业领域成本优势十分关键。三是有良好的供应链管理。CISCO（思科）、戴尔、沃尔玛，它们靠出色的供应链体系成为全球最大的公司之一。四是有品牌。消费者愿意给生产信得过的品牌产品的企业付更多的钱。五是垄断资源。或者是垄断自然资源，或者是垄断市场资源。

企业失败具有规律性的原因：一是激进主义。企业发展要有"速"，才能跑起来，但也要有"度"，要控制，在行业波动和宏观波动的时候，失控对企业发展来说是致命的。在发展迅速、竞争激烈的时代，"快"是一种生存策略，等不得，也慢不得。尤其是以好为前提的"快"，怎么追求都不过分。但问题在于，"快"未必就能实现"好"，"慢"也未必就会导致"坏"。

我们经常看到一些小有成就的企业家，在他们的企业刚刚有所成绩时，这些企业家们就喜欢给企业套上不合时宜的愿景："3年大发展，5年成为行业龙头，7年成为世界500强。"研究发现，世界500强都是经过多年的积累，缓慢平稳地增长，才最终站稳脚跟的。不少时候，"快"是与急躁、盲目、稀里糊涂等联系在一起的。奋斗要一夜成名,创业要一夜暴富,做事要名利双收,工作要立竿见影,急不可耐、迫不及待,这样的浮躁心态弥散在各个角落,与之伴随的则是一个又一个令人遗憾的结局。其实,如果多一点基于理性、稳重、有序基础上的"慢",就如同给狂奔的烈马套上了缰绳、给疾驰的火车装上了刹车,张弛有度,收放自如。企业要成功一定要控节奏,知进退。30多年来,中国许多企业一度辉煌却又难以避免失败的命运,大多数跟速度有关——不是"快死"就是"慢死"。是该跳"快三"(高速)还是"慢四"(缓进)?企业发展速度的快与慢非常讲究谋略和艺术境界,因为企业发展时时刻刻都与市场、行业、国家乃至世界有关。企业知进退是最难的,要恰到好处地掌握着进退的节奏感,深知分寸更难。如果企业领导者一意孤行、执迷不悟的话,最终结果可想而知。

任正非:10年来我天天思考的都是失败,对成功视而不见,也没有什么荣誉感、自豪感,而是危机感。也许是这样才存活了10年。

王石:成功,是因为避免了失败。

张瑞敏:战战兢兢。

德鲁克:只有鞋子(产品)是真实的。

丰田创始人丰田佐吉:打开窗子(问题或差距),你会看到一个新世界。

大前研一:中国企业家有点浮躁。

冯仑:伟大都是熬出来的。

李嘉诚:经营企业"知止"两个字最重要,全世界很多企业之所以失败,最少一半是因为贪婪。

这些话语都告诉我们,做企业要踏踏实实,不能急于求成,否则欲速则不达。

二是战略出错。小企业不需要战略,大企业需要战略。多元化、国际化和资本经营等战略上的不成熟也会导致企业的失败。资本经营涉及金融行业,资本经营是指通过投融资、资产重组和产权交易等手段,对资本实行优化配置和有效使用,以实现资本盈利最大化的经营目标。资本经营是以资本增值为目的,通过资本交易或使用获取利润。而制造业和金融业是两种完全不同的发展模式。金融赚的是"波动"的钱,而制造业赚的是"稳定"的钱;金融赚的是"差异化"的钱,而制造业虽然也强调"差异",但赚的主要是"标准化"的钱;金融赚的是驾驭风险的"软实力"钱,而制造业赚的是规避风险的"硬实力"钱。近些年来,由于过多的资金追逐过少的项目,所以PE的回报率在下降。2011年6月份,共有15家VC/PE支持企业实现IPO,其平均账面投资回报率仅3.73倍,为近1年来IPO退出回报最低值。不难想象,缺乏专业素质、缺乏关系资源的"风投"将因此退出市场,留在市场中的将是既有资金又有专业知识和关系的"风投"大户。

三是宏观的盲视。中国企业基本上每隔几年就会有一次大洗牌。如1998年、2004年和2008年。因为整个宏观经济四五年、五六年就会有一次波动。这种波动对民营企业影响很大。企业扩张状态和宏观波动状态要吻合,不能在宏观紧缩的时候进行规模扩张,在货币收缩的时候,如果规模扩张还没有完成,与宏观经济环境没有吻合而背离了,企业经营就会出现问题。

过去的100年中人类解决了生产问题,但没有解决市场问题,普遍存在过剩。领先的企业管理做得非常好,为什么不能够保持卓越的市场定位呢？主要原因是外部环境的变化速度越来越快,领先的企业在变动性的环境中并没有具有先动的优势,反而具有基因上的一些缺陷。在这种不确定的时代,必须进行持续性的变革:第一,创造多样性,打破控制为主导的管理方式;第二,保持环境的敏感性;第三,企业要创新。

四是政商关系复杂和企业家职业精神缺失。由于政府几乎控制了所有重大资源,企业要发展就必须与政府搞关系,关系不当导致企业家出事和企业失败。从现实来看,政府对某些企业的帮助势必建立在对其他群体利益掠夺的基础上。这种联结造成不公平竞争,资源高度集中到与权力密切相关的企业手中,长此以往,劣化了资源配置。此外,政商联结型结构容易受到政治变动的影响,由于其中涉及的规则不清楚,是不稳定、不可靠的。企业家从中得不到稳定的预期,导致企业家倾向于进行短期投机,而非从事长期对创新、技术等的投入。

经济理论与经济现实是两回事。经济理论在通常情况下是用来作分析现实问题的参照系,经济理论与现实的距离因不同情况而异,因此不能把经济理论到处套用。在对待经济理论与经济现实关系上的两个错误观点:一是当经济理论与现实不符或有差距时,就否定经济理论的作用;二是夸大经济理论的作用,不顾现实具体情况,生搬硬套既有的经济理论。实际工作者和企业家应当尊重经济理论,但不能唯经济理论是从。许多从事实际工作的人往往怀疑经济理论的实际作用,然而近些年来,我们不难发现,经济政策在很大程度上受到源于学术界的理论文献和思想的影响。理论在日常的政策制定中的影响远远超出了人们的想象,虽然政府的决策经常受到各种利益集团和政治因素的影响,但是经济理论对政策形成的实际影响是不可忽视的。

经济学方法的第三个特点是经济学有一套不同于其他学科的特殊的分析工具。经济学的基本分析工具是用经济学方法提出问题、分析问题和解决问题的有效手段,实践证明是行之有效的。

经济学主要的分析工具有：

一是成本与收益的比较分析。我们常说的"没有免费的午餐"，就是指做任何事情都是有成本的，做事情要进行成本与收益的比较。争取以尽可能少的成本取得尽可能多的收益。成本与收益分析，是指在分析行为主体的行为时，先比较行为者所需承担的成本和所能获得的收益，并据此来评估行为后果对行为者的利弊大小，然后根据趋利避害的逻辑来判断行为者的可能行动趋向。

如根据测算，不同支持方式对农业GDP将产生不同的影响。在政府的农村公共投资中：对农业科技的每1元投资可增加农业GDP 9.59元；对农村教育的每1元投资可增加农业GDP 3.71元；对农村道路的每1元投资可增加农业GDP 2.12元；对农村通信的每1元投资可增加农业GDP 1.91元。

如宽松的货币政策是有成本的：一是大量的银行信贷投入，可能带来银行资产质量、金融体系的稳定性的潜在的压力和风险；二是大规模的货币投放带来政府和企业长期负债增加；三是大规模的货币投放使得通货膨胀预期加大；四是大量的货币投放会进一步加大供过于求、生产过剩的矛盾，因为投资短期是需求，长期是供给。

有研究证明，全球平均综合发展成本为1，中国平均综合发展成本为1.25。也就是说，外国人用4元钱办到的事，中国人需要用5元钱。美国政府只花税收的1%～2%，而给老百姓提供的福利占税收的比例为40%～50%；而中国政府花费税收的40%～50%，是美国的20～40倍，而给百姓提供的福利占税收的比例仅为8%，是美国的1/6～1/5。所以降低成本已经成为贯彻科学发展观的重要内容，提高行政效能、降低行政成本是政府改革的重中之重。

二是机会成本分析。我们常说的"鱼和熊掌不能兼得"，就是指做事要考虑机会成本。机会成本是为了得到某种东西而所放弃的东西。或者说，机会成本是把资源用于一种用途时所放弃的另一种用途可能带来的损失。一个面对着一组选择机会的理性人所做的某个选择的机会成本，应当定义为他所放弃的其他的选择可能给他带来的最高价值。

"机会"是资源，而且是市场经济活动中非常宝贵的资源。正因如此，机会成本才成为经济决策中必须考虑的重要因素。机会成本是看不见的，因为它是被放弃的选择，然而机会成本可以看不到，却不能没想到，否则我们所选择的经济活动或政策的结果，小到不具有效率，大到伤害社会。考虑机会成本的条件有两个：资源具有多种用途；可能获得的最大收入。经济学认为，资源是有限的，相对人的欲望来说是稀缺的。人们在使用有限的资源时，必须选择，而有选择就会有放弃。在你放弃的所有选项里,那个你认为最可惜的一个,或者说能给你带来最大利益的那个(也就是第二选项)就是你的机会成本。判断一个选择是否正确的标准,是看机会成本的大小。如果你的机会成本小于你的选择带来的利益,你的选择就是正确的。如果你的机会成本大于你选择带来的利益,你的选择就是错误的。

经济学中有两种成本:一个是财务成本、会计成本,即所使用和耗费的资源价值;另一个是机会成本(opportunity cost),即所放弃的同样资源的其他机会。面对着一组选择机会的理性人所做的某个选择的机会成本,应当定义为他所放弃的其他的选择可能给他带来的最高价值。如大学毕业了,是选择工作,还是考研,就有个机会成本的问题。你考研了,要支付许多机会成本,比如仍然需要家长提供资金资助;放弃了直接接触社会的机会。如企业有一笔闲置资金,是投资房地产,还是投资信息产业。如投入了信息产业,它的机会成本就是没有投入房地产给企业所造成的损失。政府加大"铁(路)"、"公(路)"、"机(场)"方面的投入,就放弃了对"三农"、保障性住房、卫生医疗、教育、科技文化等民生方面的投入。政府投资于一些基础建设项目有利于民生,但远远不像直接投资于教育、医疗、公共卫生等民生领域,能让老百姓更有幸福感。

三是外部性内在化。我们常说的"羊毛出在羊身上",就是将外部性尽可能地内在化。

外部性是由英国福利经济学家庇古发现并提出的。起初外部性是指生产者和消费者的经济活动,不经市场交易活动直接和附带地给本来与这些经济活动无关的第三者带来好的(正的)或不好的(负的)影响。后来外部性是指一个人(企业)有意识或无意识的举止,对别人造成正负的影响(大部分情形是以负外部性为讨论核心),却不需付出代价。因此,对个人(企业)外部性问题不加处理,个人(企业)自利行为的加总,就可能彼此抵消,无法让社会整体福利最大化。外部性存在并不天然地要求政府出面干预人们日常活动,而是依赖于不同的情形,可以分别通过不同的方式来解决。解决外部性内在化的方法是:界定清楚产权;个人之间的协议;社区性制度安排;政府立法和政府干预。内部化是解决外部性问题的常规有效的方法。

外部性内在化的实质,就是经济主体将其所产生的社会成本和社会收益转化为私人成本和私人收益。让私人成本等于私人收益,企业成本等于企业收益。私人成本是经济主体自身承担的成本;社会成本是指经济主体给旁观者福利造成的不利影响。不能把私人成本或企业成本无偿地转化给别人或社会。从经济学常识看,在企业成本不能内生化的外部性场合,市场价格和竞争机制配置资源的结果,会出现与社会利益不一致的市场失灵问题。

著名的经济学家弗里德曼曾经把人类的经济活动通俗地分为四类:一是花自己的钱为自己办事;二是花自己的钱为别人办事;三是花别人的钱为自己办事;四是花别人的钱为别人办事。只有第一种经济活动符合外部性内在化的原理,最有效率;第四种外部性最突出,经济活动效率最低。

经济学从一定意义上讲,一种所有制是否有效率,主要看它能在多大程度上为人们提供将外部效应较大地内在化的激励。在公有制下,名义上的所有者为全民,实际上并没有一种机制能保证全民行使所有者权力,这就是公有制下所有者缺位。由于公共体内每一成员都有权平均分享公共体所具有的权利,公共体的每一成员在最大化自己的效用时,由此产生的成本有可能让共同体内的其他成员承担,由此导致了外部性。公有制成员个人行为的后果基本上是外部性的,即某一成员付出多,但得到的只是平均后的一份,且公有制内的成员越多,他得到的份额越少,同理,他造成的损失也以成员的平均来承担。所有权强度与公有制成员的个数成反比。所谓"所有权强度",是指所有者个人行为与行为后果的相关性。而在私有制条件下,收益与成本都由个人来承担,私有产权下的外部性在一定程度上就被内在化了,从而产生了更有效的利用资源的动力。

如经理人努力工作是有成本的,成本由自己承担,经理人努力工作是有收益的,经理人努力工作产生的收益通常归老板,因此,经理人努力工作对老板产生好的外部性。经理人也可以选择在职消费。在职消费是有成本的,成本由老板承担,经理人在职消费也是有收益的,收益归经理人自己。因此,经理人在职消费对老板产生坏的外部性。根据这种情况,经济学家让经理人持股,这样可以在一定程度上将外部性内在化,增强激励和约束。这种制度在实践中确实产生了良好的效果。

四是边际分析或均衡分析方法。我们常说"多干雪中送炭的事,少干锦上添花的事",就是指多用边际分析方法或均衡分析方法。边际分析方法或均衡分析方法是同有无分析方法相对应的分析方法,"短板理论"就是边际分析方法或均衡分析方法在管理学中的具体运用。

什么是边际分析,在分析投入(如劳动)与产量之间的关系时,我们把劳动量作为自变量,产量作为因变量。如果劳动量从1增加到2,即劳动量增加了1单位,产量由5增加到10,即产量增加了5单位,这就是边际产量。边际产量是当劳动增加1单位时所增加的产量。在分析产量与成本之间的关系时,我们把产量作为自变量,把成本作为因变量。如果产量由1增加到2,即产量增加了1单位,成本由2增加到4,增加了2元,这2元就是边际成本。边际成本是当产量增加1单位时所增加的成本。在分析产量与收益之间的关系时,我们把产量作为自变量,把收益作为因变量。如果产量由1增加到2,即产量增加了1单位,收益由3增加到6,增加了3元,这3元就是边际收益。边际收益是当产量增加1单位时所增加的收益量。

在用边际分析方法做出某项活动的决策时,要比较边际收益和边际成本。如果边际收益大于边际成本,从事这项活动就是理性的;如果边际收益小于边际成本,从事这项活动就是非理性的。边际分析就是均衡分析,均衡分析说得简单些,就是再增加一点什么好处大的问题。

经济学认为,均衡过程是一个必然出现错误并且不断改正错误的过程,均衡是一个方向,而不是一个点。

比如决定企业成败的是什么？一是细节不能决定成败,虽然战略战术的实施离不开精细化的运作和操作,但过于注重细节会让我们失去整体。二是战略不能决定成败,虽然战略是关系企业长期性、根本性和全局性的重大问题,正确的战略决策是企业生存的前提,战略决策的失误对于一个企业来说几乎是没有机会改正的,但过于注重战略会让我们染上好高骛远的恶习。三是管理不能决定成败,过于强调管理,团队的能动性会慢慢丧失。四是执行力不能决定成败,尽管人们常说,三分战略、七分执行。从一定意义上说,真正带来企业成功的并不是战略的选择,而是如何去执行战略的方法,即执行力的问题。决策制定与部署只是做了一小半工作,更重要的在于执行,执行是连接目标和结果的最关键环节。没有执行就没有竞争力。过于强调执行力,企业有可能加快偏离既定的方向。所谓执行力,就是将观念或战略付诸实践的能力,这是经理人最重要的素质。但是执行力绝不能成为领导层掩盖"战略性"失误的替罪羊。有四种执行假象：一是"无为执行",即缺乏应有的工作力度,等于不作为、未执行;二是"选择执行",即从自身利益出发,"为我所用",有利的就执行,无利的不执行;三是"曲解执行",即由于对决策有误解,采取了错误做法,导致执行出现偏差,损害了执行效果;四是"敷衍执行",即"上有政策、下有对策"。要在思想上重执行,要在行动上真执行,要在工作上会执行。

唯一能决定成败的是,竞争规律或竞争能力,而竞争能力是靠多种因素均衡发展的合力作用的结果,而不是哪一个因素单独作用的结果。虽然每一个因素都可以导致企业的失败,但哪一个单独的因素都不能导致公司的成功。企业竞争力是企业在长期经营、生产过程中的知识积累和特殊技能(包括技术、管理等)以及相关资源(如人力资源、财务资源、品牌资源、企业文化等)组合而成的综合体系。企业竞争力又是企业独自拥有且与其他企业不同的一种生存能力,这种独特能力可为企业自身和客户带来持续稳定的利益。现在的市场竞争已不再固守传统的单点优势,而是走向产品创新、品牌运作、营销整合、渠道深耕以及有效全球资源配置等全方位的较量。这最终会产生一种"链合效应",并凸显出价值链的"结构性竞争力"。2009年中国冰淇淋行业实现销售额130亿元左右,仅伊利集团一家公司就实现40亿元的营业额,占行业整体"盘子"的约1/3。伊利集团公司之所以能连续取得16年行业市场冠军的业绩,据掌握的一手研究资料显示,就是"结构性竞争力"的结果:一方面致力于覆盖一、二、三、四线城市的全网点布局,在内地每600公里就有一个伊利冰淇淋工厂,每1.2公里就有一台伊利冰柜,地毯式的覆盖确保了其在终端渠道上的结构竞争力。另一方面,致力于全整合营销推广模式的结构性创新,娱乐营销、体育营销、角色营销、奥运营销等层出不穷,确保了其与消费者的全体验与互动效果。当然,还有品类与产品的结构性创新。

在企业竞争力评估中,基本的竞争力显示性指标主要有两类。一类是可以直接计量的显示性指标,主要有两个:一是市场占有率,反映企业所生产的产品或服务在多大程度上为市场所接受;二是盈利率,反映了企业长期发展的基本条件和经济目标的实现程度。从长期来看,这两个指标具有一致性或同一性。另一类是难以直接计量的显示性指标,如企业家精神、企业的理念、管理水平和品牌价值等。

比如,对于一个企业发展来说,是技术重要还是销售重要?经济理论上有一种描述产业竞争中不同区位获利能力高低的微笑曲线(smile curve)。所谓微笑曲线,就是一条像微笑嘴形的曲线,两端朝上,左边是技术研发与服务,右边是营销与品牌,而中间是利润最低的制造组装。该理论认为,在附加价值的观念指导下,企业只有不断朝附加价值高的区块移动与定位,才能持续发展。微笑曲线分成左、中、右三个部分,左端为技术、专利,比较的是研发实力,属于全球性的竞争;中端为组装、制造;右端为品牌、服务,反映营销水平的高低,主要是当地区域性的竞争。很显然,微笑曲线左右两端位置才是获利高位。要提高一国或一个企业的盈利水平,就得往研发和品牌营销位置迈进,提升工艺、制造、规模的附加价值,换言之,通过向"微笑曲线"两端渗透创造更多价值。在现代制造业增加值中,只有10%~15%的利润集中在生产环节,而35%的利润被品牌所有者拿去,还有55%的利润被设计环节和销售环节分走。用微笑曲线理论来解释国际金融,就可以明白美元在不断贬值中仍然保持其国际性价值的地位的核心原因。

我们发现,世界上大凡科技研发与物产工艺先进的企业集团,一般是"四四二"体制,即四成人在资源与研发层面,四成人在销售与售后服务、售后信息反馈层面,二成人在经营管理与生产制作层面。当然,不同性质的企业有不同的体制配置。微笑曲线原理告诉我们,企业发展要均衡,作为微笑曲线的两端,技术研发和设计与企业物流和销售一定要均衡,不能偏废。

再比如,对于一个国家发展来说,是社会科学重要还是自然科学重要?有人说科技是第一生产力,所以自然科学重要;有人说同样的核子反应,有人用它来行恶,有人用它来行善。科技影响着资源的使用效率,文化决定着资源的使用方向。文化恶则科技恶,文化善则科技善。这些观点是对的,但这是用有无分析方法看问题,争论不可能得出一致的结论。要用边际分析或均衡分析方法来分析。

如果没有道德和人格的支撑,那么科技越发达,人的文化层次越高,对人类社会造成的危害可能越大。科技可以"富国"、"强国";人文则可以"立国"、"兴国";两者要相辅相成。一个社会拥有现代的厚实科技,又同时拥有无处不在的人文精神,那才是一个真正有影响力的国家。

均衡分析或短板理论的正确运用是:在短板造成绝对性障碍的时候,仍然努力发展长板,团队、企业或个人成长得越快,死得越快;当短板不会对团队、企业或个人造成致命性障碍的时候,或者在某一时刻,重点要强调优势或长处,而短板不会被对手当作致命一击时,应发挥优势,用优势获得快步领先,谋取规模或是其他更大的优势,最终让优势集聚起来,然后再逐步解决障碍性的短板。有时短板是特色,是优点带来的缺点,要强化优势,使之不可被替代,成为长中之长、优中之优、强中之强。

我们也培育"新木桶"思维,即区别于旧木桶理论补短板的思路,将自身的长板与他人(或别的企业)的长板进行组合,形成更大的木桶空间。

经济问题或经济学问题多半涉及最优化问题。而讨论最优化问题必须用边际分析或均衡分析。比如是社会科学重要还是自然科学重要这个问题,表面看是没有答案的,但从边际分析来看,答案是存在的,它取决于这个社会是缺乏自然科学还是缺乏社会科学。或者说,增加一点社会科学的帮助大,还是增加一点自然科学的帮助大。

第三节　经济学的几个重要观点

经济学有许多观点对我们分析经济问题有着重要的启示。这里我们主要分析几个有代表性的观点。

一、没有最优，只有次优，要选择次优中的最优

所谓最优，意味着每一个决策人对此方案都是十分满意的。所谓次优，意味着对所有的决策参与者来说，最后选择的决策方案是自己做了妥协的结果，不是每一个成员的最优集合。在做决策的时候，不能追求绝对最优的决策，因为形而上地讲最优解只存在于数学逻辑和理念中。过分追求最优，会使信息的收集成本过高，沟通交流和协调的过程过长，甚至使决策陷入困境。最优方案即使存在，也常常只能获得廉价的理论意义上的喝彩，而为现实所拒斥。次优的但现实的方案才具有真正的价值。好不是没有缺陷、没有代价，而是没有替代的选择。

中国台湾经济学家高希均用"储蓄多了未必是好事；赤字多了未必是坏事；爱用国货不一定是爱国；政府好心不一定有好报；经济衰退也不一定是坏事"说明再好的事情也有坏的地方，再坏的事情也有好的地方。储蓄多了是好事，有储蓄才能投资。我国经济长期高速发展的重要原因之一就是高储蓄率，但储蓄多了，消费少，有效需求不足，从另一方面又制约着经济的发展。赤字多了是坏事，因为会使一国的财政体系运行的安全性受到威胁，但是在可测、可控和可承受的情况下，依靠赤字发展经济，最后经济发展了，赤字也弥补了，何乐而不为呢？经济学家认为，你看美货好，就买美货，你看日货好，就买日货，你看民族工业产品质量差、价格高，就不买。不买，就置这些企业于死地而后生。所以爱用国货不一定是爱国。市场有失灵，需要政府，但政府也有失灵，而且往往政府的失灵比市场失灵的危害还大，因此两害相权取其轻，我们宁要市场的失灵，也不要政府的失灵。经济衰退也不是坏事，因为市场经济的精髓是优胜劣汰的竞争法则。而在供小于求、经济过热的时候，竞争的优胜劣汰法则不能充分发挥作用，只有在供大于求、经济衰退时，竞争法则才能真正发挥作用，从而淘汰劣势企业，实现资源的优化配置。

经济衰退或经济危机既有消极作用，也有积极作用。一方面，经济危机造成生产力的破坏和经济停滞；另一方面，经济衰退或经济危机也是市场经济下经济调节的内在机制，它可以把快速发展时产生的泡沫强制挤出。同时，通过经济危机强制性淘汰落后的生产能力和推动创新，才有了经济结构的不断优化和升级，才有了市场经济的进一步发展。

经济危机还有如下的积极作用：一是如果不是因为经济危机，中国的高等教育将扮演把全国各地的人才吸引到中心都市甚至国际都市的角色。然后，这些人才则愿意进入相对较有规模与名气的机构，导致人力资源无法实现均衡分布的结果。而在经济危机的情况下，人才出现了显著下移、分散化与多样性选择，更多的社会经济部门则有可能因为人才结构的改革而获得新的生机与动力。二是经济危机时期，大家更加注意加强在职学习和努力工作。在繁荣与景气时期，事实上从老板到员工都是每天消耗着曾经学习到的有限知识，很少吸收系统的新知识。而在危机时期，从普通员工到管理者，其学习行为更加普遍，接受系统培训的积极性也更高。危机反而促进了对于新知识的吸收。在经济危机中通过遵守考勤、主动加班的方式来对待现在的工作。全球范围内，在裁员的风声之下，有更好的在职表现是一种普遍的行为选择。三是经济危机有利于社会关系的改善。现在大家回家与父母一起吃饭、与同事分享美味零食、一起聊天与分享故事的时间都有明显增加，友好度与协调度也有提升。危机时期的人际关系改善是一个普遍存在的现象。

华为的任正非写了本《管理的灰度》，他在书中提出管理改进中的"七反对"原则："坚决反对完美主义，坚决反对繁琐哲学，坚决反对盲目的创新，坚决反对没有全局效益提升的局部优化，坚决反对没有全局观的干部主导变革，坚决反对没有业务实践经验的人参加变革，坚决反对没有充分论证的流程投入使用。"因为他深知，"完美主义"是扼杀管理创新的，"繁琐哲学"是要让改进搁浅的，"盲目创新"是自杀，"局部利益"是魔鬼，主政者"胸无全局"是自残，"空谈理论"是大忌，没有充分论证的流程是短命的。上述思想都体现了经济学中"没有最优，只有次优"的思想。

二、经济学中充满悖论

经济学教人们具有"悖论思维模式"。悖论，一方面是指一个事物与另一个事物相矛盾；另一方面是指两个矛盾的事物合二为一。悖论还常指相对不易把握、没有逻辑、充满玄机与隐性的东西。有时悖论是指一种能够导致无解性矛盾的命题，或者命题自身即体现着不可破解的矛盾，悖论也可表述为"逆论"、"反论"，诸如，二者背反、两难选择、应然与实然、动机与效果的恰相背反。悖论、冲突双方都具有充分的价值和理由,不涉正误、是非的判断,而是经常体现在矛盾选择之中。

经济学是研究经济活动中充满各种两难冲突的学问。包括:个别决策人如何权衡各种两难冲突做出决策,以及不同个人的决策之间如何交互作用产生某种全社会的两难冲突;不同的社会制度下,这些社会的两难冲突又如何由某种制度权衡折中,产生个别人不得不接受的现实局面。

几百年经济学的发展,宏观经济始终围绕着"四大悖论"进行争论。一是公有与私有;二是计划与市场;三是公平与效率;四是保护与开放。公有好,私有好?对于公共物品行业的企业国家直接经营好,对于自然垄断行业的企业国有控股好,对于竞争性行业的中小企业最好私有化或民营化。计划好,市场好?衣服、面包缺了,市场调节好,因为,衣服、面包缺了,供不应求,产品就会涨价,价格提高,生产衣服、面包就有利可图,企业就会不用政府告诉,自觉自愿地生产衣服、面包。可是如果北方缺水了,东部缺少燃气了,西藏地区缺少铁路了,清新的空气缺了,城市绿地缺了,市场解决不了,就必须靠政府的规划(市场经济体制下的计划)来解决,于是就有了南水北调、西气东输、三峡工程和青藏铁路等的规划的存在。公平第一,效率第一?如果是供小于求的短缺经济,经济发展的主要矛盾是增加供给,就应该坚持效率优先兼顾公平的原则;如果是供大于求的过剩经济,经济发展的主要矛盾是拉动需求,就应该缩小收入差距,坚持公平第一、效率第二的原则。因为穷人的消费倾向高于富人。开放好,保护好?一个国家经济高度发达,企业有很强的竞争力,开放最好了;如果一个国家是生产力落后,产品没有竞争力,适度的保护政策是必要的。但就总体上看,市场越大,资源配置越有效,开放比保护更好。

国有企业与政企分开是悖论。政企分开无论是指企业的财务和政府的财政分开,还是指政府不干预企业,都不可能做到。企业的财务与政府的财政可以在形式上分开,但实质上两者不可能真正分开,因为,国有企业不过是"公共财政"以企业形式的延伸,而政府怎么可能与公共财政"分开"呢?政府不干预国有企业也是不可能的,国有企业资本是国家的,搞坏了政府承担风险责任,政府怎么可能不管呢?要实行政企分开除非实行非国有化,要是国有企业就不可能真正实现政企分开。政企分开无非是说政府要尽量减少直接干预企业,这不过是一种理想状态。

储蓄悖论,个人在生活中极其简单和节俭是一种美德,大家都这样,从总体上变成了坏事,因为社会总需求将会严重不足,导致经济萧条。

勤俭悖论，虽然勤俭节约可以帮助一个家庭改善财务状况，但整个社会的节俭却会导致需求减少、失业增加。

通货膨胀悖论，一个人获得了更多的货币，对他来说是好事，比以前更富有了，但每个人都获得了更多的钱，大家的情况就都变坏了，因为大家都有钱了，物价就会飞涨。

贸易保护悖论，一个国家为了自己国家生产者的利益实行贸易保护政策，可能会得到一些好处。但所有的国家都实行贸易保护政策，国际贸易就会受到极大的影响，从而损害所有国家的利益。

插队悖论，为了个人便利不自觉排队而插队，能给自己带来好处。但大家都插队，而挤成一团，结果大家都受损害。

经济危机悖论，在危机时，企业几乎都在"现金为王"的思路上保生存，这种在微观上正确的企业行为，相加在一起在宏观上就会产生错误的结果，使经济失去活力。

是进入高端产品领域，还是坚守中低端领域的悖论，即"土豆悖论"。"土豆悖论"是指在大萧条时期，消费者舍弃高端奢侈品而转向中低端产品，导致对后者需求上升进而拉动中低端产品销售量和价格同时上升的现象。虽然中低端产品的利润没有高端产品那么大，但是巨大的基础性需求是具有持续性的，它是低端制造的新兴经济体受经济危机冲击较小的原因之一。一些劳动密集型产业全过程都利用了本土资源，而在一些所谓的"高科技"项目中，从核心技术、关键零部件等重要利润环节完全掌握在少部分国际巨头手里，不仅加工制造利润有限，而且也只有少数地区能够办成功。

企业经营中的多元化与专业化悖论，不把所有的鸡蛋放在同一个篮子里，还是把所有的鸡蛋放在同一个篮子里。多元化经营和专业化经营其实是两条并行不悖的主旋律。前者追求的是一种范围经济，通过业务匹配和功能耦合来降低成本，提高竞争力，通过多领域投资来降低风险；后者追求的是一种规模经济，通过专业分工来获得递增收益，建立核心竞争力和竞争优势，进而降低风险获取最大利润。企业多元化经营有益处：分散投资风险；充分利用内部资金；有范围经济和协同效应；平衡现金流，促进企业发展；分享关联资源，提升市场影响力等。多元化经营的弊端：进入新领域增大了投资风险；分散了企业力量；企业内部的不恰当补贴；不符合所有者的要求。一般来说，一个大企业要有"1+1+1"的产业投资战略，即要守住原有的发家产业，发展一个高成长的新产业，再（财务）投资一个产业。

做企业,要"做大、做强"当须"做熟、做专"。其实,只要看看世界500强企业,我们就知道,其大多是"做熟、做专"的典范,特别是早期都是专业化的,后来即便是升级,也往往是做专业化的升级。比如松下公司做电器、宝马公司做汽车、微软公司做软件等。离开了其熟悉和专业的本行,它们还能跻身世界500强的行列吗?

华人优秀企业家李嘉诚的发展模式就是"多元化经营",并且经常是搞不相关产业的多元化经营,并且取得了非常好的效果。李嘉诚在各个行业都全面发展,称为"天女散花",他不但在信息通信产业谋求发展,而且在房地产、酒店、商业等领域都有投资。在今天看来,他几乎都成功了。青岛海尔的"亮了东方再亮西方"、"一通百通,一名百名,赢者统吃"的经营战略,也体现了多元化经营的理念,不过青岛海尔搞的是相关产业的多元化经营。青岛海尔是先把冰箱产业做好,做成品牌,做成第一,然后再利用品牌效应,进入彩电和洗衣机等相关产业。理论依据是,百米比赛,第一名和第二名差距仅有几毫米,尽管如此,第一名获得的好处则是第二名的十倍、百倍、千倍乃至万倍。有数据表明,相关产业多元化与不相关产业多元化相比较,相关产业多元化的投资效率非常高,成功概率也比较高。

当企业面对的是小市场、地区市场、本国市场时,企业扩张到一定阶段,只能是多元投资和经营,以获得范围经济的优势。而当企业面对的是大市场、全球市场时,就要求更加专业化地经营,由此大量的并购发生,大的跨国公司产生。如果是新企业,最好专业化;如果是老企业,可以做多元化;如果是小企业,要实行专业化经营;如果是大企业,可以实行多元化经营;如果是经营,必须坚持专业化;如果是投资,可以实行多元化。总之,专业化有专业化的条件,多元化有多元化的条件,要具体问题具体分析。

企业定价战略中的悖论,厚利少销(高质高价),还是薄利多销(低质低价)?不一定,主要看商品的需求价格弹性。需求价格弹性是指一种物品价格变动所引起的需求量变动的大小。需求的价格弹性在经济学中一般用来衡量需求的数量随商品的价格的变动而变动的情况。需求价格弹性是指某商品的需求量(对企业来说是销售量)变动率与其价格变动率之比。它反映了商品需求量对其价格变动反应的灵敏程度。需求量变动率与价格变动率的比值就是需求价格弹性的弹性系数。不同的商品,需求量对价格变动的反应是不同的,需求价格的弹性系数不同。有的商品价格变动幅度大,而需求量变动幅度小;有的商品价格变动幅度小,而需求量变动幅度大。

如果某种物品需求变动的比率大于价格变动的比率,即需求弹性大于1,我们就称这种情况为需求富有弹性;如果某种物品价格变动引起的需求量变动的比率小于价格变动的比率,即需求弹性小于1,我们就称这种情况为需求缺乏弹性。冷饮的需求弹性为2,家具的需求弹性为1.26,汽车的需求弹性为1.14,这些都是富有弹性的物品。食盐的需求弹性仅为0.1,煤气、电力的需求弹性为0.92,这些都是缺乏弹性的物品。

如果某商品的需求是富有弹性的,则当该商品价格下降时,需求量增加的幅度大于价格下降的幅度,从而总收益会增加;当商品价格上升时,需求量减少的幅度大于价格上升的幅度,从而总收益会减少。如果某商品的需求是缺乏弹性的,则情况相反。如香烟的需求曲线缺乏弹性,因为上了瘾的烟客不会在乎价格的高低,所以价格的高低对香烟需求量的影响较小。

谷贱伤农悖论,如果一个农民的农作物在某一年获得大丰收,这对他来说的确是高兴的事。但是当所有的农民在当年都获得了大丰收,那么就变成了坏事。因为农民们的总收入可能会因为农产品价格的暴跌反而下降。意思是说,丰收了,由于粮价的下跌,农民的收入减少。其原因就在于粮食是生活必需品,需求价格弹性小。也就是说,人们不因为粮食便宜而多吃粮食,由于丰收了而造成粮价下跌,并不会使需求量同比例地增加,从而总收益减少,农民蒙受损失。不仅如此,粮食是生活必需品,需求收入弹性也小,也就是说,人们收入提高了并不因此而增加粮食的消费。

企业经营目标选择中的悖论,也是企业做大和做强的悖论,即企业是追求市场份额,还是追求利润最大化。市场份额代表的是规模,规模说的是大,业绩和利润代表的是强。先进技术、好的商业模式、市场影响力和利润代表的是强。优是产品品质和文化理念。"做大"只是量,"做强"才是质。"大"不等于"强",更不等于"可持续"。位于2010年"世界500强"首位的美国沃尔玛,收入排第1,利润排第9,资产排第118。零售企业只赚物流、零售环节的钱,销售额虽大,利润率却不高。"大"与"强"也有一定关联。规模大可能存在"强"的因素。特别是营业收入指标,反映了企业综合实力在市场上的实现,而企业经营的出发点和归宿正是市场。

创业初期,万科有四大支柱、九大行业,王石把万科当时多元化的做法形容为"大兵团"作战。1992年,王石认识到了多元化经营并不能使企业长久地发展下去,于是下定决心走专业化的道路。万科按照专业化的发展战略对非核心业务进行了调整,开创了万科著名的"减法理论",也就是对下属的非核心企业关、停、并、转。总的来说,调整的目标是:以房地产为主业,以住宅为核心,调整业务,盘活存量。

需要指出的是,又大又强的企业不是没有,但一般企业尚在努力跻身此行列的过程中。实际上,这个问题既有"先"和"后"的问题,又不是单纯的先后问题。从企业愿景来看,这是截然不同的两条路。有些行业,例如生产牙膏和家电,不做大则很难生存。而另一些行业,例如专业服务业,做大了则很难生存。还有很多企业,例如汽车行业,做大做小都有活路。

做大可以为企业做强提供物质基础和条件,企业做大会相对增强抗风险能力和竞争力,但从长期来说,只有竞争力强的企业才能获得生存和发展,产业也才能继续做大。长大对公司是内在的需要,苹果的乔布斯和IBM前CEO郭士纳都说过:大很重要,因为规模就是杠杆,深度和广度可以容纳更多的投资、更大的风险以及更长久地对未来进行投入。

规模经济理论认为:企业规模扩大可以在市场竞争中获得成本优势,站稳市场。因为,在一个产业内部无法容纳太多的企业,只有规模达到一定程度的企业才能够生存下去。西方新制度学派把企业规模扩大的原因归结为节约交易费用。如果说发生在人与物方面的费用是生产成本或生产费用,那么,发生在人与人方面的费用就是交易成本或交易费用。广义的交易费用除包括狭义的交易费用,即市场交易费用外,还包括企业内部组织管理费用。

西方新制度学派的企业理论认为,企业规模的大小取决于企业扩张或收缩的内部组织管理费用与市场交易费用的比较。如果一个企业再多组织一项交易所引起的成本大于市场机制组织这项交易的成本,则这项交易就应由市场组织。也就是说,企业规模的临界点或边界是企业内部组织管理的费用与在市场或别的企业组织同样交易所需要的费用相等的那一点。企业内部组织管理费用由四方面的费用构成。一是设计和执行企业内部行为规则的费用。为了保证企业内部分工协作关系的正常进行,需要建立一整套行为规则。二是监督和管理费用。企业规模越大,等级层级数量越多,在等级制的金字塔结构中,越往下层机构越多,人数越多,表现出少数人指挥多数人的特点,这时上级对下级的监督就越困难,就会不可避免地产生偷懒和"搭便车"行为,降低企业的效率,从而带来较高的企业内部组织管理费用。企业层级数量越多,信息向上反馈和指令向下传递的系统越容易出现偏差和迟缓,如果上层管理机构根据偏差和迟滞的信息做出决策,职工也是根据偏差和不完整的指令操作,会导致决策失误,使整个管理体制效率下降。三是由于企业内部存在管理复杂事物、原谅失误、互相包庇、互相吹捧、不愿冒险和创新的思想观念，会带来企业的效率损失。决策者以为企业具有管理复杂事物的能力，但由于管理能力往往有限，超过自己的能力会造成失误。在企业内部，有了失误可以解释原因，可以进行谈判，并会得到谅解。市场不同情弱者，也不相信眼泪，问题靠铁面无私来解决。一旦失误就要遭到惩罚、付出代价。但企业内部常常相信眼泪，下级出了错，哭天抹泪，就会得到领导的同情而免受惩罚。四是企业内部对个人贡献的度量机制比市场机制差，引发企业内部动力机制减弱。因为谁都不知道每个环节对最终产品和产出的影响。

市场交易费用主要包括以下内容：一是寻找交易对象和交易价格的费用；二是谈判或讨价还价的费用；三是签约的费用；四是执行合约的费用；五是监督违约并对之惩罚的费用。

西方新制度学派企业理论认为，企业的规模将在以下情况下趋于扩大：一是组织成本越少，随着本组织的交易的增多，成本上升得越慢；二是企业家犯错误的可能性越小，随着本组织的交易的增多，失误增加得越少；三是企业规模越大，生产要素的供给价格下降得越快。

一般来说，企业成长做加法（做大）；企业成熟做减法（做精）；企业成功做乘法与除法（做强与做优）。

对"二八定律"有多种解释，一个行业80%的利润或市场被20%的大企业分享；一个企业80%的利润来自于20%的大客户；一个企业80%的利润来源于20%的主要产品（畅销产品）等。

长尾理论的提出者安德森认为，长尾是指那些原来不受到重视的、销量小、种类多的产品或服务，由于总量巨大，累积起来的总收益超过主流产品的现象。比如，一般人们认为企业八成利润来自两成商品的销售。所以这两成商品就被叫作畅销商品，余下的八成商品则被认为是冷门商品。事实并不完全对，亚马逊网上图书销售额中，有1/4来自排名在10万之后的书。所以，从短期看企业要把"二八定律"发挥到极致，从长期看企业要立足于"长尾理论"。因为如果企业把长远发展的宝都押在20%的产品或客户上，一旦20%的产品被淘汰，或20%的大客户流失，企业就可能措手不及。

长尾理论是指通过创意和网络，挖掘分散的、被忽视的，而又规模巨大的潜在需求。长尾是网络时代兴起的一种新理论，意思是在网络时代，由于生产流通成本的降低，过去被人们认为的"冷门商品"同样可以带来巨大利润。长尾理论指出，当商品储存流通展示的场地和渠道足够宽广，商品生产成本急剧下降，以至于个人都可以进入生产和销售时——几乎任何以前看似需求极低的产品，只要有人卖,就会有人买。而这些需求和销售不高的产品所占据的共同市场份额可以和主流商品相比,甚至超过主流商品。也就是说,当售卖冷门产品的空间再也不用什么成本时,这些商品突然有了价值,并再度受到瞩目。

尽管长尾现象在娱乐媒体和互联网界明显,但到淘宝网(天猫)看一下就知道了,它同样存在于其他地方,从汽车到手工艺,各种领域都受到影响,从更广泛的角度看,长尾理论阐释的实际上是丰饶经济学——当我们文化中的供需"瓶颈"开始消失,每一个人都能得到一样东西的时候,长尾故事便会自然发生。

坚持主业,将主业做大和精细化与寻找新的经济增长点之间的悖论,对增长速度和规模停滞的恐怖,使许多企业家往往不满足对主业的追求,而进入一些高利润率甚至自己不熟悉、不擅长的行业。把主业做精要有工匠精神,即有一种热爱、专注、精益求精,永远在产品和质量上不断进步的精神。坚持主业,将主业做大和精细化与寻找新的经济增长点之间,关键看主业是什么样的?一般来说,如果所在的行业是成长性好的朝阳产业,就要尽量把主业做大、做强;如果所在的行业是成长性很差,甚至是处于萎缩状态的夕阳产业,就要寻找新的经济增长点。

在把主业做大、做强的过程中,一定别忘记寻找蓝海。蓝海战略是相对于红海战略来说的,蓝海是未知的市场空间,红海则是已知的市场空间。在红海里,人们早就对不同产业的情况了如指掌,对竞争规则认同。企业厮杀的目的在于获得更大的增长和利润。但市场空间越来越容纳不下竞争者,厮杀也越来越惨烈。在蓝海则不一样,它尚未被开发,有新需求可以被创造出来,有高利润可以被追求。关键一点是,人们在熟悉红海之后,要善于利用红海的价值,从其内部已有的产业边界向外扩展出蓝海,或者是直接从产业边界或外延创建出蓝海。

2005年2月,钱·金和勒尼莫博涅二人合作出版了《蓝海战略》一书。书中指出,聚焦于红海等于接受了商战的限制性因素,即否认了商业世界开创新市场的可能。相比之下,蓝海不是现有产品线的延伸,也不是单纯的技术创新,而是跨越现有竞争边界,对价值元素进行重新组合,对市场进行重构。蓝海战略讲的是回避同质化、低利润的"红海",进入差异化、低成本的"蓝海"。

价格战是红海,摆脱价格战进入蓝海有什么路径?根据其案例分析,我们可以归纳为两种:一种是行业内创新;另一种是行业间创新,而不是行业外创新。

企业战略定位的悖论。走国际化道路,水太深;走专业化道路,路太窄;走多元化道路,精力不够;走技术型道路,财力不够;走营销贸易道路,价格战打得太艰苦。到处充满着悖论,即两难的选择。

城市化和户籍制度改革的悖论。城市化是指人类进入工业社会时,社会经济发展促成农业活动的比重逐渐下降,非农业活动逐渐上升的过程。与此结构相适应,乡村人口比重逐渐降低,城镇人口比重稳定上升,转移出来的乡村人口的生活方式和思维方式也逐渐向城市文明转移。2007年底中国城市人口5.9亿,按官方统计年鉴的数据,即按常住人口统计,中国的城市化率达到45%,根据中国社科院学者的研究,即按户籍人口统计,中国的有效城市化率可能只有28%~35%,因为在现有城市人口中,有近2亿农民工只是城市的"候鸟",没有城市户籍。"户籍制度改革"的实质是一个城市采取何种步骤给予外来人口市民待遇。"户籍制度改革"的关键是现在"在户口上附着各种与教育、劳动、社会保障有关的各种经济利益"。户籍改革难就难在不公平的制度和户口挂钩,变成了户籍制度的问题。而这些实际上不是户籍改革所能解决的,也无关户籍本身,户籍只是一个身份证明。"户籍制度改革"的悖论,是指在城市化推进的过程中,越是要提供均等的社会福利,越难以进行改革;但是如果不进行改革,城乡统筹就做不到,户籍制度最终也改不了。

企业并购的悖论。通过收购其他企业的股权或资产,与其他企业合并,来谋求本企业的成长。企业成长有三种方式:有机成长、并购成长和战略联盟。不同的方式各有其适用范围、条件、风险和局限性,成长方式的选择是企业战略中的主要决策问题之一。并购悖论之一,成功率低,参与者、发生频率、规模交易却在增长。因为,人们常认为,成功率低,意味着风险大;而风险大的事,一旦成功其收益也大;别人不成功,并不意味着我也不成功;昨天不成功,并不意味着今天不成功;权衡之后,还是值得一搏的。并购悖论之二,弱势企业并购强势企业才能有效成长。在某个时点上,参与市场竞争的企业依其实力可分为强势企业与弱势企业。前者是指在市场地位、品牌形象、核心技术、经营管理、企业规模等维度上处于领先地位的企业,后者则相反。传统并购理论主要讲的是强势企业并购弱势企业,由于并购能力要求高,只有强势企业才具备相应的能力条件。但在现实中,一家弱势企业如果采取并购成长,就必须以强势企业为并购对象。这又是一个"悖论":一方面,企业之所以处在弱势,是因为它缺少某些资源和能力。弱势企业之所以要并购,是因为单靠自身的力量难以在短时间内形成这些资源和能力。而要通过并购获取这些资源和能力,就必须以比自身强势的企业为并购对象;另一方面,弱势企业的资源和能力的缺乏,其中就包括并购资源和能力的缺乏。缺乏能力的弱势企业,需要去做能力要求甚高的并购,这就给弱势企业提出了更大的挑战。

是"大狗通吃",还是"敏捷为上"？企业规模扩大有利于提高规模效益,但也会产生"大企业病"。"大企业病"一词由日本企业家立石一真首次提出。他认为：企业如同人,年岁一大,身体就胖,缺乏锻炼,活力差了,就得病了,即"公司的管理机能衰弱",患上"大企业病"。

是"股东至上",还是"顾客至上"？是"目光向内,精益和精简",还是"目光向外,判断宏观经济走势"？是"选用排名靠前的员工",还是选用"有激情的员工"？是"挑一个魅力过人的CEO",还是"挑一个勇气过人的CEO"？等等,都充满着悖论。

现代思维的典型表现在于允许两种对立或多种矛盾的思想同量并存。思考问题不仅关注现实方面,而且关注趋势面；不仅关注赞成面,而且关注反对面。现代思维善于在悖论中捕捉答案,在对立中寻求超脱。

三、制度和政策的边际效用是递减的

边际效益是指增加一个单位的某种物品或劳务的消费所带来的总的效益的增加量。随着人们消费某种物品或劳务的量的增加,新增加的那个单位物品或劳务所带来的总效用的增量是递减的,这就是边际效益递减规律。边际效益递减规律给决策者的启示是,任何出台的政策措施效益都是递减的,因此政策和措施要适时调整,常变常新,当然变革要有连续性和继承性。

1978年我国对农村经营体制进行了改革,由"三级所有,队为基础"的人民公社体制,变为联产承包经营责任制。在人民公社体制下,"大帮哄"、"大锅饭",生产效率低下,农民既缺吃又少烧。联产承包责任后,土地的经营权交给了农民,农民在分得的土地上精耕细作,劳动生产率大幅度地提高了,粮食吃不了,柴火也用不了。可是经过几年后,联产承包责任制释放出的巨大的生产力消化完了,农业生产力和农民的生活水平徘徊不前了。针对这种局面,2005年国务院又出台了减免农业税的政策,当年使农民人均可支配收入大幅度提升,生活状况得到一定程度的改善。可是经过两年后,农民的生活水平又停滞不前了,2007年国务院又开始推行新农村建设。实践证明,靠一两项制度改革和创新不可能把一项事业搞好。要搞好一项事业必须不断改革创新。不仅中国如此,西方各个国家也是如此。西方国家无论是对经理人的激励机制,还是对工人的激励机制,都经历过这样的过程。对经理人的激励制度或机制,经历了年薪、经理人持股、股票期权,以至于高额的退职金和丰厚的医疗保险等。工人的工资制度经历了成本工资制、边际生产力或效率工资制、谈判工资制和分享工资等。当然各种

激励制度并不是完全互替的,而常常是互补的。总之,任何一个制度,绝不可能有利而无弊。任何一个制度,也绝不能历久而不衰。一项制度,若能永远好下去,将使经济活动窒息,因为再不需后人努力变革了,经济和社会也就停滞不前了。

第二章

现代企业制度与国有经济改革战略

现代企业制度是显示现代社会经济特征的主要企业形式。我国经济体制改革以来,一直把企业改革,尤其是国有经济改革作为重中之重。国有经济改革的微观形式是建立现代企业制度。国有经济改革的宏观形式是进行战略调整,有所为,有所不为,缩小国有经济范围。这一章我们对国有经济改革进行分析。

第一节 企业与现代企业制度

企业是近代和现代的范畴,严格地说,不是任何社会的生产单位都是企业。企业是随着资本主义的产生而产生的。现代社会有不同的企业形式,不是现代社会所有的企业制度都是现代企业制度,甚至可以说,不是所有的公司制企业都是现代企业制度,现代企业制度是以股份有限公司和有限责任公司为主要形式的公司制企业。

一、企业与企业的基本特征

什么是企业,这似乎是一个不言自明的简单问题,但实际上并不是每个人都能完整地、正确地理解它。现代企业是由企业家主导的、通过企业合约实现的、依靠科层组织来配置资源和协调分工合作关系,进行生产经营活动,并承担风险的组织。企业既是生产力的载体,又是生产关系的体现。

企业不是天生的、自然产生的,而是要按法定程序向企业登记管理机关申请,由登记机关审查符合法定条件后赋予的市场主体资格,具有拟制人格化特征。根据企业登记管理相关法律、法规规定,企业向登记管理机关申请登记时应提供相关材料,一些特定行业还需有特别资料和国家工商行政管理总局规定要求提交的其他文件。企业登记是企业"人格化"的"出生过程",在这个过程中,不管是股东本人提交还是由其指定提交、委托提交或委托出具的各种资料,不但要符合法定形式,而且内容要真实、合法、有效、准确、完整,不得有虚假记载、误导性陈述、重大遗漏。

企业的基本特征,即企业区别于政府、事业单位和市场等非企业组织的特点是:

第一,企业是产品或服务的生产者或提供者。企业的本质功能,或最基本的功能是生产功能和服务功能,因此,既不能为厂商和消费者提供有效产品,又不能提供有效的服务的组织,无论如何不能称为企业。产品或服务的提供者是企业区别于其他社会组织和消费者的主要标志。

第二,企业是通过契约关系形成的利益相关者的结合体。企业通常被看作个人之间交易产权的一种合作组织,企业是一系列稳定的多边契约的组合,是由一系列契约连接的网络。组成企业契约关系的利益相关者通常被分为两个部分:一部分是内部利益相关者,主要是指内部股东、经营者和员工;另一部分是外部利益相关者,主要是指债权人、供应商、客户、社区和政府等。而在现代企业中,企业契约关系网络的中心人,通常被认为是企业的CEO或总经理,因为,首先董事会或董事长代表企业所有者与CEO或总经理签订契约,然后CEO或总经理接受授权,代表企业与员工、供应商、客户、债权人等签订合约,最后组成企业的契约网络。

第三,企业是依靠科层组织来实现分工协作关系的一个组织。在理解企业是依靠科层组织来实现分工协作关系的一个组织时,应该明确,一是无内部专业化分工的生产经营单位不能称为企业。企业是以分工协作关系为基础的社会化生产方式,是靠企业家的指挥来协调专业化分工和有效配置企业内部资源的组织。二是企业作为科层系统,其内部组织纵向是不同等级之间的行政性隶属关系。企业的组织结构犹如一座金字塔,其顶端是组织的权力中心,它通过自上而下的权力分布关系网,逐级控制数量递增的下属层次,下级服从上级是科层制的原则,上下级之间是管理与被管理、命令与服从的关系。尽管新经济时代,企业的组织结构已由金字塔的集权制变为分权的横向网络型组织结构。但科层组织的特性仍然显现。三是企业内部的交易和资源配置是通过一层一层的行政隶属关系,遵照行政命令来完成的。企业虽然是通过平等的契约关系建立的,但是,企业一旦建立后,以命令服从为特征的科层组织关系将取代平等的自由的契约关系。企业作为一种科层组织关系与市场关系是截然不同的,市场关系是平等的经济活动主体之间横向发生的关系,自愿互利是结成市场关系的原则,缔约双方地位平等,不存在强制和被迫服从。

第四,企业是以利润最大化为主要目标。利润最大化是指在一定的技术和生产组织条件下,企业努力降低各种成本,力争各种要素投入量最低而产出量最大化的行为过程。利润最大化是一个"中性"的经济学概念或属性。其本意在于,在投入既定的条件下,(如何)通过资源的最佳配置,恰当的激励机制,以及合理的策略行为(包括定价、质量选择等),从而实现产出或收益最大化。因此,利润最大化在规范意义上,应当与"节约"和"效率"并行不悖。实际上,初级阶段的企业追求利润最大化,成熟的企业是在合理利润的前提下追求社会利益最大化,否则会输掉整个市场。

利润最大化的正效应有:一是有利于接受市场的信号和接受市场的导向;二是有利于强化经营管理和技术创新;三是有利于实现国民经济较快增长;四是有利于培养具有现代化管理意识的企业家阶层。利润最大化在产生巨大的正效应的同时,也会产生一些负效应。利润最大化的负效应是:市场信号的偏差常常导致企业实际搞的是短期利润最大化,即使实现了企业长期利润最大化,也未必符合社会宏观经济效益。

另外,现实经济生活中经营者常常追求的不是利润最大化,而是销售收入最大化、企业规模增长率最大化和企业的稳定与增长。为什么在现实经济生活中,许多企业追求的往往不是利润最大化,而我们仍然把企业追求利润最大化作为企业的基本特征呢?这是因为,利润最大化假设能做出可被证伪的预测,但满意的利润,或适度的利润的假设却不能做出被证伪的预测。一些经济学家认为,科学的理论就是可被证伪的理论,换句话说,永远"正确"的万金油理论是彻底的伪科学。

当然,企业除了以利润最大化为主要目的外,还要具有创新精神、总体管理质量、长期投资价值、对社区和环境的责任、吸引保留有才华人员的能力、产品质量、财务的合理性程度、巧妙地使用公司财产的效率,以及公司做全球业务的效率等多元化目标。特别是在经济高速发展的今天,随着企业本质观念的革命,要求企业经营目标的再定位;企业内部结构的变化,企业其他利益相关者地位的提高,促使企业必须重视非股东利益相关者的利益;企业与社会的关联更为广泛和深入,社会的网络化程度大大提高等多方面原因,都要求企业经营目标向多元化发展。

实际上,说企业的盈利增加是一回事,说利润率提高则是另一回事,说企业的生产率提高又是一回事了。经济学告诉我们,如果外在市场需求条件不变,利润率提高则应该反映生产率的提高,而如果市场需求条件改善了,企业的投资扩张就能改善盈利水平。即使利润率未变化,如果能够盈利的企业数量增加了,也能导致盈利整体增长的现象发生。企业更应该追求劳动生产率的最大化。

企业究竟追求什么?不同的人有不同的说法,经济学家告诉我们,企业的目标是追求利润最大化;管理学家告诉我们,企业要生存和发展,最重要的是为客户创造价值;当然也有很多人认为,国有企业和非营利性组织要把社会责任放在首位。

第五,企业是自主经营、自负盈亏的独立经济实体。在市场经济条件下,企业必须是商品生产经营单位,是市场的主体。企业作为商品生产经营者要参与市场竞争、做出正确的生产经营决策;企业还要自主经营、自负盈亏,以自身的商品销售收入补偿自己的支出,不可能像传统国有企业那样,只负盈不负亏。因为作为一个真正的企业来说,自己不负亏,没有谁能为它负亏。

企业的性质即企业作为一种经济制度(组织)区别于其他经济制度(组织)的特殊性。企业性质研究的重点是从效率角度分析企业产生的原因和存在的依据。企业的性质是一个历史演进的动态化概念,从理论抽象上看,企业是一个权利关系的组织网络;从实践来看,这一权利关系将因企业内部核心资产的变化而呈现不同的形态,企业的性质发生了变化,由传统资本的权利逻辑到高层管理与资本的两权分离,各自扩张与重新整合,再到人力资本权利分散扩张的逻辑。

二、企业及现代企业制度的基本形式

对于企业的基本形式的界定,现在与过去有了一些变化。原有的社会主义国家一直按照所有制来划分企业,通常把企业分为全民企业或国有企业、集体企业、个体企业、私营企业和"三资"企业5种基本形式。"三资"企业是指中外合资经营企业、中外合作经营企业和外商独资经营企业。其中,个体企业和私营企业的区别,按照我国工商管理条例规定,无雇工或雇用工人8人以下的属于个体企业,雇工8人或8人以上的属于私营企业。

西方发达的市场经济国家通常不按照所有制来划分企业,而是按照资产的组织方式或所有权与经营权是否分离及分离程度来划分企业,把企业分为3种基本形式,即业主制企业、合伙制企业和公司制企业。公司制企业包括无限责任公司、两合公司、有限责任公司和股份有限公司。两合公司中的发起人股东对企业经营风险承担无限责任,而非发起人股东对公司经营风险承担有限责任,这样既有负无限责任的股东,又有负有限责任的股东的公司就叫两合公司。如果说,业主制企业和合伙制企业作为自然人企业是古典企业制度的表现形式,有限责任公司和股份有限公司作为法人企业是现代企业制度的表现形式,人们通常把无限责任公司和两合公司看作从古典企业制度向现代企业制度的过渡形式,它们既不属于真正的古典企业,也不属于真正的现代企业。

业主制企业指的是资本主义的个人业主制企业。它是企业制度的最早形式,通常为业主自己经营。在个人业主制企业中,直接使用资源的产权主体是自然人,自然人财产与企业财产是合一的,企业资产归出资人所有和控制,出资人要对企业的全部债务承担无限连带责任。业主制企业的资产与业主个人的私有财产没有法律上的区别。业主制企业资本来源有限,企业发展空间受到限制,企业主对企业的全部债务承担无限责任,风险很大;企业的存在与解散取决于企业主,企业存在的时间短。合伙制企业是指两个或两个以上的自然人共同投资并分享剩余、共同监督和管理的企业制度。在这种企业制度中,所有权与经营权也是合一的,因此,投资者——合伙人——拥有企业的全部剩余。这种制度的有效性受合伙人的规模的限制。如果只有两个合伙人,那么利润和风险均在他们之间分配,偷懒动机弱。当合伙人的数量增大时,偷懒者所导致的损失由合伙人来平摊,这就会加强偷懒的动机,都想"搭便车"。合伙制企业的另一个缺陷是,每一合伙人的产权无法自由转让,转让必须征得其他合伙人的同意,合伙人共同承担着一切责任和债务。虽然合伙制企业在财产转让、退伙、统一意见等方面存在问题,资本的稳定性、企业的运作效率、筹资能力都不如股份公司制,但是其风险控制能力和约束力都大大优于股份公司制。美国法律上的有限合伙制体现了有权利就有责任的法律理念。可以说,拥有承担无限责任的合伙人,始终是约束经理人道德风险的"内部防火墙"。

按照原有的法律规定,所谓合伙企业,是指由各合伙人订立合伙协议,共同出资、合伙经营、共享收益、共担风险,并对合伙企业债务承担无限连带责任的营利性组织。按照《中华人民共和国合伙企业法》(2006年4月修订草案)规定,合伙企业有有限合伙和有限责任合伙两种基本形式,并指出合伙人包括自然人、法人和其他经济组织。有限合伙是指普通合伙人(承担无限连带责任的合伙人)与有限合伙人(以其出资为限对合伙债务承担责任)共同组成的合伙。有限责任合伙是指各合伙人仍对合伙债务承担无限责任,但这种制度将合伙人的无限连带责任仅局限于本人业务范围及过错,而对因其他合伙人过错造成的合伙债务不负无限连带责任。

业主制企业和合伙制企业是自然人企业,也被称为古典企业。古典企业是财产所有者与经营者合二为一并独享企业剩余的企业。

我们现在所说的现代企业制度通常是指以股份有限公司和有限责任公司为主要形式的公司制企业。现代企业制度的典型形式是股份有限公司。不能简单地说,公司制企业就是现代企业制度。无限责任公司和两合公司也是公司制企业,但不是现代企业制度。

无限公司又称无限责任公司,是指由两个以上股东组成,全体股东对公司债务承担连带无限责任的公司。其特征是:必须由两个或两个以上的自然人股东组成;股东对公司债务承担连带无限责任;公司具有人合性;公司具有法人地位(大陆法系国家承认其法人地位,英美法系国家不承认其法人地位)。无限公司的特点决定了股东投资风险大、集资功能有限和公司难以做大。因而无限公司多是中小企业的公司形式,且作用日渐缩小。

两合公司是指由无限责任和有限责任股东共同组成,无限责任股东对公司债务负连带无限责任,有限责任股东对公司债务仅以其出资额为限承担有限责任的公司。其特征是:须有两个以上股东组成;公司的一部分股东对公司债务承担有限责任,一部分股东对公司债务承担无限责任;公司具有人合兼资合性质;公司具有法人地位(大陆法系国家承认其法人地位,英美法系国家不承认其法人地位)。两合公司吸收了有限责任公司的一定特点,但其同时具有的部分股东无限责任的人合性,决定了其主要是中小企业采取的公司形式,其作用有限。尽管如此,这种企业形式在现实中也还有其存在的必要性。

有限责任公司是指由1人以上50人以下股东共同出资所设立的法人企业组织。有限责任公司的特征:公司注册资本的最低限额为人民币3万元,1人有限责任公司的注册资本最低限额为人民币10万元;公司全部资产不分为等额股份;公司向股东签发出资证明,不发行股票;公司股份转让有严格限制;股东人数有一定限额;股东按其出资比例享有权利和承担义务。有限责任公司是由一定人数以上的股东共同出资所设立的一种非公众性、封闭性的公司,不得采用募集设立的方式,其设立程序相对简单。有限责任公司的股东之间通常比较熟悉并相互信任。有限责任公司特别适合于中小企业和合资企业。

有限责任公司的优点是:设立简便,只有发起设立,而无募集设立,股东出资额在公司成立时缴足即可；公司组织机构比较简单，一般采取董事单轨制进行管理，即董事和经理由一人担任，集财产权和管理权于一体，而且公司股东一般直接参与管理公司的业务活动；公司股东对公司债务负有限清偿责任，因而风险不大；公司股东人数较少，便于沟通和协调。

有限责任公司的缺点是：由于股东对公司只负有限责任，因而公司信用度不高；股本转让受到严格限制；易助长股东投机心理，以较少资本冒较大的风险。

股份公司是由一定人数以上的股东所发起组织、全部资本被划分为若干等额股份、股东就其认购的股份对公司承担有限责任、股票可以在社会上公开发行和在股票市场上自由转让的公司。股份有限公司通常是由2个以上股东为发起人，通过发行股票筹集资金所设立的企业法人组织。股份有限责任公司的特征是：公司注册资金最低限额为500万元；公司的全部财产分为等额股份；公司向股东发行股票，股票可以自由交易和转让；股东人数不少于规定的发起人数2人，上限为200人；每一股有一表决权，股东以其持有的股份，享受权利，承担义务。股份公司发起设立时，发起人购买公司应发行的全部股份。募集设立时，发起人只认购公司应该发行股份的一部分，其他部分向社会公开募集。我国规定，公开发行股份要达到公司股份的25%以上。公司股份总额超过人民币4亿元的，公开发行股份比例为10%以上。我国发行制度经历了额度审批制、通道制（核准制）和保荐人制度。

股份制是指以投资入股的方式把分散的分属于不同所有者的生产要素集为一体，统一经营、自负盈亏、共担风险、按股分红的资本组织形式和运营方式。股份公司的股权结构具有分散性、可见性，产权份额具有不平等性，产权主体构成具有不稳定性。股份制是现代企业的一种资本组织形式，它揭示的是企业的资本结合形式。股份制企业作为一种不具有特定社会经济性质的企业组织形式，它所反映出来的社会经济性质，不是它本身与生俱来的，而是由一定的所有制形式赋予的。股份制的性质可以从两方面界定：一方面，从股权身份上看，股份制中的国有股和集体股属于公有制的性质，股份制中的个人股属于私有制的性质；另一方面，从整个企业来看，股份制企业的性质取决于控制权在谁的手里。若控制权在国家手里，就是国有企业；若控制权在私人手里，就是私营经济。

股份制是一种共有制，共有制的基本特征之一，是无论在何种情况下，共有人都可以请求分割共有财产，退出共有关系。共有制有两种形式：一种是共同共有，即共有人共同享有某物的所有权；另一种是按份共有，即共有人按照份额享有某物的所有权。股份制属于后者。股份制否定了私人资本的单个性，却没有否认私人资本的私有性。从公司层面看，它是通过社会广泛集资而形成的社会资本，属于所有股东共同拥有，企业资本具有一定的社会性质，因此，股份制企业使社会资本代替了单个的资本，所以它否定了私人资本的单个性。股份公司否定私人资本的单个性，公司的财产不再属于任何私人，而是所有股东共同所有。但是，从最终所有权层面上看，股份制企业并没有否定私人资本的私有性。一方面，股份制企业是一种混合制经济，"混合"是以参与的多种所有制形式的独立存在为前提。另一方面，股份制企业只拥有企业法人财产权，不拥有企业的所有权，企业的所有权是由出资者——股东——所拥有，并且，通常出资者——股东——由于持股数量的差异而在资本占有关系上存在明显不平等。另外，从法律上说，股份制属于私法范畴，甚至公有股权控股的股份制企业，也必须接受私法调节。

股份制是为适应生产社会化发展的要求而产生的企业组织形式。生产社会化发展要求须有巨额投资，单个企业靠自身的资源积累难以达到社会化生产所要求的巨额资本，股份制是适应资本集中的需要而产生的。股份制的作用在于：股份制分散了经营风险，有利于在社会范围内广泛集资；股份制的产生造成了资本所有权与经营权的分离，有利于提高企业和资本的运作效率；股份制能借助市场功能，通过股票的自由流动平缓地调整产业结构，促进生产要素的合理流动，实现资源的优化配置；股份制的发展产生了食利者阶层和助长了过度的经济投机活动。前三个是积极作用，第四个是消极作用。

所有制及其实现形式，都是适应某一时期生产力的质、量及其结构而产生的，不同性质的所有制能够在同一生产力的阶段中并存或"融合"，只有采用股份制这种形式才能做到。股份制兼容"公有"和"私有"等各种所有制成分，具有很大的"杂交"优势。一方面，它保留了私有制中所有者对其资产关切度高的优点；又克服了私有制的经济规模小、私人能力有限、彼此利益容易抵触等缺陷。另一方面，它解决了传统的公有制经济资产无人关心和负责、损失浪费严重等痼疾，但又保持了相互协作、收益共享、规模经济等长处。股份制作为现代企业制度的发展，使资本（产权）社会化、组织形式股份化、管理专家化、风险分散化与市场国际化。

1. 有限责任公司的设立程序

有限责任公司的设立程序见图2—1。

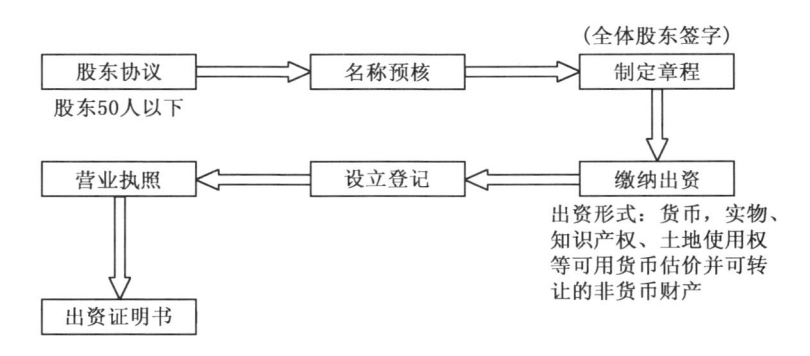

```
股东协议 ⇒ 名称预核 ⇒ 制定章程（全体股东签字）
股东50人以下                      ↓
营业执照 ⇐ 设立登记 ⇐ 缴纳出资
   ↓                    出资形式：货币，实物、
出资证明书              知识产权、土地使用权
                        等可用货币估价并可转
                        让的非货币财产
```

图 2—1

有限责任公司的法律特征：一是募集资本的封闭性；二是股东人数的限制性；三是出资转让的限制性；四是机构设置的简便性；五是经营与财务状况的非公开性。

2. 股份有限公司设立程序

股份有限公司设立程序如图 2—2 所示。

（1）发起设立（简单设立）

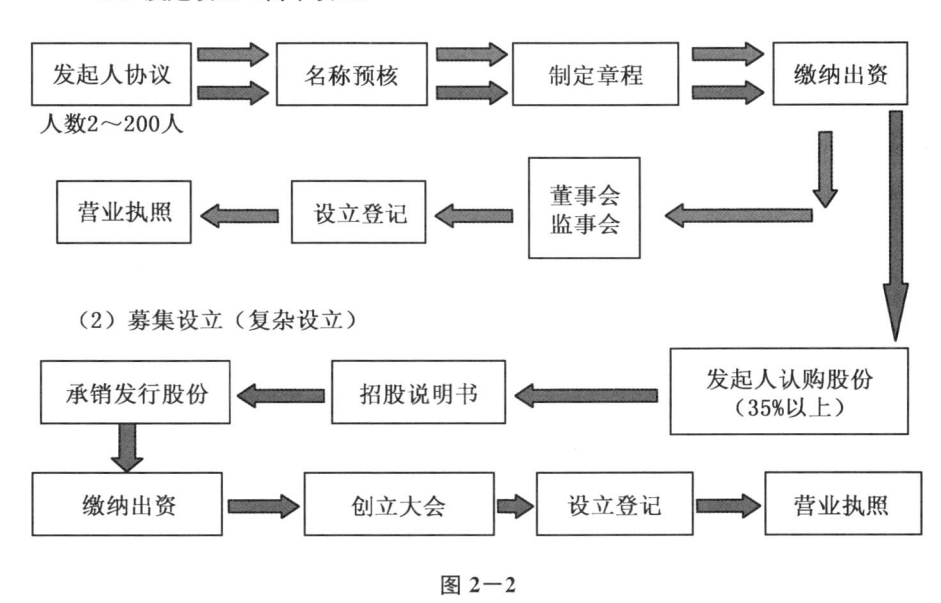

```
发起人协议 ⇒ 名称预核 ⇒ 制定章程 ⇒ 缴纳出资
人数2～200人                            ↓
营业执照 ⇐ 设立登记 ⇐ 董事会
                      监事会
```

（2）募集设立（复杂设立）

```
承销发行股份 ⇐ 招股说明书 ⇐ 发起人认购股份
    ↓                        （35%以上）
缴纳出资 ⇒ 创立大会 ⇒ 设立登记 ⇒ 营业执照
```

图 2—2

股份有限公司的法律特征：一是全部资本分为等额股份；二是公开募集资本；三是股份转让的自由性；四是财务状况与经营状况的公开性；五是公司所有权与经营权的分离性。

有限责任公司与股份有限公司的区别见表 2—1。

表 2—1 有限责任公司与股份有限公司的区别

	有限责任公司	股份有限公司
股　东	人数有限、相对稳定、互相信任	人数众多、流动性大
资　本	可不分为均等的份额、不能发行股票	分为均等的份额、可发行股票、公开募股
股份转让	股份转让受限制、具有封闭性	股份自由转让、具有开放性
经　营	除国有、大公司外,一般所有权和经营权不分离	所有权和经营权分离、运作规范、制度健全
信用基础	资合(但小公司或家族公司兼有人合的性质)	资本的结合作为信用的基础

有限责任公司与股份有限公司的主要区别：一是有限责任公司不同于股份有限公司,成立、歇业、解散的程序比较简单,管理机构也比较简单,同时公司账目也无需向公众公开披露。二是有限责任公司的董事们通常拥有设立该公司的全部或主要的股份,从广义上说,公司的管理者也就是公司的所有者。股东可以兼任董事,因而权力很大,利益可得到保障。三是在有限责任公司中,严格地说,公司向股东签发的是出资证明或股单,而不是发行股票。这种股权证或股单不是有价证券,不能像股票那样在证券市场上流通,且转让困难,因而有限责任公司的股东比较固定,与公司联系紧密,有限责任公司与股份有限公司相比股份转让有严格的限制。四是有限责任公司中不担任董事职务的少数股东的地位,要比股份有限公司中注册过的公司股东的地位弱得多。在有限责任公司中,如果不担任董事职务的股东对公司的管理不满意,不得随便出售其股份,万一发生特殊情况需要转让,必须经全体股东一致同意,如有股东欲转让其股份,其他股东有优先购买权。五是在各个国家中有限责任公司的数目大大超过股份有限公司,不过在资本总额上,有限责任公司通常大大小于股份有限公司,因而有限责任公司的经济地位相对较弱。六是有限责任公司的联合或合并比股份有限公司困难得多。

一个企业建立时,是按《企业法》注册一家业主制企业或合伙制企业,还是按《公司法》注册一家股份有限公司或有限责任公司,实际上是各有利弊。创办业主制或合伙制企业的优点,一是不存在委托代理关系和代理问题；二是企业决策快,企业主或合伙人想怎样办就怎样办；三是不用重复交税,上缴一次企业所得税就可以了,不用再缴个人所得税了,因为在业主制或合伙制企业中,企业财产就是个人财产,个人财产就是企业财产。创办业主制或合伙制企业的缺点是风险大,出资者要承担无限连带责任。

创办股份有限公司和有限责任公司的现代企业制度的优点是风险小,出资者——股东——只以出资额为限承担有限责任。缺点有:一是需要重复缴税,公司缴纳一次公司所得税,股东分红后,股东还要缴一次个人所得税;二是决策迟缓,因为股份公司需要"三会四权"的制衡,有些事情由董事会提出,需要交股东会讨论,并且有些事情需要出席会议的 2/3 股东表决通过才有效,有些事情需要 1/2 股东表决通过才有效。而且一般召开股东大会需提前一定时间通知股东,并把与会议内容相关的资料发给股东。因此,股份有限公司要办一件事需要时间和条件。实际上任何制度都是均衡的,当给一个制度设计一些优点时,就需要设计一些缺点来均衡,当给一个制度设计一个缺点时,也需要设计一个优点来均衡。是建立一个业主制或合伙制企业,还是建立一个股份有限公司或有限责任公司,需要根据自身的需要而定。

在股份公司不断发展的基础上,有选择、有条件地推动一部分股份制企业成为大众公司(股份有限公司),向社会大众发行股票,发挥股票市场的融资功能,接受大众股东的监督。股份公司发起设立时,发起人购买公司应发行的全部股份,募集设立时,发起人只认购公司应该发行股份的一部分,其他部分向社会公开募集。我国 1994 年的《公司法》规定,向社会公开发行的股份为"持有股票面值一千元以上的股东人数不少于一千人"。2006 年《证券法》规定,公开发行股份要达到公司股份的 25% 以上。公司股份总额超过人民币 4 亿元的,公开发行股份比例为 10% 以上,把"公开发行股份的比例"作为主板股权分布的主要标准。

公司上市有着明显的优、缺点。公司上市的优点主要有:一是为未来融资奠定基础,获得"造血"功能;二是以股票作为员工及管理层的激励方式,留住人才;三是投资人及少数股东可以股票套现;四是提高企业的知名度,增加企业的核心竞争力;五是以股权作为收购兼并的支付方式,减少现金流量支出;六是强化企业形象及可信度,提升在行业的话语权;七是利用股价的变化为公司及股东创造更多财富;八是凸显企业家成就,使企业持续、健康发展。当然,企业上市也有不可克服的缺点:一是上市成本高昂(审计、路演);二是 IPO 的风险;三是股权融资成本高于债权融资成本;四是公开披露信息,在与竞争对手竞争中处于不利地位;五是股价波动有时会歪曲公司的形象,丑化公司;六是面临着公司控制权的丧失。

目前从国际上看,股票上市的发行制度有三种:

一是审批制。审批制是股票发行决定权归属政府,政府实行"总量控制、限制家数"措施,这是一种带有较强的额度和规模控制的模式。1991~2000年我国实行的是审批制。

二是核准制。核准制是实行以保荐制度、发审委制度、询价制度为基础的。核准制的基本原则是各市场参与主体"各司其职、各负其责、各尽其能、各担风险"。在核准制下,新股发行采用市场化方式,也就是说,公司在发行股票的规模上,在发行价格确定上以及发行方式选择上,都应根据公司持续经营和资本运作需要,在充分反映公司内在投资价值的基础上,择优选择。2001年至今我国实行的是核准制。我国目前主板发行上市标准依据的是《首次公开发行股票并上市管理办法》。这个管理办法规定的发行上市标准除了公司治理要合法合规外,最核心的要求是"持续经营3年以上";"最近3个会计年度净利润均为正数且累计超过人民币3 000万元";"最近3个会计年度经营活动产生的现金流量净额累计超过人民币5 000万元,或者最近3个会计年度营业收入累计超过人民币3亿元"。创业板发行上市依据的《首次公开发行股票并在创业板上市管理办法》规定:"公司治理要合法合规、持续经营3年";"最近两年连续盈利,最近两年净利润累计不少于1 000万元,且持续增长",或者"最近一年盈利,且净利润不少于500万元;或者最近一年营业收入不少于5 000万元,最近两年营业收入增长率均不低于30%"。这个规定既体现了创业板要有营利性,又体现了要有成长性。也就是说,现在创业板上市公司有两套标准:一套是最近两年连续盈利,净利润累计不少于1 000万元;另一套是最近一年盈利,且净利润不少于500万元,最近一年营业收入不少于5 000万元,最近两年营业收入增长率均不低于30%。

三是注册制。注册制是只做合规性审查,其核心是确保上市公司披露信息的全面性、准确性、真实性和及时性,主管机构只对相关注册文件进行形式审查,如果形式、程序适当,主管机构不得以定价是否合理、公平或公司前景是否可靠等因素拒绝其注册上市。主管机构不对拟上市公司的投资价值做实质性评判,特点是"宽进宽出"。

实际上,注册制与核准制,并没有绝对的优劣之分,国际上较成熟的证券市场也并没有清一色地实施注册制,比如英国以及我国香港地区实行的都是带有核准制性质的发行制度。

股份公司上市发行股票时,可以实行"绿鞋机制"。"绿鞋机制"也叫绿鞋期权(Green Shoe Option),是"超额配售选择权"的俗称。"绿鞋"是由美国波士顿绿鞋制造公司1963年IPO时率先使用而得名。"绿鞋机制"的主要功能是在市场气氛不佳、对发行结果不乐观或难以预料的情况下使用。目的是防止新股发行上市后股价下跌至发行价或发行价以下,增强参与一级市场认购的投资者的信心,实现新股股价由一级市场向二级市场的平稳过渡。按"绿鞋机制"的国际通行做法,主承销商在股票发行后 30 天内,以发行价从发行人处购买额外的相当于原发行数量 15%股票的期权(一般不少于 10%),然后在股票发行中超额配发期权对应数量的股票,这部分股票一般由主承销商从发行人大股东手中"借股",或者延期支付给战略投资者。也就是说,主承销商发售了相当于初始规模 115%的股票,实际收到的股款与之相对应,然后主承销商再用这超额 15%的股款,选择从二级市场买入、抑或要求发行人增发,以偿还它所欠发行人或者战略投资者的股票。如果股票挂牌后股价低于发行价,承销商就按不高于发行价的价格从二级市场买入,承销商从二级市场买入股数与要求发行人增发股票之和,即为承销商所欠股票数量。

股份公司按照上市途径分为两种方式:

(1)IPO。IPO 是指企业在达到上市条件时,按照中国证监会的要求申请首次直接向投资者公开发行股票并筹集资金。IPO 可以给上市公司带来很大收益:一是可以使公司获得较充足的资金来源;二是可以增加公司的知名度;三是有利于公司吸引人才。但是,IPO 方式也有其自身的缺点:一是上市门槛高;二是历时较长;三是费用较高;四是风险较大。公司能否顺利上市还与市场的行情密切相关。

(2)借壳上市。借壳上市是指企业通过收购已上市公司达到间接上市目的的方式。公司收购已上市公司,可以通过国有股、法人股的协议转让,或者通过二级市场直接收购流通股,达到控股目的,然后进行资产重组,达到间接上市的目的。与 IPO 方式相比较,借壳上市具有很多优势:一是上市手续简单,条件灵活;二是实现上市过程的时间短;三是公司重组收益较大。壳公司经过资产置换,其股市价值可能迅速增长,使得证券公司获得巨大重组收益。四是可通过增发、配股等方式获得再融资资格。借壳上市也存在一定的缺点:一是壳资源稀缺;二是融资额度小;三是财务风险较大。借壳上市必须通过购买壳实现,收购壳公司成本通常较高。

股份公司按照上市的是全部还是部分,还可分为整体上市和分拆上市两种形式。整体上市是指将被改组公司的全部资产和业务整体改制为股份有限公司,然后以之为股本增资扩股、发行股票和上市重组的方式上市。分拆上市是指公司将某些独立性业务分离出来,成立专门的子公司分别公开招股上市,然后视市场情况,通过资产重组或配股的形式将母公司的资产逐步注入已上市的子公司,最终达到整体上市的方式。

目前企业整体上市主要有三种模式:一是上市子公司定向增发或公开增发,集团资产作价注入公司,即武钢模式;二是集团公司直接 IPO,再对上市子公司换股吸收合并,或先吸收合并子公司再 IPO,即 TCL 模式;三是中石化的"私有化模式",即上市集团公司要约收购分立上市的子公司。

整体上市的优势在于:一是增强上市公司的独立性。通过整体上市,可避免上市公司与大股东之间复杂多样的关联交易,公司的独立性和透明度将得到提高。二是简化重组程序,提高上市效率。三是有利于保持公司运作的连续性和稳定性。四是简化员工安置问题。整体上市也存在若干不足,主要表现为:一是门槛较高,难度大。整体上市对财务指标要求较高。二是不利于优化上市公司的资产结构。整体上市不区别公司的经营性资产和非经营性资产,而将其全部资产转移到上市公司。三是不利于人员结构的优化。

分拆上市的好处是:有利于市场对子公司的价值的发现,间接提升母公司市场价值和股东利益;有助于改善母公司资产的流动性;使母公司战略更为清晰,并带动专业化经济;可以改善对公司经营层的激励机制,并降低代理成本。对比整体上市,分拆上市具有操作性强、有利于优化企业资源的优势。但也具有以下缺点:一是不利于企业整体竞争力的提高。二是不利于上市公司的独立性。分拆上市使得母公司和子公司之间容易产生"内部人"控制及发生复杂的关联交易和同业竞争问题。

股票市场有上市发行制度,也有退市制度。我国现行的主板退市制度唯一能量化的标准是"连续亏损退市"法则。其缺陷:一是年度净利润是一个流量指标,容易通过财务报表重组被人为操纵;二是连续 3 年亏损"高难度"退市门槛,给不少亏损公司以可乘之机。

国外的退市制度一般都采取股价退市法、市值退市法、成交量退市法,以及财务退市原则(包括收入退市法、净利润退市法、净资产退市法、"资不抵债退市法",即 3 年连续资产为负的等)。美国股市的退市标准与上市标准是大体对称的。比如,上市标准包括财务标准(如总资产、净资产、净利润等)与市场化标准(如股东人数、股价、市值、公众持股)两大系列;同样的,退市标准也对称地设计为财务标准与市场化标准两大系列。美国退市原则大体可区分为三类:一是因并购或私有化原因自动、自主退市;二是因达不到持续挂牌的财务标准或市场化标准而被迫、被动退市;三是因法人过失或违法行为导致退市。上市有许多指标,包括了净利润上市标准、净资产上市标准、股本上市标准、股东数上市标准、遵纪守法上市标准等。相应地,创业板退市标准(持续挂牌标准)也包括了净利润退市标准、净资产退市标准、股本退市标准、股东数退市标准、行政谴责退市标准等。

我国目前创业板退市制度充分吸取了主板退市制度的教训,同时借鉴了成熟市场的创业板退市制度经验。设计采用了三个层次的"多元化"退市标准,即财务性退市标准(如连续亏损退市标准、资不抵债退市标准等)、市场化退市标准(如股价退市标准、成交量退市标准等)和行政性退市标准(如行政谴责退市标准),进而构筑了一张无形的"法网",让那些应该退市的垃圾股无路可逃。创业板退市制度总计设定了13条退市标准,绝大部分标准都是可以直接量化的。例如,连续3年亏损暂停上市,1个会计年度报告资不抵债的暂停上市,2个年度审计报告为否定或拒绝表示意见的暂停上市,连续120个交易日成交量累计不足100万股的直接退市,连续20个交易日收盘价均低于面值的直接退市,36个月内累计受到交易所公开谴责3次的直接退市等。在所有的退市标准中,资不抵债退市标准最具威慑力。

建立和实施退市制度对提高我国上市公司整体质量、形成优胜劣汰的市场机制发挥了积极作用。但现行退市制度在实际运行中存在退市程序比较复杂、退市周期较长、上市公司通过各种手段调节利润以规避退市的现象,导致上市公司"停而不退",并由此引发"壳资源"的炒作,以及相关的内幕交易和市场操纵行为,在一定程度上影响了我国资本市场的正常秩序和理性投资理念。这就需要改革主板、中小板上市公司退市制度,建立创业板上市公司退市制度,逐步形成市场化和多元化的退市标准体系,健全退市责任追究制度,研究退市公司进入场外市场的制度安排,确保上市公司质量。

据统计,目前在美国的企业中,76%的企业为业主制企业,16%的企业为公司制企业,8%的企业为合伙制企业(在经济中所占的比例不大,主要集中在少数行业中,如咨询业、会计和律师行业)。为此,经常有人提出,既然在现代社会中业主制企业和合伙制企业还广泛存在并占多数,为什么不把它们称作现代企业制度呢?经济学家的解释是,虽然业主制企业和合伙制企业在现代社会还广泛存在并占多数,但真正显示时代特征的是以股份有限公司和有限责任公司为内容的公司制企业。也就是说,虽然从企业的个数看,现代企业制度是少数,但美国企业在销售额方面,公司制企业占88%、业主制占8%、合伙制占4%。一个大公司的销售额和创造的产值利润顶得上成百上千个自然人企业,公司制企业在社会经济中明显居于支配地位,真正显示时代特征的是大型的公司制企业,因此只把公司制企业(股份有限公司和有限责任公司)叫作现代企业制度。尽管业主制企业和合伙制企业在个数上占多数,在现代社会广泛存在,但也不称它们为现代企业制度。

一种企业制度的安排是否优越,并不取决于它是否有公司框架,是不是现代企业制度,而且看它能不能降低交易成本和提高企业决策效率和运营效率,是不是有利于企业的长远发展。制度经济学认为,组织是有成本的,一个小企业变成了股份公司,一个简单形式变成了一个复杂形式,会使企业的管理成本急剧上升,管理效率大幅下降。实践证明,中小企业不宜建立现代企业制度,大型企业适合建立现代企业制度。

谈到股份制,除谈股份公司外,还不能不谈到股票及与股票相关的几个概念。与股票相关的主要概念:一是股东,股东是股票的持有人。二是股票控制额,股票控制额是大股东控制公司所需要的股票额。三是股息,股息是股票的持有者根据股票面额从企业盈利中获得的收入。股息分为现金股息和股票股息。四是股票指数,股票指数是计算一组股票价格的平均数。各种股票指数可以用于监视整个股票价格水平。五是证券市场,证券市场是进行有价证券交易的场所和渠道。证券市场按职能不同分为证券发行市场(一级市场)和证券流通市场(二级市场)。

我们再详细地谈一下股票,股票是向股份公司投资入股的凭证,也是取得一定权利的所有权凭证。股票按股东享有的权利和承担的义务不同分为普通股和优先股。优先股是区别于普通股的一种股票类型,其主要特征有:享受固定收益、优先获得分配、优先获得公司剩余财产的清偿、无表决权。股票按是否有表决权分为记名股票和不记名股票。股票按股权身份分为国有股、法人股和个人股。

股票的特点:一是不可退还性,股票一经售出,不能退还,只能转卖。二是作为一种特殊商品,没有价值,有价格,可以买卖。三是参与性。股东有权参与公司重大决策,其权利的大小取决于其股票的多少。四是受益性。其受益性表现在两个方面:一方面是股息或红利,它取决于公司盈利状况和公司盈利分配政策;另一方面是通过低价买入和高价卖出股票赚取价差利润。五是流通性。指股票在不同投资者之间的可交易性。流通性通过流通的股票数量、股票成交量和股价对交易量的敏感程度来衡量。六是价格的波动性和风险性。受公司经营状况、供求关系、经济政策、大众心理等因素影响,股票呈明显的波动性。波动有很大的不确定性,可能使股票的投资者遭受损失。不确定性越大,投资风险越大。正因为此,股票也是一种高风险的金融产品。

受益性的主要表现是向股东派发股利。公司股利是公司的股东按其投资额的大小从公司分得的利润,是公司盈余在股东和公司之间的初次分配,恰当的股利分配政策既影响股东的切身利益,又关系到公司未来的生存和发展。我国上市公司股利分配方式通常包括派发现金股利、送股票股利(即俗称的"送红股"或"送股")、资本公积金转增股本以及上述三种形式的不同组合。

第一,现金股利。现金股利是指公司以现金的形式向股东支付的股利,不增加公司股本,不改变每股净资产,是上市公司股利分配中最常见、最普遍的形式。优质上市公司向大股东提供稳定的红利现金流,可更好地激励股东的治理与经营。红利现金流也是股价与实体经济联系的重要纽带,只有更多地派发红利现金流,上市公司的股价与实际表现才会形成积极有效的互动,从而真实反映经济情况。

第二,送红股。送红股是指公司以发放股票的方式代替现金,按股东持有股份的比例向股东支付的股利。送红股虽然也是一种利润分配方式,但实质是将分配给股东的利润又进行了投资。对股东来说,分配所得利润并没有装进自己的腰包,如果股价除权或贴权,这种分红就是空欢喜。除权是由于公司股本增加,每股股票所代表的企业实际价值(每股净资产)有所减少,需要在发生该事实之后从股票市场价格中剔除这部分因素,而形成的剔除行为。贴权是指在除权除息后的一段时间里,交易市价低于除权(除息)基准价,即股价比除权除息日的收盘价有所下降,则为贴权。公司发放股票作为红利,对公司而言,资产、负债和股东权益的总额不变,但股东权益的内部结构发生改变,留存收益转化为股本,总股本增大,每股净资产降低;对股东而言,股东持有的股票数量增加,但持股比例不变。

第三,资本公积金转增股本。根据《公司法》等有关法律规定,企业需要提取一定比例的法定公积金、任意公积金等留存收益,用于企业弥补以前年度亏损和扩大生产经营等。资本公积金转增股本是指公司将资本公积金转化为股本,对公司而言,资产、负债和股东权益的总额不变,但股东权益的内部结构发生改变,资本公积金转化为股本,总股本增大,每股净资产降低;对股东而言,股东持有的股票数量增加,但持股比例不变。

转增股本与送红股的本质区别是,红股来自公司的年度税后利润,只有在公司有盈余的情况下,才能向股东送红股;而转增股本来自于资本公积金,不受公司本年度可分配利润的限制,因此,转增股本本质上并不是对股东的分红回报。

许多国家上市公司分红通常是直接将红利计为股东的追加投资或减扣购买成本,投资者从资本市场出售股票得到这部分收益,而不是从公司提现,对公司来说分红也成为一种积累手段。

我国继2011年11月初出台分红新举措之后,证监会随后推出分红细则,直接要求创业板公司将分红承诺写入公司章程,并在招股说明书中做重大事项提示。根据证监会的要求,发行人应当在公司章程中明确:发行上市后的利润分配政策,包括利润分配的形式、现金分红的具体条件和金额或比例、发放股票红利的具体条件、利润分配的期间间隔、利润分配应履行的审议程序等。从表面上看,证监会的新规主要针对公司分红的信息披露进行了规范和细化,并没有强制多少比例的现金分红。不过,业界多把这一政策认定为强制分红。

对分红比例的高低要综合考虑,科学决策,不一定是分红越多就对投资者越有利。公司应结合宏观经济环境、自身行业特点、所处发展阶段、投资机会、现金流量情况、举债能力、盈利稳定性、社会资金成本等因素,统筹考虑公司分红与持续发展的关系,科学制定与自身实际情况相符的稳定的现金分红政策。如果企业处于高速发展期,亟须发展资金,也许将更多利润留在公司再发展更能为股东创造价值。一项好的、科学的股利政策,应该是基于企业的实情和不同发展阶段制定的,与分配率高低或是否必须现金分红并无直接关系。当然,在可能的条件下,应该鼓励公司提高分红比例,特别是鼓励现金分红,这也符合市场走向成熟的大趋势。

上市公司现金分红是实现投资者投资回报的重要形式,对于培育资本市场长期投资理念,增强资本市场的吸引力和活力,具有十分重要的作用。近年来,中国股市上市公司现金分红的稳定性、回报率、分红意愿都有了长足进步。据深交所统计,2001年以来,分红公司占比由原来的30%左右提高到2010年的60%以上,2010年现金分红金额占当年上市公司净利润的28%,沪深300指数成分股的平均股息率已经达到1.06%。

中国股市在分红公司占比和分红比率方面与境外市场差距不大,但股息率大大低于境外市场水平,偏好送股、轻视现金分红,股利政策缺乏连续性和稳定性,部分公司长期不分红或很少分红,还没有形成注重现金回报的氛围。这就需要有效引导我国股市分红文化建设,建立、健全激励和约束上市公司分红的长效机制,督促上市公司完善分红政策及其决策机制,增加红利分配的透明度。可以从首次公开发行股票开始,在公司招股说明书中细化回报规则、分红政策和分红计划,并作为重大事项加以提示。

股票面值是作为股份载体的股票的票面价格,是人为设定的结果,与股份价值并无直接联系。《公司法》第126条规定,"股份有限公司的资本划分为股份,每一股的金额相等",因此,股份是构成资本的基本单位。通过股份,公司将其资本分割成金额相等的单位,股东以其持有的股份份额表示其在公司中的权利和义务份额。股票面值是股东投入公司的资本剔除溢价之后除以股份数的数额,是从资本、股份派生出的概念。

在目前的体制下,股票面值存在的意义主要体现在工商登记和相关的会计处理上,即:其一,股份有限公司的注册资本为公司股票面值与股份总数的乘积;其二,超过面值溢价发行的溢价款不作为资本登记,而是列入公司的资本公积金。创办股份公司所发行的股票价格总额同实际投入企业的资本总额之间的差额,是公司创办人获得的一笔额外收入,即创业利润。

股票价格的定义是股息收入的资本化。股票价格不等于股票面额。股票市价与票面价格无关,票面价格代表的是净资产,至于每股净资产在市场上能卖多少钱,则取决于它的盈利能力。在一级市场上股票发行价分为折价发行、平价发行和溢价发行。股票价格高低理论上取决于两个因素:一是股息,股票价格与股息成正比;二是银行存款利息率,股票价格与银行存款利息率成反比。从实际上说,股票价格还取决于股票的供求关系,国内和国际的政治、经济形势等。股票价格的计算公式:股票价格=股息/利息率。利息率可以通过三个途径影响股市:一是市场利率的高低,可以影响公司合理的市盈率,从而影响投资者的信心;二是市场利率的高低可以影响企业的财务费用,从而影响到企业的业绩;三是市场利率的高低影响资金的成本和入市资金的规模,从而影响股票价格。

市盈率是公司股票市值与每股税后利润的比率。市盈率所反映的是已经或正在成为历史的数字上的本益比,并不是决定投资者能否在可以据此计算得出的相应年限里收得回投资的不变因素,更不是唯一因素,反映投资价值的不仅有体现公司治理水平和核心竞争力的成长性,此外,还有容易与不同的市场环境和人们的认知水平发生互动的企业形象的可塑性等。股市上市盈率高的股票被投机者炒作的可能性大,市盈率高容易产生较多的泡沫。市盈率=总市值/净利润=当日股价×总股本/每股税后利润×总股本=当日股价/每股税后利润。

泡沫是指在一个连续的金融运作过程中,一种或一系列资产价格突然上升,并且随着最初价格上升,人们产生对远期价格继续上升的预期,从而吸引更多的新买者,在此过程中,资产买者主要追求资产的买卖差价,而不是想使用这一组资产。泡沫是现实资产价格与实体资产价格的差,即实体经济不能说明的部分。

换句话说,泡沫是指地价、物价等资产的价格持续出现无法以基础条件解释的猛烈上涨。

经济泡沫是指局部投机需求(虚假需求)使资产的市场价格脱离资产的内在价值的部分,指经济的实质部分没有怎么发展,倒卖的投机部分反而非常兴旺。当一个市场仅仅依据未来价格上涨预期进行交易,而不是依据未来的收益预期或实际需求进行交易时,该市场就开始积聚泡沫。证券市场的泡沫是市场价格脱离其实际价值而膨胀的部分,经济总量看起来很大,其实,里面装的并不是实实在在的财富,而是空气,一旦气泡爆破,整个经济将受到很大冲击。泡沫的崩溃,或者起因于投资者信心的逆转,或者起因于信用的收紧。这两者都与经济周期存在一定的相关性。经济泡沫是指用未来公司业绩能够填实的概率很小的事件。经济泡沫的基本表现形式是资产价格泡沫,资产价格泡沫是个模糊概念。按照经济学目前公认的定义,资产价格泡沫是指资产价格(特别是股票和不动产的价格)逐步向上偏离由产品和劳务的生产、就业、收入水平等实体经济决定的内在价值相应的价格的一种经济现象。然而,让经济学家也感到头疼的是,如何衡量"偏离",直到现在也没有找到一个不存在异议的标准。在无法对内在价值做出合理的评估,从而也无从判断它同目前价格所表现出来的偏差是否合理的情况下,市盈率成了衡量某些特定资产股票价值的一种替代方法。但是,这是不得已的,就像人们借影子量身高一样,本身就说明了不可靠性。

由于股票交易所反映的价值在很大的程度上不过是人们对该股票价值的预期,而并不是该股票固定收益的折现,所以,用市盈率的历史表现去衡量和判断其现在和未来走势的合理性,显然靠不住,把某国、某地区或几个国家和地区的市盈率水平当成放之四海而皆准的资产价格标准,就更为荒诞不经了。

资产价格泡沫究竟有益还是有害,或者说在什么时候是利弊参半,什么情况下则弊大于利,必须具体问题具体分析。经济泡沫并非一无是处,它可能预示着下一轮的经济增长。但是这要决定于泡沫产生的源头是什么,新技术引发的泡沫留下技术进步的伏笔,而缺乏产业升级和技术创新的"纯泡沫"却只能给经济带来伤害。如果在缺乏内需和技术进步的情况下,单纯的资本市场上的经济泡沫如果破灭,会造成一国经济长期衰退的危险。过度的投机性泡沫对经济的冲击是严重的,但泡沫不可能"完全挤干",也不应该"完全挤干"。泡沫挤干了市场会缺乏流动性、价格会缺乏竞争性、经济会缺乏活力。

经济泡沫不同于泡沫经济。泡沫经济是指虚假需求形成的局部经济泡沫通过一定的传导机制使社会有效需求得到过度刺激而形成的虚假繁荣现象,经济泡沫发展到泡沫经济有一个从量变到质变的过程。

实体经济很少产生泡沫,或者根本不可能产生泡沫,泡沫通常与虚拟经济相联系。虚拟经济的"虚拟"是什么?不能把"虚拟"等同于虚无或虚假。在这里,"虚拟"是指事物的现实状态与它习惯的名义状态相分离。比如,电子商务、电子银行、电子大学分别被人们称为虚拟商店、虚拟银行、虚拟大学,其现实状态是网上买东西、在ATM机存取款、在网上授课,不是虚无的,而是真实的,只不过与传统的商店、银行、大学不同而已。虚拟经济一般是相对于实体经济而言的,它是对传统经济的变革。为什么人类经济活动发展到今天会出现虚拟经济?应当说,相互信任和信用是产生虚拟经济的思想基础,产权明晰是产生虚拟经济的制度条件,科学技术发展是产生虚拟经济的物质前提。虚拟经济依托于实体经济,如表现为有价证券的虚拟资本就是在真实资本的基础上产生的。但有的有价证券可以不依托于实体经济,如衍生金融商品,它是在债券、股票、债权债务合约的基础上产生的。这表明,有价证券能够层层派生。从理论上说,任何资产只要有现金流就能够证券化。基于这样的认识,把握虚拟经济发展的度,就在于把握资产证券化的度。只有虚拟经济的价值才可以在瞬间大量地创造、大量地蒸发,实际的价值既不可能在瞬间实现突如其来的大量创造,也不会瞬间出现莫名其妙的蒸发。

虚拟经济是否一定会成为泡沫经济?应当说,虚拟经济不同于泡沫经济。泡沫经济这种经济现象,一般通过市场价格的急剧上升又急剧下跌表现出来。产生这种现象的原因,有人为的操纵,也有人们预期的失误等。可见,虚拟经济与泡沫经济既不等同,也无因果关系。但是,如果虚拟经济发展过度,则确实容易导致泡沫经济的产生。

经济泡沫和泡沫经济都与投机行为有关,投机不同于投资。投资是指在某一事物上花钱或力气,得到利润回报。投资成功要考虑的因素太多了,投资理念与方法千差万别。诸如价值投资还是趋势投资,长期投资还是短期博弈,是集中投资还是采用分散的组合投资,基本面研究还是技术面分析,是追逐热点题材还是甘于蓝筹的寂寞?投机是指购买股票、商品或土地,从预期的价格涨落中获利。投机是投资的一部分,就个人买股票来说,如果获利来源是股息和分红,就不属于投机行为。但如果只是从股价的涨落中获利,就纯属投机。划分投机和投资的标准按国际惯例是看持股时间(半年为期限)和换手率:换手率=(成交股数/流通股股数)×100%。1996年美国纽约交易所的换手率为52%;日本东京交易所为27%;英国伦敦交易所为58%;中国上海交易所为591%,深圳交易所为902%。换手率按时间不同,分为日换手率、周换手率和年换手率。

如果说投机者是市场的润滑剂,那么投资者是市场机器本身,两者结合我们可以获得可靠的功能。一个没有机器只有润滑剂的市场就是赌场。

三、现代企业制度中的出资者——股东——和公司法人的权、责、利

在现代企业制度中,一方面是出资者——股东,另一方面是公司法人。二者各自有哪些权、责、利?下面我们具体分析一下。

(1)股东的权、责、利。股东的权是重大决策权、选择管理者和抛售股票的权利。普通股股东享有的权利无非包括自益权和共益权。自益权是股东出于自身利益,依法从公司取得利益、财产或处分自己股权的权利;共益权是股东参加公司事务决策和经营管理的权利,包括参加股东会、在股东会上表决和依法提案等权利。股东对有关公司关、停、并、转、迁的重大事项有决策权,股东对公司重大项目有表决权。股东有权选择董事及董事长、总经理及法人代表。20世纪90年代的公司法律制度,明确规定公司的董事长出任法定代表人,即"代表企业法人根据章程行使职权的签字人"。2004年修改后的公司法把原有的单一指定董事长为公司法定代表人的规定,弱化为公司法定代表人依照公司章程的规定,由董事长、执行董事或总经理担任,从而扩大了股东选择公司代表人的范围,有利于缓解法定代表人的制度产生的内在冲突。

法人是组织,像公司、国家机关和事业单位等。

法定代表人是个人。法定代表人是经工商登记的,行使职权不需要法人授权。即使是挂名的法定代表人,公司从事了法律禁止的行为也要承担相应的责任。在刑事责任方面,如挂名法定代表人不是单位主管和直接责任人,不对其处于刑罚。法定代表人是法人代表的一种表现形式。

法人代表是个人,法人是单独授权行使某项具体职责的人,法人代表没有工商登记需要法人另行授权,超越范围或期限不再是法人代表。

中国新《公司法》对投票权的界定有了一个新的变化。过去有多少股权就有多少投票权;而现在,投票权、分红比例都可以另行约定,这在公司收购兼并当中经常遇到,比如在某些指标没达到或没实现的条件下,投票权被限制或丧失投票权。投票权的设计,最终会影响到控制权的界定和争夺。

股东的责,是股东以出资额为限对公司债务承担有限责任;公司以其全部资产对公司的债务承担责任,这种责任一直到破产为止。

股东的利,是受益权或剩余索取权,受益权包括:确定分红的权利,股东按资

本比例获取红利和股息收入；公司解散时残余财产分配请求权；按出资比例转让出资的权利。

国际上共有三类股利分配政策：一是固定或持续增长的股利政策。这一政策就是将每年发放的股利固定在某一固定的水平上，并在较长时期内固定不变。只有当公司认为未来盈余会显著地、不可逆转地增长时，才能提高年股利发放额。二是固定股利支付政策，即公司确定一个股利占盈利的比率，长期按此比率支付股利。三是剩余股利政策，即公司依据对未来的投资所确定的最佳资本结构，适当安排留存收益和负债，收益中扣除未来用于投资的部分，其余的分配给股东。

根据公司治理理论中的"自由流量假说"，由于分红会导致管理层可支配资源的下降，管理层喜欢把净利润用于再投资而不是分红。不分红是经济学意义上的代理问题的表现形式之一。

股利政策的代理理论认为，在存在代理关系的前提下，适当的股利分配可以在一定程度上代替法律对股东权利的保护，避免公司内部管理人员挥霍企业的利润，牟取私利，并且公司内部治理机制和外部治理环境的改善也会制约企业的过度投资行为。同时，由于控制权与现金流支配权的分离，大股东对企业投资行为的影响同他们对企业的控制权虽然未必表现出负相关关系，但是，只要不是一味地正相关，通过分红政策，就可以束缚经理人乱用现金流的行为。换言之，股利分配虽然不是万能的，但是，没有股利分配是万万不能的。

公司高分红、高"送转"是否好，要视不同的情况而定。第一种情况，上市公司现金流情况较好，负债率偏低，主营业务成长性差，投资机会不多，近年内无资本性开支计划。高分红就不会影响日常经营，不影响每股收益，分红之后的除权股价可能不会下跌，流通股股东的整体收益也会相应上升。第二种情况，上市公司负债率高，有庞大的资本性开支计划，近期已完成或有意再融资。此时，分红就不见得是好事了。

所有者从公司的盈利中获得的好处可以是当下的，也可以是长期的。而经济学理论告诉我们，如果公司稳健发展，那么短期利益可以物化为长期利益。也就是说，今年不分红，明年或更长时间以后可以获得更多的回报。最典型的要数巴菲特的伯克希尔哈撒韦公司。该公司自成立以来，所有者均获得了独步天下的高回报。但几十年来，该公司很少有年度分红。因此，不分红不代表投资者利益受损。相反，分红不一定增加投资者的利益。我们知道，当公司实施了分红后，股价要进行除权处理，分红并不能增加你的股份的价值。如果分红缺口被填补,你的投资收益增加了,那不是分红的功劳,而是投资者看好公司未来的结果。而公司的未来恰恰掌握在管理层手里。如果管理层既优秀又卖力,将分红所得用于公司的再生产,往往能给投资者带来更高收益。比尔·盖茨的微软给我们提供了一个范本。2004年前,当公司经营蒸蒸日上之际,业务扩张需要大量资金,微软每年几十亿、上百亿的利润全部用于扩大再生产,在全世界攻城略地,没有留一个子的利润用于股东的分红派现。科学的分红理论告诉人们,分红只是股东权益的一种体现形式,不管上市公司是否分红,都不会影响股东权益,只会调整公司与股东的现金流量。在这个意义上,鼓励分红当然是必要的,但是不能说公司不分红就一定是侵犯了股东权益。

(2)公司法人的权、责、利。公司法人的权是公司法人财产权,即对公司法人财产的占有、支配、使用和处置的权力。公司法人的责,是指公司以其全部资产对公司的债务承担责任,这种责任一直到破产为止。公司法人的利,是收益权,即销售商品获得收入的权利,但公司收而不受。

四、现代企业制度的基本特征

现代企业制度的特征也就是现代企业制度的特点,现代企业制度的特点就是现代企业与非现代企业相比较特殊的地方。依据比较对象的不同,现代企业制度的特点是不同的。这部分内容中,我们主要是分析现代企业制度与古典企业制度相比的特点和现代企业制度与传统的工厂制企业制度相比的特点。

(一)现代企业制度与古典企业制度的区别

现代企业制度作为法人企业制度与作为古典企业制度的自然人企业制度相比有哪些区别,即现代企业制度的基本特征是什么?

为了说明现代企业制度或法人企业制度与古典企业制度或自然人企业制度的区别,我们必须先搞清楚法人与自然人两个范畴,以及法人企业与自然人企业的区别。法人是与自然人相对应的范畴。自然人是指在民事上能享受权利和承担义务的公民。法人是依法成立,拥有独立财产,按一定的规章制度建立和从事活动,并能以自己的名义行使民事权利和承担民事义务的社会组织,如公司、社团。法人企业制度是相对于自然人企业制度而言的一类企业制度。自然人企业是由作为单个的人来享有法律规定的权利和承担法律规定的义务的,包括业主制企业和合伙制企业。法人企业是以一个组织的名义来享有法定权利和承担法律规定的义务的。由于法人企业是由法律赋予其拥有与自然人基本相同的民事主体地位的企业。法人企业在法律上可以提起诉讼,也可以被起诉,即成为法律上虚拟的人,这也是法人企业称谓的由来。法人企业包括有限责任公司和股份有限公司。总之,法人企业享有的法定财产权是以"组织"名义行使的,不受自然人(作为公司所有者)意见和行为直接左右;法人企业具有永续存在的"生命",不受自然人生命周期的限制;法人企业取得了企业法律形态,以公司法规范其组织形式、组织原则、商事权利和义务。

现代企业制度与古典企业制度的区别主要表现在以下六个方面:

一是产权主体多元化。产权主体多元化是指诸多所有者将其产权分解组合之后形成的产权集合。公司产权主体多元化意味着公司财产不再由单一出资者投资而成,而是由众多出资者投资组合而成。

多元的产权主体可以通过外部完善的市场体系和内部健全的组织结构来监督经营者的日常经营活动,使经营者不至于过大地偏离所有者的目标。这种机制是现代企业的生命力之所在,是企业制度的一项重大创新。作为投资主体单一化的国有独资公司不是真正意义上的现代企业制度。许多国家都专门制定一个国有独资公司法,国有独资公司不受一般公司法的管理。

二是所有者外在性。所有者外在性是指公司的大多数所有者——股东——都远离公司,不直接从事公司的生产活动或经营管理活动。

所有者外在性有利于保证公司法人财产的独立性和正常营运,它可以避免和防范其他任何主体对公司法人财产的支配和侵害。这使公司具有了不同于自然人的永续存在的"生命",使公司能够产生持久的效率。

三是企业的法人地位。自然人企业只有法律地位,没有法人地位。自然人企业未被赋予法人资格,不能独立承担民事义务和责任,只能由创立企业的企业主或合伙人为企业活动承担民事义务和责任。法人企业既有法律地位,又有法人地位。法人企业被赋予法人地位,能够承担民事义务和责任。按照法人本质拟制说,法人本身既没有意思能力,也没有行为能力,法人机关的法定代理人,即公司代表权可以属于代表董事(如日本),可以属于董事会(如英、美),也可以属于总经理(如法国)。

公司是否具有法人地位,主要取决于三个方面的因素,即公司作为一个企业是民事主体,形成了法人财产,公司拥有法人财产权。

首先,公司是民事主体。在业主制企业和合伙制企业条件下,民事主体是企业主或合伙人,在法人企业中,民事主体是企业或者说是企业本身。

其次,形成了法人财产。法人财产由资本金和负债两部分构成。募股方式所募股本作为所有者权益可以认为是自有资本。举债虽然能够扩大企业可支配资金的范围,但债务不是资本金。资本金或所有者权益由三部分构成:一是股本,即发行股票筹集来的资金;二是资本公积金和资本公益金;三是未分配的利润。未分配的利润是既没有作为股息红利分配给股东,又没有作为税收上缴给国家,而留在企业内部的利润,它是企业投资的重要资金来源。公司法人财产的另一部分是负债,负债通常包括银行贷款、发行债券和融资租赁等内容。

公司狭义的出资者是公司法定资本金的提供者,而不是一般资金的提供者。狭义的出资者是公司的真正所有者。公司制企业中的股东作为公司资本金的提供者是公司的所有者和公司风险的主要承担者,具有承担公司经营风险的能力,并通过承担风险而获取公司剩余收益。承担风险的能力是由要素属性和要素所有者所能发挥的作用两方面因素决定的。一方面,股东作为公司物质资本所有者提供的生产要素具有抵押性。另一方面,股东具有投票权,能够决定或影响公司的生产经营活动。与负债不同,股票并没有一个固定的回报率。因而这些股东就需要一些保护,典型的方式就是拥有投票权。

中国不缺钱,缺资本金。资本的货币表现形式是一定的金钱,但金钱未必是资本。资本是产生新增现金和收入的钱。金钱没有被用于投资,就不会产生收入,就不是资本。由于我国资本市场不发达,企业难以通过股票市场筹集足够的资本金,以及企业利润率低,盈利留存不足以补充资本金。在一定意义上我们还是储蓄过剩的国家,但是中国缺的是资本或资本金,缺的是可以用来承载风险、承载负债的资本,我们的直接融资发展不够。客观原因在于,我国处于重化工业化阶段,高增长,高投资,必然导致资本金赶不上企业规模的扩张,企业平均资产负债率高,财务负担极重。

公司资本显著不足:国务院1990年《关于在清理整顿公司中被撤并公司债权债务清理问题的通知》第4条第1款规定:"公司虽然经工商行政管理机关登记注册,但实际上没有自有资金,或者实有资金与注册资金不符的(国家另有规定的除外),由直接批准开办公司的主管部门或者开办公司的申报单位、投资单位在注册资金范围内,对公司债务承担清偿责任。"

最高人民法院《关于企业开办的其他企业被撤销或者歇业后民事责任问题的批复》第1条第2款规定:"企业开办的其他企业已经领取了企业法人营业执照,其实际投资人的自有资金虽与注册资金不符,但达到了《中华人民共和国企业法人登记条例实施细则》或者其他有关法规规定的数额,并且具备了企业法人的其他条件的,应当认定其具备法人资格,以其财产独立承担民事责任。但如果该企业被撤销或者歇业后,其财产不足以清偿债务的,开办企业应当在该企业实际投入自有资金与注册资金差额范围内承担民事责任。"

最高人民法院《关于企业开办的其他企业被撤销或者歇业后民事责任问题的批复》第1条第2款第3项规定："企业开办的其他企业虽然领取了企业法人营业执照,但实际没有投入自有资金,或者投入的自有资金达不到有关规定的,或者不具备企业法人其他条件的,应当认定其不具备法人资格,其民事责任由开办该企业的法人承担。"

最高人民法院《关于企业开办的其他企业被撤销或者歇业后民事责任问题的批复》第2条规定："人民法院在审理案件中,对虽然领取了企业法人执照,但实际上并不具备企业法人资格的企业,应当依据已查明的事实,提请核准登记法人的工商管理部门吊销其营业执照。工商行政管理部门不予吊销的,人民法院对该企业的法人资格可不予认定。"

判断资本显著不足的时间见表2—2。

表2—2　　　　　　　　　　判断资本显著不足的时间

行　为	资　本	判断时间
成立时足额缴资,仍达"显著不足"	注册资本	公司成立时
虚假出资,不实出资	实收资本	公司成立时
抽逃出资,转移财产	净资产	行为发生后
经营范围扩大,注册资本达"显著不足"	注册资本	经营范围扩大后
增资,减资	注册资本	资本变动时

负债是法人财产的另一部分,负债包括银行贷款、企业债券和金融租赁三部分。金融租赁是一种集信贷、贸易和租赁为一体的融资方式,金融租赁被证明是沟通资本市场以及商品市场有效的资本融通方式。融资租赁产品独具"融资＋融物"优势,以"资产信用"为基础,能有效地控制资金走向,直接服务于实体经济。基于这一特点,融资租赁在解决中小企业融资难题、推动企业技术改造和设备升级、促进企业产品销售等方面具有不可替代的独特作用。自第二次世界大战以来半个世纪的发展,已经被证明是一种好的融资形式,体现了承租人、出租人和供应商三者之间关系。融资租赁,指出租人根据承租人对出卖人的选择,向出卖人购买租赁物,提供给承租人使用,承租人支付大致相当于以租赁物的购置全额的基数,按市场利率计算的本息合计值。债权人是公司借入资本,即债权的所有者,债权人不同于资本金的提供者,债权人是取得固定收入的出资者,承担

的风险较小,没有投票权,公司破产清算时有优先偿还权。所以,债权人不是公司的所有者,而且他们往往是属于另一个公司组织结构成员。由于受有限责任保护,在公司正常经营时,债权人只能收回本金和获取固定的利息收入。在企业破产时,由于股东负有限责任,把一部分经营风险转让给了债权人,在这个意义上,债权人也是公司风险的承担者。

负债率是反映企业长期偿债能力的关键指标,过高的资产负债率将意味着企业债务负担严重,财务压力大,财务风险也大。对资产负债率要具体分析,它的债务虽然都是"债",但财务上却有不同的意义。债务一般是从外部借来的,是需要支付利息的债务。而负债则包括正常的商业往来中的应付账款等,一般是不需要支付利息的负债。

需要指出的是,银行资本金和一般的公司资本金不是一个概念,公司资本金是股本,还有累积盈利。银行资本金除了普通股、累积盈利外,还可以包括优先股和次级债券。前三个为一级资本金,第四个为二级资本金。

再次,公司拥有法人财产权。法人财产权是法律赋予某人(法人)拥有某物的排他性权力,是由物的存在及其使用所引发的人们之间的相互认可的行为关系。现代企业制度建立后,公司依法享有公司的法人财产权,即对公司法人财产的占有、支配、使用和处分的权力。占有权是指对生产资料使用价值的实际拥有;支配权是指决定生产资料投资方向的权力;使用权是指生产资料投资方向已定的条件下,具体运用生产资料来实现既定的生产任务的权力;处分权或处置权是指改变生产资料的经济用途或状态的权力。财产所有者可以不必对财产实际占有、使用、支配。所有权核心是对财产的受益权和处分权。

需要特别指出的是,公司拥有法人财产权,而不是拥有"公司法人所有权",公司的所有权是所有者的,即出资者的所有权。从这个意义上说,从公司内部关系看公司法人所有权是一个不科学的提法,既然出资者——股东——已经拥有公司的所有权了,公司法人就不能再拥有公司的所有权了。因为所有权具有排他性,不能二重化,公司的所有权不能既归股东等出资者,又归公司法人。如果公司法人拥有公司所有权,就必然会侵蚀股东所有权。如果说公司有所有权,那么公司所有权就是出资者所有权。确定公司法人财产权的目的是为了使公司法人财产权得到有效的保护,即出资者不能直接干预公司的生产经营活动,只能通过股东大会行使自己的权力。公司一旦成立,就天然地拥有公司的法人财产权,包括国家在内的出资者交给公司使用的资产将长期固定于公司中,不能任意收回和平调,使公司从有人负责到有能力负责,使公司有完全的经营权。经营权取得了法人财产权的支持,就不是那种原来的很脆弱、不稳定、不充分的由别人恩赐的经营权了。

从公司外部关系看,法律规定公司拥有全部的法人财产权,是将公司拟人化并赋予其独立的产权主体资格,明确它们拥有属于自身的完整所有权,从而使公司在市场中不仅独立于其他企业,还独立于政府和出资者。从企业内部关系看,特别是从出资人与公司的关系分析,公司是由股东投资和组织设立的,是股东的一种投资对象,在产权地位上股东是产权主体,而公司则属于产权客体。可见,公司作为市场主体拥有完整地所有权与股东拥有作为产权客体的公司的所有权,是分别从企业外部和公司内部关系、区别不同的产权主体和客体而做出的产权规定,面对的是不同的关系,两者并不矛盾,根本不存在"一物二主"的问题。

只有肯定公司的法人财产权,才能维护公司独立的市场主体地位;只有肯定股东对公司的所有权,才能激发出资人的投资积极性,保障出资人依法履行职责,督促公司实现资本保值增值,防止公司资产流失。所以,二者非但不是对立的,而且是互相补充、缺一不可的。只有同时肯定这两者,才能清晰界定现代公司的主要产权关系。

应该指出的是,在需要和私人财产进行交易的时候,公有财产只有经过"法人化"程序,才能享有和私人财产平等的地位。也就是说,公有产权只有变成"法人产权",才能进入物权法调整的范围。

与公司法人财产权相对应的是公司出资者所有权。一方面,出资者所有权在本质上属于所有权,并具有所有权的一般规定性:一是就出资者所有权的客体而言,在股份公司中,出资者所有权的客体是股份公司发行的股票,即股份,出资者拥有对股票或股份完整的所有权。二是就出资者所有权的权利内容看,股份公司股东作为出资者按投入公司的资本额享有资产受益、重大决策和选择管理者的权利。三是就出资者所有权与法人财产权的统一性看,出资者所有权是确立公司法人财产权的前提条件,而公司法人财产权是出资者所有权实现的保证。另一方面,出资者所有权与一般所有权相比,具有其特殊性:一是出资者只拥有受益权和出资的最终控制权,放弃了一部分所有者权能;二是出资者所有权是份额化的所有权;三是出资者所有权是以虚拟资本为客体的所有权。

出资者所有权与法人财产权是对立统一体,其对立性表现为:资本所有权和控制权的对立;股权与法人财产权的对立;单个股东个人股权的量化与公司法人财产权的整体性的对立;虚拟资本与实际资本的对立,股东与法人利益目标的对立等。

四是有限责任制度。古典企业制度是负无限连带责任的,现代企业制度是负有限责任的。无限连带责任意味着当企业进行债务清偿时,企业财产不足的部分用企业主或合伙人自有的财产承担清偿责任。现代企业制度中,股东以出资额为限对公司经营承担有限责任;公司以其全部资产对公司的债务承担责任,这种责任一直到破产为止。现代企业制度的有限责任把一部分风险转移给了债权人,这是一种有效率的契约改进。有限责任制度赋予出资者只承担有限责任的特权,对这一种特权还加入限责,如出资者放弃对自己出资所形成的公司财产的直接支配权。在股东承担有限责任的情况下,债权人所受到的利益保护再也无法与有限责任制度产生之前同日而语。因此,有限责任制度的产生使得出资人的利益增加,使得债权人利益减损。有限责任制度虽然在一定程度上损害了债权人的利益,但同时降低了股东的投资风险,使股东不会再过分地关注其投资。从而自愿让渡对出资的直接支配权,债权人因与法人组织集中进行经济交往而节省了大量的交易费用等,这均是有限责任制度的建立为整个社会带来福利增加的表现。有限责任在一定意义上是以牺牲公平换取效率的制度,也是外部性内在化的制度设计,还会使债权人的利益被削弱,受害人的诉求难以得到满足。有限责任优先考虑效率能够使分配公平有物质前提和基础,否则公平会落空。由于有限责任制度的实施,解除了投资者的后顾之忧,有利于广泛集资,满足社会化大生产对巨额资本的需要。

有限责任与无限责任的区别见图2—3。

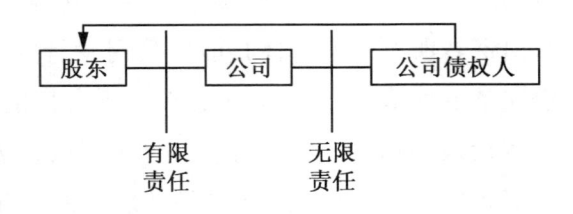

图2—3 有限责任与无限责任的区别

为什么现代企业制度具有有限责任制度的特征,这是人们经常提出的一个问题。原因主要有两个:一是现代企业制度不同于合伙制企业,合伙制企业是以人合为特征的,是在相互信任的基础上形成的,一部分人愿意为另一部分人的决策失误埋单。公司制企业是以资合为特征的,出资者之间根本不认识,更不存在相互信任,纯粹是出于资金的需要以充分利用规模经济和社会分工带来的好处。在一部分人根本不了解另一部分人的情况下,不可能愿意为另一部人的失误埋单。这个特点,决定二者承担的责任上的差别。一般来说,人合企业是无限责任,资合企业是有限责任。二是公司制企业存在着两权完全分离,与两权合一的合伙制企业根本不同。一方面,公司法人制度的本意是将公司人格与股东人格分离,股东放弃自己所投入那部分财产和对其出资企业的直接控制权和支配权来换取享受有限责任。股东不能越过董事会直接做出决策,股东的投票参与的权利是由法律和章程限定的,它区别于完整、统一、至上的物的所有权。股东放弃对公司财产直接支配权的同时,他将获得补偿,具体有两点:一是有限责任;二是一组权利,即股权,包括与其他股东共同分享企业控制权和剩余索取权。

现代企业制度中股东的有限责任,是利益博弈和制度均衡的结果。债权人放弃对股东个人索赔权来换取与公司集中进行经济往来,降低交易成本,从而在股东与债权人之间形成平衡的利益关系。另外,有限责任的法人制度大大降低了物质资本所有者的代理成本,改变了物质资本与人力资本的成本收益结构,使引入人力资本成为有利的事。因此,从一定意义上说,现代企业的有限责任制度是股东、债权人和企业经营管理者博弈的结果。股东出资办企业,出资雇用经理和员工,公司盈利了可由各种合同索取权拥有者先分,并且股东要放弃对公司的直接控制经营权。股东在做出上述一系列让步和妥协的前提下,换得了有限责任的权利。

有限责任是规模经济的产物,有限责任减少了监督代理人的必要,从而有效地抑制机会主义行为;有限责任有利于鼓励投资和降低交易费用,从而聚集社会资本;有限责任降低了成立公司的社会信任成本和人身依赖性,使得资本社会化成为可能;有限责任可以使投资者实行投资多元化,以实现最优的风险决策;有限责任使公司股票能够形成统一的市场价格,可以更好地反映公司的价值和相关信息,从而构建有效率的资本市场,优化资源配置。

股份公司作为企业制度的创新,在经济活动中发挥了积极有效的作用,但也有与生俱来的道德风险问题,因为公司经营失利的风险从股东转移到了债权人身上,这助长了股东和经理人推进风险投资的动机。股东和经理人往往因喜欢冒险或要求有较高的回报欲望而愿意分享剩余,债权人为回避风险而领取固定合约报酬。从20世纪70年代的恶意收购到90年代的网络泡沫,再到安然事件的做假欺诈,投行的经理们利用这样的风险转移,不断地表演着高杠杆动作。此外,华尔街投行借助对冲基金和私人股权基金掌握了大量资金,2007年的金融危机就是他们用借来的钱在金融创新上豪赌了一把。再加上美国独特的市场导向型公司治理机制,股东"用脚投票"和经理人对公司拥有的绝对控制权,缺乏对经理人行为和资本的约束,使其冲破道德底线,损害投资者和债权人的利益。

亚当·斯密曾反对有限责任制度,主张无限责任制度。亚当·斯密指出,由于股东们在公司倒闭时不必倾其全部财产偿还债权人的债,他们就并不承担经营中的全部风险。亚当·斯密认为,在股份公司中所有权与管理权的分离以及由于有限责任所导致的所有者监督管理者的动因的降低,必然会导致管理者在其控制内部成本和寻找市场的职责上的偷懒(经济学常谈到的三大制度性的软预算约束是指有限责任公司、中央银行和重组破产法)。

现代企业制度的有限责任制度把企业的一部分风险转移给了债权人。公司破产时,有限责任免除了对股东追究连带责任,但是,超出股东的损失由谁承担?显然主要是由公司的债权人承担,债权人是公司的债权所有者。所以,有限责任并没有消除企业失败的风险,只是把风险在管理者、股东和债权人之间进行了重新配置。它把一部分风险从股东身上转移到了债权人身上。这种改变被经济学家认为是一种更有效率的契约改进,因为债权人是更有优势的风险承担者。第一,债权人可能更有能力评估风险,银行作为债权人评估风险的成本要比个人股东评估风险的成本低。第二,个人股东可能比银行更厌恶风险。因为银行的身份是代理人,而个人股东任何时候都是委托人,银行是拿别人的钱冒风险,股东是拿自己的钱冒风险。而收益常常与风险成正比。第三,银行比个人有更强的激励获取他们注资企业的经营和财务状况的信息。而且相比而言,债权人免费搭车的动机比个人股东要弱,除非贷款的银行数超过企业的股东数。

债权人与股东之间也是一种委托代理关系,不过在这种委托代理关系中,股东不再是委托人,而是代理人,债权人成为委托人。股东(代理人)以其投入的资本为担保,债权人(委托人)以收取固定利息为目的,将其资产交由股东使用和控制,为保证债权的完全和到期收回,债权人通过契约条款对股东进行必要的监督和约束。

但是,公司股东享有有限责任的保护,公司的股东无需以个人的财产来偿还公司的债务,因此一些股东可能滥用公司的有限责任的形式来巧取豪夺,逃避责任,躲避债务,将经营风险转嫁给公众。他们往往采取先转移、隐匿巨额财产或压价处分有效资产后申请破产,以达到逃废银行等债权人债务的目的。经济学家大声向政府呼吁,为了保护债权人的利益,防止滥用公司有限责任,对滥用公司有限责任来逃避债务,掏空公司的行为要绳之以法。当控股股东超越合理的有限责任的保护界限,利用公司名义为自己牟取私利,损害债权人或者公共利益的时候,就需要采取"刺穿公司面纱"的做法,追究控股股东的法律责任,为损害人寻求法律救济。

"刺穿公司面纱"原则也称公司法人人格否认制度,它是指当公司背后具有实际支配权的股东滥用公司法人人格,损害了公司债权人和社会公共利益时,法院将抛开公司的独立人格,将公司的行为视为隐瞒在公司背后的支配公司的股东的行为,使其承担相应的法律责任。"刺穿公司面纱"理论旨在防止公司的独立人格和股东的有限责任遭到滥用。债务人的母公司或股东利用其控股地位,操纵与公司或被控股公司之间的交易,未按公平交易条件从事不当关联交易,致使公司破产,损害债权人利益,该公司股东或有关关联公司应承担连带赔偿责任。英美法系学者形象地把公司的独立人格与股东的有限责任比喻为罩在公司头上的面纱,这层面纱将公司和股东隔开,使股东免受公司债权人的追索。当股东滥用公司法人独立地位和股东有限责任,逃避债务,严重损害公司债权人的利益时,将撩开公司的面纱,否认股东的有限责任原则,由公司的股东对公司的债权人承担连带责任。英美法称为"刺穿公司面纱"原则。大陆法称为"公司法人人格之否认"原则。

作为大陆法系的"公司法人人格否认"制度有三个理论支撑点:一是公平正义的理念,这是法人人格否定制度的最基本的理论支撑点;二是人格分离和承担有限责任是同时存在的;三是法人人格否定并不是指公司法人资格的注销,而是不承认。法人人格否认的目的就是要让滥用公司人格和有限责任的股东承担个人责任。有关法人人格否认的法律条文有三个要件:一要有不当行为,即出现了滥用法人人格的行为;二要有主观要件,即逃避债务的意图;三要损害非常严重。公司法人人格否认在刑法上主要体现为单位犯罪的确立,当出现单位人格丧失的事由时,刑法可以否认单位主体资格,从而直接追究单位背后犯罪操纵者的刑事责任。公司的法人人格是讨论一切权利和义务的关键,公司法上的法人人格主要是指公司同自然人一样(也是自然人相对形成民事主体的二元架构),具有权力能力和行为能力,能够依法独立享有民事权利,实施法律行为,承担民事责任和义务。

股东滥用权利:《公司法》第 20 条规定,公司股东应当遵守法律、行政法规和公司章程,依法行使股东权利,不得滥用股东权利损害公司或者其他股东的利益;不得滥用公司法人独立地位和股东有限责任损害公司债权人的利益。公司股东滥用股东权利给公司或者其他股东造成损失的,应当依法承担赔偿责任。公司股东滥用公司法人独立地位和股东有限责任,逃避债务,严重损害公司债权人利益的,应当对公司债务承担连带责任。债务人的母公司或股东利用其控股地位,操纵与公司或被控股公司之间的交易,未按公平交易条件从事不当关联交易,致使公司破产,损害债权人利益,该公司股东或有关关联公司应承担连带赔偿责任。

总之,有限责任制度赋予出资者只承担有限责任的特权,对这一种特权还加入限责,如出资者放弃对自己出资所形成的公司财产的直接支配权。

债务人的公司或股东利用其控股地位操纵与公司或被控股公司之间的交易,并按公平交易条件从事不当关联交易,致使企业破产,损害债权人利益的,公司、股东或有关关联公司应承担连带赔偿责任,实行"次级债权"原则。"次级债权"原则源于美国公司制判例法中的"深石原则",即法院只要认定被控公司的业务经营完全被控股公司所控制,其经营主要为了控股公司的利益,就可以判决控股公司对被控股公司的债权应次于被控股公司的其他债权得到清偿。

五是存在董事信托关系和委托代理关系。古典企业是企业主或合伙人亲自经营企业,企业所有权和经营权是合一的,不存在信托关系,也不存在委托代理关系。在现代企业中由于存在两个"两权分离",即股东的出资者所有权与董事会法人财产权之间的分离和董事会法人财产权与经理班子之间经营权之间的分离。

现代社会企业生态系统由三种企业形态构成:第一,所有权与经营权合一的以自然人为基础的古典企业制度;第二,所有权与经营权融合的以法人为基础的现代企业制度;第三,所有权与经营权分离的以法人为基础的现代企业制度。

两权融合的含义,是指企业的财产所有权与经营控制权以某种形式在企业经营管理者或企业家身上实现统一的现象,即企业经营管理者或企业家不再是纯粹的支薪者或者仅持有很少股份的代理人,而既是企业的经营者,又是主要股东之一,拥有相当份额的财产权,对企业发挥股东和经营者双重作用。大多数现代企业越来越倾向于两权融合,即经营者拥有大部分所有权和控制权。实践表明,这样的企业制度安排最好,运行效率最高。鉴于此,经营者持股、经营者控股,即经营者成为所有者这样一种趋势日益发展。

两权融合企业与两权合一企业的区别:一是两权合一企业的所有权与经营权不存在分离;两权融合企业的所有权与经营权存在部分分离。二是两权合一企业的所有权与经营权掌握在企业所有者手中;两权融合企业的所有权与经营权掌握在企业经营者手中。三是两权合一企业的所有者是企业的完全所有者,两权融合企业的企业家不是企业的完全所有者,而是企业的绝对控股者,或者企业的相对控股者。四是两权合一企业拥有物质资本的企业所有者是"中心签约者";两权融合企业拥有人力资本的企业经营管理者是"中心签约者"。

所有权和经营权分离是现代企业制度的基本特征。但是，让经营者拥有部分所有权，则是在坚持所有权与经营权分离这个大前提下，实行所有权和经营权的部分合一，或所有权与经营权的融合。

一般的所有权与经营权的分离，是财产权分离的低级形式；以公司法人为中介的所有权和经营权的两次分离形成的三权分离的形式，即原始所有权、法人财产权和经营管理权的分离，是财产权利分离的高级形式。所有者投资设立经营机构，但并不直接参与经营，把投入的财产信托给董事会；董事会对经营战略做出决策，但是不直接管理，而是聘请职业经理实现公司的目标，这样就出现了董事信托关系和委托代理关系。

从公司治理的角度，世界上所有的公司可以分为两类：一类是股东直接经营管理的公司；另一类是股东不直接经营管理的企业，通过委托代理关系进行管理。从治理的效率上讲，对于一般的小型公司来说，前者要高，因为它的利益很直接、关切度非常高；而委托代理是有成本的，多一层代理就多一层成本，效率也会降低。从公司发展史来看，现在许多公司实行了所有权与经营权分离，以委托代理的模式进行管理。当公司大到一定程度，单一股东难以筹资，而股东个人能力也不足以把公司管理好的时候，才开始出现依靠委托代理关系进行管理的公司。大股东、董事长和总经理一人兼的公司属于前者，大股东和董事长一人兼，总经理分设，或者三者都分设的公司属于后者。

两权分离的现代企业制度存在的基础，是以集中社会资本功能和专业分工收益而具有超过传统古典企业的效率优势，这一优势的获得以代理成本高昂为必要代价，所以从制度收益来看，现代企业制度对古典企业制度的替代是以分工收益超过代理成本为前提的。两权融合的现代企业制度既有助于解决现代企业制度的代理成本问题，同时又保留着现代企业制度分工和专业化的优势。

建立存在两个"两权分离"的以法人为基础的现代企业制度需要一定的条件：一是企业需要达到相当的规模，以至于超出所有者直接管理的能力范围；二是企业股权必须高度分散且能毫无困难地转让，使所有者的风险损失降到最低限度，从而放手让经营者经营；三是经理人市场发育成熟；四是相应的产权保护和社会文化。

所有权是从财产归属意义来讲的，所有者或出资者对其财产享有所有权。法人财产权是指企业对股东或投资者投资于企业的财产所享有的权利。它代表了企业相对独立的民事权利。出资者把资本金注入企业后，各种资金将融为一体，形成具有生命力的法人财产。企业对出资者的财产以及连同负债形成的全部财产享有法人财产权。企业法人财产的所有权属于出资者或债权人,法人财产权不能完全独立于出资者所有权而滥用,只能在一定条件下运作。在现代企业制度中,企业法人财产权是通过公司法等法律形式确立的,具有制度的内在性和很强的稳定性。公司一旦成立,就天然地拥有其法人财产权,出资者交付给企业使用的资产将长期固定于企业中,不能任意收回和平调。在具体运用上,公司的法人财产具有整体的不可分割性,企业拥有其充分的支配使用权。企业不仅拥有日常的生产和经营中的资产使用权,而且还拥有资产的处置权,包括承租、出让等权力。出资者不能直接干预企业的生产经营活动,而只能通过参加企业的权力机构——股东大会,依法行使自己的权利,使产权约束机制进入企业,或者通过股票买卖间接地影响企业的经营行为。法人财产权是企业自主经营、自负盈亏的基础和保证,也是企业成为法人实体和市场竞争主体的基础和保证。出资者所有权与企业法人财产权是分离的,大多数股东远离企业法人的生产经营组织活动,企业的生产经营活动由少数专家来主持进行,从而实现了高度的"自治"。企业法人与出资者在民事主体关系方面的地位是平等的。

出资者所有权与企业法人财产权是有很大区别的。出资者所有权属于出资者,原因是他们是企业资本金的提供者,所有权的对象是各自名下的资产份额,主要是一种"价值"形态的归属关系。企业法人财产权属于企业,企业法人财产权的对象是出资者的财产以及连同负债形成的全部财产,主要是一种"实物"形态的归属关系。出资者所有权与企业法人财产权的最大区别是,出资者所有权包括受益权,而法人财产权只具有收益权,而不具有受益权。受益权是出资者所有权的重要部分,是出资者所有权在经济上的一种重要实现形式。法人财产权不同于所有权,它没有受益权,因而它是收而不受。企业利润无论以股息红利形式分给股东,还是以公积金、公益金形式留给企业,从最终归属看都属于出资者,即股东所有。

随着出资者所有权与企业法人财产权的分离,必然导致所有权与经营权的分离。在现代企业制度中,出资者所有权表现为股权,而股东很少是专家、企业家,他们不能很好地经营自己的资产,使其最大限度地增值。股东为了追求自身利益的最大化,不得不把自己的资产委托给有专门经营才干的人去经营,经营者就必然从所有者中分离出来,企业经营管理由独立的经营者来担任。需要指出的是,在现代企业制度中,所有权与经营权分离,是通过企业法人财产权这个中间环节实现的,即首先通过股东会对董事会之间所有权的信托关系或委托代理关系,实现出资者所有权与企业法人财产权的分离,再通过董事会对经理班子的授权经营关系,实现董事会与经理班子之间的控制经营权的委托代理,使企业法人财产权同企业控制经营权分离。经营权是企业经营者对其经营管理的资产的占有支配、使用的权力。现代企业制度不仅赋予了企业的法人财产权,而且也使企业拥有了完全充分的经营权,使企业在以市场为导向的经济运行中更为有效地利用分散的信息,及时和灵活地根据市场条件变动调整企业的生产经营活动,提高资源配置效率。在现代企业制度中,经营权取得了法人财产权的支持,从企业整体看,企业既有了法人财产权,又有了完全充分的经营权,实现了企业法人财产权与经营权的统一。从企业内部看,企业法人财产权与经营权又存在一定程度的两权分离,它们分别由董事会和经营班子来行使。

现代企业制度由于存在着两个两权分离,产生了股东与董事(会)之间的董事信托关系,以及董事(会)与经理人之间的委托代理关系。股东(会)的出资者所有权与董事(会)法人财产权(控制决策权)的分离,形成了股东(会)与董事(会)之间的董事信托关系。董事信托关系是指以信任为基础,以委托为方式,由董事(会)代理股东经营公司法人财产。董事(会)是股东的受托人,承担受托人的法律责任。股东(会)是信托人。一旦董事(会)受托经营公司,就成为公司法定代表人,是股东利益的代表;股东既然已投了信任票,则除了极个别有关公司组织形式变化的决策外(如关闭、合并等),股东无权过问公司的商业活动。股东虽然可以起诉董事(会),但是股东不可以商业决策失误为由起诉董事(会)。股东起诉的理由可以是董事(会)忽视股东利益,未尽到受托人责任。董事会的法人财产权(控制决策权)与经理班子之间经营权(管理执行权)的分离形成了委托代理关系。

出资者所有权与公司法人财产权分离见图2—4。

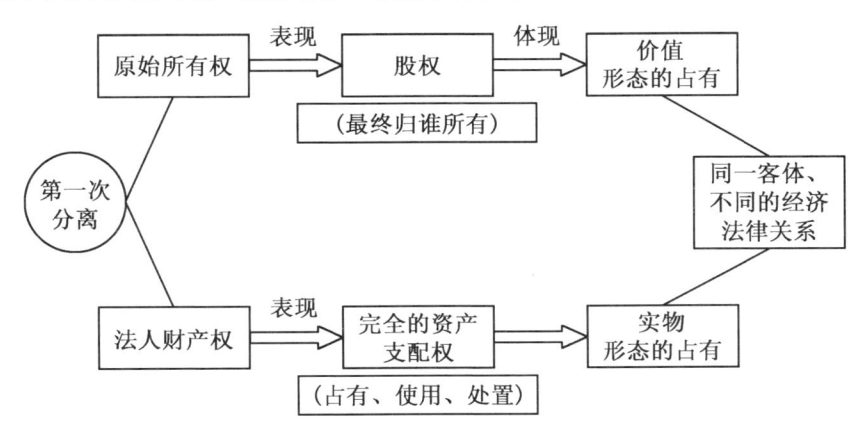

图2—4

资产(Asset 或 Property)是指以实物或货币状态存在的财产和债权,是企业用于从事生产经营活动以为投资者带来未来经济利益的经济资源。它反映所有者的静态财富,但并不反映其与利润、增值之间所具有的动态关系。也就是说,资产具有产生利润的可能,但没有产生利润的必然。资产出现在资产负债表的左侧,归企业所有,即企业对资产拥有所有权。

资本(Capital)是指通过不同形态(实物形态和货币形态)的循环和周转,进行无休止运动而实现利润的资产,是投资者对企业的投入,是可以生产出更多财富的财富。资本的本质属性在于它的增值欲望,逐利本性决定了它天然地具备优胜劣汰的市场竞争属性和自发趋利避害的本能流动属性。资本出现在资产负债表的右侧,是债务资本与权益资本,分别归债权人和公司所有者(股东)所有,企业对其资本不拥有所有权。

公司法人财产权与经营权分离见图2—5。

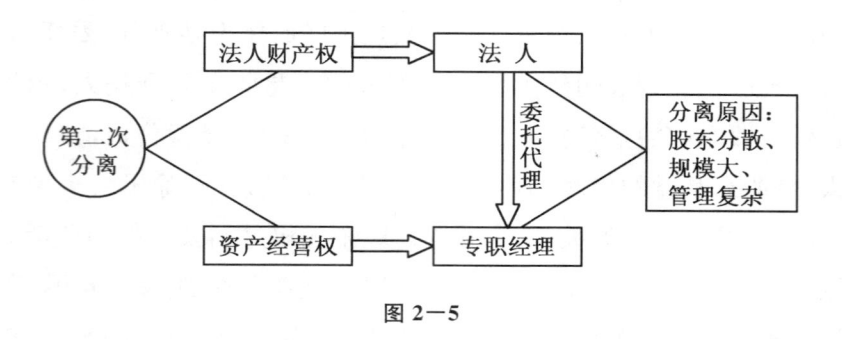

图 2—5

资本集中和股权分散是同一经济过程的两个侧面。股份公司的所有权或控制权,是掌握在控股者手中,中小股东无权过问公司事务。控股者是资本集中的主体,中小股东都是资本集中的对象。股份制的"两权分离"(所有权与控制经营权分离)对于中小股东是绝对的,对于控股者是相对的。控股者可以通过控制董事会任命经理层,从而实际上控制公司资产及其经营活动。股份公司从名义上讲属于股票持有者,股东有权根据持股比例来影响公司的重大决策。但是随着公司组织的发展,公司规模的进一步扩大,股权越来越高度分散,分散的小股东影响公司决策的能力,因执行成本的存在变得名存实亡。在具体的公司治理规则下,体现在如一股一票简单多数表决原则上,尽管股东有重大经营决策表决权,选举公司管理层的权力,但分散的、未达到参与投票的简单多数比例的股权,则不能真正行使这种权力。

现代企业这种层层董事信托(委托代理关系)或授权经营关系,反映了社会化大生产的要求,也是企业规模不断扩大和企业的专业技术性水平不断提高的客观要求。

股东会与董事会之间是控制决策权的委托代理,即股东会把企业的控制权授予给董事会,形成了股东会与董事会之间的委托代理关系,其依据是股东对企业拥有的所有权及公司法所赋予其所有者的权利。董事会与经理班子之间是企业经营权的委托代理,即董事会把企业的经营权授予给经理班子,形成了董事会与经理班子之间的委托代理关系,其依据是公司法赋予董事会的法人财产权以及股东授予董事会的权利。

随着所有权与经营权的分化,所有者必须授予经营者足够的权力,他才能承担经营功能。随着企业规模的扩大和管理的复杂化,经营者必须向高层管理者授予权力,后者才能有效地进行内部的管理和协调,鉴于决策科学性和专业性的发展,专业技术人员也被授予较多地参与决策和提供建议的权力。经理人一般掌握公司怎样做的执行控制权和公司的经营管理权。

公司的管理人才是否能够发挥出最大的潜能,取决于公司的委托或授权能力,如果老板或董事长不能或不愿授权于管理层,就等于在公司中制造了许多障碍,让有能力的管理人才无法跨越,因此无法很好地发挥出其应有的能力。这对公司的经营是十分不利的。

随着所有权与控制经营权的分离,所有者必须授予控制经营者足够的权力,他才能承担经营功能。随着企业规模的扩大和管理的复杂化,控制经营者必须向中层管理者授予权力,后者才能有效地进行内部管理和协调。鉴于决策科学性和专业性的发展,专业技术人员也被授予较多的参与决策和提供建议的权力。现代企业的一个重要的特点是分工与专业化,企业要得到分工与专业化的效益,便需要有效及适当的授权。授权不足,决策过程缺乏效率和弹性;授权过度,控制与协调困难,代理成本高昂。一种合适的治理机制是在公司的不同层次及各要素间寻找权力与控制的平衡。

公司所有者或股东有权控制公司,分享收益,并有权出售或转让这两项权利。但由于股东对如何管理公司知之甚少,因此会将控制权交给公司董事会和管理层。董事会和管理层之间的权责有明确划分。关于公司或股东与公司代表机关(董事会)的关系,英美法系的不少"判例"认为,其兼有信托关系和委托代理关系的性质。

董事信托关系与委托代理关系的区别表现在三个方面:一是董事信托关系是双重所有权,而委托代理关系是单重所有权。二是在董事信托关系中,股东大会把公司法人财产的责任全部委托给董事会，不能随时更改托管关系。而在委托代理关系中，董事会只把部分经营权力委托给高层执行官员，可按程序随时召开董事会撤换高层执行官员。三是是否支付报酬。在董事信托关系中，股东作为信托人不向受托人——董事会成员——支付报酬，也不设立与绩效挂钩的激励办法；在委托代理关系中，董事会作为委托人向代理人——经理班子成员——支付报酬，并需要设置与公司业绩挂钩的雇佣和激励机制。

信托作为一项关于财产转移和财产管理的独特的法律设计，它与委托、代理存在巨大差异。简言之，这种差异表现在以下几个方面：第一，成立条件不同。设立信托，必须要有确定的信托财产，如果没有可用于设立信托的合法所有的财产，信托关系便无从确立。而委托、代理关系则不一定要以财产的存在为前提。第二，名义不同。信托关系中，受托人以自己的名义行事，而一般委托和代理关系中，受托人（或代理人）以委托人（或被代理人）的名义行事。第三，财产性质不同。信托关系中，信托财产独立于受托人的自有财产和委托人的其他财产，委托人、受托人或者受益人的债权人一般不得对信托财产主张权利。但委托、代理关系中，委托人（或被代理人）的债权人可以对委托财产主张权利。

从西方发达国家长期发展过程来看，早期的股份制企业中，股东（会）与董事（会）的关系不是委托代理关系，而是董事信托关系，原则上股东是不向董事支付报酬的。但当今公司中，股东（会）与董事（会）之间已不再是传统意义上的董事信托关系，而变成了一种新的委托代理关系，这个问题，我们在后面公司共同治理结构中再作详细阐述。

董事信托关系和委托代理关系是现代企业制度区别于古典企业制度的重要特征之一。对此，也有人提出疑义。他们认为，随着业主制企业和合伙制企业规模的扩大，经营活动的复杂，专业技术性水平的提高和资本所有者能力与精力的欠缺，业主制企业和合伙制企业通常也聘任职业经理人代理其管理和经营企业。因此，业主制企业和合伙制企业同公司制企业一样也存在着委托代理关系。

究竟业主制企业和合伙制企业中是否存在真正的委托代理关系呢？关键在于，我们不能只从形式上看，企业是否雇用了职业经理人，而要从实质上看或从法律界定上看，企业主和合伙人是否有权代表企业从事生产经营活动。从法律的角度上说，在业主制企业和合伙制企业中，职业经理人在获得授权的前提下，有权代表企业从事生产经营活动，企业主和合伙人也有权代表企业从事生产经营活动，企业主和合伙人没有完全脱离企业的经营权。但在公司制企业中，职业经理人有权代表企业从事生产经营活动，而股东没有对外代表公司从事交易及其他法律事务的权力。在业主制企业或合伙制企业中，企业主和合伙人同职业经理人一样享有企业的经营管理权，享有代表业主制企业和合伙企业行为的权力；而在公司制企业中，股东无权代表企业从事企业的经营管理活动。因此，公司制企业被认为是所有权与经营权相分离的企业，业主制企业和合伙制企业被认为是所有权与经营权合一的企业。前者存在真正的委托代理关系，后者不存在。

六是法人治理结构。治理结构是企业正常运转的基本条件。因此，任何企业都有代理问题，因此都有治理结构，否则企业就无法生存，如传统的计划经济体制下的工厂制企业的治理结构是党委领导下的厂长负责制。业主制企业和合伙制企业是自然人治理结构，包括关系治理、伦理治理和亲情治理等。自然人企业治理结构的特质是：团队文化以兄弟情谊和血缘关系为主，因此"狼性"十足；管理决策以快速和"不含糊"著称，因此深具草莽色彩；领导力以少数人为核心和灵魂，因此容易使必要的管理程序和治理机构缺失。家族企业也有代理问题，这种代理问题更难解决，不能通过激励机制得到控制。当涉及他们本家族成员的利益时，短视的利他主义可能会出现，掌权的所有者可能会缺乏自我控制，难以克制他们满足家族成员需要和愿望的冲动。一方面，由于有限的理性，他们可能没有意识到这是利他主义行为造成的后果。另一方面可能会导致家族企业的逆向选择，使他们把家族成员安置在他们并不是最胜任的位置，而且因为裙带关系，又难以取代这些低效率的家族成员，可能会纵容家族成员相互推诿（不负责任）。

现代企业的治理是法人治理结构。狭义的法人治理结构，是指有关公司股东与经营者之间的权利安排，是根据权力机构、决策机构、执行机构和监督机构相互独立、权责明确、相互协调，又相互制衡的原则实现对公司的治理。法人治理结构是现代企业制度特有的，其治理的核心是两权分离下企业剩余索取权、控制权的统一问题。法人治理结构的特质是以职业经理精神、正规的管理体系以及管理程序为本。自然人治理结构是人格化治理，即关系治理，现代企业是法人治理结构，是规则化治理。

法人治理结构，即通过"三会四权"制实现对公司的治理。"三会四权"是根据我国及日本等国公司治理结构设计的，有些国家采用单层制的公司治理结构，则没有设监事会，其监督职能由独立董事执行。

关于"三会"：股东（大）会由全体股东组成。股东（大）会是公司的权力机构。所有者通过股东大会行使所有权，保持对公司的最终控制地位并全权决定董事选聘、激励和去留。董事会是公司经营决策机构，向股东（大）会负责。董事会拥有公司控制经营权，包括选聘、监督经理和经理的薪酬、去留。监事会是对公司董事会、经理层日常经营活动等事务进行监督的机构，对股东（大）会负责。

关于"四权"：为了更好地说明公司内部各部门的具体权限及制衡关系，"四权"没有采用所有权、法人财产权、监督权和代理权等法律术语，而是采用剩余索取权、投票权、决策权、监督权、经营管理权。主要原因是前者过于抽象，缺少可操作性；后者更具体，有可行性。

（二）现代企业制度与传统的工厂制企业的区别

前面我们详细地分析了现代企业制度与古典企业制度的区别。实际上，现代企业制度不仅与古典企业制度不同，现代企业制度与传统的工厂制企业也不同。那么，现代企业制度与传统的工厂制企业相比又有哪些区别呢？这种区别主要表现在以下四个方面。

一是产权清晰。产权清晰不仅指产权的归属清晰，而且主要是指产权主体具体化和人格化，并使出资者权利、职能、责任到位。从出资者的角度看，要使每部分资产都有明确的投资主体，这个投资主体要全权行使所有者的权利，并承担相应的责任，改变资产所有者职权分散、无人负责的状态；从企业的角度看，就是要使资产所有者代表进入企业，改变企业"所有者缺位"的状况。

清晰的财产权利是市场经济的基石。所谓清晰，是指权利的内容是事先可知的，并且与拥有者的属性无关，这意味着这些权利无须凭借拥有者的身份、地位、声望和人际关系来确保，也无须拥有者凭借自身力量在现场加以捍卫，这样，拥有者和潜在交易方只凭一纸契约或一份证书即可知道这些权利意味着什么，这样的权利在经过任意多次交换之后仍可保持原样。只有这样，权利才能突破地理、文化、地方习俗和人际关系网的界限和所有这些隔阂所带来的高额交易费用，实现顺畅的交易和流通，最终发展出产权流通市场。

清晰的权利也意味着标准化。关于权利的构成是非常复杂的，从权利层次上，有所有权与使用权之分；从所有人主体上，有国有、集体和个人之分。权利的差异本身不是问题，关键在于标准化，要实现充分的市场流通，有关的各种权益和责任应在清晰化的基础上分类打包，形成数量有限的标准化类别。

产权清晰对于经济的发展具有重要的作用和意义，产权清晰是市场交易得以顺利进行的基础；产权清晰是企业进行投资和贸易活动的动力源泉；产权清晰也是企业形成有效治理结构的前提。

对于国有企业来说，产权清晰绝不是将国有资产量化到个人。国有资产属于全国人民,它具有不可分割性,不能量化到个人,只能由各级政府来代表;也不能要求国有资产有类似于自然人企业那样的委托人,必须超越私有制的逻辑来看待国有企业产权清晰问题。那种认为国有企业产权不可能清晰,名义上的所有者是全民,实际上并没有一种机制能保证全民行使所有者权力的想法是没有道理的,已经被实践证明是错误的。

二是权责明确。权责明确是指出资人与公司法人之间的责、权、利清楚和明确。出资者的权包括重大决策权、选择管理者以及转让股票的权力;出资者的责是以出资额为限对企业经营风险承担有限责任;出资者的利是受益权,即剩余索取权,也就是获得股息和红利的权益。

公司法人的权是法人财产权,即公司对法人财产依法享有占有、使用、支配和处置的权力。公司法人的责是以法人财产为限对公司经营风险承担责任,其内部责任是法人对它的法定代表人及其工作人员以法人名义从事经营活动应当承担的责任;其外部责任是以它的全部资产独立地清偿它对其他民事主体的债务。公司法人的利是收益权,即销售产品获取收益的权利。应当指出的是,出资者的利与公司法人的利是根本不同的,出资者是受益权,公司法人是收益权,公司只有收益权,没有受益权,公司法人是收而不受,真正接受收入的是出资者股东。

在现代企业制度中,一方面,公司法人财产对于出资人具有独立性。这种独立性使公司真正成为自主经营、自负盈亏的法人实体;另一方面,企业法人财产权与出资者所有权联系紧密。在现代企业制度中,产权主体多元化,由于各产权主体的资本数量和所有者能力的差别,公司的经营活动不可能由所有者共同控制和管理。因为,如果由所有者共同控制和经营管理企业,交易费用太高,所有者监督管理者的费用也很高。为了降低交易费用和监督费用,需要所有出资者或大多数出资者将其资产的经营权委托给有能力的人或资本权数大的人,这就形成了出资者所有权与公司法人财产权的分离。出资者所有权与公司法人财产权分离后,股东仍然拥有包括"共益权"(用手投票)和"自益权"(用脚投票)在内的所有者权力,这表明股东仍然是公司财产的最终所有者,并没有放弃所有权,其所有者的利益也通过股息红利的形式得到了保障,股东放弃的只是对公司财产的直接支配权。

出资者与公司法人之间的关系是平等的民事主体关系,这主要表现在:一是出资者不能直接干预公司的生产经营活动,只能通过股东大会行使自己的权利。二是公司一旦成立,就天然地拥有公司的法人财产权,国家等出资者交给公司的资产将长期固定于公司中,不能任意收回和平调,使企业从有人负责到有能力负责,使企业拥有的经营权取得了法人财产权的支持。三是企业法人与出资者之间不存在行政隶属关系,也不存在雇佣劳动关系。双方的权利和义务及财产关系的调整,只能按照法律和契约进行,受到法律保护。

三是政企分开。从表面上看,政企分开与所有权和经营权分开是没有直接关系的两个问题,主要表现在,政企分开与所有权和经营权分开属于不同层面的分权关系。政企分开涉及的是政府与企业之间的关系,而所有权与经营权分开涉及的是企业所有者与经营者之间的关系。但实际上,政企分开与所有权和经营权分开有着直接的关联关系,甚至是一个问题。因为,非国有企业是不存在政企不分问题的,政企关系是特指国有企业由于其资产的国有性质,作为国有资产的经营单位与作为国有资产所有权代表——政府——之间的管理与被管理的关系。从产权关系角度看,政企关系体现的是一种特殊的资产所有权与经营权之间的关系,这种特殊性在于国有企业资产所有权的国有性质上。

实际上,国有企业与政企分开是一个悖论,政企分开不论是指企业的财务和政府的财政分开,还是指政府不干预企业,都不可能做到。企业的财务与政府的财政可以在形式上分开,但实质上两者不可能真正分开,因为国有企业不过是"公共财政"以企业形式的延伸,而政府怎么可能与公共财政"分开"呢?政府不干预国有企业也是不可能的,国有企业资本是国家的,搞坏了政府要承担风险责任,政府怎么可能不管呢?要实行政企分开除非实行非国有化,要是国有企业就不可能实现政企分开。政企分开无非是说政府要尽量减少直接干预企业,这不过是一种理想状态。

我们这里所说的政企分开主要是指政企职责分开、职能到位。这个意义上的政企分开有两层含义:一是要把政府社会公共管理职能、国有资产管理职能和宏观经济调控职能分开;要把国有资产管理、监督职能与国有资产经营职能分开;要把国有资产经营职能与企业经营管理职能分开。二是要求企业将原来承担的社会职能分离后,交还给政府或社会,把政府原来承担的企业职能归还给企业,政府不再直接经营管理一般竞争性行业的企业、制定私人物品的价格和直接分配资源。实际上,真正的政企分开需要在产权明晰的基础上,彻底在法律上明确产权所有者,切实保障产权的可执行性,而行政之手不能随便干预。

政企分开绝不是政府不管国有企业,在国有企业内不可能做到政府不管企业,也不可能避免国家对国有企业的行政干预。这是因为,企业和政府是现代经济中的两大基本主体,政企关系也是现代社会中最重要的经济关系之一。一方面,政府或国家不管国有企业是不应该的。政府或国家作为全体国民的代理人,有权对国有企业经营活动进行干预,如果所有者对于自己的企业不干预(依据合法的程序),完全放弃了对企业的剩余控制权,那么就是国家作为全体国民的代理人的"失职",而且作为经营者抗拒国家对国有企业的行政干预,也就间接地侵犯了所有者的权益。另一方面,政府或国家不管国有企业是不可能的。国有企业是国家出资建立的,国有企业的经营者和员工是国家出资聘任的,国有企业的经营风险由国家来承担,国家不可能对自己投资的企业不管不问。就像私人投资者对自己投资的企业要管,并且管好一样,国家也要对自己投资的企业进行管理,这是很正常的事,否则反而是不正常的。我们知道国有企业之所以政企不分,是因为政府是国有企业的"老板",是它的"出资者",怎么可能叫"老板"不管自己所有的企业呢?

国有企业,从产权方面看,由政府直接拥有全部或绝大多数产权;从人事权方面看,政府直接向企业派董事会成员以及其他高级管理人员;从企业的经营目标看,具有两重性,即社会目标与经济目标并存,基本上以社会目标、社会效益为主;从重大决策方面看,某些重大决策,如产权变动、重大经营方向的改变、高级管理人员的薪酬等必须由政府批准;从财务管理方面看,预算、决算必须通过人大或政府批准。

不同国家政企关系的表现形式不同。日本的政企关系是由官僚精英、政治家和企业领袖联盟来引导国家经济,虽然企业发挥着巨大的作用,但受到高度尊重的官僚机构在经济生活中扮演着重要角色。德国一般的政企关系,是政府官僚将企业和劳工代表召集在一起,以形成一项劳工、资本和政府都同意的政策。英国一般的政企关系,是政府常常会在经济上采取主动,但公司保持他们的自主性,工会没有被组织起来与政府和商界展开经济谈判。1789年美国宪法为美国的政府—企业关系提出了一个基本框架,这一套制度框架通过对政府机构不同部门之间的权力进行分割,给予了企业相当大的经济活动自主权,政府的经济权力被约束在一个非常有限的范围内,而且很难干预微观经济活动。可以说,美国宪法保障了美国成为当时世界上第一个由企业支配经济的国家,私人公司组织经济运行,企业在美国具有崇高的地位,政府为企业的经营服务。

四是科学管理。科学管理与经验管理相对应,是指依靠科学研究和知识实施管理。管理定义可大可小,大可涉及企业怎样通过组织内部资源有效整合以达到目标和责任这一过程本身,小可至围绕目标和责任使资源有效整合的一切细小工作和活动。管理问题说简单也简单,说复杂也复杂。说管理问题简单,是因为任何企业,无论是大企业还是小企业都有管理,都在进行管理,管理没有什么了不起的;说管理问题很复杂,是因为一方面,真正好的管理不仅要有理论、有理念、有行动,还要有感觉、有效果,要达到这样的管理境界很不容易。另一方面,管理工作要讲究实用、规范化、标准化、模板化、图表化、数字化和操作化的基本要求,太抽象的口号和提法对高层管理干部有时可行,但一般员工会找不到感觉。基础管理包括企业内部基本制度的建立、基本流程的确定、基本信息资料的储备传送以及管理队伍的建立等一系列工作。管理通常包括两部分内容,即程序化管理和非程序化管理。前者是按部就班式的日常管理,且占据了整个管理过程的绝大部分;后者则是指对某些突如其来的事件或全新问题的管理。这种管理更考验管理者的水平和能力。需要指出的是,企业虽然需要严格的制度和规范的管理,但是事事都依靠死的制度和不变的管理,是不可能应付随机事件的发生的。企业要在战略层保持高度权变(强调"人治"的作用);要在营销体系的基层作战单元留有权变的空间;要在运营层建立制度化的流程体系,并在三层结构中保持协调和均衡。

在企业刚建立时,主要依靠很好的市场感觉和高效率的决策,这时把管理搁进去,设立齐全的部门,制定严格的制度,赋予明确的职责,就可能把企业整死。而企业发展到一定阶段必须强化管理。但企业控制管理到一定程度后,就不能再控制和管理了,或者说从一种刚性管理进入到一种柔性管理。实践证明,管理者管理水平的提高对一个人的专业知识的要求越来越少,对管理层的宏观知识要求越来越多。

一般来说,管理是指通过一定的手段,规划、组织和利用企业的人、财、物、信息等经济资源,实现企业最佳的经济效益。管理是通过人员及其他机构内的资源而达到共同目标的工作过程。如果说经营者要赚钱,管理者就要省钱。管理是一种分配,责任、权利和利益分成等边三角形。管理始终为经营者服务,就是经营定位决定管理定位,确保管理水平匹配经营水平。管理是现代企业经营六大要素(战略、结构、市场、技术、管理和文化)之一。管理还要适当,落后的管理当然不好,在管理上想法太先进和理想化,也会变为幻想。企业管理要外圆内方。外圆是要适应环境,要友爱,要以客户的需要为需求,以客户价值观为导向。内方则是要建立有效的决策、控制和激励机制。管理的准则是:经营决策层能力优先,管理执行层忠诚优先,操作层勤奋优先。世界各国的成功管理模式不尽相同,美国是突出个人主义、个人奋斗的企业管理模式;德国是有高产品美誉的企业管理模式;日本是突出集体主义、团队精神的企业管理模式。衡量管理水平的唯一标准是能否让个人目标与组织目标合二为一。管理就是让一线的员工得到资源并可运用资源。

对于管理科学中所有构成部分都是规律的总结，比如营销管理中的"4P理化"（产品、价格、渠道、促销）；财务管理中的"现金流"理论；战略管理中的"高差异、低成本、专门化"理论等。在管理规律中，最重要的是，管理只对绩效负责；在管理体系中人与人并不是平等的；管理不谈对错，管理只是面对事实，解决问题。

企业管理对于我国大中型企业是十分重要的。人们常说，产权是前提，组织是保障，管理是基础。人们还说，大型企业靠文化、中型企业靠管理、小型企业靠精明。这些都是人们对经验的总结，具有一定的道理。

大型企业靠文化，什么是文化？广义的文化是以该民族核心价值使命和观念为核心体系的世界观念系统以及思维方式、行为方式和情感方式。文化是一个民族的特殊价值偏好，它表现为一系列有选择性的"爱好"。选择什么是文化，能否选择是制度，文化无高下，制度有优劣。企业文化是企业的信仰、价值观和行为规范的总和，它同时还包括企业的经营风格、员工行为习惯和对市场的默认规则。企业文化包括经营性文化、管理性文化、体制性文化、转型性文化。文化很少是能被学习的，学来的所谓文化没有个性，但文化可以创造。企业文化是即使没有现成文字，但大家却自觉执行的东西。

从历史发展看，管理曾经先后经历了伦理管理、经验管理和科学管理三个发展阶段。所谓伦理管理，就是指师傅带徒弟，"一日为师，终身为父"的管理思想和理念。在传统企业里，人与人的关系不是雇主与雇员的雇用关系，而是师傅与徒弟的关系、老板与伙计的关系。经验管理主要是提倡熟能生巧、日积月累和代际间经验传授的管理思想和理念。如果说中国传统企业管理的核心是伦理管理和经验化管理，现代企业制度管理的核心就是科学管理。科学管理分为硬性管理和软性管理。硬性管理是指泰罗制和福特制等管理方法，软性管理是以激励手段和以人为本思想进行的管理。泰罗制强调在工序分解的基础上，制定所谓"合理的工作量"，并为不同的工序配备不同的操作工人。泰罗制的科学管理的基本内容：一是科学划分工作元素；二是员工选择培训和开发；三是要与员工经常沟通；四是管理者与员工应有平等的工作和责任范围。福特制流水线则以可转换零部件和装配线上的分工实现了大规模生产。泰罗制的管理思想加上福特式的生产方式，释放出巨大的生产力，并且几乎成为资本主义大生产的代名词。但这种分工方式到了20世纪60年代暴露出其僵化弊端，原因在于，泰罗制压制了技术创新，且无法灵活适应市场变化。

科学管理是规范化、制度化、机制化管理。其主要表现为,从组织、领导、控制到部门职能、岗位职责、行为准则、奖惩办法、运行程序等各个方面都有相应的制度、规范和机制。我们现在讲的科学管理,主要包括三方面的内容:一是要树立管理是生产力的思想;二是要把战略管理放在企业经营管理的重要地位;三是要把推进企业信息化作为实现管理现代化的突破口。

管理理论证明,管理是可以学习的,并相互影响的,管理扩散只能通过管理移植方式。管理移植是一个学习、改造的整合过程。正是这个过程使得生产、管理资源在企业集团内得到更为有效的配置,使先进的管理思想和制度得到移植和扩散,从而使企业集团的存在相对于其他企业组织形式具有更优越的经济合理性。但是,管理模式是不能复制的,因为它产生于一定的企业文化,是建立在一定的管理理念基础上的。

五、建立现代企业制度、转换企业经营机制是国有企业改革的方向

经济体制改革以来,我们先后对国有企业进行了一系列改革。

1979~1980年,进行了扩权让利改革;1981~1982年进行了利润包干为主的经营责任制改革;1982~1984年,进行了两步利改税的改革;1987~1991年,进行了承包经营责任制的改革;1992~1994年,进行了转换企业经营机制的改革;1995年至现在,进行了建立现代企业制度的改革。

承包制的本质缺陷在于:在把部分剩余控制权和剩余索取权交给承包者后,企业产权的界定变得更加模糊,发包者和承包者之间的利益冲突加剧,双方侵权行为更容易发生。

建立现代企业制度的改革的原因是,前五个阶段的改革都有很大的局限性:一是这些改革主要解决的是国家对企业管得太多、统得太死的问题,实质上是在保持原有国有产权不变的前提下,给企业松绑,赋予一定的经营权,不是企业财产权结构的重组。二是上述改革不但没有解决传统体制下国有企业的弊端,还弱化了所有权,出现了内部人控制,即所有者权利让渡和企业权利的扩大未能和经营权的制衡机制的建立相匹配,出现了一个有利益驱动而缺乏约束的非理性经营主体。

现代企业制度的改革使国有企业改革进入到了一个产权制度变革的实质性阶段,由对国有资产经营方式的调整发展到对国有资产组织方式的调整。由产权制度不变条件下的改革,走向产权制度的改革,即由在原有计划经济体制下的企业制度的框架内的改革,走向建立适应社会主义市场经济需要的新型企业制度。国有企业改革是寻找国有企业与市场经济相结合的有效途径,这就需要进行制度创新,建立现代企业制度。以前的改革是以有计划的商品经济为总体目标模式的改革,属于政策调整的性质,不能消除国有企业活力不足的深层原因,不能解决国有企业与市场经济有效结合的问题,现代企业制度的改革是以社会主义市场经济为总体目标模式的企业制度创新。

现代企业制度的改革与以往改革相比的主要区别是,前五个阶段的改革是企业的资产经营方式的改革,第六个阶段,即现代企业制度改革,涉及的是企业的资产组织方式的改革,涉及的是所有制的高级实现形式问题,即产权问题。因此后者与前者相比较是一个深层次的改革。现代企业制度改革打破了国有独资的局面,实现了混合所有制经济。

股份制不是一种所有制,而是一种所有制的高级实现形式,即一种资产的组织方式。股份制企业的性质可以从两方面界定。从股权身份上看,股份制企业中的国有股和集体股属于公有制的性质,股份制企业中的个人股属于私有制的性质。从整个企业来看,股份制企业的性质,主要依据控股权来判定,控股权掌握在国家或集体手中就是公有制性质的企业,掌握在私人手中就是私有制性质的企业。因此,不能笼统地说,股份制企业是公有还是私有。至于控股,包括绝对控股和相对控股,绝对控股目前人们通常把它界定为,掌握企业的股权数是50%+1股,而不是掌握51%的股份。相对控股是指在所有的股东中是最大的股东,不管实际掌握了多少股权数。从发达的市场经济国家的经济现实来看,大多数股份制企业,是资产私人所有、联合占用、联合营运的社会化的私有企业。

股份制作为一种混合所有制经济实现了财产主体多元化,运作方式社会化,实现了对生产资料实物形态的"共同占有"与价值形态的"个体所有"的统一;股份制作为一种混合所有制经济是协调社会多种利益关系,使之"和谐统一"的产权组织形式;股份制作为一种混合所有制经济具有很强的所有权兼容力;股份制作为一种混合所有制经济,能用少量的国有资本确保其带动力、影响力和控制力。带动力主要体现在国有资本对社会资本的引导上,对于一些国家需要扶持而前景又不是很明朗的领域和企业,国有资本积极主动地进入,进行引导,待成熟后再逐步退出,进入新的经济增长点,继续发挥引导作用;影响力是指通过相对控股和参股的形式,广泛吸收社会资本,通过混合资本运作,来发挥国有资本对社会资本的影响;控制力是指国有资本通过对关键领域的控制,通过产业链的关联作用,来控制其他相关领域的资本,从而实现国有资本对整个产业的控制。

随着社会主义市场经济体制改革的完善,就整个社会来看,会出现这样一种趋势,就是混合所有制企业多,国有独资企业少;在混合所有制企业中,没有国有资本投入的企业多,有国有资本投入的企业少;在国有资本投入的企业中,国有资本参股的企业多,国有资本控股的企业少;在国有资本控股的企业中,国有资本相对控股的企业多,国有资本绝对控股的企业少。

搞活国有企业,在建立现代企业制度的同时,还必须实现企业的经营机制的转换。"机制"概念的真正内涵应该表述为一种有机的经济关系。企业经营机制是国民经济运行机制的具体化,是在一定条件下,企业机体内各要素相互联系和作用所发生的制约关系和功能。它是企业得以运行、发挥各种功能、产生行为的客观基础和力量源泉。企业经营机制有狭义和广义之分。

狭义的企业经营机制展示的是企业内部联系,具体包括动力机制、决策机制、约束机制、自我改造和自我发展机制和循环或运转机制。经营机制是由财产关系决定的,财产关系的改变会导致企业经营机制的根本性转变。

一是动力机制。动力机制是通过激发企业内部利益动机而形成企业运行所需要的动力。动力机制包括利益动力、激励动力和压力动力三个方面。马克思指出,人们奋斗所争取的一切,都同他们的利益有关。企业经济活动的动力,归根结底来自企业内部行为主体对自身经济利益的追求。从根本上说,经济发展的动力源于各级主体对物质利益的追求。任何一个国家,无论它实行什么性质的经济制度,对物质利益的追求都是生产者和消费者从事经济活动本质的原因,也是这个国家经济发展的最根本驱动力。企业动力机制的基本功能,在于激发企业内部不同利益主体的利益动机,并将此动机转化为实现企业经营目标的推动力。激励动力主要是指人们对事业的追求或成就感。压力动力包括市场竞争的压力和争取社会信誉等方面的压力。

二是决策机制。决策机制是指企业面对复杂多变的市场,根据市场信号和有关行情,在多种实现企业经营目标的可行方案中进行分析和决断。决策机制包括投资决策和生产经营决策两个方面。人们通常把投资决策比作"买鸡",把生产经营决策比作"养鸡下蛋"。企业投资要考虑以下几点:第一,企业投资决策取决于企业行为的利润最大化原则,也就是企业投资项目、形式、期限和投资额的选择,必须对现期利润与预期的长期利润之间做出综合决策。第二,企业进行投资决策时要考虑机会成本,即把资源用于一种用途时所放弃的另一种用途可能带来的损失。企业投资时必须考虑机会成本,投资机会成本最小的项目。第三,企业投资项目的选择,既要考虑产品的成熟程度,又要考虑产品的生命周期。产品的生命周期分为新兴期、成长期、成熟期和消亡期。产品在不同生命周期阶段上,其成本、价格、生产规模是不同的,企业要根据产品生命周期的变化,选择不同的投资形式,以提高利润率。新兴期的产品刚转入商业性开发阶段,成本高、规模小,企业应进行试探性的投资;成长期的产品市场需求扩张,成本下降,企业应进行外延性投资;成熟期的产品市场需求稳定,企业投资时要坚持外延和内涵并举,以内涵投资为主。消亡期的产品市场需求萎缩,企业应抽出资本。第四,企业投资项目的选择,要考虑产业的成熟程度。产业按照成熟程度不同可分为新兴期、成长期、成熟期和衰退期。要根据产业的成熟程度选择投资。如处于成熟期的产业,企业就应进行内涵式投资,以提高产品质量,促进产品更新换代;而处于衰退期的产业,企业就应当少投资或抽出投资,以收缩生产规模。第五,企业进行投资决策时还要考虑融资能力、个人经验和承担风险能力等。第六,企业进行投资还要考虑回报期。

三是约束机制。约束机制是指企业主动调整和控制自身的行为,使之适合各种约束条件和环境变化的机制。约束机制包括内部约束和外部约束两个方面。内部约束主要是指预算约束或财产约束,外部约束包括市场约束、法律约束、行政约束和舆论约束等。

预算约束或财产约束是指企业根据其收入来规划、安排支出,也就是改变计划经济体制下企业预算软约束,即企业不能真正做到自负盈亏的局面。预算软约束是匈牙利经济学家科尔奈的总结。科尔奈把计划经济概括为"短缺经济",用"软约束"来分析企业行为,用"投资饥渴症"来说明资源配置失误的原因,用"父爱主义"来概述政府与企业关系等观点已成为经济学中的经典之论。预算软约束是指社会主义国家的企业在入不敷出后,政府对亏损企业的救助现象。软约束的根本原因在于社会主义国家政府的"家长式"管理作用和经济决策不以利润最大化为目标,以及"成本外部化",即企业希望其他机构来承担成本。当企业亏损时,往往考虑诸如企业破产所带来的失业率上升、社会稳定等政治影响,造成政府事后救助亏损企业,如政府用减税、优惠贷款、财政拨款、承担亏损或允许涨价等办法来帮助企业。科尔奈认为,政府事后对发生亏损企业的救助所产生的软预算约束扭曲了激励机制和市场竞争的退出机制。大体有两点:一是事后政企间可就财务状况重新协商,就是企业赔了赚了都可以和政府再商量;二是政企之间有密切的行政联系,就是企业领导阶层兼有行政领导色彩。

市场约束主要是指供给约束和需求约束。供给约束是指企业生产产品要对所需要的机器设备供给,特别是原材料供给及运输状况进行周密的考察,保证其有稳定的来源。需求约束是指产品有好的销路,如市场供大于求,出现了生产过剩,就要减产或转产,进行产品更新和技术创新,寻找新的市场。

法律约束是指企业在生产经营过程中,要遵守规则和法律,讲究诚信,不生产销售假冒伪劣产品,不走私贩毒。

四是自我改造和自我发展机制。自我改造和自我发展机制是指企业在生存的基础上,通过自身积累和积累效益最大化,最大限度地使企业得到发展的倾向和功能。

五是循环或运转机制。循环或运转机制是指要保持企业从投入到产出的循环过程经常处于良性状态,使得企业的供、产、销活动能够顺利地进行和运转。

一些企业家曾形象地把企业比作一辆汽车,把"动力机制"比作发动机,把"决策机制"比作方向盘,把"约束机制"比作闸门,把"自我改造和发展机制"比作汽车的检修和局部的更新,把"循环运转机制"比作汽车的正常行驶,这是形象的而且是有道理的。

在传统计划经济体制下,我国国有企业经营机制的特征是:从动力机制上看,企业运行靠行政力量推动,缺乏利益动力和风险压力,也缺少市场竞争形成的外在压力;从决策机制上看,企业是政府机构的附属物,没有良好的决策机制,如一些企业在未搞清市场需求状况下盲目投资,在资本严重不足条件下扩张投资,在不符合规模经济要求条件下强行扩张投资,在未对宏观经济走势做出科学判断的条件下扩张投资;从约束机制上看,企业行为只受到国家计划的"硬约束",没有形成自负盈亏的自我约束;从自我改造和自我发展机制上看,企业不能主动地面向市场,寻找发展出路,而是安于政府的"保护",对企业的改造和发展不关心;从循环运转机制上看,企业运行陷于生产循环,原材料供给和产品销售由国家计划包揽,形成"生产型"企业。

为了适应市场经济发展的需要,必须转换企业的经营机制。转换企业经营机制,就是要建立追求利益扩张的动力机制;建立自主经营的决策机制;建立自负盈亏、保证企业行为合理合法的自我约束机制;建立不断自我改造和自我发展的调节机制;建立生产经营型的循环运转机制。

广义的企业经营机制不仅包括企业的内在联系,还包括企业的外部联系,如企业与国家的关系、企业所处的体制环境和政策环境、企业与外部市场的关系等。从广义的企业经营机制来看,转换企业经营机制,就是要建立企业的优胜劣汰机制、经营者能上能下机制、人员能进能出机制、收入能增能减机制、技术不断创新机制。

第二节　国有企业分类改革和战略性调整

国有企业改革方向是建立现代企业制度。这句话说对也对,说不对也不对,为什么呢?因为,公共物品行业的国有企业改革,就不是建立现代企业制,而是在继续实行国有企业的基础上,进行管理体制上的改革。竞争性行业的国有中小企业的改革方向,严格地说,也不是建立现代企业制度,而是通过国有资产退出交给民间或私人经营的方式,变成业主制企业或合伙制企业。只有自然垄断行业建立国有控股公司的改革,竞争性行业建立大型国有企业的不一定要求国家控股,一般来说是国家参股的股份有限公司和有限责任公司的改革,才是建立现代企业制度的改革。

本节对于什么是公有制企业和国有企业,为什么要对国有企业进行改革,国有企业改革后能不能实现公有制与市场经济的结合,对国有企业进行怎样的改革,国有资本是否应从竞争性行业全部退出等一系列问题进行专门的探讨。

按照市场机制作用程度不同,人们通常把国民经济划分为三大行业:一是市场机制不起调节作用的公共物品行业;二是市场机制发挥作用,但作用程度受到限制的自然垄断行业;三是市场机制能充分发挥作用的竞争性行业。

由于不同行业存在着明显的产品特征、技术条件和经营目标的差异性,因此不同行业有效率的企业组织形式是不同的。但在不同行业中最有效率的企业组织形式并非只有一种,而是同时有多种,即在不同行业中,有着不同的最有效率的企业组织形式。因此,我们要根据不同行业的企业在产品特征、技术条件和经营目标上存在的差异性,实行分别改革。

一、公共物品行业的国有企业继续实行国有国营的模式或通过许可证招标形式交给私人经营

公共物品是指任何由集体或社会团体决定,并通过集体组织提供的,供两个人以上的群体"共同享用"的产品。公共物品的社会成本或收益与某一消费这一公共物品的私人成本或收益不完全一致,它们之间产生了偏离。公共物品是有益的外部性的一种特殊情况。

公共物品分为纯公共物品和准公共物品两大类。纯公共物品的效用是不可分的,通常由政府向全体公民免费提供,如国防、公安系统、公共道路、城市基础

建设和污染控制。准公共物品的效用是可以分割的,消费者消费时存在着差异,即消费的多少不同,通常是政府向消费者收取一定费用后提供的,如公立学校、公立医院、文化设施和新闻广播业等。

公共物品在消费上的特点:一是非排他性。非排他性是指技术上或经济上难以排除不支付费用的人从公共物品中获得好处,换言之,当一个人或一部分人消费公共物品并从中获益时,并不排除另一个人或一部分人同时消费这些公共物品,并获得利益。二是非竞争性。非竞争性是指一个人对某种产品消费的增加不减少其他人对这种产品的消费,换言之,新增加消费者享受这一产品,不会引起生产成本的增加。如无线电视节目接收者增加,不会引起制作无线电视节目的成本增加。在多暗礁航道设置浮标的成本与通过航道的船只数量无关。三是收费困难和容易产生"搭便车"行为。公共物品的非排他性,意味着消费者都可能做一个"免费乘车者",不付代价地、平等地享用公共物品。公共物品在生产上的特点:一是具有外部正效应性;二是具有某种程度的天然垄断性。公共物品受益上的特点是:受益者具有非垄断性。

公共物品的行业是市场机制不能发挥作用的行业。公共物品行业的企业有两大特点:一是公共物品行业的企业是以实现社会目标为主,这是因为公共物品的范围主要是关系国民经济的整体利益和长远利益的行业,服务对象是全体消费者;二是公共物品行业的企业垄断程度高,通常由国家垄断。

公共产品供给体系(PEI)理论认为,凡是需要通过税收来建设、维修、保养的社会资本,公共部门仅限于政策计划的制定,而在其设计、资金调配、运营管理等方面,尽可能委托给民间。公共物品通常是指建立在一定社会共识基础上,一国全体公民不论其种族、收入和地位差异,都应公平、普遍享有的服务。在部分公共物品生产上,政府可以决定将哪些准公共物品交由非政府部门生产。这样做有两个好处:一是减少政府公共管理成本,进而减少政府财政支出,从而减轻纳税人负担;二是对于某些少数人消费的公共物品,这样做也可以实现谁消费谁支付成本的公共性。

公共物品并不等于就是公共生产、公共提供,这里可以有多种组合方式:一是公共生产,公共提供;二是私人生产,公共提供;三是公共生产,混合提供。公共物品和公共服务的公共性并不代表政府必然垄断其供给,它只是意味着公共物品和公共服务必然通过公共程序审核,并以反映公意的方式进行抉择。正是基于这样的理念,随着招标竞争、价格听证、规则谈判等制度的建立,使得民营企业间潜在的竞争机制发挥作用,随之顺利地实现了公共物品和公共服务供给的低成本和低价格。

对于纯公共物品行业的企业宜实行国有国营模式。国有国营模式的特点是,由政府筹集资本建立;政府直接任命企业负责人;对进入退出实行严格控制;对收入分配实行控制;控制价格与确定财政补贴数额;等等。公共物品的特点会产生谁来提供公共物品的问题,并由此产生了政府和"公共财政"。所以,公共物品迄今为止一般都由公共机构,如政府来组织供给,这样做总的来说比较有效率。尽管经济学家们仍在探索其他更有效的方式,如通过许可证招标的形式把公共物品的生产交给私人经营,国家控制价格和质量等,但是,大多数公共物品由政府提供这一事实始终也没有改变。因为,公共物品的生产成本需要社会负担;由于免费乘车者存在,私人不愿意提供;由私人提供公共物品常常会产生低效率或公共物品供给不足。

对经营性的、有合理回报的及一定投资回收能力的公共物品、公共基础设施项目建设,以及具有垄断性的项目,逐步推行许可证拍卖,项目法人招标制。虽然某个具有准公共物品,或自然垄断性质的项目只有一家企业经营,但这家企业的进入是通过竞争确定的,从而使该项目具有"可竞争性"。

对于准公共物品来说,国家可以通过向私人企业订货,使其按国家要求生产和提供;国家通过立法、财政补贴或行政限制干预这些领域的经济活动。对于具有非排他性但不具有非竞争性的准公共物品,应该由政府提供;对于具有非竞争性但不具有非排他性的准公共物品,由于它可以有效排他,这类准公共物品,可以交由市场提供,以提高资源的配置效率。政府在授权经营时,还必须与企业签署有关特许经营的双项的权利和义务以及违约惩罚。同时通过法规把制度结构与各方面的激励联系起来,使企业得到有效规范,并获取应得利益。私人和企业进入的形式包括:公共产品享用者付费,私人投资者进入;私人生产的产品被政府购买后作为公共产品提供。

科斯定理表明,通过界定产权,将外部成本内化为内部成本,并将外部收益内化为内部收益,部分公共物品可以由非政府部门或私人生产。这里的部分公共物品,主要指的是准公共物品。科斯定理讲的是交易成本、产权界定、外部性与经济效率之间的关系。科斯定理的实质是,在交易成本为零的情况下,有明晰的产权规则就足够了。而一旦交易费用为正数,则产权规则就让位于效率规则或福利规则。科斯定理认为,如果存在可操作的私有产权,且交易成本或交易费用为零,则无论产权如何分配,最终的资源配置都是最优的。科斯定理为了反驳福利经济学对政府管制的迷信,指出,只要政府界定清楚私人产权并保障自由交换,则资源配置在每一时刻都处于最优状态。这是对斯密的"自然的自由"制度的一个有力论证。

政府把部分准公共物品交给私人经营的好处:一是减少政府公共管理成本进而减少政府的财政支出,从而减少纳税人的负担;二是对于某些少数人消费的公共物品,这样做也实现了谁消费谁支付成本的公共性;三是有利于建立良好的竞争机制、投资约束机制和风险控制机制。

国际经验表明,公共物品通过许可证招标形式交给私人经营,反垄断、放松管制和民营资本参与,会在普遍服务、质量、环境、公共安全等各方面对弱势群体的福利形成挑战。

公共物品行业的招标方式与普通的招标是有区别的,公共物品行业有为公众服务的义务,对于公共物品行业来说,光有价格是不行的。所以,在引进投资者时,要考虑不能改变公共物品行业为公众服务的基本职能;公共物品行业引入竞争机制,形成多家经营的竞争格局需要具备一个重要的前提条件,这就是保证政府的监管严格、有效和到位;公共物品行业通过许可证招标的形式交给私人经营后,应避免由"政府垄断"走向"企业垄断"。公共物品行业由于投资非常大,回报周期很长,因此特许年限通常也很长,这种状况被许多人认为,由政府垄断走向了企业垄断。需要指出的是,企业垄断相对政府垄断是一种进步,一方面相对于具有强制权的政府垄断来说,企业垄断可以对消费者服务得好一些;另一方面政府往往不考虑盈利,造成成本过高,而企业有动力降低成本,从而在价格上有利于大众。

公共产品和公共服务市场化,不是政府责任市场化,即把本属于政府"分内责任"的提供公共产品和公共服务推向市场。而是指公共产品和公共服务"提供机制"市场化,是政府在承担基本责任的前提下,推行公共产品和公共服务提供过程的市场化,通过多元生产者之间竞争,降低成本,提高效率和质量。

二、自然垄断行业的国有企业要实行国有控股模式

自然垄断行业是指市场机制能够起调节作用,但作用程度受到限制的行业。这些行业具有特殊性质,在这些行业规模经济已经达到相当高的程度,以至于从社会的角度看,若不把所有的生产集中在一个企业就会形成很大的浪费,或者说,生产者如分散在许多单位,平均成本就会高昂得多。

按照传统观点,由于技术性的原因,在这些行业的市场中不需要竞争者的存在,否则就会造成很大的浪费和巨大的破坏。因为,如果在一个城市中建立两套电话系统,就会造成不必要的重复。所以这些行业被称为"自然垄断行业"。意思是说,这些行业中的垄断不是人为造成的。自然垄断行业一般由石油、电力等能源工业和钢铁、有色金属、石油化工等原材料工业等基础产业和铁路、机场、港口、水利设施、邮政、电信行业等基础设施构成。狭义的自然垄断行业是指这个行业的生产经营活动中靠线路、管道、网络连接的行业。主要是铁路的路网、电力的电网、煤(燃)气公司的输送管道、自来水公司的上下水输送管道。

自然垄断性行业是不完全竞争性的行业,它既有别于公共物品行业,也有别于竞争性行业。因为,如果自然垄断行业对于新进入者是开放的,而且没有什么进入障碍和限制成本,它们的垄断地位就将受到竞争者潜在进入的威胁,如果该行业具有较好的盈利余地以及供给尚未过剩,那么这些潜在的竞争者就会争夺这个垄断市场。另外,如果自然垄断行业生产的产品或提供的服务具有可替代性,那么这些行业的垄断地位就会受到生产可替代性产品或提供可替代性服务行业的直接威胁。因此,在以上两种情况下,即使一个产品或服务由一个垄断者来生产或提供,垄断者也不一定能够行使垄断权力,市场机制会在一定程度上发挥调解作用。

自然垄断行业的特点有:一是在规模效益递增的条件下,由少数大企业大规模生产更有效率。但如果特许一两家企业来经营,处于垄断地位的企业就可能会制定垄断高价,损害消费者利益,因此,政府必须对其价格进行管制,或者政府建立国有企业直接经营垄断企业。二是从资本规模和技术工程看,投资大、建设周期长、收效慢和风险大。三是提供的产品是必需品,具有很高的需求刚性,如供水、供电。四是用户同供应商之间往往有物质联结物(电线、管道),难以更换选择。五是需要有一定的超前性。一方面,它是其他一切生产部门从事生产经营活动的基础性条件;另一方面,自然垄断行业作为基础产业从开始投资建设到正式发挥作用之间有较长的时滞,如果其不能适当超前发展,则国民经济的发展最终会因为"短边规则"而受到约束。

自然垄断行业的企业要兼顾社会目标和盈利目标,当二者发生矛盾时,后者应服从前者。我国作为一个社会主义国家,政府必然要在垄断性行业发挥重要作用,以达到优化资源配置、提高企业的资源利用效率与国际竞争力、调节收入再分配、实现企业财务的稳定化目标。因此,这类企业既不能直接由政府经营,也不能按照完全市场化的标准来经营,而应采用国有控股的形式。国有控股公司是指国家通过对股份的控制而达到支配公司目的的公司。建立国有控股公司的目的就是要通过在公司中贯彻政府的意图来保证企业能够实现社会目标和公共利益，否则企业就没有采取国有控股形式的必要性了。

国有控股模式与国有国营模式的区别是，投资主体多元化，国有资本有明显的控制力；政府不再是企业的经营者，而是通过受法律保护的契约关系界定政府与企业之间的责、权、利关系。

当然，公共物品行业和自然垄断行业在主要采取国有国营的方式和国有控股的形式外，也可以通过许可证招标的形式，交给私人经营。特许经营已成为吸引社会资本投向公用事业和基础设施建设的有效办法。公用事业特许经营是指政府将某项公用事业的经营权授予特许经营者，由特许经营者对该项公用事业进行建设和运营，承担相应风险，并从公用事业用户的付费中获得报酬。对公用事业特许经营进行监督的必要性可以从公共规则的理论得到解释，监管机制应具有独立性和专用性，监管的重点是市场准入、价格和普遍服务机制。

在微观经济学理论中，供水、供电属于自然垄断行业，由于其关系消费者的生活，价格一般由政府控制在低于边际成本以下。而近20年来，以微观经济学的市场结构理论为基础的自然垄断的市场形态已经发生了变化。由于公共财政能力限制，供电、供水的服务经常不尽如人意，私人资本开始进入这些公共事业领域，不但改变了由政府提供水、电的自然垄断市场形态，经营模式也发生了更市场化的变化。新的模式不再控制水价、电价，水价、电价都开始高于边际成本，并随边际成本上升而上升。供电、供水行业的利润上升激励私人资本投资意愿，更市场化的供水、供电服务改善了公共事业的落后状态，提升了老百姓的生活水平。当然，新的模式也会附加一些体现公共利益的条款，避免私人企业伤害公共利益。

三、竞争性行业的大型国有企业要建立不要求国家一定控股，一般来说是国家参股的产权主体多元化的现代企业制度

竞争性行业是市场机制能够有效地起到调节作用的行业，是指那些基本上不存在进入或退出障碍，供求完全由市场机制发挥作用的行业，除公共物品行业和自然垄断行业以外的行业都属于竞争性行业。按照西方经济学原理的解释，在这个领域内，每个生产者都以谋求利润最大化为目的从事生产经营活动，但没有哪一个生产者能够完全主宰该行业的市场价格。在市场经济条件下，竞争性行业是国民经济最主要的部分，它的发展水平是一国科技水平、经济实力、市场体系发育程度的主要标志。

竞争性行业的特点是竞争性行业存在众多企业，企业产品基本上具有同质

性和可分割性,但没有一个生产者能控制该行业产品的市场价格;进入或退出该行业完全自由;竞争性行业大部分是加工工业,其产品在整个生产链条上处于下游,利润大。

竞争性行业企业以盈利为主要目标。竞争性行业企业一般来说,不适合国有独资,甚至不适合国有控股。我国对竞争性行业国有企业改革的战略是依据企业规模大小的不同而不同。那么,企业规模的大小是如何来划分的呢?《财富》杂志在评选"世界500强"时,主要是按企业的销售额来划分企业规模的大小的。《财富》杂志1945年公布了第一份500强名单,基本是一个制造业公司的排行榜。1946年,加入了银行、保险、运输、零售业及其他服务业的排行榜。1983年,又将各服务业排名合并成为《财富》服务业500强,并于1995年与制造业排名合并,成为今天我们所看到的"世界500强"排行榜。今天的"世界500强"排行榜中现代服务业在排行榜中处于核心位置。

《福布斯》杂志在评选"世界500强"时,是按照销售额、利润、资产和市值这4个指标加权平均排名的。我国目前衡量企业规模大小的指标主要有销售额、资产总额和职工人数。可以看到,无论哪种评选方法,销售额都是最主要的。这是因为:一方面,销售额反映的是当年企业实现的价值,而不包括尚未实现的那一部分,即库存产品价值,因而更能正确反映企业当年的实际业绩;另一方面,在市场经济条件下,销售额指标充分体现了企业与市场的关系,即体现了市场对企业发展的导向作用,进而可以充分体现出企业经营的自主精神。另外,企业只有不断地占有市场,才能收回投资,赚得利润。我国目前的具体划分是这样的:国有大型企业是指,职工人数2 000人及以上,年销售额3亿元及以上,资产总额4亿元及以上的国有企业;国有中型企业是指,职工人数300人及以上,年销售额3 000万元及以上,资产总额4 000万元及以上,但有一项或几项不满足大型工业企业标准的国有企业。大中型国有企业以外的就是小型国有企业。

对于竞争性行业的大型国有企业来说,我国改革的战略是,竞争性行业大型国企的改革战略有三种情况:一是对于支柱产业和高新技术产业中的重要骨干企业建立国有控股公司;二是对于一般性的大型国企,可以建立不要求国家控股,一般来说是国家参股的产权主体多元化的现代企业制度;三是可以通过资产转让,交给私人经营,变为业主制企业和合伙制企业。

对于一般性的大型国企,可以建立不要求国家控股,一般来说是国家参股的产权主体多元化的现代企业制度。对于一般竞争性行业的国有企业,国家可以不同程度地参股,这样做可以在企业内部引进具有明晰产权边界的法人股和个人股。通过非国有股权的力量,加以对企业的约束和监督,有利于调动全社会的力量,进行资本积累和实现国有资本的保值增值,因为在股份制条件下,国有股和非国有股是息息相关的,即使国有股权因管理体制原因不能在管理和经营上完全到位,但掌握足量股权的其他投资者,出于自身利益也会加强对于企业资产营运的监管。因而国有资本会"搭便车",弥补自身监控不够的缺陷,获得更多的股息、红利。这样通过引进其他所有者对代理人的激励约束作用,防范代理风险,使国有资产免受损失。

最后,对于竞争性行业的国有中小型企业来说,国有资产应该完全退出。国有中小企业从竞争性行业退出,即放开国有中小企业的原因是,国有中小企业通常分布在竞争程度高、市场需求变化快、产业重要性程度低的一般性竞争行业。而且传统上国家对其控制的力度低,国家对其承担的风险大于其上缴的收益。

需要指出的是,放开国有中小企业是指放开所有权,而不是放开经营权;放开国有中小企业是国家宏观性的改革战略,不能将其微观化,搞层层抓大放中小;放开国有中小企业是对所有国有中小企业来说的,不只是针对处于困境中的国有中小企业来说的。

放开国有中小企业的具体形式有,通过拍卖或股权转让改造成民营企业或非国有企业;实行股份合作制;通过引进外资,对一批国有中小企业进行改造;对少数长期资不抵债、无法挽救的国有企业实行破产。

特别需要指出的是,国有中小型企业改革的方向并不是建立现代企业制度。因为中小型企业是不宜建立现代企业制度的。从经济学观点看来,一种企业制度安排是否优越,要看它能不能降低交易成本和提高经济效益,从而是否有利于企业的发展。一种企业制度是否先进、合理和有效益,并不决定于它在形式上是否具有了公司架构,而是取决于企业在既定的制度结构下,是否有利于降低企业内部各生产要素所有者之间分工合作过程中的交易成本,是否有利于对企业核心生产要素——企业家——提供有效的激励机制和约束机制,进而是否能够为企业的竞争性市场的可持续增长提供稳定的制度保证。

制度经济学认为,组织是有成本的,简单的生产经营形式需要简单的企业组织形式,这样的组织成本是最低的,一个私人小企业,一旦变成了股份制企业,一个简单的组织形式就变成了一个复杂的组织形式,本来老板一个人可以决策,现在要征求每一个股东和董事的意见,决策和管理的成本急剧上升,效率却急剧下降。因为小企业的企业所有者与经营者通常是同一个主体,可以大大减少中间环节,取消繁杂的激励机制和约束机制的设计,规避了道德风险,降低了组织成本和管理成本,提高了企业的管理效率和经济效率。以上分析说明,国有中小型企业是不宜进行公司制改造的。有些地方和部门的领导人,常常将本地方或本部门的国有企业85%或90%实现了股份制改造作为工作的业绩来显示,其实是违背客观规律的,是错误的。前面我们已经讲到,即使像美国这样发达的市场经济国家,公司制企业在企业个数中所占的比重也不到20%。

必须明确,国有中小型企业改革的正确方向,不是建立现代企业制度,而是通过资产转让形式交给民间资本经营,变成业主制或合伙制企业。民营企业在产权清晰情况下的自主性和极强的自我激励和约束性,在市场竞争机制下的追求自身利益最大化与社会资源优化配置的统一性,长期自我发展冲动与不断提高经营管理水平要求的迫切性等,使其适应市场经济发展的要求,具有极大的活力和顽强的生命力。

民间资本和家族式企业的大量存在有其合理性,其本质在于通过血缘的亲合性和长期关系的维系将博弈变成无限次的重复,从而获得企业经济活动所需要的合作均衡。博弈论中有一个著名的结论,就是无限次重复博弈可以带来合作均衡,或者反过来说,即使是重复博弈者,只要有限次,其均衡也总是不合作的。家族企业具有其他企业无法比拟的优越性,就是在家族式企业中,管理层的信任度高,决策迅速,团队合作精神强,交易成本低。

国有经济的分类改革战略有利于实现国有经济的战略性调整。国有经济战略性调整是指通过国有资产的存量流动的重组、增量的投资选择与重点使用,在总体上收缩国有经济战线的同时,优化国有经济的布局结构,改善国有企业的组织结构,集中力量加强对重点行业和重点企业的投资和调控,使国有资本不断向社会效益和经济效益高的领域集中,充分发挥国有经济自身的各种优势。国有经济战略性调整的方向:一是通过存量流动和增量的重点配置,使国有资本从一般竞争性领域退出,向由国有经济发挥作用的战略性领域集中,逐步解决国有经济布局分散、战线过长、规模小、效益差和重点行业、企业投资不足、不能占领经济发展的"制高点"的结构性矛盾,确保国有经济在必须发挥功能的关键产业与行业中实现自身的作用;二是在保证战略性领域投资的前提下,在一般竞争性领域中,国有资本的存量与增量配置,要着眼于提高国有经济的国际竞争力,为此要使国有资本向那些有利于形成具有高效的大型和特大型或企业集团的产业与行业流动和集中,以加强技术改造和设备更新,提高国有经济的整体效率和国有资产的整体质量;三是要把调整国有经济布局同产业结构优化升级和所有制结构的调整完善结合起来,要坚持有进有退,有所为有所不为的战略思想,真正实现集中力量、加强重点、增强实力、提高效率、发挥作用的战略目标。

为什么要对国有经济进行战略性的调整？这是因为，长期以来，国有经济误入了一些不能发挥自身生产关系特点的行业，国有经济存在着与市场经济要求完全不相符的严重的产业定位的不合理；相当多的国有资本沉淀在低效率的国有企业，不利于资源配置效率最大化；由于产业结构的升级调整以及结构性矛盾，国有资本所在行业已成为长线行业；有限的国有资本支撑不起庞大的国有经济盘子。

国有经济战略性调整的目的是增强国有经济（资本）的控制力。资本的控制力有两层含义：一是大股东控制自己的资本，这是由所有权决定的；二是股东用自己的资本控制庞大的社会资本，这种控制力是由"参与制"的股权选举制决定的，是指大股东通过控制董事会，委托经理们占有、使用、经营来提高管理社会资本的能力。国有经济的控制力主要表现在以下三个方面：一是国有资本对社会资本的参与能力和支配力。国有经济（资本）的作用既要通过国有独资企业来实现，更要通过国有控股和国有参股企业来实现。国有独资企业产权结构单一，产权结构封闭，难以控制大规模的资本，经济辐射力相对较弱，不利于增强国有企业的控制力。发展中的国有控股公司对于增强国有经济对整个社会经济的控制力具有重要作用，国有资本通过控股形式可以吸引和组织更多的社会资本，放大国有资本的功能、提高国有资本的控制力。国有控股形式的控制力其实要比国有独资形式的控制力大得多，国家通过国有控股的形式可以支配比自有资本大几十倍，甚至上千倍或上万倍的资本，通过"参与制"的形式可以更好地增强国有资本的辐射力、渗透力和控制力，扩大国有资本对社会资本的支配范围和影响。国有控股企业不一定要绝对控股，即国有股占50%以上，相对控股就可以。相对控股可以更好地筹集资本，弥补国有资本的不足，兴办大型工程和大型企业；相对控股和多元化投资可以使更多的投资者分担风险，加强企业抗风险能力；相对控股有利于公有资本与私有资本在企业内部的合作，实现优势互补。随着经济体制改革的深入和企业财产组织形式的变化，我国经济中有限的国有资本控制和支配了更多的社会资本。据有关方面调查，在我国目前的股份制企业中，国有资本以43%的份额控制和支配了其他57%的社会资本。实现了国有资本"以少控多"、"以整控散"和"以质控量"，表明了国有经济在国民经济中的控制力在逐步加强。我们还可以借鉴西方国家通过设立"黄金股"的方式控制一些重要行业的企业的经验。"黄金股"在一般情况下没有任何特权，不得干预企业的生产经营活动，但在关键时候有权废除董事会的决定，维护公众的利益。

二是在关系国民经济命脉的重要行业和关键领域中占据支配地位。国有资本要在公共物品行业和自然垄断行业发挥主要作用。在这些行业和领域所从事的经济活动,有的要兼顾经济目标和社会目标,把社会目标放在首要地位;有的要把为社会服务作为主要目标;有的具有一定的垄断性和规模经济效益,需要巨额投资和超前发展,存在严格的进入壁垒和巨大的风险性;有的关系整个国民经济正常运行、人民群众正常生活和国家安全的保障等。因此,国有资本必须在这些行业和领域中占据支配地位,通过国有资本的经济活动,为整个社会经济服务,并为其他经济部门和经济成分取得效率与收益创造条件,提供推进国家工业化进程、促进经济增长和市场正常运行的基础,促进国民经济的稳定和长期发展,使国家能够依靠国有资本的力量调节和引导整个市场的运行。

三是使国有资本结构优化和质量提高。国有经济(资本)应保持必要的数量,更要有结构分布的优化和质量的提高。而结构的优化和质量的提高主要体现在以下几方面:一是在保持一定国有资本数量比重的前提下,国有资本整体质量不断提高;二是提高国有经济本身的市场竞争力、科技开发力和抵御风险的能力;三是国有独资和国有控股的大型企业和企业集团在经济运行、增长与发展中能够发挥龙头、骨干作用。

明确国有经济的主导作用及控制力,就为从国有经济布局方面实现社会主义市场经济中,国有经济与市场经济的有机结合提供了前提。

国有经济战略性调整中有一个敏感的问题,就是关于国有经济是否应从竞争性行业全部退出的问题。对此存在着两种针锋相对的观点,理由也各不相同。

一种观点认为,国有经济应该从竞争性行业完全退出,其理由是:从理论上说,政府不能在市场经济中既充当"竞争者",又充当"裁判"。从实践上说,市场经济有一条原则就是:凡属赚钱的事,肯定会有人干,因此也就用不着国家或政府干;凡属赔钱的事,肯定不会有人干,因此必须由国家或政府来干,所以国家要去啃最硬的骨头,即专门提供公共物品,办不赚钱的事,而不应进入竞争性行业。

另一种观点认为,国有经济不应从竞争性行业完全退出,其理由之一是,现在竞争性行业和非竞争性行业的界限很难划清楚。在社会主义市场经济条件下,自然垄断行业逐步被打破,非竞争性行业已经不明显。过去看来是纯粹"自然垄断"性质的行业,今天看来也并非如此。例如,典型的自然垄断行业电信业的垄断地位就已经被打破,竞争日趋激烈。因为随着光纤、通信卫星、计算机大容量传送途径的开发,减少了电信基础设施的投资规模,使得其成本下降,进入壁垒缩小。另外,邮政部门受到了快递公司的挑战;铁路遇到了高速公路的竞争;航空业也形成了多家竞争的局面。世界经济发展到今天,国内市场与国际市场已经联系在一起,即使在国内市场上属于垄断性的行业,到国际市场上也变为竞争性行业了。所以,现在没有竞争的领域几乎很少,许多原来的"自然垄断"行业现在都变成了竞争性行业。如果笼统地说,国有资本从竞争性行业退出,那么等于使国有经济从国民经济命脉中退出来;而不能控制国民经济的命脉,就等于基本消灭了国有经济。

其理由之二是,要求国有经济从竞争性行业全部退出,取消国有经济作为市场主体平等参与市场竞争的权利是违背市场经济的一般规律的。国有经济作为市场经济的主体,有权利同其他市场主体平等竞争,如果人为地把国有经济从竞争性行业驱逐出去,剥夺国有经济平等地参与市场竞争的权利,也是一种歧视,这也是不符合市场经济要求的。至于说,国家又当"运动员"又当"裁判",那只是对原有的计划经济体制下的国有独资、国有国营的国有企业来说的。通过国有制实现形式的改变,真正实现政企分开后,情况将不会如此。

其理由之三是,国有企业全部从竞争性行业退出,这实际上等于说,市场经济和国有经济不相容,国有经济根本搞不活。这就既否定了我国社会主义市场经济体制的改革目标,也与事实不相符合。法国、新加坡等国家的国有经济的经营状况一点不比私营企业差。这些国家国有经济所占的比重也较高,并占有一定的位置,但经济发展状况并不差。并且在这些国家的私有化浪潮中,政府也没有完全退出竞争性行业,有的只是从部分竞争性行业中退出,有的将其变卖的资产投入到更有发展潜力的竞争性行业中去了。

其理由之四是,国有资本从竞争性行业退出,那么就等于把赚钱的事让给非国有经济干。因为竞争性行业大部分是加工工业,其产品在整个生产链条上处于下游产业,利润大。赚钱的事不让国家干,国家赔钱了,又说国有企业根本搞不好,不该发展国有经济,这不是将国有经济故意推向不利地位吗?

其理由之五是,我国不具备国有经济从竞争性行业全部退出的条件。竞争性行业的大型国有企业,即使要卖,也有个买家接盘问题,卖给外国公司不行,由外国公司控制中国的经济命脉,对中国的长期经济发展不是好事情,对国民财富的分配也不是好事情。卖给民营企业行不行?这受制于我国民营企业的发展阶段。我国民营企业总体上还处于家族化阶段,同国有企业一样,也有一个现代企业制度建设问题。在家族化阶段,企业内部的制度化建设比较差,随意性比较大,内部往往形不成制衡机制,决策风险大。再说,竞争性领域中的大企业层面有国有、民营,平等竞争优胜劣汰,共同发展,也是一件好事吗?西方的一些学者和政界要员认为,政府应从竞争性行业,甚至从一部分自然垄断行业退出。从经济根源来说,除了这些行业亏损严重,国家对国有企业亏损补贴占国家财产支出的一半左右,国家财政赤字庞大外,还有一个重要原因,就是这些国家私人资本非常充裕,正在寻求向公共部门、自然垄断等一些非竞争性行业投资。而我国私人资产有限,如果国有经济真的全部从竞争性行业退出了,私人资本又无法及时补充上去,必将造成经济的失衡,从而引起经济的混乱。

实际上,国有资产确实应该从竞争性行业中相当程度地退出,但绝不是完全地退出。国有资产对竞争性行业中的一些支柱产业和高新技术产业中的重要骨干企业仍然要保持较高的控制力。

过去的国有企业改革定位,是要把国有企业从政府部门的附属物转变为自主经营、自负盈亏、自我发展的独立的市场竞争主体。今后的国有企业改革定位,要使国有企业朝着更有利于国民经济整体有效运行和保证提供关系基本民生的基础设施、基础产业的稳定普遍供给方面发展。要使国有企业朝着有利于实现经济发展方式的转变,建设重大民生事业工程,以及实现战略性新兴产业发展的关键突破,特别是形成保证国家安全的危机应急机制等方面发展。要使国有企业朝着有利于改善市场运行秩序和产业组织结构方面发展。要使国有企业朝着发挥收入分配"公平标杆"功能、扭转社会收入分配差距过大的方面发展。

国有企业不能仅仅在商言商,国有企业具有不同于一般企业的战略定位,不能任意实行"什么赚钱就生产什么"的经营和投资战略。国有企业不可能完全自主地改变国家赋予其必须实现的重要供应任务,不能任意放弃国家决定其从事的主营业务,特别是基础设施和基础产业的重要产品和服务。在特定情况下,甚至必须实行即使不赚钱,甚至亏损也要生产的原则。

近几年,我国国有企业在国民经济中仍居主导地位。改革开放以来,国有企业的比重呈下降趋势,但近年来下降的速度趋缓,在部分领域的比重有所上升,是国民经济重要的稳定力量。当前应首先解决国有企业的定位问题,并明确国有企业股权结构改革的方向。

近几年,在我国中小企业发展的困难仍很突出。当前中小企业既面临一些长期问题,包括市场进入障碍、融资难等,也面临用工成本上升、环境保护压力大和国际市场不确定性增加等新挑战,迫切需要把发展中小企业摆在更加重要的位置。

近几年,外商直接投资主导方式出现了"独资化",并购投资"趋势化",在中国"地区总部化"。近几年来,外商进入中国越来越倾向于选择独资经营方式,独资企业所占比重高达 75% 以上。外商以并购方式加快进入中国、完善自身全球经营网络也日渐成为外资在华投资的主要形式。许多跨国公司相继在我国设立地区总部。但外资企业在中国也面临"待遇国民化"和成本上升、通货膨胀、人民币升值及市场需求增速放缓等挑战。

目前中国企业"走出去"踟蹰前行。中国企业没能因为国际金融危机而大幅加快"走出去"步伐，对外投资存量规模仍然较低，境外直接投资中有较大比例会返程投资。未来中国企业"走出去"需由获取导向转向价值创造导向，在合作共赢的基础上推进"走出去"战略。

目前我国企业并购重组步伐显著加快。在经济调整期并购重组是促进优势企业加快发展，重新整合配置生产能力，应对经济困难的重要途径之一。但也要注意民营企业在并购重组中处于不利地位，今后要坚持以市场力量为主推进并购重组。

第三章

产权及有效率的产权制度

国有企业改革离不开产权,产权对搞活国有经济有举足轻重的作用。产权改革包括哪些内容,如何建立科学的产权制度,是这一章研究的内容。

第一节 产权及产权的提出

任何经济范畴和经济理论都是社会经济实践的产物,产权也不例外。在原有的马克思主义经济学中是没有产权这个范畴的,在古典经济学和新古典经济学,甚至在新古典综合派的经济学中,也没有产权这个范畴,产权这个范畴是在经济发展到一定条件下产生的。产权这个范畴大约是在20世纪六七十年代在美国广泛流行的。产权范畴在我国流行是在20世纪80年代末90年代初。产权提出的背景是什么,产权在我国广泛流行的原因是什么,是这节我们要讨论的问题。

一、产权与所有权的关系及产权的作用

产权是目前经济学和国有企业改革实践中出现频率非常高的一个词。什么是产权呢?产权有着完整的体系结构,它涵盖了两种产权模式:一种是单一所有权模式;另一种是受到限制的所有权与从中分离出来的权利束并存的模式。在由单一所有权构成的产权体系下,产权就是所有权,二者高度统一。产权或所有权被定义为关于物或财产的所有权利的集合,财产所有权对物或财产拥有完整的权利。这是一种概括性的权利。在受到限制的所有权与从中分解出来的权利束并存的模式中,产权不再仅指所有权,还包括从原先所有权中分离出来的权利。相应地,这一产权体系是由受到限制的所有权与从中分离出来的权利束并

存进而构成的体系。前者是完整的产权,后者是残缺的产权。残缺的产权,是指受益权与控制权是分离的,受益权和控制分属于不同的经济主体,或有受益权无控制权,或有控制权无受益权。有受益权而无控制权的人就不会去考虑资源损害的代价而去拼命追求受益。而有控制权而无受益权的人就不会认真去改进控制方法而提高效率。

  产权分狭义的产权和广义的产权。狭义的产权是指,投资者对企业注入资本金,形成经营性资产所产生的权利。谁投资谁拥有产权。产权代表出资者或股东的权利。狭义的产权包括资产受益权、重大决策权、选择管理者以及转让股票的权利,并以出资额为限对企业经营风险承担有限责任。广义的产权是指财产所有权及与财产所有权相关的财产权,包括所有权、产权、法人财产权和经营权等多个方面。我们一般讲的产权主要是指狭义的产权。

  产权是同所有权紧密联系的,因为产权是以所有权为前提的,是所有制的具体化和所有制的实现形式,并且所有权与产权反映的都是由于人们对物的占有关系不同而导致的人与人之间的生产关系的差别。

  产权又不同于所有权。首先,所有权与产权的含义和内容是有区别的。狭义所有权是指归属权。广义所有权除包括归属权外,还包括占有、支配、使用、处分和受益权。英语的所有权是 property,产权是 property rights,马克思也常用 the right of property 来表示。其次,所有权指的是物或财产本身的归属问题;产权强调的是握有财产的所有权的人具有的实际权利。产权是由所有权派生的一种权利关系。这种派生的权利可以由所有者行使,也可以通过授权交给非所有者行使。再次,所有权与产权居于不同的层次,所有权是居于社会经济制度的层次,反映社会经济制度的本质;产权是居于经济运行的层次,反映资源配置的效率和企业的经济活动。从财产归属意义来讲的所有权属于所有者,从财产运行意义来讲的产权属于出资者。最后,所有权主体与产权主体通常是分离的。同一所有者之下可以有不同的产权,同一产权之下也可以有不同的所有者。其表现之一,是有所有权不一定有产权。例如,你有一笔货币,你只攥在手里并没有投资,只能说你具有其所有权,不能说你具有产权。也就是说,只有在出资者用"自己"的财产进行投资时,所有权主体和产权主体才是同一的。其表现之二,是有产权的不一定有所有权,产权主体和所有权主体是不同的,这种情况在国有企业中表现得十分明显。国有资产是国有企业进行生产经营活动的物质载体和货币形式,是国家和人民的财富,其职能是为全体人民的利益服务的。国家对国有资产具有完整的不可分割的所有权。但是,这不等于国家一定要作为一个整体集中统一行使产权,或构成国家的所有职能部门共同具体地行使国有企业的产权。因为,首先,国有资产数额巨大,又分布在数以万计的国有企业中,国家作为所有权主体不能单一地面对所有的国有企业,只能委托授权机构代表国家以出资者的身份分别行使产权。其次,国家作为整体统一行使产权或构成国家的所有职能部门共同具体地行使产权,一方面存在难以解决的技术问题,并带来高昂的交易费用;另一方面,又使国有资产出资人不明确,国有资产出资者的权利被肢解分散在各个不同的政府部门中,资产保值增值的责任无法落实。因此说,国有企业出资者只能是国务院授权的众多投资主体。在这里,国家授权的出资者是使用属于国家所有的资产进行投资的机构。因而国有资产的所有权主体和产权主体是不同的或者说是分离的,即国家享有国有资产的所有权,国家授权的投资机构享有注入国有资本体现的出资者的产权。在成千上万的国有企业中,国有资产所有权是集中统一的,而国有企业的产权是分散的。

产权的表现形式:一是物权,物权是一种所有权,即对物直接、排他性的支配权;二是债权,债权是一种请求权,即要求对债务还本付息的权利;三是股权,股权是随着实物形态与价值形态的分离而出现的一种新的财产权,即直接地、排他性地支配价值形态的财产(股票),从而间接地、有条件地支配实物形态财产的权利;四是知识产权,知识产权也称智力成果权,属于无形资产,是指公民或法人因其在科学技术、文学艺术等领域里创造的精神财富所享有的权利。物权是有形物权,债权是合同中的,知识产权是无形产权,股权是投资者的权利。

确立产权对社会经济生活有着重要的作用。首先,确立明晰的产权提高了分工和专业化协作的可能性。人们常说,"有恒产者有恒心",恒产是指在可想象的时间内,不会变化的产权。因为产权的确定和实施减少了生产和交换中的种种不确定性,增强了人们进行长期稳定分工协作生产的信心。产权明晰,人们才能对自己的行为承担责任,有追求长远利益的动力,在社会经济生活中,人们以自己拥有的资源进行生产,并自由进行交换,获取经济利益。产权的确定保证了交换的顺利进行,这就促进了分工和专业化的进一步发展,从而促进了经济的稳定增长。其次,确立明晰的产权可以降低经济活动中的交易费用。如果说,生产费用是发生在人与物的关系方面的费用,那么,交易费用就是发生在人与人之间的费用。随着分工的扩大和商品经济的发展,总费用中交易费用所占的比重逐步扩大,而生产费用所占的比重逐步下降,因此从这个意义上说,提高经济效益的关键是降低交易费用。广义的交易费用包括市场交易费用和企业内部的组织管理费用。产权的确立降低了人们在谈判、交易实施等方面的费用,提高了经济活动的可预期性,从而提高了经济效率。再次,确立明晰的产权可以实现资源的优化配置,提高经济效益。产权是对经济主体财产行为权利的法律界定。市场经济是一个不同利益取向的经济主体在产权明确界定的条件下进行公平自由交易的经济系统。在市场经济中,产权用以界定人们在交易过程中如何受益、如何受损以及如何补偿的行为权利。产权明确界定保证了交易的受益效应和受损效应都由交易当事人直接承担,这就决定了交易当事人拥有自由交易的权利。当大量的交易都在这种条件下进行时,整个社会的资源就会优化配置,并引致社会福利增长。但是,并不像科斯所说的那样,交易费用为零,产权界定清晰就可以实现资源的最优配置。即使交易费用为零,偏离公平标准的产权界定仍有可能不能实现资源最优配置;而且法律授权的产权界定并不是最优资源配置的先决条件,因为双方建立在公平基础上的谈判同样能成功地解决外部性问题,使资源配置达到最优。最后,确立明晰的产权可以保护并促进技术进步。因为,产权的一个重要内容就是知识产权,进行发明创造的个人或组织,可以拥有自己的成果,并从中获利,这就为技术进步提供了动力,而技术进步正是经济增长的第一推动力。

总之,产权制度的基本功能是给人们提供一个追求长期利益的稳定预期和重复博弈的规划。

二、产权理论产生的原因及我国产权问题的提出

产权理论产生于社会化大生产基础上的现代市场经济条件下。在高度发达的社会化大生产和现代市场经济条件下,出现了"经理革命"和"内部人控制",造成了股东的利益,特别是中小股东利益的损害。为了避免经营权侵犯所有权和大股东侵害中小股东的利益,平等地保护所有出资者的利益,人们提出了产权的概念,并建立了产权理论。

产权理论产生的一个重要原因是,"经理革命"造成了经营权侵犯所有权,年薪侵蚀利润或股利。西方股份制企业发展到今天,大致经历了三个发展阶段,即私人大股东控制的家族资本主义阶段—股权高度分散的经营者资本主义阶段—机构大股东控制的机构投资者资本主义阶段。在私人大股东控制的家族资本主义阶段,所有权与经营权发生了一定程度的分离,但还没有完全分离,所有权与控制权更没有发生分离。到了股权高度分散的经营者资本主义阶段,出现了经理革命,形成了经理资本主义模式,所有权不仅与企业经营权发生了分离,而且与企业的控制权发生了分离。西方最早的股份制企业是由业主制或合伙制企业

发展而来的,原来的企业主或合伙人是企业的大股东,早期的股份制企业股权相对集中。随着企业的发展,由于企业的成长性和股东的成长性无法保持线性关系,企业的成长性大大超过了股东的成长性,企业发展到一定程度后股权被稀释,出现了股权高度分散的局面。股权高度分散后,出现了"经理革命"。

"经理革命"是指随着股东日益增多,股权的日益分散,使得股东的权利相对于不断增加的股东数目而日益削弱,从而使经营权日益增大,出现了经营权侵犯所有权的局面;出现了强大的管理层、顺从的董事、疏远的股东的局面;甚至出现了总经理操纵了董事会,董事操纵了股东会的局面,从而使股东(会)选举董事(会)、董事(会)选举董事长、董事长聘任总经理的局面被打破,进而使股东的利益受到侵害。"经理革命"使经理人在企业中处于主导地位,出现了专家管理、董事会和经理层主导企业经营、投资者一般不积极干涉内部管理事务、股东利益得不到保障的局面。因为,一是股权高度分散后,企业缺少大股东,而中小股东普遍具有"搭便车"心理。由于股权分散在众多所有者的手中,对单个所有者来说,只有当他所获得的监督收益大于他所承担的监督成本时,他才有对企业经营者进行监督的激励。当全部监督收益按股权比例均匀分摊到所有股东时,单个中小股东如果要对企业进行足够的监督,便使其承担较高额外监督成本,而自己只能获得较低的平均监督收益,因此,中小股东们对经营者的监督动力不足,并有着强烈的"搭便车"倾向,指望从其他股东的监督行为中获取利益,而不愿自己去亲自监督。二是中小股东人微言轻,没有力度。也就是说,中小股东即使有积极性监督代理人,也形不成威慑力,从而缺少力度。三是中小股东能力有限,即不具备理性决策所需要的专业知识和相应的信息。四是小股东有用"脚"投票的权利,能规避风险。五是小股东集体行动的成本太高。小股东集体行动主要是通过征集投票权和累积投票制来实现的。征集投票权就是散户、中小投资者推荐一个人,由这个人代表所有中小股东投票,表达意见。累积投票制是指在股东大会选举两名以上的董事和监事时,股东所持的每一股份都拥有与当选董事和监事总人数相等的投票权,股东既可以把所有的投票权集中选举一人,也可以分散选举数人,最后按得票数的多寡决定当选董事、监事。

"经理革命"的正效应是造就了一支职业的企业家队伍,实现了社会分工发展的新飞跃,造就了一个职业企业家或经营管理者阶层,实现了管理科学化和提高了企业的经营能力,产生了巨大的经济效率。"经理革命"的负效应,是权力重心向经营者倾斜,股东会和董事会权力弱化,代理成本提高。

在机构大股东控制的机构投资者资本主义阶段,是机构投资者在公司中的股权居于多数，在公司中居主导地位，积极约束和监督董事会及经理层，致力于改善公司治理。机构投资者是指为了进行金融意义上投资行为的非个人化，即职业化和社会化的团体或机构。它包括用自有资金或通过各种金融工具所筹措的资金，在金融市场对债权性工具或股权性工具进行投资的非个人化机构。机构投资者通常是指从事证券投资活动的各种金融机构，包括保险公司、养老基金、投资公司（共同基金）和商业银行信托机构等。它们或是积极投身于证券组合管理，或是积极投身于所投资公司的管理。关于机构投资者的产生，信息经济学的观点是基于克服信息不全面及信息不对称的需要；而产业经济学则认为是基于规模经济和规模效应的需要，巨量的资金组成的投资组合可以有效地降低管理费用，提高投资组合的效益，并通过多样化的投资降低投资风险。投资分散化与组合理论的实质是在信息不对称的情况下，为防止企业的个别风险而采取的保守策略。这种投资策略的代价是牺牲了潜在的高收益。世界上最出色的投资者都不是依靠分散投资而成功的。这些投资策略的共同点是把企业价值当作一种只能被动接受的东西，而事实上企业价值是由人决定的，投资者自己有能力改变企业的价值。

20世纪80年代以来积极投资运动兴起，由股权高度分散的经营者资本主义阶段，进入到了机构大股东控制的机构投资者资本主义阶段。机构投资规模日益庞大，其资产流动性受到限制，迫使机构投资者积极干预企业管理，以提高管理质量，提升企业价值，从而实现资本市场的盈利。

特别需要指出的是，进入机构投资者资本主义阶段后，虽然投资基金、养老基金的迅速发展，以其为代表的机构投资者持股数量增大，但由于受英美的历史、文化、法律、经济、政治等方面的影响，有关部门严格限制了金融机构集中持股，这导致机构投资者总的持股比例不断提高，但各金融机构在某家企业的持股比例却不高，因而企业所有权仍然是分散的，虽然分散的程度有所下降，但"经理革命"的局面并没有得到明显的改变。

美国法律对金融机构的投资限制情况是：银行禁止持有股份；银行控股企业，持有任何非银行企业的股权不得超过企业投票股权的5%；银行信托资金，投资任何企业不得超过信托资产的10%；寿险，对任何企业的投资不得超过资产的2%，股票投资不得超过20%；财产的意外险，不得控股非保险企业；开放式基金，对任何一个企业的股票投资不得超过基金资产的5%，且不得超过该企业发行在外股份的10%；养老基金，必须实现投资的多元化，派代表担任投资企业的董事将扩大基金所负的责任。

我国也规定,一只基金持有一家上市公司的股票不得超过该基金资产净值的10%,同一基金管理人管理的全部基金持有一家公司发行的证券不得超过该证券的10%。

不同性质的机构投资者在资金来源、行为方式、目标偏好和持股周期等方面存在较大的差异,因而不同的机构投资者在公司治理中的作用是不同的。相比而言,投资基金因经常公布业绩等原因,在管理上存在一定的短期行为,而法律法规对投资基金、信托基金、保险基金等也有一定的持股限制,这在一定程度上影响了上述机构投资者参与公司治理。养老金、社保基金因其持股周期长,追求长期稳定收益且持股基本不受限制的特点,成为参与公司治理的主要力量。

"经理革命"一方面造成了所有权与经营权的分离,特别是企业所有权与经营权的外部型分离(所有权与经营权有两种形式:在股权高度分散的情况下,会产生所有权与经营权的外部分离;在股权高度集中的情况下,会产生所有权与经营权的内部分离)。股权高度分散或股权集中但所有者缺位(如国有企业)都会产生经济学意义上的代理问题。另一方面也造成了所有者对企业控制的方式和内容的变化。从控制内容上看,所有者由对包括受益、经营内容和具体决策、发展目标和发展战略的全面控制转化为只对公司收益、发展目标和发展战略进行控制;从控制方式上看,所有者由对企业进行所有权和经营管理等直接控制转化为对企业进行股权控制、治理机制控制和对经营者控制。在"经理革命"造成了所有权与经营权分离和所有者对企业控制内容和方式的变化后,由于有效的激励机制和约束机制没有跟上,最终导致了工资侵蚀利润,使出资者的利益受到损害。

产权理论的产生也是同"内部人控制"直接相关的,内部人控制容易造成大股东侵害中小股东的利益和经营者侵害股东的利益。"内部人控制"最早是由美国斯坦福大学的日本经济学家青木昌彦提出的。他认为,"内部人"是指在企业经营管理中具有利用工作之便牟取私利或满足个人欲望的控股股东和企业高级管理者。"内部人控制"是指经理人事实上掌握了企业的控制权,他们的利益在公司战略决策中得到了充分体现。这种控制往往是通过经理人员与职工共谋来实现的。后来这一理论又被一些经济学家发展。现在,经济学把"内部人"控制分为两种情况:

一是法律上的"内部人控制",即大股东控制。如果因为大股东控制损害了中小股东利益,则可以认为是法律上的内部人控制问题。控股股东作为内部股东(内部人)的身份是双重的:一方面,他是一个股东,他的利益与其他股东的利益存在一致的地方；另一方面，他又是一个控制性股东，他可以从控制公司的过程中获得非控股股东无法得到的利益。

二是事实上的"内部人控制"，即经理人的控制。如果经理人行为损害了股东利益，则可以认为是事实上的内部人控制。事实上的内部人控制，是指企业高级管理者利用对企业经营的决策权、管理权、财务支配权、人事任免权，在企业薪酬制定、企业红利分配上实现利益自我输送，并利用其"话语权"影响社会舆论，维护自我偏好。这种内部人控制可以发生在股权高度分散情况下，也可以发生在国有股"一股独大"，但所有者缺位的情况下。"内部人控制"被认为是现代股份公司的内生现象，是一个普遍性问题。"内部人控制"发生需要有三个必要条件：一是掌握企业资源和信息的人，即内部人；二是企业的资源和信息；三是利用企业资源和信息从事或建议他人从事牟取私利或满足个人欲望的行为。

"内部人控制"是把"双刃剑"，素质优良的内部人控制公司可以减少公司的治理成本，提高决策的效率；素质低劣的内部人控制公司会导致相关利益者的利益流失和受损。从"内部人控制"的命题出发，我国的不少学者推断出在向市场经济过渡中的国有企业"内部人控制"具有以下行为特征："内部人控制"是指国有企业的经营者在经济转型中逐渐掌握了企业大部分控制权，而且这种控制权的获得往往是通过与本企业内部职工的"合谋"完成的；一旦内部人控制了企业，作为企业所有者的政府对企业的控制力就不断弱化，这样的"弱政府"就成为各种利益集团"寻租"的猎物；"内部人控制"的后果是企业内部人以牺牲资本所有者的利益为代价来追求自己的利益，具体表现为企业经营者与职工"合谋"追求人均收入最大化，出现了"工资侵蚀利润"的现象，造成了企业内部人个人负盈、企业负亏、政府负债的结果。

在我国理论界，对"内部人控制"有不同的看法。有人认为，国有企业改革正是要造就"内部人控制"的情况，即克服企业由外部人控制或政府控制的现象，不然企业怎么会实现政企分开，成为真正独立自主的市场主体。当然，这里所说的内部人不仅指企业的领导人，而且包括企业全体员工在内。

无论是"经理革命"还是"内部人控制"，后果都是出资者的利益得不到保证，产权主体的利益受到侵害。在这时，一些经济学家站出来说话了，他们提出了"产权"的概念，强调要保护产权和保障投资者的利益。

我国产权问题的提出，是发展社会主义市场经济和深化国有企业改革的客观要求。经济体制改革以来，人们对国有企业搞不活的原因进行了深入的反复的探讨。有人说，我国国有企业搞不活是因为"经营权缺位"。主张在不改变国家所有权性质的前提下,通过政府放权使企业获得足够的经营权。该理论的依据是,由于经营权错位于政府机关,使得企业仅仅作为政府行政机构的附属物而存在,企业没有积极性、主动性和创造性,从而窒息了企业的活力,从而要求归还原本属于企业的经营权。实践证明,单纯从经营权方面改革国有企业,国有企业是搞不活的。

有人认为,国有企业搞不活是因为"所有者缺位"。认为国有企业之所以不能有效地利用全民所有制的资产,关键在于所有权在企业中缺位。该理论的逻辑是,全民所有制或国家所有制是人人皆有、人人皆无,从而造成了人人都不关心国有资产的保值和增值,人人都不对国有资产保值增值负责。因此,要搞活国有企业必须使企业有所有权。这一分析显然是不正确的。因为公有制的特征就在于一群人共同占有生产资料,其中每个人对于占有对象都具有平等的、无差异的权利,任何个人原则上无法声称他对这一公有资产的某一部分拥有特殊的权利,也不能将其用于个人特殊目的。通过授予经营者所有权增加经营者对个人资产关切度来提高其经营效率的做法,实际上是没有超出小生产的逻辑。这种观点忽视了国有企业的特殊性,国有企业的特殊性就在于其所有权的权能天然就是依靠委托代理来实现的。因此,任何寻求"所有者",使其"在位"的努力都是徒劳的。实际上,所有权是否缺位,国有企业出资者是否到位,应当是以承担的权利和责任为界限。如果把国有资产的所有权授予给企业,而企业不承担经营责任,那么国有产权的虚置问题仍然解决不了,国有企业出资者仍然是不到位的。

有人认为,国有企业搞不活,是因为政企不分。我们知道,国有企业之所以政企不分,是因为政府乃是国有企业的老板,是它的"出资人",怎么可以叫"老板"同自己所有的企业分开呢?因此,完全独资的纯粹的国有企业不可能做到"政府不管企业"意义上的政企分开的。

有人认为,国有企业搞不活,是因为缺少"充分的信息"。政府只有通过引进市场竞争,并且通过引进市场竞争迫使国有企业提供充分信息,政府就可以用极低的成本来对国有企业进行监督与控制,并借助于业绩合同促使其提高经营效率。然而,在这样的命题中存在一个悖论:一方面,国有企业的经营绩效可以通过引进竞争而得以改善,从而不必进行产权改革;另一方面,假如没有国有企业的产权制度改革,市场竞争又从何而来。"充分信息"的支持者或许会反驳道:市场竞争可以通过发展非国有企业来促成。但是,在国有企业总量极其巨大的情况下,非国有企业的发展会受到很大的限制。

实践证明,产权改革是搞活国有企业的关键。经济学家樊纲曾经指出,要坚信理论、逻辑的力量,坚信客观规律一定会不以人的意志为转移地为自己开辟道路。比如,从马克思到哈耶克,从马歇尔到凯恩斯,从科斯到诺斯,没有哪一家经济学不认为产权关系是最重要的,但还是有些人认为,产权不重要,技术、管理等才是最重要的,总希望不解决产权改革问题就可以从根本上解决我们的体制弊端。直到其他一些都试过了,发现不灵才回过头来看产权关系。产权关系一时因利益的矛盾改得动、改不动是一个问题;经济问题的根源是否在于此,是否早晚一定要改,是另一个问题。

一种产权制度安排是否有效,应当从"大数定律"的意义上来判断。没有人能够保证不发生例外,制度的重要性正在于保证我们可以从概率统计的意义上来做出比较。事实说明,如果产权不清晰的企业肯定搞不好,但产权清晰的企业也不一定能搞好,也不要崇拜产权到了不符合实际的程度。不能把产权改革和现代企业制度过于理想化,不能认为搞了产权改革,国有企业的所有问题就迎刃而解了。产权清晰是搞活企业的必要条件,但不是充分条件。民营企业产权清晰,但仍屡屡出现亏损死亡的"流星现象",如"巨人"倒下了,"飞龙"折翅了,"太阳(神)"落山了,"三株"入土了。

第二节　有效的产权制度的主要内容

什么样的产权制度是最有效率的产权制度,这是一个重要的理论问题和实践问题,对于我们建立有效的产权制度有着重要的指导意义。有效的产权制度必须具备以下4个方面的基本内容。

一、有效的产权制度,产权必须清晰

产权清晰是指在产权归属明确的基础上通过权利的界定,明确出资者和公司法人之间的责权利关系,使出资人职能到位。

在现代企业制度中,出资者放弃了对实物财产的支配权,而突出了享受财产运用成果的权利,即受益权。股东只是公司财产的终极所有者,他不能绕开法人机构直接支配公司的资产营运。受益权是出资者所有权的核心。出资者所有权分为"自益权"和"共益权"两部分。自益权是股权中的财产权利,是股东以从公司获得经济利益为目的的权利。具体体现为资产受益权(股息、红利)、股份转让

权和剩余财产的分配权(破产除外)。共益权是股东参与公司事务的权利。共益权主要体现在股东会出席权、表决权、委托投票权、公司账册和股东会议记录的查询权、召集临时股东会的请求权。自益权是目的,是股东经济利益本质所在,共益权是手段。

法人财产权是指企业作为独立的法人依法拥有公司的财产,成为财产运行的主体。是企业对股东或投资者投资于企业的财产所享有的权利。它代表了企业相对独立的民事权利,是企业对其财产依法享有占有、使用、支配和处置的权利,以及由此产生的收益权,并以法人财产为限,对企业经营风险承担责任。

产权清晰是要在产权归属明确的基础上通过权利的界定,明确出资者和企业法人之间的责权利关系,使出资人职能到位。国有产权清晰不是将国有资产量化到个人,国有资产属于全国人民,它具有不可分割性,不能量化到个人;也不能要求国有资产有类似于自然人企业那样的委托人,必须超越私有制的逻辑来看待国有企业产权清晰。

那么,如何才能使国有产权清晰和出资者真正职能到位呢?国有出资者真正职能到位的条件是:政府的国有资产管理职能和政府社会公共管理职能分开,即政资分开;国有资产管理职能和机构明确,即单一化;政府将经营性国有资产和非经营性国有资产分开管理;对经营性国有资产的管理实行抓大放中小;把竞争性的国有资产的所有权、法人财产权和经营权完全分开。

我国原有的国有企业产权制度的弊端之一,就是产权不清晰。我国原有的国有企业产权的不清晰,不在于产权归属层次,而在于国有出资人和企业法人之间的责权利边界模糊,也就是在企业管理体制上责权利划分不清,出资者缺位。

二、有效的产权制度,产权(股权)结构必须合理化

产权结构或股权结构,是指股东资产在不同股东之间的分布和构成状况。产权结构决定公司的产权控制、决策能力、管理体制和经营效率。股权结构可以从两个方面来考察:一个是从集中度上看,股权结构分为高度集中型的股权结构、适度集中型的股权结构和高度分散型的股权结构3种形式;另一个是从股权身份或股权维度上看,分为股权身份或股权维度单一化的股权结构和股权身份或股权维度多元化的股权结构两种形式。另外,在许多国家的公司法中存在"类别股"的概念。所谓类别股,是指在公司的股权设置中,存在两个以上不同种类、不同权利的股份。类别股股东通常是因认购股份时间、价格不同,认购身份不同,交易场所不同,而在流通性、价格、权利及义务上有所不同的股份。如西方国

家有优先股股东、发起人股股东和股息延取股股东之分,我国有流通股股东和非流通股股东之分等。2002年7月,我国证监会发布《关于上市公司增发新股有关条件的通知》规定,增发新股的股份数量超过公司股份总数20%,其提案要获得出席大会的流通股股东半数同意,就是贯彻了类别股的政策。在国外风险投资中,优先股是常见的投资对象。如挂牌公司发行优先股既能达到筹资的目的,又不会带来相关压力,还能丰富场外交易事物挂牌品种。中国优先股制度的雏形出现在20世纪80年代。当时的股份形式兼具股票和债券特征,投资者既可以获得固定的投资回报,又可以参与公司盈利的分红。20世纪90年代初,国家出台了《股份有限公司规范意见》,对优先股的基本权益进行了全面规范。优先股制度在不断的实践中获得了发展。例如80年代末,深圳发展银行即发行了面值100港元的外汇优先股18万股。然而,由于1993年《公司法》中没有明确规定优先股制度,使得优先股的发展陷入沉寂。

(一)从股权集中度的角度看,股权结构合理化就是形成适度集中型的股权结构,即形成若干个可以相互制衡的大股东

股权集中度是指全部股东持股比例的不同所表现出来的股权集中还是分散的数量化指标。股权集中度是衡量公司的股权分布状况的主要指标,也是衡量公司稳定性强弱的重要指标。从总量上看,股权集中度是一家上市公司中前几位大股东持股比例之和占总股权的比重,其高低基本上反映了公司股权的集中与分散程度。从结构上看,股权集中度还包含了控股股东与其他非控股股东之间的股权比重,如第一大股东的持股比例,或第一大股东持股比例与其他股东持股比例的比值。

适度集中型的股权结构是指形成若干个可以相互制衡的大股东。具体来说,适度集中型的股权结构就是,股权较为集中,但集中程度有限,并且公司又有若干个大股东,这是既有利于调动大股东关注企业经营管理的积极性,又是最有利于经理在企业经营不佳的情况下能迅速更换的一种股权结构。因为首先,由于大股东拥有的股份数量较大,因而他有动力也有能力发现经理经营中存在的问题,或公司业绩不佳的情况及症结所在,并且对经理的更换高度关注;其次,由于大股东有一定的股权,他甚至可能争取到其他股东的支持,使自己能提出代理人人选;再次,在股东集中程度有限的情况下,相对控股股东的地位容易动摇,他强行支持自己所提名的原任经理的可能性会变得较小。那些有相对控股股东或其他大股东的股权相对集中的公司,股东对经理人进行有效监督具有优势。在经理是相对控股股东的代理人的情况下,他们不会像小股东那样产生"搭便车"

行为,监督成本与他们进行较好监督所获得的收益相对称,后者往往大于前者。因此,有人提出我国股权太集中,要降低第一大股东的持股比例,而提高第二至第十大股东的持股比例。第一大股东的持股比例要逐步降低到30%以下,而使第二至第十大股东的持股比例之和大大高于第一大股东的持股比例。这样一方面可以降低法律上的内部人控制的可能性,另一方面使股东、董事之间相互制衡,以提高董事会的监督效率。

关于股权集中度与公司业绩之间的关系,人们进行了长时期的探讨,比较有代表性的理论有如下三种:一是伯利和米恩斯的理论,他们认为,公司股权过于分散将会导致无人愿意去监督经营者,从而导致经营者相对无约束地去追求自己的利益,损害股东的利益。二是詹森和麦克林的理论,他们认为,公司的价值取决于内部股东所占有股份的比例,这一比例越大,公司的价值越高。三是德姆塞茨和莱恩的理论,他们认为,所有权集中度与公司利润没有联系,无论是分散还是集中的股权结构,如果是由股东决定的,应该都可以使利润最大化。

前两种观点实际上是一致的,都认为股权集中比股权分散有利于公司经营绩效的提高,股权集中度的高低反映了股东影响管理人员的能力。第三种观点与前两种观点是明显不同的,他们认为,公司业绩与公司的股权结构之间不存在必然的关联关系。哪一种观点更符合实际呢,实际上股权集中度高低与公司业绩之间的关系是存在不同区域的。

长期以来,人们在对股权集中度与公司业绩之间的关系进行深入的理论研究的同时,也对股权集中度与公司业绩之间的关系进行了大量的实证分析。许多人的研究发现,股权集中度和公司业绩是呈倒U字形的关系,当大股东持股比例达到一定点时,实现了公司业绩最大化,超过这一点后,股权集中度继续提高,公司的业绩不仅不提高,反而会下降。股权太集中和股权太分散都不利于提高公司的绩效。最优股权集中度和最大股东持股比例是有一个合理区间的。虽然股权太集中和股权太分散都不好,但相比较而言,股权高度集中比股权高度分散更有利于公司的经营激励。

从美国的实践来看,相对集中型的股权结构,即比较有效的产权结构为:公司前10个大股东中的后9个大股东的股权数是第一大股东的股权数的1.5~2倍。

股权适度集中,既可能出现控股股东认真经营的局面,还可能出现外部大股东对控股股东进行适度监督,为实现控股股东股权价值最大化创造条件,同时也可以保证股东免遭重大损失的风险。大股东对公司控制的公共收益和私人收益将对公司绩效产生两种相反的效应：一方面控制权的公共收益有利于降低传统的代理问题，从而对公司绩效产生正面的激励效应；另一方面控制权的私人收益可能在公司项目选择、规模扩张、董事任命以及控制权转移等重大经营事项上产生代理问题，特别是当现金流量所有权和投票权发生分离，即大股东拥有股权少，却对企业的控制权大时，大股东会产生只顾私利的道德风险的机会就相对高，此时代理成本尤为巨大，从而使公司经营偏离利润最大化目标，对绩效产生负面的侵害效应。

为什么适度集中型的股权结构最好？这是因为：一是适度集中型的股权结构可以避免股权过于分散而产生"搭便车"行为；二是适度集中型的股权结构可以避免股权过于集中而导致一两家大股东独断行为，形成有效的股权制衡，以避免一两家大股东联手串通和合谋行为。

为什么适度集中型的股权结构可以避免股权过于分散而产生的"搭便车"行为呢？一是经济学中有一种现象叫"数量悖论"。"数量悖论"指的是人数众多却声音微弱的现象。集体行为中免费搭车现象就是典型的"数量悖论"。二是分散的股权结构使得市场接管以及争夺代理权的外部约束弱化，从而使以外部约束为依据的内部约束难以发生，或者发生需要很高的成本。三是分散的股权结构由于意见的不统一，导致在决策上迟缓，错过投资机会或者决策的高成本。四是股权分散不利于资本市场的稳定。众多投资者受可获得的时间、知识因素的限制，处理信息能力差，容易出现盲目投资行为，甚至成为市场投机行为的牺牲品，不利于市场长期稳定发展。五是不利于公司治理的改善。

为什么适度集中型的股权结构可以避免股权过于集中而导致一两家大股东独断行为，或一两家大股东联手串通和合谋行为，从而形成有效的股权制衡。股权制衡是指少数几个大股东分享控制权，通过内部牵制使得任何一个大股东都无法单独控制企业的决策权，达到互相监督，抑制内部人掠夺的股权安排模式。而实践证明，一两家大股东制衡可以，但容易联手串通和合谋，并通过串通和合谋侵犯中小股东的利益。

股权相对集中，大股东对公司的控制和管理就有了现实可能性。大股东是企业的主要投资者，他们在企业破产时要承受很大损失，他们有积极性尽力爱护和经营企业，提高企业效率，这就降低了监督成本。但大股东可能存在利用优越地位为自己谋取利益的问题。因为严格地说，不存在大小股东利益都得到平等关照的公司。大股东与公司经营者私下共谋利益的情况是时有发生的。股权的高度集中，势必使流通股比例过小和中小股东非常有限。而且股权高度集中后，资本市场上的股票抛售并不能对公司控制权有实质性的影响,使资本市场上对企业经营者具有极大压力的退出与接管机制失效。因为大股东的股份毕竟不像小股东的股份那样容易转让。股权过于集中不利于使公司在更大范围内接受股东的监督,难以遏制股权垄断问题,造成大股东绝对操纵董事会人选,使董事会纯粹是一个法规型的傀儡机构。特别是股份过于集中于国家手里,它为政府机关在实质上支配公司提供了条件,政资合一、政企不分现象不会发生实质性变化。

经验表明,即使是有必要保持公司均为国有股控制的情况下,适度分散股权、改变现有的国有企业中由单一的国有投资公司控制的局面,实现多家国有投资公司共同持股和控制企业的局面,也是一个有效率的改进。实行由多家国有投资公司共同持股和交叉持股的多个国有投资公司并存的股权结构,要明显地优于只有一家国有投资公司持股的国有独资公司的股权结构。它不仅有利于多渠道筹措资金,形成合理的融资结构,而且国有产权多元化可以通过不同股份对自己权益的关心,抵制某些不应有的行政干预,维护企业合法权益。

我国绝大部分上市公司的控股权都在政府手里,股权集中度与公司业绩之间的倒U字形关系非常明显。这种倒U字形关系产生的主要原因取决于国有股东在不同股权结构下的行为方式。从理论上讲,国有产权低效率源于政府的"非价值"最大化目标以及激励的不相容。在国有股权占少数的情况下,政府对于公司的行政干预弱化,公司的运行更接近于市场化公司。随着政府投票权的增加,行政干预也有所加深,更多的公司资源被用于"非价值"最大化的目标,公司的整体经营绩效下降。但随着这种控股权的增强,尤其是政府处于绝对控股地位以后,行政干预达到了最大,政府对公司进行有效治理的激励增强,维护上市公司的市场形象及市场的融资能力变得更加重要,因而政府往往运用手中的经济资源对上市公司进行"补贴",通过置换公司的不良资产等方式为上市公司"买单",维护上市公司的业绩。相反,在股权结构适度混合的公司中,由于控股股东所占份额不大或存在多个份额相当的大股东情况下,不同利益团体的治理激励都不会很高,更容易产生"搭便车"问题。

从股权集中度上看,我国股权结构不合理表现在国有股"一股独大"的高度集中上。"一股独大"一般是指在公司股本结构中,某个股东能够绝对控制公司运作。"一股独大"一般有两种情况:一是存在占据50%以上的绝对控股份额的大股东;二是虽然第一大股东不占据绝对控股份额,只是相对于其他股东股权比例高,但其他股东持股分散,并且联合起来比较困难。

在中国"一股独大"股权集中是不好的,但股权相对集中有利于股东之间相互制衡,这就涉及"持股精度"的问题。所谓"持股精度",即将第一大股东的股权数拿出来作分子,把第二大到第四大股东的股权数拿出来作分母,比值越大说明股权相对越集中,公司的制衡机制越容易到位,公司的业绩越容易提升。

(二)从股权身份或股权维度的角度看,股权结构合理化就是形成多元股权身份或股权维度并存的股权结构

产权(股权)多元化如图3—1所示。

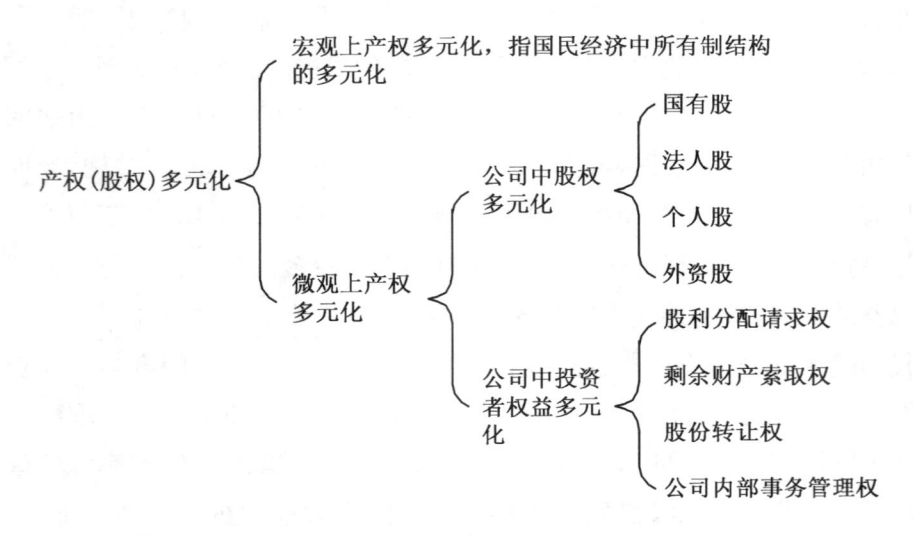

```
                    ┌─ 宏观上产权多元化,指国民经济中所有制结构
                    │   的多元化
                    │
                    │                      ┌─ 国有股
                    │         ┌─ 公司中股权 ├─ 法人股
产权(股权)多元化 ─┤         │   多元化    ├─ 个人股
                    │         │             └─ 外资股
                    └─ 微观上产权 ┤
                        多元化   │             ┌─ 股利分配请求权
                                  │             ├─ 剩余财产索取权
                                  └─ 公司中投资 ┤
                                     者权益多元 ├─ 股份转让权
                                     化         └─ 公司内部事务管理权
```

图 3—1

从股权维度,即股权身份上看,股份可以分为国有股、法人股和个人股三部分。国有股包括国家股和国有法人股。法人股是指企业法人以其法人财产权为基础,向其他股份制企业投资所形成的股份。企业法人股属于法人企业的所有者。法人股包括国有法人股和社会法人股,社会法人股中又包括一般法人股和机构法人股,一般法人股是指非国有企业以企业法人名义购买的股份,机构法人股是指机构投资者购买的股份。个人股包括内部职工股和社会公众股。

股权结构合理化的一个重要表现就是形成多元股权身份或维度并存的股权结构。形成多元的股权身份或股权维度,是指由诸多要素所有者将其产权分解组合之后形成的产权集合。形成多元的股权身份或股权维度意味着企业的财产不再由单一出资者投资而成,而是由众多出资者投资的组合,包括同一企业中的国有股由若干个国有投资经营公司共同持股;国有企业之间相互持股;引入非国有股,如法人股(包括国有法人股、一般法人股和机构法人股)、外资股(包括战略投资者和财务投资者)、个人股(包括内部职工股和社会公众股);等等。另外,国有企业还应该运用"黄金股"来实现对重点行业和重点企业的控制。"黄金股"起源于20世纪80年代英国政府进行的国有企业改革。它是一种特殊的股份;持有者是政府;权益主要体现为否决权;通常只有一股,而没有实际经济价值;黄金股是政府与其他股东个案商定的,无统一的法律含义和安排。"黄金股"在一般情况下没有任何特权,不得干预企业的生产经营活动,但在关键时候有权做出废除董事会的决定,维护社会公众的利益。

国家股和国有法人股都是国有股,二者的区别在于:

一是资金来源不同。国家股是国家直接投资,或国家直接投资企业的净资产折为的股份;国有法人股是"拨改贷"后国有企业利用自有资金购买的股份,非国家直接投资企业的净资产折为的股份。20世纪80年代中期,"拨改贷"以后,国有企业从银行贷款扩大再生产,归还银行本金和利息后,用剩余的资本购买的股票就是国有法人股。说到"拨改贷",我们简单介绍一下。1979年,为了克服我国计划经济时代的"投资饥渴症",中央政府出台了一项称作"拨改贷"的政策。"拨改贷"是我国财税制度改革的一项重要内容。我国财税制度先后经过了"利改税"、"拨改贷"、"统改包"和"费改税"等一系列改革。到1985年,国家基本切断了向企业拨款这一资金供应渠道。"拨改贷"的目的,是约束企业在投资时注重经济效益,克服投资的盲目性。

二是分配原则不同。国家股的股息和红利全部归国家,国有法人股的股息和红利大部分留给企业。

外资股一般分为战略投资者与财务投资者两部分,两部分投资者是完全不同的。"战略投资者"是与财务投资者相对应的概念,这个称呼来源于国外证券市场,主要是指能与引资方长期"荣辱与共,肝胆相照"的机构投资者。也就是说,双方在经营发展战略上保持一致性。名副其实的战略投资者意在长期的战略投资,与引资方在管理、业务人员、信息等方面寻找深层合作。正解理解"战略投资者"要注意两点:一是"战略投资者"称谓中体现更多的是投资方的"战略",引进的外资机构是否为战略投资者,不在于引资方的评判标准,而取决于投资方的战略或策略选择。二是战略投资者是相对于上市公司发起人而言的,是指以资本合作为基础,通过长期持股寻求战略合作关系的投资者,战略投资者是那些能提升公司素质的主体。财务投资者既不谋求对公司的控股,也不参与所投资公司的管理。财务投资者一般是指短期投资,即以谋取资本回报为目的,并且在投资前就设定了各种退出机制。财务投资者是那些希望通过"投机性的重组"短期获得套现的行为主体。

为什么一定要形成多元的股权身份或股权维度呢？不同所有制的股权，体现不同资本的人格化，代表不同的管理文化和行为。股权维度多元化的好处在于：不同所有制的股权实体对企业经营理念、企业文化有不同的理解，对于企业发展战略有不同的观点，通过讨论形成统一意见，使企业能够向着正确的方向发展；引入不同所有制的股权实体，有助于带来先进的技术水平和管理经验；引入不同所有制的股权实体，有利于解决国有企业"所有者缺位"问题。无论任何性质的企业，只要产权身份单一化，发展到一定程度必然会出问题。国有企业产权维度单一化，即由某个政府机构单独出资，解决不了政府行政干预的问题。民营企业产权维度单一化，即由某个自然人单独出资，解决不了家庭血缘关系的干预问题。为了适应市场经济发展的需要，要使国有企业由产权（股权）维度单一化变成多元化。产权（股权）维度太少，还不能有效发挥其他主体的积极性，会造成社会净福利损失。当然产权（股权）维度太多，也可能会由于组织成本大于治理收益而得不偿失。

从理论分析上看，不同的股权身份追求的目标存在很大的差异，从而他们对于公司的经营目标会产生不同的影响，具有不同身份股东的经济行为也会被他们各自的股权成本和股权受益所影响。如国有股东往往追求更多的社会目标，而冲淡其利润最大化的目标，国有独资企业和国有控股企业的经营者作为代理人，由于其受益与其所在企业的经营业绩相脱节，而使其个人行为外部化，最终产生社会成本和社会收益与私人成本和私人收益不对称，从而缺少激励机制。从理论上说，国有产权低效率源于政府的"非价值"最大化目标以及激励的不相容。而个人股东追求的则是完全利润最大化，他们以利润最大化或资产保值增值为唯一目的。持股者的身份对于股东的目标和他们对公司施加影响的方式具有重要的意义。许多股东（比如政府、机构投资者、银行和其他公司等）仅仅是最终所有者的代理人，要使他们的效用最大化就取决于其他因素。而且具有不同身份股东的经济行为，可能被他们各自的股权成本和利益所影响。

不仅不同的股东追求的目标不同，而且不同的股东的行为方式也不同，如国有大股东通常选择的是用"手"投票的方式表达自己的意愿和实施自己的意图。而非国有的中小股东通常选择的是用"脚"投票的方式表达自己的意愿和实施自己的意图。如果在一个公司中既有国有股又有个人股，既有大股东又有小股东，并且他们都能充分表达自己的意愿和很好地实施自己的意图，那么公司在生产经营过程中，就能把社会目标和盈利目标很好地结合起来，在社会中树立良好的公司形象。同时,公司也能在用"手"投票和用"脚"投票两种行为方式中找到很好的均衡点,避免公司决策失误,偏离正确的目标,使公司沿着正确的方向发展。

股权身份或股权维度是单一化还是多元化对公司业绩的影响是不同的。理论分析证明,不同所有制的股权,必然体现不同资本的人格化,即使是同样集中度的股权结构,不同所有制的股权也会表现出不同的管理文化和行为。第一,不同所有制的股权实体,其对于企业经营理念、对于企业文化等可能都有不同的理解,从而对于企业的发展战略、发展方向,形成不同的观点,能够避免"一言堂",在不断讨论的基础上,形成统一的意见,使企业能够向着正确的方向发展;第二,不同所有制的股权实体的引入,有助于解决"所有者缺位"的问题,完善股东对经营者的监督机制,从而有助于企业治理结构的完善;第三,引入不同所有制的股权实体,也有助于带来先进的技术水平、管理经验等;第四,哪种股权身份或股权维度在股权结构中占主导地位,也决定着公司在运作和发展过程中得到何种支持以及支援程度,尤其当公司面临困难时,公司能否得到股东的支援取决于股东自身的状况,如股东的实力、地位以及财务状况,公司与股东关系的密切程度,以及与控股股东的权益关系;第五,多元产权主体还可以通过外部完善的市场体系和内部健全的组织结构来监督经营者的日常经营活动,使经营者不至于过大地偏离所有者的目标。

股权主体多元化是现代公司的生命力之所在,是企业制度的一项重大创新。我国股权结构不合理除表现在一股独大的"量"上,还体现在股东性质组成的"质"上,即股权身份或维度单一,非国有股不发展。

长期以来,由于我国国有企业产权(股权)维度单一化,国有股"一股独大",使企业无法实现政企分开,真正落实企业的法人财产权。产权维度多元化是国有企业实现政企分开的条件和保证。国有企业产权维度单一化极易导致国家作为出资者对企业经营活动的直接干预,使董事会形同虚设,使企业难以摆脱政府机构附属物的地位。因为国有企业如果都由国家投资构成,国家以资产所有者身份对企业实施直接的,主要表现为行政手段的管理,是很自然的事。如果国有企业投资主体实行多元化,国家只是众多投资者中的一员,国家同众多投资者一样,它们具有同等的地位、权利和义务。在这种情况下,政府再以资产所有者身份对企业实施计划经济体制下的那种直接的,主要表现为行政手段的管理和干预,是缺少法律依据的,也是不可能的。因此,产权维度多元化,政府难以用行政手段干预企业的经济活动,企业也不能再依赖政府的保护,只能面向市场进行竞争,形成高效运行的机制。产权维度多元化,还使国有企业财务预算不再与政府预算有直接联系,企业照章纳税、同股同利,政府财政再也不能抽肥补瘦,从而形成企业自我发展的动力和能力。产权维度多元化还要求企业必须实行符合市场经济通行的财会制度,从而使企业财产所有权得到落实,可以根据市场变化独立灵活地支配企业的生产经营活动。经济体制改革以来,我们一直强调政企分开,但随着时间的推移,我们发现,连接国家和企业的脐带并没有真正切断,政府主管部门仍不能从企业生产经营的烦琐事务中摆脱出来,其中主要原因之一,是国有企业产权维度单一化。

产权维度多元化有利于形成产权内部及产权与企业法人财产权及经营权之间的相互制衡关系,转换企业经营机制,使企业行为合理化。产权维度单一,常常造成产权主体的独断行为,无法形成多元相互制衡的产权主体,从而使企业行为扭曲。产权维度多元化,使同一个企业受到不同产权主体的激励、监督和制约,能够有效地避免单一产权主体的垄断经营、决策失误等现象。产权维度多元化还有利于按照经济效益和社会效益最大化的原则,充分吸纳和动态组合各种经济组织机制,形成较为合理的经营机制。

产权维度多元化可以通过引入民主和制衡机制,加强企业管理,使企业行为合理。在产权维度多元化的情况下,可以发挥群体的智慧,集思广益,采取多种防止政策失误的民主制约措施。

对于我国国有企业产权(股权)结构改革来说,关键是要塑造一些非公有制的大股东。国有经济体制改革的实践证明,真正决定企业经济效率提高的是剩余控制权的私有化,而不是剩余索取权的私有化。剩余索取权的私有化是一件很容易的事,最简单的办法是像捷克那样把国有企业的股份平均无偿地分给公民。而剩余控制权的私有化是最困难的事情,困难产生的根本原因在于,有能力从国家手中接管控制权并使企业的法人治理结构比较有效率的主体是一种稀缺资源。目前,我国国内富裕的个人并没有富裕到足以从国家手中接管企业控制权的地步。在股权结构中,如果国有股和法人股占绝对或相对控股地位,社会公众股占有的比重有限,而普遍的"搭便车"心理与行为,没有能力与动力参与企业的管理和对经营者的约束。再加上目前国有股存在所有者缺位的事实,想通过国有股股东去治理公司,胜算的可能性不大。法人股股东主体虽然是明确的,但由于其自身也存在治理机制不健全的问题,法人股参与公司治理的作用是有限的。

股权身份或股权维度与公司业绩关系的实证分析得出了不同的结论。有人实证分析的结论是:从现实情况看,经营业绩好的公司中有些是国家控股,有些则没有国家参股。经营不好的公司中,国家既没控股又没参股的公司也不在少数。这说明,公司经营业绩状况及公司行为状况的好坏,与公司的股权身份或股权维度没有必然的高相关性。

许多人的实证研究发现,国有股和流通股比例与公司业绩之间没有显著关系,而法人股东在公司治理中的作用是不一样的,社会法人股控股的公司业绩好于国有法人股控股的公司,国有法人股控股的公司的业绩又好于国有独资公司。

得出不同结论的原因在于,公司业绩虽然与股权身份有一定的联系,但是决定公司业绩的因素很多,并不只是股权身份。除股权身份方面的因素外,还有公司所在行业、技术装备水平、生产的产品、管理状况、经营者的能力等。

如果不是笼统地分析所有公司的情况,而是分门别类地进行分析研究,实际情况是,法人股和流通股对公司业绩有正面影响,国有股与公司业绩有负面影响的预期只在竞争性较强的电子、电器等行业成立,在竞争性相对较弱的其他行业则不成立。相反,在一些自然垄断行业和具有非营利性和半营利性的公共基础工程项目上,国有股比例大,公司业绩不仅不低,而且比非国有控股的公司业绩好。

既然在一些行业,股权身份或股权维度多元化比股权身份或股权维度单一化,有利于公司的发展和提高公司的业绩,那么如何把我国现有的股权身份或股权维度单一化转化为股权身份或股权维度多元化,也就是说转化途径是什么呢?

股权身份或维度多元化的途径可以从两个方面考察:一个是从引入新股东身份上考察,一个是从股本总规模和大股本规模上考察。从引入新股东身份上看,可以分为内部型多元化和外部型多元化;从股本总规模和国有股本规模上看,可分为稀释型多元化和退出型多元化。内部型多元化引入的新股东主要是包括经理人员在内的内部职工;外部型多元化引入的新股东主要是外部法人和自然人,外部法人包括民营企业和外资企业;稀释型多元化是以发行上市、定向募股等方式的增量扩股,即以增量的非国有股东来稀释存量的国有股;退出型多元化是国有股出售转让给非国有的法人或个人。经理人持股或管理层收购是实现股权维度多元化的一个重要途径(见图3—2)。

股权身份多元化,常常伴随着收购,尤其是管理层收购。收购是指收购方通过协议收购、要约收购或二级市场直接购买流通股份等方式,持有上市公司一定的股权比例,从而达到绝对控股、相对控股或联合控股,进而控制上市公司的董事会及整个上市公司。企业收购与企业兼并不同,是以获得目标公司的控制权为目的的,而不是以消灭其法人资格为目的。我国《上市公司收购管理办法》规

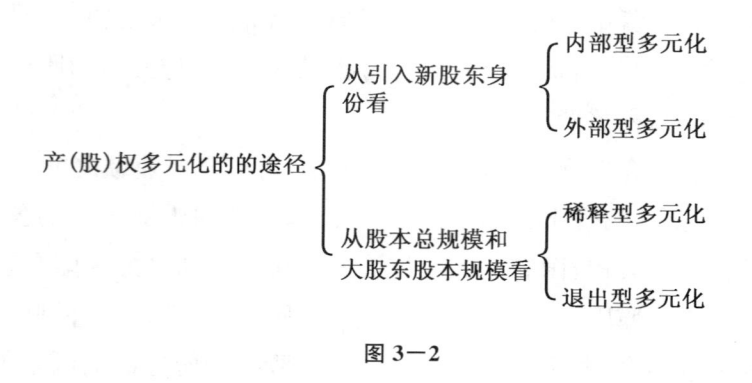

```
                              ┌─ 从引入新股东身 ┌─ 内部型多元化
                              │   份看          └─ 外部型多元化
产(股)权多元化的的途径 ┤
                              │   从股本总规模和 ┌─ 稀释型多元化
                              └─ 大股东股本规模看 └─ 退出型多元化
```

图 3—2

定,收购是指收购人通过在证券交易所的股份转让活动持有一个上市公司的股份达到一定比例,或通过证券交易所股份转让活动以外的其他合法途径控制一个上市公司的股份达到一定程度,导致其获得或者可能获得对该公司的实际控制权的行为。

收购人持股一般分为三个阶段:一是持股5%以上,视为收购的预警点;二是成为第一大股东或实际控制人,或者持股20%以上须做详细信息披露或举牌(将持股人看成收购人);三是持股30%以上须采取要约(全部或部分)方式收购或者申请豁免。

管理层收购(MBO),是杠杆收购(LBO)的一种基本形式。杠杆收购是指并购方在自有资金不足的情况下,利用高负债融资,通过向金融机构借款或发行债券等方式来筹集资金实施购买目标公司的股份,从而获得目标公司的控制权,并在整个目标公司业务的基础上,通过资本市场的运作,获取超额回报的金融工具。作为收购主体的是目标公司内部管理人员时,LBO便演变为MBO,即管理层收购。

管理层收购是指管理层利用高负债融资来买断或控制本公司的股权,进而达到控制、重组公司并获得超常收益的收购行为。管理层收购与一般的企业买卖和资产重组是不一样的。一般的企业买卖和资产重组,强调的是收益权,即买卖价差和资产运营的增值,管理层收购的实施目的除了收益权外,还有控制权、共享权和剩余索取权等。

早在1972年,美国的KKR公司就成为全世界第一家实施管理层收购的公司;1980年,研究并购历史的英国人迈克·赖特发现并命名了管理层收购(MBO)。随后,管理层收购在西方得到了广泛的发展和应用。

在西方国家,管理层收购广泛发展和应用的推动力主要有三个:一是上市公司的"非市场化"。美国许多公司管理层收购后,就转化为了私有控股公司,股票也停止上市交易。二是多元化集团对于部分边缘业务的剥离以及公营部分的私有化。多元化经营集团公司,需要剥离部分资产,以集中发展核心业务,或改变经营重点,将原来的边缘产业定为核心,从而出售其他业务,包括过去的核心业务。三是反收购。当有人企图对某企业进行恶意收购和接管时,管理者为了反对恶意收购和接管,主动出击,先对企业进行收购。由此看来,西方盛行的管理层收购,只是一种重整或反收购的特殊方式。在管理层收购中,管理层一般要收购目标公司90%以上的股份,然后借助分拆、重整、退市等手段,对目标公司进行改造。收购后,上市公司多"下市"。从行业分布的角度来考察,发达国家的管理层收购大多数发生在成熟行业或人力资本因素突出的行业,如高科技企业。

我国管理层收购的主要原因有:一是通过改变目标公司的股权结构来获得控制权;二是解决国有企业或集体企业产权不清、出资人不到位的问题;三是确认管理层人力资本价值或者说激励管理层。管理层持股比例越高,股票所有权的激励作用就越强。企业经营者掌握足够资本后,会形成自己监督自己的良好局面。在我国,管理层收购的主要作用有:一是为了解决国有股"一股独大"的高度集中型的股权结构问题。国有控股公司的国有股"一股独大"会影响公司治理结构的完善和资本市场的发展。管理层收购解决了企业股权结构合理化的问题,从而为完善我国公司治理结构优化和资本市场发展提供了必要条件。二是解决国有经济战略性调整问题,收缩国有资本的战线,优化投资的产业结构、地区结构和所有制结构。通过管理层收购,可以使国有资本从一部分竞争性行业退出,投向一些公共物品行业和自然垄断行业,投向发展缓慢的西部地区,投向基础设施较弱的农村地区,从而使国有资本布局更合理。三是解决公司产权主体明确和出资者到位的问题。管理层收购后,国有控股公司被私人控股公司所取代,作为代理人的出资者被真正的出资者所取代,有利于解决公司产权主体明确和出资者到位的问题。四是有利于解决对经营者的有效激励问题。管理层收购后,管理者由单纯的经营者,变成了经营者和所有者的双重身份,增强了对经营者的激励。五是有利于加强公司的内部控制,增强公司管理层的责任心。

但与美国相比,目前我国管理层收购的比重还比较低。在美国公司中管理层持股数量平均为2.7%,而我国管理层持股数量平均只有0.017%。管理层收购在对加强企业内部控制和管理,增强公司管理层责任感等方面都有重要作用。很显然,在我国,管理层收购还承载着国有企业产权制度变革、国有资本从部分竞争性行业退出和加强对管理者激励等重要任务,其收购对象多为国有公司和部分集体企业。当然管理层收购和经营者持大股在对企业发展产生巨大积极作用的同时,也常常会产生一些负面影响,如对提高公司会计信息的质量产生一定的负面影响。另外,管理层收购后常常会产生强烈的分红冲动,因为管理层收购所需要的资金主要通过借贷融资,收购后,偿还债务的资金来源渠道十分有限,留存利益分配就成了管理层偿还债务的主要资金来源;在非管理层股东和管理层股东同时并存的二元股权结构下,管理层股东利益与分红是单调递增关系,分红越高,管理层股东获取的利益越大。

一般来说,管理层收购需要有一定的条件:一是公司股本较小;二是公司所处的行业为竞争性行业;三是公司管理层有出色的管理能力。

管理层收购前后公司业绩是否有明显变化,这是理论界和实际工作者普遍关注的一个问题。从理论分析上看,持股的经理人有双重身份。持股经理人的双重身份,决定了他们经营行为的特殊性。一方面,作为股东,他们有动力努力实现股东利益最大化,而且随着经理人员持股比例的增加,他们的利益与外部股东的利益更趋于一致;另一方面,作为经理人,他们有着与外部股东不同的利益追求,与外部股东的利益是相冲突的。到底他们的行为更偏向哪一方,则主要取决于他们所持股份数额的多少。管理层实现自身利益最大化方式无非有两种:一是通过提升企业价值,并分享提高企业价值最大化而实现自身的价值最大化;二是通过侵占委托人利益而实现自身的利益最大化。经营者持股数量的多少影响经营者追求个人利益最大化的倾向,经营者持股数量越大,就越倾向于通过提升企业价值来实现个人利益的最大化;反之,经营者持股数量越少,就越倾向于通过侵占委托人利益来实现个人利益的最大化。

从实证分析上看,管理层收购前后,许多公司的业绩并没有发生明显的变化。原因在于,当经理人员只持有公司少量股份时,市场约束仍然可以迫使经理人员趋于企业价值最大化目标;相反,当持有大量股份的经理人员可能有足够的投票权或广泛的影响力来保证他们能够以令人羡慕的工资水平受到公司雇用时,并且通过金字塔式的股权结构控制大量资产,然后采用低红利政策,投资于无效项目、关联交易等手段把公司资金转向对他们有利的用途,从而实现对外部投资者财富的掠夺。在经营者持大股的情况下,处于控股地位的董事兼高级管理人员的股东,在股东大会上,单靠其他股东用"手"投票纠正不了董事会和经营层的错误,只有靠公司其他股东和资本市场上的全体潜在投资者共同行动,才能起到制约作用,其他股东卖出股票,潜在投资者不去买,该公司股票就会一直下跌,导致董事兼高级管理人员股东财富急剧贬值。

实证说明,对经营者的激励机制不只有股权激励,还有许多股权以外的激励方式。总体上说,激励方式包括两大部分:一个是市场激励,另一个是企业内部激励。市场激励,主要包括公司股票价格的不断上涨和经营者在企业家市场上的身价飙升给经营者带来的利益;企业内部激励主要包括以年薪和股票期权等为主要形式的物质激励,以更高的职位和更多的权力为内容的控制权激励等。在现实经济生活中,某一方面激励的弱化常常可以被另一方面激励的强化而弥补。管理层收购后,公司业绩并没有显著的变化,就是因为,内部激励和外部激励,经理的自我约束和股东的外部约束之间有一种替代关系。管理层收购后,企业内部激励虽然加强了,但市场激励弱化了,因此内部激励的强化产生的效应又被市场激励的弱化产生的负效应所抵消。

在我国,管理层收购面临着的主要问题是,解决管理层完成收购之后,用这个收购来的公司干什么的问题:管理层把企业收购来后,通过资产整合、产业整合、产品整合和文化整合后,改进企业的生产经营管理,提升企业的价值,最后实实在在地把企业搞活;或者将其作为一个壳来圈钱,即以较低的价格把企业收购来后,转手以较高的价格把企业出售出去,赚得差价。

也有许多人对管理层收购提出质疑,其中最主要的质疑是,管理层收购后,使由所有权与经营权两权分离退回到所有权与经营权两权合一的局面,这是一种企业组织形式的倒退。这里需要说明的是,衡量和评价一种企业制度先进与否,不能脱离生产力状况而孤立地看问题。任何企业组织形式都是有成本的,简单的生产经营形式需要简单的企业组织形式,简单的企业组织形式成本低。一个私人小企业变成了股份制企业,一个简单的组织形式就变成了复杂的组织形式,本来老板一个人可以决策的问题,现在要征求每一个股东意见,决策和管理的成本会急剧上升,效率却急剧下降。小企业所有者与经营者是同一个主体,可以大大减少中间环节,取消繁杂的激励设计,规避了道德风险,降低了管理成本,提高了管理效率。同样的道理,所有权与经营权两权分离未必就一定好于所有权与经营权两权合一,要根据企业的行业特点、企业规模的大小、企业技术水平的高低、企业经营者能力水平和精力等多方面情况综合而定。对于一个小型的股份制企业来说,对于一个技术水平并不高、企业经营并不复杂的企业来说,对于具有较高的经营管理水平和精力充沛的经营者来说,所有权与经营权"两权合一"有可能比所有权与经营权"两权分离"更有利于企业经营绩效的提升,把企业搞活。对于那些脱离生产力发展水平,超越生产力状况,把本应实行业主制或合伙制的企业,却实行了公司制企业来说,这种所谓的倒退可能是一件好事,任何事情都不是绝对的。

管理层收购后,管理层作为大股东既掌握了公司的所有权,又掌握了企业的经营控制权,从一定意义上说,实现了所有权与企业法人财产权和经营权的融合。但是,一方面这种两权融合,与业主制和合伙制的两权合一是有本质上的区别的。虽然小股东由于人微言轻对企业的重大决策影响有限,但中小股东可以抛出股票行使"用脚投票"的权利,影响股票的价格,甚至造成大股东的损失,对既是大股东又是公司管理者的管理层实施影响,迫使管理层做出有利于所有股东的决策。

而且,按照目前国际上的通常做法,在董事会中作为大股东代表和管理层代表的人数越来越少,在平均11人的董事会成员中,外部董事的比例高达9人,公司相当的控制权是掌握在外部董事,特别是独立董事手中,从这个意义上说,管理层收购后,公司仍表现出相当程度的"两权分离"。

也有人对我国管理层收购的收购主体的构造问题、收购价格的合理性问题、收购资金的来源、管理层产生的科学性问题和管理层收购后的公司股权结构的合理化问题,以及管理层收购后的企业的整合等问题提出了质疑。

第一,收购主体的构造问题。大家都知道,在进行管理层收购前,管理层必须先注册一家壳公司,作为收购主体。但我国《公司法》对外累计投资额不得超过公司净资产50%的规定,给这种壳公司的收购行为设置了法律上的障碍。目前大多数管理层收购的实例突破了这一限制。

第二,管理层收购的价格的合理性问题。在我国,被收购的多为国有非流通股,管理层收购的定价大多围绕每股净资产,由管理层与政府以协议方式来确定,造成了收购价格低于每股净资产的现实。虽然按企业净资产给企业定价未必科学,但这也是国有资产管理部门的一个无奈之举。这样就可能出现管理层将公司先做亏、做小净资产,然后实现以相当低廉的价格实现收购的目的。在美国管理层收购的价格,往往以每股市价作为双方讨价还价的第一个基准,8~10倍市盈率被认为是一个公允的价格。

第三,管理层收购的资金来源的合法性问题。我国银行《贷款通则》规定,从金融机构取得的贷款,"不得用于股本效益性投资"。《信托法》公布后,管理层收购又多了一个信托融资渠道,但由于制度设计比银行融资繁杂得多,使用者不多。风险基金的介入,也给管理层收购提供了新的资金来源。但由于风险基金是要与管理层分一杯羹的,风险基金凭着娴熟的资金和资本运作手法,管理层担心被绕进去。这个问题现在已基本解决,2009年初我国银监会出台文件,鼓励各商业银行为企业收购重组提供贷款。

第四,管理层产生程序的科学性问题。我国作为收购主体的国有企业的管理层,多是由政府行政任命的,而不是通过市场方式按照经营能力和经营业绩遴选出来的。管理层的这种产生程序,除了公正性受到质疑外,也会影响到收购后企业的长期经营和发展的预期。

第五,管理层收购后公司股权结构的合理化问题。股权结构合理化决定公司治理的科学性。在我国,不少企业通过管理层收购改变了国有股"一股独大"的局面,但同时又陷入内部人"一股独大"的境地。但对一定规模的国有企业改制而言,这种股权结构同样是不合理的,它可能对企业的经营和治理结构及合理性产生不良的影响。更何况,如果监控不利,内部人"一股独大"往往会损害中小股东的利益。

最后,我们看一下管理层收购后企业的重整问题。在西方国家,对收购的企业进行分拆、重组和整合是贯穿管理层收购始终的一项重要内容,是管理层发现、实现和提升目标公司价值的重要渠道,是银行决定是否贷款的重要依据。管理层收购完成后,企业多进入整合阶段,其核心是重塑企业竞争力。而从目前来看,我国在管理层收购过程中,往往重收购、轻整合。

职工持股也是实现股权维度多元化的另一条重要途径。股权维度多元化,需要职工适当地持股。职工适当持股的作用和意义在于:实行职工持股制度是全心全意地依靠工人阶级,搞好企业,推进企业改革的一项重要措施;实行职工持股可以增强公司法人治理结构的相互制衡作用。职工组织起来,组成职工持股会,选举自己的代理人经法定程序进入董事会和监事会,解决职工直接持有公司股权出现的那种股权小且分散,难以参与企业决策的问题,使职工持股会按法律赋予的地位和职权,既可以参与企业决策又可以对企业董事和经理人员进行监督,为公司法人治理结构注入了活力,使职工参与管理真正落到实处,企业凝聚力和向心力随之增强;实行职工持股还可以和企业养老制度结合起来。

在我国推行股份制改革的初期,企业在安排股权设计时,基本上都安排过内部职工股,有的公司的改制甚至就是从发行职工股开始的。在当时的历史条件下,这样做是必要的,而且也是难以避免的。这里的原因很简单,因为一方面公司职工比较了解企业,内部发行股票既有利于调动积极性,同时操作起来也相对比较容易。另一方面,当时也还没有规范的股票发行制度,在企业内部发行股票更容易得到认同与批准。实践也证明,内部职工股的设置,对我国资本市场的发展曾经产生过积极的作用。

随着时间的推移，特别是公司上市以后这些职工股市值的大幅度提升，使之成为权力的寻租对象以及投机资金的追逐目标。地下买卖等非法交易现象突出，同时在原始股大受追捧的情况下，大规模发行职工股也显得有失公平。因此，为了规范内部职工股，有关方面先是规定职工股的发行数量只能占公开发行数量的20%，后来则全部予以取消。现在，上市公司股权结构中不再有职工股的安排，如果在上市前就已经存在，按规定也必须予以清理。当然，有些公司因为情况比较特殊，简单地回收过去发行的职工股难度也很大，于是也就有了将股票划转到新设立的一家公司，以该公司名义持有的情况。发生在雅戈尔以及中国平安的职工股问题，就是在这样的背景下演绎出来的。

在西方国家的企业中，职工股被视作"混合经济体"的一个重要特征，甚至被称为"人民资本主义"。当然，西方企业的这些实践未必都是成功的，其理论基础也存在很多需要商榷的地方。但是，这并不妨碍人们从发展的角度来思考中国的职工股问题。如果职工股制度设计得科学而又完整，应该说在各方面都是利大于弊的。特别是现在很多中小企业都是通过民间投资成长起来的。在发展过程中，引入私人股权投资是约定俗成的，那么为什么不能向内部职工发行一部分股票呢？在某种意义上，职工股的存在也许要比纯粹以财务投资为目的的私人股权投资对企业更为有利。而且，在建立起包括实名制账户及第三方存管等严格的规范以后，过去那种职工股被倒卖及地下交易的情况是完全能够得到控制的。

要大力发展机构投资者，打造高效公司信息使用主体。机构投资者是指持有公司证券（主要是股票，也包括债券），并由职业经理人对所持证券进行管理的金融机构，主要包括证券公司、投资银行、证券投资基金、保险公司等。机构投资者持有公司股票的主要目的是为了确保受益人的利益。他们作为战略投资者进行长期投资，客观上给公司经营管理者造成了外部压力，要求提供高质量的信息披露报告。同时，机构投资者作为直接利益的相关者，由于持股数量巨大而难以短期在证券市场上脱身，因而有足够的动因真正关心公司的治理情况和效果。作为外部的利益主体，机构投资者一旦认识到必须通过参与公司治理才能保障自身利益时，必然会由外及内、由表及里，对公司的决策程序、关联交易、财务舞弊情况进行关注，必要时会积极地介入公司治理之中。另外，作为众多散户的联合和代表的机构投资者具备一定的对公司治理建设和运行的影响力，他们能够推动上市公司治理结构的改革，强化外部投资者的权益，缓解内部人控制现象，对提高信息透明度有积极的作用。

股权结构合理化还涉及一个问题,即交叉持股问题。交叉持股对股份公司实现资金融通、产业布局、分散风险、资本运作、狙击恶意收购与接管等有着十分重要的现实意义。但同时交叉持股也会导致资本虚增,对债权人严重不利,同时会导致内部人控制,中小股东权益被虚拟化,因此,应限制交叉持股,尤其是母子公司的交叉持股。

股权结构合理化,除了我们前面讲到的形成适度集中型的股权结构和股权主体多元化外,还有非常重要的一点,就是股权结构要具有较好的弹性,即股权的集中度和股权的维度能随着国民经济发展的总体水平、资本市场的发展状况以及企业的具体情况,而及时地、灵活地得到调整。

最后,我们顺便谈一下蓝筹股。蓝筹股可定义为所属行业内占有重要支配性地位、业绩优良、成交活跃、红利优厚的大公司。不同投资者对蓝筹股的市值规模、行业属性、成长预期等都有所不同。随着经济结构转型逐步推进,构建多层次的蓝筹股市场,满足不同收益—风险偏好的价值投资者的需求显得愈发重要。从目前的市场情况看,无论是"深蓝"还是"浅蓝",均具备较高投资价值,特别是部分业绩增长稳定但估值处于历史绝对低位的蓝筹股。"深蓝"目前主要是指传统工业股及金融股,这类股票市值巨大,在行业内具备一定规模和领先地位,中国石油、工商银行、万科 A 等均可视为"深蓝"。对于市值动辄千亿元甚至万亿元的"深蓝"而言,在货币政策保持稳健的背景下,寄希望其市值出现几何级数增长并不现实。"浅蓝"大多来自消费行业和部分新兴产业,这类个股的业绩一般相对高水平增长,但与创业板、中小板等市值规模不足百亿元的小盘股有所区别。"浅蓝"基本等同于所谓"二线蓝筹",市值规模普遍在 500 亿元以下、100 亿元以上。与"深蓝"相比,"浅蓝"更能代表我国经济未来运行的大趋势。

三、有效的产权制度,产权必须有效保护

产权保障既是企业家投资的必要条件,又是充分条件。没有对合法私有财产的保护,人们就会缺乏创造和积累财富的热情。财产权的安全性与利润再投资率直接相关,产权相对有保障的地方,企业愿意利用利润再投资;产权相对没有保障的地方,企业不愿意对留存收益再投资,就说明了这一问题。

中国是社会主义国家,因此,必须强调保护公有产权,防止内部蛀虫利用公权蚕食公有财产。私有产权的保护在于私有产权明晰界定,产权保护制度化、规范化、配套化和有效化。无论在哪一个国家,公有产权本质上都是高于私有产权的。从基础来看,保护私有产权更重要,公有产权是在私有产权的基础上形成的。总体来说,保护公有产权更重要,但我们不能忘记社会的产权的基础还是私有产权。

产权保护问题在经济发展到一定阶段引起了人们的重视,并上升到了一定的层面。在经济发展水平较低的情况下,产权保护问题表现得并不突出,随着以中小企业为主的企业结构向以大企业为龙头的企业结构的转化,产权保护问题表现得越来越突出,因为小企业的资产结构特点是以个人、家族投资为主,所有者和经营者一体化。由于是自己看着自己的财产,对于社会化、制度化的产权保护要求不太高。然而,发展大企业就需要社会化的融资方式,需要所有权与经营权分离。在这种情况下,如果没有产权保护,谁都不敢把钱拿给别人用,现代企业形态就发展不起来。

从经济学系统看,财产的保障产生了三项重要作用:一是激励拥有财产的人尽量将其财产做最具生产性效率的运用;二是由于允许个人累积资产并于身后继承,所以对财产与所得分配产生了很大影响;三是由于个人必须先拥有财产权,然后才能转移这些权利,所以社会上产生了频繁的交易与追求利润的活动。

保护产权有重要的作用,那么如何保护产权呢?有效的产权保护主要体现在两个方面:一是法律制度能通过强制来惩罚一切破坏现有产权制度的行为;二是合约各方可通过行使退出权保护自己的权益。

大家都知道,在现代市场经济条件下,政府的基本职能是提供公共物品。政府提供的公共物品,除包括狭义的公共物品,即政府通过微观参与所提供的生产性和福利性基础设施外,还包括三类:一是实现社会公正和宏观调控目标的公共政策;二是推动社会经济发展和改革创新的各项制度安排,其中就包括保护产权的制度;三是有利于科学文化发展的精神产品。因此,企业和居民之所以要向国家纳税,就是通过纳税来购买国家对产权的保护和对契约保留强制执行的服务。在计划经济时期,由于公有财产是国家唯一的经济基础,人们缺少保护私有产权的意识。实践证明,当公有产权或国有产权还是统治者的主要经济基础时,统治者就没有很强的激励对私人产权和私人契约提供有效的保护。随着市场经济的发展,非公有制经济不断壮大,保护私有产权成为政府的重要职能。

保护产权仅有书面法律还不够,把产权保护写进宪法只是开了个头。要达到保护产权的目的,还需要有一系列相匹配的制度。其中最重要的制度就是司法独立。谈到产权保护,我们首先应弄清楚的是,对产权保护形成最大威胁的是什么。产权得不到有效的保护主要包括两个方面的问题:一是民间成员之间的产权侵犯;二是政府行政部门对民间成员产权的侵犯。相比较而言,第二种情况要比第一种情况造成的危害严重得多。民间成员之间的产权侵犯虽然发生的频率很高,但它容易解决,危害程度较小。因为,当民间产权被他人、公司或社团侵犯时,我们可以通过社会舆论、警察等方面的压力对其进行一定的约束,侵犯者由于其行为的非法性,也会怕警察的介入。因此,这类产权纠纷、产权侵犯相对容易解决。

相比之下,如果政府部门没收某个社会成员的财产,或者是通过行政指令把其产权变成非法,则情况就大为不同,社会压力不一定管用,警察也不一定会出面,因为政府是唯一可以在合法名义下重写游戏规则,把本来合法的产权变成非法产权的机构,因此行政部门对产权的侵犯可以名正言顺。这是最可怕的。显然,老百姓的产权受到的最大威胁是来自政府行政部门。为了保证老百姓和公司的财产不受侵犯,要有一部法律给他们提供保护,最重要的是要防止政府部门使原来合法的东西一夜之间变得不合法。为了避免政府部门对民间产权的侵犯,重要的前提条件之一,就是法院必须独立于行政部门。在老百姓产权受到侵犯时,他们应该可以到法院起诉,而且对法院的公正必须有信心,否则他们就没有别的途径,可能逼着他们求救于暴力。如果法院不独立,而是受制于行政,那么当行政部门侵害老百姓的产权时,老百姓就无路可走了。

另外,产权保护还需要两个条件:一个是民选的代议制政府,另一个是要有足够大的中产阶层。否则无法保证这个国家的立法者会偏重保护产权,会进行保护产权的立法。在代议制国家,关键要看多数选民是否要求对产权实行保护。如果在一个大多数是穷人,中产阶层很少,小部分人是富人的国家,由老百姓来选举议员,那么想推动保护私人财产立法的候选人是不会被选上的,因为无产者是没有保护私人产权的愿望的。所以,在那些中产阶层人数很少的社会里,反而是主张在当选之后再推动剥夺或者是侵犯有钱人财产的人往往会被选上。在一个社会里,只有产生了一定数量的中产阶层社会中的多数人才有保护私有财产的要求。中产阶层有一定的财产,如果他们的财产被践踏,他们就会不干。他们就有产权保护的愿望,就会去投票给那些想推动产权保护立法的候选人。

四、有效的产权制度,产权流通必须顺畅

产权流通顺畅是指产权具有充分的流动性,能够根据社会化生产的要求及时灵活地分配和组织资本。产权流通顺畅对现实经济生活具有重要的作用和意义。产权若不具有充分的流动性和很好的可交易性,或流通不顺畅,资产就不能及时流向更有效率的领域,资源不能达到最佳的配置,企业和社会都会失去继续

发展的潜力。

在发达的市场经济条件下,资本所有者选择投资项目的重要依据之一,就是资本或产权的流动性。人们投资项目的选择除了依据资本的回收期;资本的回报率,即投资的内在盈利水平;投资的贴现值,即投资的贴现值高于投资成本外,主要看的就是资本或产权的流动性高低。资本或产权的流动性好坏直接影响其对企业经营风险的承担程度,也就是影响资本或产权的安全性。流动性好是指资本或产权能够低成本地及时退出,这样可以及时行使退出机制,规避企业的经营风险。

股权分置改革前,国有企业产权不流动,国有股不直接进入市场,一方面造成了国有资产的高风险,因为非国有资产由于可以流通,当所有者发现企业经营不好时,他们可以通过用"脚"投票,及时抛出股票,一走了之,避免企业破产时造成自己的资产损失。而国有资产由于不能流通,国家即使发现企业经营不好,也无法行使退出权,避免或减少资产损失。从这个意义上说,过去国有股和国有法人股不能流通,最不利的是国家。另一方面国有股和国有法人股不能流通,造成一些企业国有资产短缺,企业处于停产和半停产状态,而另一些企业处于国有资产的闲置和运行无效率的状态,导致国有资产不能发挥最大的效率,形成国有资产事实上的贬值和流失。

产权交易市场化和产权充分流动需要一定的条件。其中一个条件,就是资产或产权的定价必须合理。资产或产权的定价合理,必须以资产或产权的盈利能力决定资产或产权价格。产权交易需要对资产进行科学的定价。在国际上,任何一个资产都有两种价格:一种叫作管理价格,以投资数量、账面净资产或重置成本来确定,国际上称作成本化;另一种价格称作交易价格,由资产的盈利能力,即资产未来收益的预期决定,另外还要引入需求方的因素。我们现在顽强地坚持用所谓的成本价格来决定我们交易的价格,结果要么卖不出,要么就是所谓留资,是亏损。净资产衡量的是资产过去的价值,人们买企业买的是这个企业的未来,而不是过去。高于净资产出售不一定就没有流失;同样低于净资产出售也不一定有流失。所以以净资产作为定价的基础,其实是一种没有办法的办法,无非是给一个替代的衡量标准,给你至少有个底线。

如何评价企业价值?首先,不能单纯地按企业的净资产定价。净资产在财务概念上,就是资产的账面值。它反映的并不是资产现在的价值,而是已经"沉没"在资产里的历史成本。也就是说,净资产是指会计报表上记载的价值,属于对资产和股本的后向度量,无法反映企业当前的真实价值和资产与股本的前向度量(今后的价值)。企业财务报表仅仅反映了企业有形资产的投资收益,而没有将技术专利、品牌价值等无形资产对企业经营者和财务成果的贡献反映出来,亦即企业的净资产指标很难反映无形资产的获利情况。

其次,不能按重置成本定价。重置价值法是按资产的现时重置成本扣减资产的损耗价值来确定资产价值的价值评估方法。现时重置成本虽然也是现时的市场价格,但重置成本并未包括资产销售时所得利润,只是为取得资产所付出的代价。用重置成本表示资产价值的理论依据:一是资产的价值来自于所能提供的服务能力,而不是自身变现为一定数额的现金。资产的购置成本越高,其服务潜力越大。二是资产的剩余服务潜力取决于资产处于在用状态已发生的各种损耗价值,包括实体性贬值和功能性贬值。损耗价值越大,资产剩余服务潜力越低。重置成本法适用于以使用为持有目的的资产价值评估,如机器设备等固定资产的价值评估,但是不适用对具有独立获利能力的整体资产的价值评估,因为"重置成本法"难以有效体现和度量企业未来的成长性、管理水平、企业文化及许多无形资产价值,难以有效地判断企业各项资产有机结合的整体效用。

如何评价企业价值?企业定价的依据只能是企业未来的现金流量的贴现值。根据"利息理论",资本现值永远是其全部期值的折现之和,即资本的价值永远而且仅仅取决于人们对未来的展望,而与过去完全无关。这就是所谓"沉没成本不算成本"格言的依据。然而,所有会计成本的资本价值,却永远只是过去的账面反映,而与未来展望完全无关。企业的价值是企业经营的当期和未来各期自由现金流量的折现值。折现率是一个反映风险程度的指标,企业风险通过影响折现率影响企业价值的大小,风险越大,投资者的预期收益率就越大,企业资本成本也就越大,因此,折现率越大,企业价值越小。

计算资产有"摊余成本"和"公允价值"两种方法。"摊余成本"反映的是历史成本,比较客观,不容易被操纵。"公允价值",即公允市价,反映即时的情况,比较接近现实,尤其是在现代市场瞬息万变时,按照"公允价值"的方法计价,更贴近实际。

对于有些资产,不宜全部按照"公允价值"的规则来处理,因为某些资产的交易是不活跃的,在某个时点可能难以找到对应的市场价格;对于有些资产应该按照盯市的原则,即根据"公允价值"的准则,来披露其价值,因为这样可以使企业的状况透明,资产与负债等信息更真实。企业的市场价格=企业市场经营权溢价+公司净资产+公司行业竞争优势溢价。对于某些资产可以准确预计未来的现金流,用现金流折现的办法来计价,更合理一些。

一般来说，企业资产价值（价格）表现为企业未来的收益及与相应的风险报酬率作为贴现率而计算的现值，即未来现金净流量的现值。企业资产预期收益或报酬率是由企业账面收益率、风险水平及风险偏好共同决定。资产估值观念要从注重"账面"过渡到注重"市场"，从注重"历史"过渡到注重"未来"。"净资产"这样的财务概念将从估值的核心指标中逐渐淡出，资产盈利能力、未来现金流量将成为决定资产价值的重要标准。

企业价值还存在于与其他企业互补互换的关系中，存在"潜在的"能够建立起来的协同结构之中，存在于特定"场"和特定的并购重组情况之中，因此在企业并购重组过程中，投资者要站在系统的角度才能够看清楚企业的真正价值所在。

产业资本的定价，更多可参考大股东增持时的估值水平。金融资本的定价则要看总市值收益率与国债收益率的比较。如果将主要投资于二级市场的资金称为金融资本，其中包括在股票与债券之间选择的机构资金和在股票与银行存款之间选择的个人资金。将这种选择关系用收益率的方式比较，可以更为明确地标识出股票市场对金融资本的相对吸引力。

产权流通的主要形式是协议转让、拍卖和招投标。资本市场定价的基本机制有连续拍卖机制和集中竞价机制。需要指出的是，协议转让、拍卖和招投标三种流转形式不是独立的"三者必居其一"的交易模式，而是"一体化"的交易模式，如图3—3所示。

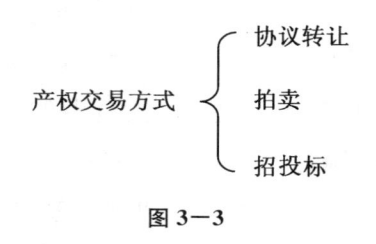

$$
产权交易方式\begin{cases}协议转让\\拍卖\\招投标\end{cases}
$$

图3—3

产权转让过程中，国有资产流失主要发生在两个环节，一个是资产评估环节，另一个是招投标环节。

产权交易市场化和产权充分流动需要的另一个重要条件，就是资产或产权形式证券化。产权形式证券化是产权交易市场化、产权充分流动的必要条件，如果产权没有实现证券化就无法分割，无法分割也就无法交易，因为有些企业的资产数额特别巨大，很少有人有实力去购买这样的企业，但如果实现资产或产权证券化，就可以化整为零，实现企业的转让。

为了保证产权的充分流动性还必须改变过去行政垄断的局面，如某一地区的政府及其所属部门为保护本地区的经济利益,滥用行政权力而实施的排除、限制外地企业参与本地市场竞争或者本地企业参与外地市场竞争的违法行为。

　　以上我们论述了有效的产权制度的四个主要内容,需要特别指出的是,有效的产权制度安排不是一劳永逸的。随着经济的发展和外部环境的不断变化,要不断地调整我们的产权制度。

第四章

企业中的委托代理关系及代理问题

有现代企业制度,就有两权分离,有两权分离就有委托代理问题,有委托代理关系就有代理问题。代理问题与现代企业制度是如影相随的。代理问题有两类:一类是经济学意义上的代理问题,另一类是管理学意义上的代理问题。本章主要研究两种代理问题。

第一节 企业中的委托代理关系

在社会化大生产和市场经济条件下,企业必然存在着所有权与经营权的分离,因为现代企业的所有者——股东——成千上万,不能让所有的所有者都直接控制经营企业,社会化大生产需要统一的指挥,只有董事长、总经理等少数人直接指挥企业的生产经营活动。所有权与经营权的分离,使企业产生了委托代理关系,生产资料所有者是委托人,生产资料经营者是代理人。在这一节中,我们重点阐述什么是企业中的委托代理关系,企业中委托代理关系产生的原因。

一、企业中的委托代理关系概述

企业中的委托代理关系是指企业中两个当事人之间所结成的一种契约关系。一个人或一些人(委托人)授权另一些人(代理人)为他们的利益从事某些活动,其中包括授予代理人某些决策权,代理人在履行这种契约的过程中得到相应的报酬,这种契约关系就是经济学中所说的委托代理关系。

委托代理关系是代理关系的一种,代理关系除了委托代理关系外,还有法定代理关系和指定代理关系等。委托代理理论有三个假设条件,即:竞争性市场;基于所有者与经营者间的委托代理关系而导致的信息不对称;对资本结构无特殊要求。

委托代理关系是一种契约关系。契约就是两个以上的当事人在地位平等、意志自由的前提下，各方同时为改进自己的经济状况而在交易过程中确立的一种权利流转关系，契约是联结交易活动的重要形式。契约的基本特征是，契约是建立在相互意见一致的合意基础上的；契约是当事人不受干预和胁迫地自由选择的结果；契约反映了缔约主体之间的平等关系；契约是一种承诺。人们通常从以下几个方面来概括契约关系，即交易是契约的内容，协议是契约的形式，合意是契约的本质，制度是契约的产物。

契约有两种基本形式：一种是一次就能结清的个别性契约，另一种是一次不能结清的关系性契约。市场是典型的个别性契约，企业是典型的关系性契约。

一次就可以结清的"个别性交易契约"，是指在买方和卖方不接受其未来行为上的任何义务的情况下发生的，无论这种义务是多么松散和多么含糊，否则这种契约就不可能发生。市场契约作为一种"个别性契约"使用的是价格协调机制。

一次不能结清的"关系性契约"，是一种涉及未来的不确定性的长期契约。为解决现代经济关系中复杂的交易关系，需要把企业设计成为一种交易专用性高，且能够持续的交易关系，即所谓关系性契约。企业契约就是典型的关系性契约。企业契约是要素使用权转让的合约，而且要素使用权没有得到明确界定。企业契约作为一种关系性契约，使用的是管理协调的机制。

企业契约作为一种关系性契约与市场契约作为一种个别性契约相比具有不同的特点。一是企业是长期契约，风险较大；市场是短期契约，风险较小。企业契约具有长期性，而长期性契约是有风险的，如劳动契约只能规定劳动时间、工资限度，而无法规定劳动强度、劳动熟练程度与效率、劳动态度与敬业精神等，难以保证契约的执行，从而必然带来成本。二是企业是不完全契约，一个不完全契约将随着时间的推移而不断修正，并需要重新协调。企业契约是不完全的，签订契约的个人只具有有限理性，不可能预期到所有未来的情形；同时在契约中列出所有可能条款是高成本的，即使个人有足够的洞察力。此外，契约的变量可能是不可核实的，因此也无法确定契约是否按初始规定得到了执行。契约中总会存在一些不确定性的随机事项，需要在契约执行过程中进行重新谈判或者按照事前的约定将不确定事件的处置权事前赋予缔约的某一方。市场是完备契约。一个完备的契约是指这种契约准确地描述了与交易有关的所有未来可能出现的状态，以及每种状况下契约各方的权力和责任。完备契约中主要项目能够预先说明,而其中细节以后再决定的意义不大。三是企业是生产要素交易契约,市场是产品交易契约,即企业交易的是生产要素,市场交易的是产品。

特别需要指出的是,所有者与经营者之间的关系是委托代理关系,而不是雇用劳动关系,如果硬要把所有者与经营者之间的关系说成是雇用劳动关系,那么这也是一种有偿委托的雇用关系,而不同于一般的雇用关系。

一般的雇用劳动关系是企业内部所有者与劳动者之间通过合约规范的劳动关系。雇用劳动关系的产生是商品经济发展的结果,是市场机制作用的结果,它与社会经济制度没有必然的联系。一般的雇用劳动关系的一个重要特征是,具有指挥管理和监督权的雇主与雇员之间是完全的命令和服从的关系。而所有者与经营者之间不完全是这样一种关系。为了充分发挥经营管理者的积极性和管理才能及智慧,所有者必须给予经营管理者极大的经营决策权或控制权。经营管理者在公司中,对内有业务管理权限,对外有诉讼方面的代理权及在诉讼之外的商业代理权限。在当今社会,企业的经营管理者与一般的企业被雇用者的最根本的差别在于,企业的经营管理者不仅是企业剩余控制权的分享者,而且是企业剩余索取权的分享者,而雇员则完全不是。尽管现实生活中的企业的经营管理者与企业的雇员的区分并无绝对的界限,二者之间存在着一个或宽或窄的过渡带,但是理论上做出以上区别仍然是不难理解的。

在现代企业的内部关系中存在着两种完全不同的契约关系:一种是所有者与经营者之间的委托代理的契约关系;一种是以共同分享企业剩余索取权和剩余控制权的资本所有者与其代理人(上层经营管理者)为一方,以丧失剩余索取权和剩余控制权的工薪收入者(包括大多数白领和蓝领)为另一方的雇主—雇员之间的雇用劳动关系。其余各种经济主体之间的关系都必须置于这两种基本关系框架内加以诠释。

二、企业中委托代理关系产生的原因及委托代理关系的选择

现代企业委托代理关系产生的原因:

第一,社会化大生产和分工协作关系发展的必然产物,是随着企业规模扩大和企业家阶层的形成而出现的。无论是企业家还是职业经理人,都不是一种职务,而是一种职业,它是社会分工体系的一部分,随着社会化大生产的发展,社会分工体系的扩展,出现了一种新的分工,这就是靠为别人经营企业,获得收入的职业经理人。随着企业规模和社会分工体系的扩大,出现了企业家和职业经理人,也出现了委托代理关系。

第二,生产资料所有权与经营权分离,或物质资本所有权与人力资本所有权分离和财务资本与经理知识能力资本及其所有权之间分离的表现。

随着所有权与经营权的分离,所有者必须授予经营者足够的权力,经营者才能承担经营功能;随着企业规模的扩大和管理的复杂化,经营者必须向中层管理者授予权力,后者才能有效地进行内部的管理和协调,鉴于决策科学性和专业性的发展,专业技术人员也被授予较多地参与决策和提供建议的权力。

"两权分离"是一个相对概念,不能加以绝对化。从发达市场经济国家的企业制度的演变过程来看,企业所有权与经营权的分离需要一定的条件。一是需要企业达到相当的规模,以至于超出所有者直接管理的能力范围。企业经营活动受到所有者能力及专业知识局限,当所有者不能在进行风险决策的同时,又圆满地从事生产经营组织、协调和管理,需要委托给代理人。二是企业股权必须高度分散且能毫无困难地转让,使所有者的风险损失降到最低限度,从而放手让经营者经营。三是经理人市场发育成熟。除了这三个条件外,企业所有权与经营权分离还取决于相应的产权保护、社会文化等其他条件。

所有权与控制权分离是对现代公司问题研究中的一个重要问题。通常人们用公司中的终极控股股东的投票权与现金流量权利之间的比率来度量二者分离程度。

社会主义国有企业为了适应社会化大生产发展和生产资料所有权与经营权分离的需要,也必须实行委托代理制度。需要指出的是,由于国有企业产权安排不同于私有企业,使其表现出国家代理制的特征,关于这个问题,我们在后面将专门阐述。

现代社会企业的经营管理模式大致有三种:一是出资者自己经营;二是部分委托经营;三是完全委托经营。第一种主要是指以自然人为基础的企业制度,如个人业主制企业、合伙制企业。第二种是以法人为基础的企业制度,如由私人或家族控股的并且是"一股独大"的股份有限公司和有限责任公司。第三种是以股权高度分散和"两权分离"为基础的现代企业制度,这类企业在股份有限公司中所占的比重并不大。企业经营管理模式的选择取决于财产与才能的吻合程度,取决于企业规模大小,取决于企业的股权结构,也取决于经理人市场的成熟程度。但是,无论企业选择怎样的经营方式,都完全由资本所有者决定。

企业委托代理关系的选择是要支付成本的。经济学中的成本通常是指企业为达到某一预期目的而失去、放弃或牺牲的价值。成本不同于支出和费用,支出(不包括偿债性支出和利润支出)对象化为成本;已耗用的成本转化为费用,作为耗用期间收益的扣除项目，未耗用的成本则转化为资产，资产在未来耗用期间再转化为费用。企业在选择委托代理关系中所支付的成本是代理成本。代理成本通常由三部分构成：一是支付代理人报酬；二是建立信息机制，监督代理人行为的费用；三是代理人的"不利选择"和"败德行为"造成的委托人损失。前两项是直接成本，由委托人直接支付，通过会计规则可以直接计算出来，是显性成本。后一项成本是间接成本，是委托人的剩余损失，是隐性成本。

代理成本是指管理者作为资本所有者的代理人，让资本所有者所付的不该付的成本。代理成本产生的原因，分为根本原因和直接原因。代理成本产生的根本原因，是由于企业的经营管理者不是企业的所有者，或者说不是企业完全所有者。在经营管理者是企业部分资产的所有者，而不是企业全部资产所有者的情况下，代理问题都不可避免地发生。因为，一方面当企业的经营管理者对工作尽了努力，他可能承担全部成本而仅获取一小部分利润；另一方面当他消费企业的额外收益时，他得到全部好处，但只承担一小部分成本。

代理成本产生的直接原因，是事物发展存在着极大的不确定性，是信息的不完全和非对称，是获取完全的信息交易费用太高，甚至高到获取完全信息不合算的程度。

一个企业委托代理关系中的代理成本高低取决于两个方面的因素：一是所有权与经营权分离的程度。企业代理成本的高低通常随着企业所有权与经营权分离程度的提高而提高。企业的股权越分散，所有权与经营权分离的程度越大，代理成本就越高。二是企业代理层级的多少和范围的大小。随着企业的代理层级的增多，代理范围的扩大，企业的代理成本也会不断地提升。

如何才能降低企业的代理成本呢？一般来说，根本方法就是通过制度上的有效设计和安排为企业降低风险，为减少代理成本奠定基础。具体来说，就是一方面，通过在经理人市场上建立有效的信号识别模型，减少隐藏信息造成的代理成本，形成良好的代理人选聘机制；另一方面，通过设计有效的激励和约束机制，减少隐蔽行为造成的代理成本，调动经理人努力工作的积极性。

选择委托代理关系也是可以给所有者或企业带来代理收益的。代理收益由两部分构成：一部分是分工合作收益，另一部分是规模收益。分工合作收益是指具有不同资源、天赋和技能的两个或两个以上的经济主体通过合作生产、分工以及专业化等非价格机制的组织形式而获得的超过他们各自单个活动收益的总和，即超额效用或福利，它不仅包括通常意义上的企业剩余，还包括了全部的要素准租金、由于"协作力"或"集体力"产生的效益。规模收益是指经济主体随着所参与的经济活动规模的增大而获得的边际收益的增加超过其边际成本。总之，选择委托代理关系可以通过节约组织成本，提高经济效益，带来代理收益。这也是人们之所以选择委托代理关系的根本原因。

资本所有者是否选择委托代理方式，取决于代理收益和代理成本的比较，如果代理成本大于代理收益，资本所有者作为理性经济人会自动放弃委托代理关系，选择自己亲自经营的方式，管理企业；反之，如果代理成本小于代理收益，资本所有者就会积极选择委托代理关系。从现实经济生活看，大多数有一定规模的股份有限公司和有限责任公司选择了委托代理关系，也就是说，从大数定理来看，代理成本是小于代理收益的。但是，如果企业的规模小，生产经营活动又比较简单，专业技术性要求也不强，而且企业的资本所有者完全有能力和精力胜任企业的经营管理，就没有必要选择委托代理关系了。

第二节　企业中经济学意义上的代理（成本）问题

有委托代理关系，必然存在代理成本问题。代理成本是指管理者作为资本所有者的代理人，让资本所有者所付的不该付的成本。企业委托代理关系中的代理成本问题分为两大类：一类是经济学意义上的代理（成本）问题；另一类是管理学意义上的代理（成本）问题。前者主要是经济学家研究的对象，后者主要是管理学家研究的对象。

一、什么是经济学意义上的代理（成本）问题

经济学意义上的代理问题，是指企业代理人利用委托代理这种"关系性契约"，从事满足自身利益最大化，而有悖于委托人目标和利益的非协作、非效率活动，致使委托人的风险成本增加或造成了委托人的利益损失。经济学意义上的"代理问题"，也称委托代理关系中的"激励、约束不相容问题"。

经济学意义上的代理问题，主要是指企业的经营管理者的权力、利益和责任与企业的所有者股东之间权力、利益和责任是否兼容问题；还包括企业大股东与中小股东之间的权力、利益和责任是否兼容的问题，以及企业与其他利益相关者之间的权力、利益和责任兼容的问题。这是经济学家研究的一个重点问题。

经济学意义上的代理问题有多种表现形式。由于企业的股权结构不同，代理问题的表现形式也不同。在国有股权高度集中的情况下，企业代理问题突出

表现为：一是大股东侵害中小股东的利益；二是经营者侵害股东的利益；三是大股东代表侵害大股东的利益。在非国有股权高度集中的情况下，代理问题突出表现为：一是经营者侵害股东的利益；二是大股东侵害中小股东的利益。在股权高度分散的情况下，代理问题突出地表现为经营者侵害股东的利益。

二、经济学意义上的代理（成本）问题产生的原因

经济学意义上的代理问题产生的原因主要有四个，我们逐一地进行分析。

一是所有权与经营权分离，以及股权高度分散，使分散的股东不能有效地监控管理层。所有权与控制经营权分离是对股份公司中的代理问题研究的一个重要方面。通常人们用公司中的终极控股股东的投票权与获取现金流量权利之间的比率来度量二者分离程度。二者偏离度大，一般意味着控股股东对中小股东利益侵占的动机大于利益协同的动机，因而更有可能获得控制权的私有收益，侵害小股东的利益。如果由于股权分散，中小股东监督代理人的成本太高，从而监督代理人中取得收益太少，作为理性"经济人"的中小股东就没有监督代理人的积极性，从而导致"经理革命"和"内部人控制"，使股东利益受到损失，尤其是中小股东的利益受到损失。

管理层控股和家庭控股的企业严格地说不存在真正的所有权与经营权的分离、委托代理关系和代理问题。这表面看有好处，避免了剩余索取者与代理人之间的代理问题，但也有缺陷，这就是牺牲了无限制的风险分担与决策功能专业化的好处，从而增加了风险成本，也就是风险的积聚增加了公司的实际资本成本。股权高度集中的公司代理问题会弱化，股权高度分散的公司代理问题更加突出。

二是代理人和委托人之间目标函数的差异性。企业的委托人往往追求利润最大化或资产保值增值，即希望以最小的代理成本获取资产增值的最大化。而资本所有者获益的大小，取决于资产的份额和资产运营效率。当资产份额一定时，资产运营效率便决定着所有者的收益。而代理人则追求个人尽可能多的货币与非货币收益，希望以最小的委托成本实现自身受益的最大化。代理人还往往追求企业规模的最大化，这不但是因为经理人员的报酬在实际上与企业规模呈现正相关关系，而且是因为规模的成长本身所带来的权力和地位，以及规模的扩大增强了代理人的工作保障性，降低了风险。

三是代理人与委托人之间信息的不完全和非对称性。完全信息和对称信息是指所有者（委托人）能够得到所需要的全部信息，信息在所有者（委托人）和经营者（代理人）之间分布均匀。所有者与经营者双方完全了解对方，不但了解对

方的现行状况,也了解对方的未来状况,信息不需要任何代价就可获得。现实生活中,信息不可能是完全和对称的,相反,信息是不完全和非对称的。按照哈特的思想,信息不完全和信息非对称是有区别的。信息的不完全源于社会分工和职能专业化以及人类的理性的有限性和外部环境的不确定性,还有信息搜寻成本的存在和高昂。信息的非对称性源于人们的机会主义倾向导致的信息垄断者对信息的垄断和信息传输的技术手段的短缺等。委托人和代理人在缔约前存在着的信息不完全和非对称性的现象,形成了"逆向选择"问题,造成"劣币驱逐良币"。"逆向选择"指的是,在代理人知道自己的态度和能力,但委托人无法识别潜在的代理人的条件和禀赋时,劣质的潜在的代理人就可能成为现实的代理人,即"劣币驱逐良币"。"劣币驱逐良币"定律,在经济上也称为"格雷欣法则",它是以 16 世纪的英国铸造局长托马斯·格雷欣(Thomas Gresham)的名字命名的。指在双本位的货币制度下,如果称币值(重量或成色)高的货币为良币,称币值低的货币为劣币,则二者并行流通时,良币功能将转化为收藏而退出流通领域,从而使劣币在市场上广泛流通。

委托人和代理人在缔约后存在着信息不完全和非对称关系,形成了"道德风险"问题,造成机会主义行为。"道德风险"指的是在信息非对称的情况下,掌握信息的一方对于不掌握或不完全掌握信息的另一方的欺瞒性行为发生的可能性。"道德风险"会不失时机地转化为"不道德"的行为,但这种行为一般又不违法。我们这里所讲的"道德风险"问题有两种形式:一种是偷懒行为,即经营者的报酬大于其付出的努力,经营者没有为企业全力工作或不十分敬业;另一种是代理人为了谋取自身效益最大化可能采取损害委托人利益的机会主义行为,如监守自盗、追求货币和非货币收入。监守自盗是经理人员用"转移价格"的方法低价将企业资产出售给自己所持有、控制的其他公司(或高价收购),给自己支付过高的薪金和反兼并"金降落伞",扩张各种不正当的在职消费等。

在信息对称和完全的情况下不会产生代理问题,因为一方面,委托人能够把有能力、道德品质好的人选为代理人;另一方面,当代理人做有损于委托人的事情的时候,会被委托人及时发现和加以制止,从而从根本上避免其发生。代理人有权采取行动,而委托人为行动承担后果,其本质则在于所有权与控制权分离造成的信息不完全和非对称。

四是"关系性契约"和契约的不完全性。关系性契约本身就是不完全的契约。不完全契约产生的原因有三个:首先,由于个人的有限理性,契约不可能预见一切。人是有限理性的,而不是完全理性的,这样就会使有些应写入契约的款项没有写入，从而给经理人以可乘之机。其次，由于外在环境的复杂性和未来的不确定性，合约条款不可能无所不包。外在环境的复杂性表现在真相和假象很难分开，现象和本质很难分开，使人们对事物的本质认识不全面和不准确。实际上，哪怕自然界完全没有不确定性，人们决策互动的后果也可能产生根本的不确定性。实践证明，人们可以通过增加有关未来事件发展变化的知识和建立有效的制度减少不确定性。因为，知识增加有助于对未来经济变量可能发生的概率给予说明，从而减少未来事件的不确定性。人们还可以通过建立有效的制度，对人们未来行为选择的集合与经济后果做出明确规定来减少未来的不确定性。因为，公认的规范和法则通过建立人们的行为与其后果的社会预期，诱惑或强迫人们选择为社会所规定的行为方式，从而消除或减少人们行为的"不确定性"。虽然人们可以通过各种方式来减少不确定性，但无论如何人们不能完全消除不确定性。如果说人的有限理性是从主观上讲契约的不完全，那么现实的复杂性和未来的不确定性就是从客观上讲契约的不完全性。二者最终都会导致契约中有遗漏条款。而契约中的遗漏条款是产生代理问题的重要原因之一。最后，由于信息的不完全和非对称，合约的当事人和仲裁者不可能证实一切，也会使代理人产生侥幸心理，经常做一些有利于自己不利于委托人的事。

上述分析说明，契约是不可能完全的，退一步说，即使人们能够建立一个完全的契约，那么交易成本也将极其高昂，甚至高昂到建立一个完全的契约不合算的地步。交易成本的高昂使得代理问题不可能通过一个完全的契约来解决，契约中必然存在着较大的弹性和酌情处置权，这就使代理问题不可避免。反过来说，如果契约是完全的代理问题就不会产生，因为这时代理人的目标与委托人的目标背离，可通过清晰、明确和完全的契约将经理人的报酬与边际贡献挂钩，促使经理人的利益与所有者的利益相一致，以避免代理问题的产生。

股东（董事）与经理人之间的垂直委托代理关系，是现代企业中最重要的委托代理关系。除此之外，在现代企业中还存在着其他委托代理关系和代理问题，如债权人与股东或企业之间的委托代理关系及代理问题，还如中小股东与大股东之间的委托代理关系及代理问题。在债权人与股东或企业的委托代理关系中，债权人是委托人，股东或企业是代理人。债权人和股东或企业之间的委托代理关系体现在债务融资合同中，债权人将自己的资金交给股东或企业，企业承担到期还本付息的责任。在有关债务的代理成本的文献中，通常都把公司视为利益的共同体而忽视其内部不同组成成分之间的利益冲突和委托代理关系。企业和债权人之间也存在着信息不完全和非对称的问题。在事前，债权人面临着如何确定企业风险偏好和还债能力的问题;在事后,也就是在贷款发放之后,债权人还面临着企业把贷款用于其他高风险项目的问题。治理债务的代理成本最有效的监督和激励机制是破产机制和抵押贷款机制。

在中小股东与大股东之间的委托代理关系中,中小股东是委托人,大股东是代理人。中小股东由于持股比例较低,监控公司及经理人的成本较高、收益较少,实际上是依赖公司的大股东来监控公司,因此从这个意义上来说,大股东又成为中小股东的代理人,中小股东是委托人。但是大股东的利益与中小股东的利益并不完全一致,大股东往往通过关联交易等方式实现其自身价值最大化,而不是公司价值最大化。这种问题常见于我国的上市公司中。

第三节 企业中管理学意义上的代理(成本)问题

前面我们分析了经济学意义上的代理问题,这一节我们将分析管理学意义上的代理问题。如果说经济学意义上的代理问题主要谈的是代理人的"德"的问题,则管理学意义上的代理问题主要说的是代理人的"能"的问题。

一、什么是管理学意义上的代理(成本)问题

企业委托代理关系中的管理学意义上的代理问题,是指代理人的管理观念、思维模式和管理能力问题,即由于企业经营管理者的管理观念、思维模式和管理能力与现实外部环境要求相错位而引起的决策失误,从而造成委托人的利益损失问题。管理学家往往对此类代理问题更为关注。

根据学者、专家下的定义,思维模式就是人的思维方式,思维模式是指思维的一种程序,长久稳定而又普遍起作用的思维方法、思维习惯;是指思维形式和思维结构中的规律性,可以把它看作人的思维定式和"内在化"认识运行模式的总和。某种思维模式一旦在人群中形成固定的、主流的思维习惯和框架,就能成为人们的主体思维结构。

许多企业的管理理念和管理水平还停留在工厂管理阶段,包括控制成本、质量检验、工艺流程、人力资源等。这些已不是竞争的主要手段。企业发展到一定阶段,真正比拼和竞争的往往是在围墙之外,比如供应链管理,以及销售链管控方面等。

许多企业只注重降低生产成本或生产费用,忽视对交易成本或交易费用的

控制。发达国家的社会总成本中,交易成本的比重占一半以上,因为加工制造的成本降低、效率的提高靠分工,分工越来越细,分工的各个分支、各个主体之间的交易活动就变得越来越多、越来越频繁,所需要付出的交易成本就越来越高。另外,经济发展到一定阶段,生产容易,销售难,同客户打交道需要更多的时间和精力。

管理学意义上的代理问题表现为领导力风险。所谓领导力风险,是指经理人作为代理人的领导能力不能随着领导岗位的级别、所负责业务的大小和外部环境的变化而增长。综观企业成败,人力资本风险比比皆是,最大的风险在于领导力。领导力对业绩的作用,体现在两个方面:第一,领导人的决策质量;第二,领导人对所辖团队工作能力和工作动力的影响。经营管理者陈旧的观念和僵化的思维方式阻碍企业新业务的开发和企业的发展,从而造成企业经营不善,效益下降,使委托人的利益受到损失。管理学研究认为,人的理性认识能力是有限的,对经济利益的认识和决策方案的分析不可避免地受到个人经验背景和认知模型的过滤和折射。而且,主导人们行为的不但有对未来经济利益的预期,还有人们的习惯、情感、知识结构、兴趣爱好和种种下意识的心理活动。企业家要"取势、明道、优术",以其颠覆性的、前瞻性的理念、思想和思路取胜。

二、管理学意义上的代理(成本)问题产生的原因

管理学意义上的代理问题产生的原因主要有两个:

一个是企业内部学习与变革速度赶不上外部环境变革速度。企业的外部环境主要包括这个国家占主导的经济体制、发展模式、宏观经济特征、市场供求关系、市场空白量、竞争范围、竞争程度和消费者特征等方面。企业的战略和管理要与外部环境相匹配。这已经为许多国家的企业发展所证明。

随着企业外部竞争环境的复杂多变,企业发展战略也必须适应外部环境的变化,而具有多变性,并以变化的企业组织形式和组织结构以及发展战略来适应变化了的外部环境,以为实现企业新的发展战略服务。为此,要求企业不断地进行技术创新和制度创新,因为创新是企业的生命,没有创新企业就不会有发展。

实践证明,能够做大做强的企业家们虽"各有巧妙不同",但其共同之处则是:具有战略眼光,能够正确研判时代发展的趋势,踏准政策的节奏。要做到这一点,不学习,不读书,不武装头脑,不提升自身素质,怎么行?企业家只有通过读书积累,通过实践创新,把握自身的发展战略,才能在激烈的竞争环境下实现永续经营的目标。

随着市场经济的完善,企业必须从经验型企业转变为制度型企业,经验型企业的管理者可以没有文化,依靠个人能力和过去积累的经验取得成功,制度型企业一定要有现代企业管理的理论与知识。

管理规律的根本就像人和人的差别,人和人99%的基因是一样的,但是为什么1%的基因差别会引起这么大的变化？只有一个原因,这1%的基因是代表学习的能力。所以我们企业的进步、企业家的进步是通过不断学习、适应环境的变化来实现的,所以你才看到最后活下来的优秀大企业,都具有很强的企业学习能力。

企业经营管理者的思维模式主要是由他们的效益观念、质量观念、人才观念、信息观念、投资观念、融资观念、风险观念、市场观念和时间观念等构成的。而观念首先是一种看法、一种推理、一种思想；同时它又是一种意愿、一种行为规范。观念表达了一个人的价值标准、专业知识以及道德勇气。能够促进企业或社会提高经济效益、社会公平与文化进步的看法和论点就是进步观念,就是先进的思维模式。经营者的创造性思维是指其在观念创新的基础上,面对复杂问题时能够提出异于常人的新颖而有效的解决方案的各种思维形式和方法的总称。

现代企业家思维方式必须从依赖直觉思维转向善于运用逻辑思维；从常规性思维转向创造性思维；由"一根筋"的单边想法或思维,转变为对立统一的辩证性思维；从分解思维转变为整体思维；从线性思维转变为跳跃性思维；从程序性思维转变为权变性思维。凡事都要从多方面想一想,在注意一种倾向的时候,也要注意可能掩盖的另一种倾向,在注意矛盾的两个方面的时候,也要注意它们可能在一定条件下相互转化。要求企业家不能拘泥于常规和成见,要由重直觉、重经验、重感悟的认知方式,转向重分析、重论证、重科学的思维方式。运用跳跃式、开放型、发散性、多向性、综合性、换位思考及动态、弹性等创造性思维,推动企业的快速成长与发展。

为什么企业新业务的发展往往不如老业务呢？原因在于：一是思维模式的习惯阻碍了新业务的发展。习惯思维模式指对如何把一个业务做起来的认识,对如何把一个业务做大的认识。企业过去的经验往往给企业以过时的信息,过去的经验越多越强烈,其对企业进化的抑制作用越大,企业越倾向于成为竞争中的弱者、失败者。相反,企业的近期竞争经验对企业的发展与进化具有正面作用。因此,要增强企业预测变化、驾驭变化的能力。企业对自己越满意,企业的警觉水平越低,出现危机的概率越高；企业地位越不稳,企业的警觉水平越高,学习越努力,作为个体可能常常面临被淘汰的危险,但作为群体,企业越长命。

企业家或经理人不能用错误的思维定式来看待企业经营和管理中的问题。所谓思维定式，其实就是一种先前形成的知识、经验、习惯对于现在或后继活动的趋势、程度和方式的影响。它使得人们对于从事某项活动时预先准备的心理状态总是摆脱不了已有框框的束缚，表现为一种受原有认知固定倾向所支配的消极的思维定式。人一旦形成了某种思维定式，就会习惯性地顺着定式的思维来思考问题，不愿也不会转方向、换个角度去想问题。这是一种愚顽的心理强迫症，对许多人来说，甚至可以说是"不治之症"。

二是对进入市场时机的判断。由于不同的产业和不同的企业，在不同的发展阶段有不同的特点，因而，不同的企业在不同时机进军一个新产业，要有不同的战略方法。有时过早地进入一个尚未成熟的市场可能要付出更多的时间成本和市场培养费用，而且进入市场的时机还与该地区经济发展水平与购买力有关。企业要进入一个新产业要超前"半拍"，即超前到你等得起和值得等的程度，但不能超前"一拍"。并不是越快越好，太超前了，快于市场需求太多，往往成为"先驱"，而不是真正的"先行者"。度量超前半拍的三个因素有：考虑市场需求，依据自己的经济实力，根据竞争对手的动作。落后于竞争对手就不叫超前了，但一味地追求超前于竞争对手而忽略了前两个因素，结果还是会失败。

一个优秀企业家要学会充分利用后动优势：一是后动者的"免费搭车"效应。后动者可能会在产品和工艺研发、顾客教育、员工培训、政府审批和基础投资等很多方面比先动者节省大量投资。二是先动者容易锁定错误的技术或营销战略。由于在市场形成初期，技术和顾客需求的不确定性和"非连续性"，往往导致先动者的错误决策，而后动者可以从前者的错误中吸取教训。

三是简单学习行业成功者，由于企业的个性重于共性，学习成功者不是最优选择，企业需要不断创新。企业应该有能力发现原来没有的东西和否定原来已成定律的东西。创新是一种求异的思维和实践活动，充满了不确定性和风险性。它以求异而非求同为价值取向，创新可能成功，也可能失败，可能得到承认，也可能不被认可。正因为如此，创新需要鼓励变革，容忍失败，独立思考，创新需要得到自由讨论和争鸣的宽松文化的支持和推动。我们习惯于少数服从多数、下级服从上级的政治运行规则，我们也习惯于以产值、利润等经济指标考核和管理经济的方法，创新恰恰不遵循这些规则和方法，因为这样会扼杀创新。经济学上常讲"路径依赖"，就是说，经济发展和制度变迁中，一旦选择了某一种体制或某一项制度，这种制度就会在以后的发展中不断得到自我强化和固化，在人们的思维中产生锁定效应，而要改变原来的思维惯性和旧体制的束缚就要付出相当高的成本。

企业成功模式由战略架构、资源、流程、关系和价值观等交互运作而形成。架构,是指我们如何看待外部环境;资源,是指我们所拥有的能帮助我们竞争的东西;流程,是指我们做事的方法;关系,是指长久联结利害关系人与内部单位的环节;价值观,是指能鼓励我们,让我们团结,并使我们与众不同的信念。

如果不随环境的变化而变化,战略架构就会变成眼罩,即在原有战略架构指引下,领导者一直注视某一事业或单位,他的眼光就被局限于此,看不见现有领域之外的机会与威胁;资源开始僵化变成重担,资源包含有形资源,如工厂设备;也包含无形资源,如品牌与技术。由于资源具备耐久、专业化与非流动性的特性,将约束公司的行动方向,拥有宝贵资源的公司,将从中获取源源不断的利润,竞争环境的变化可能降低现有资源的价值。环境一旦发生改变,现有资源可能会让公司陷入惯性的陷阱,领导人迟迟不肯重新配置资源,担心将损害现有的获利能力。流程变成例行公事,关系变成桎梏,价值观成为僵化的教条。

转变思维方式和观念的唯一途径是不断地加强学习,提高水平和能力。企业经营管理者的现实能力是存量,学习能力是增量,二者综合反映企业经营管理者的真实能力。有识之士指出,农业经济时代关注经验积累,强调的是向历史学习;工业经济时代则关注解决实际问题,强调向现实学习;知识经济时代则更关注理性的指导,强调的是向未来学习。个体的知识水平往往囿于家庭背景、教育水平、人生阅历、社会角色等诸多因素。一个人要想摆脱束缚,使心性智慧得到尽量充分的成长,只可借助书籍。读书,让我们每个人都有机会与人类历史中最聪明、最杰出的人进行思想对接,汲取他们思考中的精华部分,使成长有机会超越它原本的局限,具备了无限可能性。这里的学习不同于我们通常的培训学习知识那种意义上的学习。按彼得·圣吉的说法是反省,是幡然醒悟,是对已有的行为模式和思维框架进行反省,达到一种真正不同的事情,而不是以不同的方式做同一件事情。是从"心智模式"进行转变,转向先论对错,再论成败。

彼得·圣吉的《第五项修炼》把学习归纳为:系统思考、自我超越、改善心智模式、共同愿景,以及团队学习。从原来的以认识个别事物为主到今天的以认识整个系统为主,从原来的研究静态事物为主变为研究动态系统为主,从原来的以无机机械系统为主到今天以有机生态系统为主。这些都需要人们从方法论上有所突破。彼得·圣吉把这样的方法论称为"系统性思考"。系统思维的方法是现代科学体系中一个新的跨学科的思维方法,也可成为整体性思维方式,专门用于解决复杂问题。系统思维着重从整体与部分、部分与部分、系统与环境之间的相互关系、相互作用中综合研究,以求达到最优化的方案。与辩证思维有所不同,系统思维的方法先从整体上进行分析,不同于"二分法"或"一分为二",它着重强调整体最优化,着眼于两方面或多方面都要得到改善,实现共赢。

企业要不断地超越自我,就必须创新。创新是离不开科学知识的,知识本身是无价的,但是只有当知识的所有者在工作中运用它时,它的价值才能得以实现。而创新又依赖于人们观念、思维模式的转变和经营管理能力的不断提高。在今天,变化多端的现代市场经济时代,所谓企业过去成功的经验可能就是企业今天失败的种子。所以我们必须用开放的眼光,创新的思维模式去发展企业。

彼得·圣吉认为学习是"心智模式"的改变,心智模式是指个人了解外在世界及采取行动时所遵循的一些习以为常、理所当然的想法、假设、前提、定思、图式等。心智模式不仅影响我们如何了解世界,而且影响到我们的行动。学习与智商相辅相成,以系统思考的角度看,从企业家到整个企业必须是持续学习、全员学习、团队学习和终生学习。今天是一个知识经济的时代,更是一个学习制胜的时代。学习成为立命安身和基业长青的不二法门。不管企业家过去有多么优秀、多么风光辉煌,只要停止学习,知识就会老化,能力就会退化,其结果就会被边缘化,甚至被淘汰出局。

一个优秀的企业家要不断地提高自己的学习能力和适应能力。学习能力是指有意利用某时、某地有关政策或制度的经验教训来调整此时、此地的政策或制度。适应能力是指面对环境变化等因素造成的种种不确定性时,能够发现和纠正现有制度缺陷、接受新信息、学习新知识、尝试新方法、应对新挑战、改进制度运作的能力。

企业知识吸收能力由四个维度构成:知识获取能力、知识整合能力、知识转化能力和知识应用能力。企业知识获取能力是指企业接近外部知识源,并通过某种方式搜索、评估和获取新知识的能力。企业知识整合能力包括企业外部新知识与企业已有知识的融合及其在企业内部的共享活动两个方面。知识转化是指显性知识与隐性知识的自转化和互转化。隐性知识在沟通和相互学习的过程中转化为显性知识,得以在更广的范围内传播;隐性知识也能通过人与人之间的观察、模仿和亲身实践等形式得以共享,转化为更多人的隐性知识;零星的显性知识可以通过文件、会议等媒体汇总组合产生新的显性知识,丰富了原有的显性知识库;个人吸收消化了新的显性知识,并创造出新的隐性知识,实现内部升华。知识应用能力是强调知识开始脱离原有的使用情景和使用者,被企业更多的人创造性地应用于其他情景。企业知识应用能力是指将整合后的外部知识与企业内部已有知识通过显、隐性知识的自转化和互转化,共同运用于企业的经营实践,有效把握和开发市场机会,并产生商业化成果的能力。

当今企业领导除了具备领导素质的一般内容,如守纪律、诚信、成熟、自我约束等外,还必须具备不可少的两项素质:一是商业头脑,即人们常说的精明。它是指对新的、破坏性商务形势进行预测和应对的经验。二是对知识的渴求。对知识的渴求,换个说法,即对任何理论都拒绝自以为是,并永远保持对新鲜事物、不同事物的好奇。具备这两项素质后,才能使自己的自信不是产生于自视过高而膨胀起来的信心,而是商业头脑和丰富的知识。一个优秀的企业家和经理人不能"把已知当全知,把所能当全能",要知敬畏。

"当今世界最大的、甚至唯一的竞争优势,就是有能力比你的竞争对手学习得更快"。组织学习之所以重要,是因为人们在实际生产经营工作中发现:即使是最顽固的经理人也知道,只有通过提高企业领导和员工的学习能力,才能够获得可持续的竞争优势。一个好的企业家不仅要懂管理和技术,更要对宏观经济发展的大趋势进行科学把握,这就需要企业家不断地学习理论,研究现实。

企业家应该知道,什么时候做什么事情,"是进还是退?"事实上,一个时代的企业家,他们的主要精力应该放在应对市场的不确定性上,去研究消费者的偏好,研究市场的变化,研究技术的变化。宏观经济对企业影响的指标有经济增长率及可持续性、通货膨胀率、资产价格变动率、投资增长率、贸易收支、外汇储备的规模、就业率等。首先,企业家对经济走势要有前瞻性,提早做好应对准备,采取相应的避险措施,企业就不会盲目跟着宏观经济走势大起大落,才不会被轻易淘汰。其次,能预警,还要能预先看到经济发展的机会。最后,企业要确立成功目标,要考虑如何存活,还要活出价值,活出风采。

管理学意义上的代理问题产生的另一个原因,是经营管理者的选拔机制有问题,不能确保经营管理者的人事安排和重大决策的正确有效。企业经营管理者选聘机制的好坏可以直接影响聘用好经营者的概率,从而影响管理学意义上代理问题的产生和存在程度。

实证研究证明,企业的经营管理者应具备三种素质:一是现实乐观主义。具备这种特质的领导者充满自信,他们不会自欺欺人,也不会丧失理性。二是一切服从目标。具备这种特质的领导者将自己的职业目标看得极为重要,他们会以自身为实现目标而付出努力来衡量其人生价值。三是在混乱中构建秩序。具备这种特质的领导者会满怀激情地应对各方面的问题。

用人的原则应该是德才兼备。除"德才兼备"的总原则外,根据多年实证研究得出以下具体结论：一是高层领导看能力，中层领导看忠诚，基层领导看勤奋或敬业。二是高层领导一部分由内部提拔，一部分由外部选聘。企业规模小时，老板独裁没问题。但是随着企业的发展，尤其是作为上市公司的管理者，就不能这样。公司做大了，必须请能人；能人来了之后，企业家必须理解能人看问题的角度。能人作为"空降兵"都比较贵，所以"空降兵"的引进一定是举一反三。关键岗位，自己培养不出来的人才从外面请。好的公司，自己培养的人才最少要占8成以上，但是如果没有2成或者1成半的人是引进的，就没有画龙点睛的效果。三是高层领导以选拔为主；中层领导选拔和培训并重；基层领导以培训为主。

有三种人不能用：人品与职务不相称者不能用；功劳与薪酬不相称者不能用；能力与责任不相称者不能用。

用人机制还包括如何防止人才流失。人才流失最主要的原因有三，首先是薪酬的吸引，其次是个性与文化的冲突，最后一点是人才在职业发展中遇到的障碍。最后一点主要体现在人才的发展空间受限，无法实现自身价值等问题上。

分析经济学意义上的代理问题非常重要，但不完全。很多时候，人的决策所依据的并不是对边际成本和边际收益的理性计算，而是出于对过去习惯了的行为偏好的剪不断的感情眷恋，出于对亏损项目"再追加一点投资也许就能挽救过来"的一厢情愿的"承诺升级"的幻想等。

从管理活动的实践来看，大多数企业的失败是一个漫长的衰落过程，除了金融企业以外，可以说大多数企业的垮台是被拖垮的。在漫长的下坡路上，发生变化的往往不是对经理人员的激励机制，而是主管总经理的认知模型，这种由于认识问题，和认知模型刚性化造成的决策错误，并不是利益激励的调整所能解决的。属于这一类问题的大体有：组织的衰退过程与原因；企业决策体制的设置（董事会的独立性和工作程序；对于一把手的制度约束等）；核心人事安排（CEO、董事、高层主管的选拔，高层领导班子的构成，CEO的管理生命周期，CEO和董事的评估和撤换程序）；等等。

无论是经济学意义上的代理问题，还是管理学意义上的代理问题，都会增加企业的交易成本，阻碍企业各要素所有者的有效合作，发展严重时，甚至会导致企业的垮台和市场坍塌。因此我们一定要对此给予高度的重视。

我们还应当指出的是，委托代理关系及代理问题的本质不会因为企业所有制性质的改变而改变。无论是私人控股企业，还是国有控股企业，其委托代理关系没有什么本质变化，在所有者股东与企业经营管理者之间的委托代理关系中存在着相同的代理问题。至于谈到国有控股企业同私人控股企业委托代理关系的主要不同,表现在最终委托人不同上,即国有企业不像私有企业那样有明确的股东,或者说国有企业的股东虽然是全国人民,但是这种股东的数量太大,以至于"搭便车"问题严重,不关心国有企业的经营效率。我们将在后面关于国有资产管理体系改革中深入地探讨。实际上,国有控股企业和私人控股企业委托代理关系中代理问题及其解决的途径,主要取决于外部的法律和制度环境对当事人违规行为的约束能力,还有当事人违规行为可能承担的成本。

第五章

公司治理

上一章研究了现代企业中的委托代理关系中的代理问题,有代理问题就需要公司治理,公司治理就是治理代理问题。如何治理代理问题,涉及公司治理的分类问题。公司治理有两种划分,一种按类型划分,另一种按内容划分。这一章我们重点分析怎样实现良好的公司治理。

公司治理分类如图5-1所示。

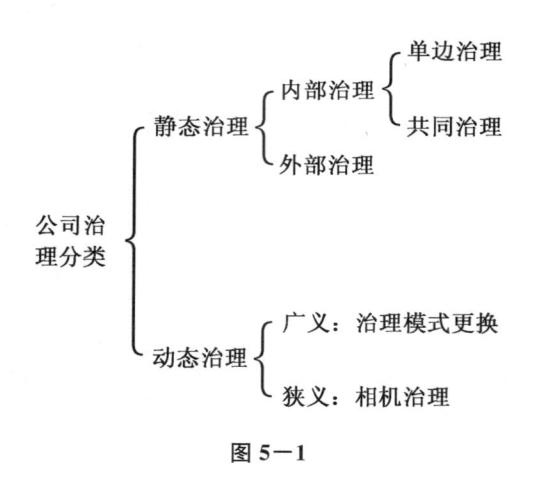

```
                         ┌ 内部治理 ┌ 单边治理
              ┌ 静态治理 ┤          └ 共同治理
              │         └ 外部治理
公司治理分类 ┤
              │         ┌ 广义:治理模式更换
              └ 动态治理 ┤
                        └ 狭义:相机治理
```

图 5-1

第一节 公司治理的分类

现代企业制度存在着所有权与经营权分离和委托代理关系以及代理问题。为了治理代理问题,要建立有效的公司治理。治理是"以理而治",治什么,无外乎是治事、治人。治理是一种"注入秩序,缓解冲突,实现共赢"的手段。公司治理的主要功能在于节约交易费用,提高公司效率。公司治理是"一种推动企业高效运作并创造价值的机制"，旨在"防止企业管理层等内部人士对外部投资者，特别是股东，可能造成的利益侵占"。如果说20世纪是管理的世纪的话，21世纪就是公司治理的世纪。管理问题最终要受制于治理问题。管理可以提高效率、产生效益，但管理不能防范公司丑闻，解决治理缺陷。未来公司的竞争不只是管理的竞争，更是治理的竞争。公司治理已经成为比管理更为重要、更为根本的问题。

公司治理问题是1975年由经济学家威廉姆森提出来的。20世纪80年代后期，公司治理问题在西方学术界流行起来。90年代，公司治理在我国开始流行。19世纪末、20世纪初，公司所有权与控制权就开始分离，由20世纪30年代的公司所有权与企业控制权分离的不彻底，到60年代公司所有权与控制权的彻底分离。随着公司所有权与控制经营权的彻底分离，委托代理关系和代理问题表现得十分突出，公司治理的重要性也充分显现。随着现代企业制度的发展，人们认识到，公司治理比公司管理更重要。公司治理是解决所有者与经营者之间的关系问题，公司管理是要解决公司经营者与公司劳动者（员工）之间的关系问题。相比较而言，公司治理是治本，公司管理是治标。公司治理是一个十分复杂的问题，绝不像人们想象的那样仅仅是一个"老三会"（党委会、工会和职代会）与"新三会"（股东会、董事会和监事会）之间的关系问题。公司治理从不同的视角，有不同的划分。在这一节里我们对公司治理的类型进行比较和分析。

公司治理的基础理论：一是公司治理涉及管理理论或者叫管家理论。这一理论认为，公司董事（经理）对股东负有受托责任，并相信能给董事（经理）委以重任。因此，公司的权力通过董事会（经理班子）加以运用。董事由股东大会提名任命，他们作为掌管公司资源的管理者对公司股东负责，经理由董事会聘任。同时，他们须向独立的审计师提交能真实反映公司状况的报告和财务报表。

二是公司治理涉及代理理论。该理论认为，人是利己主义者，因此本质上不可能为他人谋利益，于是，它将股东与董事、董事（会）与经理间的关系界定为合同关系。董事和经理作为代理人为自己的利益决策，所以需要监督。

三是公司治理涉及不动产保有人理论。所谓不动产保有人，就是合法证券持有人。这一理论反映了由于公司规模过大而使董事和经理不能通过传统的"服务生方式"或者"管家方式"为股东承担责任。

四是资源依赖理论。这一理论关注董事会内部成员之间的交流与沟通对董事会决策和经营者帮助（提供关系资本、董事资源的网络化）的各种好处。

公司治理理论还涉及社会学发源的组织理论和交易成本理论等。

上述理论有很大差别,甚至对立。管理理论强调股东可以把公司权力放心地交给董事和经理;代理理论对此产生怀疑。不动产保有人理论进一步怀疑董事能否代表越来越分散的股东利益。组织理论认为,公司好坏的焦点在管理而不在治理。而交易成本理论的观点则同管理理论截然相反,认为公司的好坏在治理。所有这些理论分歧,核心还是"到底是谁的公司"这一问题。

一、内部治理和外部治理

依据治理手段的来源不同,公司治理结构分为内部治理和外部治理。如果公司治理的手段来源于公司内部的"三会四权",称为内部治理;如果公司治理的手段来源于外部市场、外部制度和监管部门,称为外部治理。

公司治理按类型分类,见图 5-2。

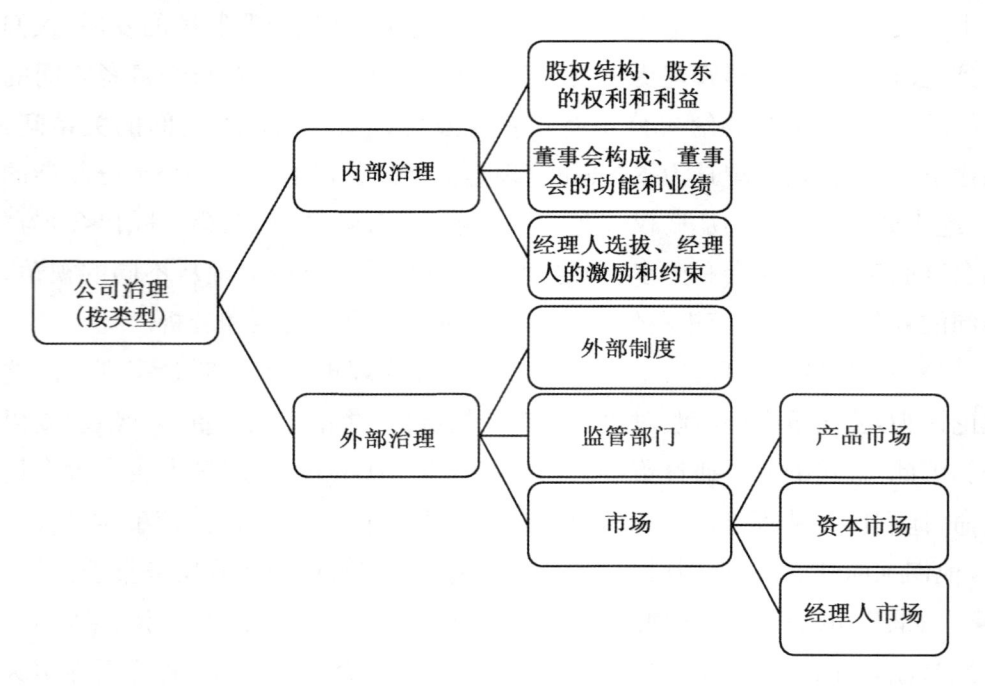

图 5-2

内部治理也称法人治理,是根据权力机构、决策机构、执行机构和监督机构相互独立,权责明确,相互协调又相互制衡的原则实现对公司的治理。

股份公司"三会四权"制衡关系可以用图 5-3 表示。在图 5-3 中,为了使读者简单明了地掌握关键问题,故没有把监事会画进去,否则图形会比较复杂。

内部治理机构是由股东会、董事会、监事会和高层经理阶层组成的。内部治理决定公司内部决策过程和利益相关者参与公司治理的方法。内部治理的主要

公司内部治理

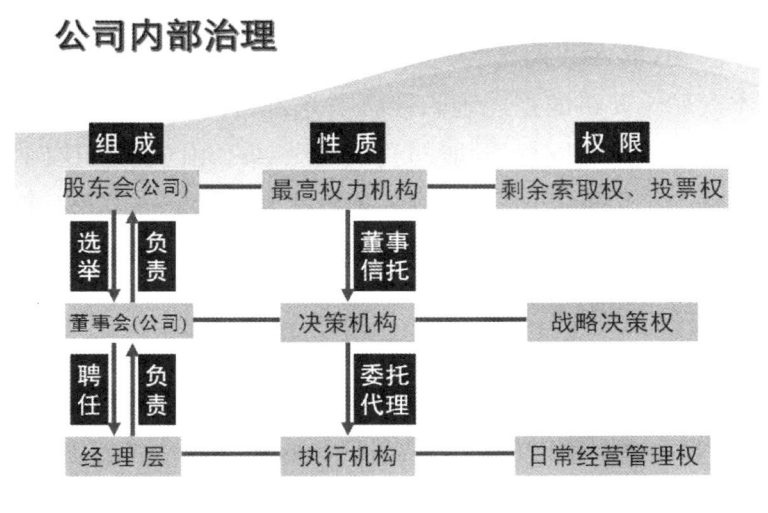

```
组成              性质              权限
股东会(公司) —— 最高权力机构 —— 剩余索取权、投票权
  ↓选举 ↑负责    ↓董事信托
董事会(公司) —— 决策机构 —————— 战略决策权
  ↓聘任 ↑负责    ↓委托代理
经理层 ———————— 执行机构 —————— 日常经营管理权
```

图 5—3

作用在于协调公司内部不同产权主体之间的经济利益矛盾，克服或减少代理成本。简单来说，内部治理是公司内部存在的一套体系，它能够使公司运营中的各个阶层和权益所有者，包括股东（会）、董事（会）、监事（会）、高管，以及公司的中层管理人员、普通员工都能够尽职尽责地完成公司的目标，而最重要的目标就是为股东和其他主要利益相关者创造价值。

狭义的内部治理是有关公司董事会的功能、结构、股东、经营管理者和员工的权利等方面的制度安排；广义的内部治理结构，是指有关公司剩余控制权和剩余索取权分配的一整套法律、文化和制度性安排。公司内部治理主要涉及公司管理层与股东，或是公司内部人（管理层和控股性股东）、外部股东以及他们之间的关系。这一问题包括两个主要方面，一是股东与管理层的利益冲突，即代理成本问题；二是大股东与小股东之间的利益冲突，即"隧道效应"问题或"隧道行为"问题。

内部治理主要解决两个问题：一个是股东与管理层的利益冲突，即经济学意义上的代理（成本）问题。经济学意义上代理（成本）问题的表现：一是贪污腐败；二是在职消费；三是短期行为；四是不作为（建议、批准、执行和监督）。另一个是大股东与中小股东之间的利益冲突，即"隧道效应"问题或"隧道行为"问题。"隧道行为"的表现：一是关联交易；二是金融运作（抵押、担保）；三是资产置换；四是转移风险；五是配股与分红。

股份公司中通常存在 3 种委托代理关系：一是股东与经理人之间的委托代理关系；二是中小股东与大股东之间的委托代理关系；三是银行（债权人）与公司

之间的委托代理关系。与三种委托代理关系相对应有三种代理问题。

　　代理成本问题,前面我们已经进行了详细分析,这里不再进行更多的分析了。代理成本问题主要讲的是经理人侵害股东利益问题。需要指出的是,股权平等不是股东平等。同股同权、同股同利、一股一票。由于股权比例平等以每位股东的持股比例为衡量标准,股权比例平等可称为量的平等。只有持股类别、内容与比例相同的股东之间,才有相同的权利义务可言。持股比例不同的股东享受权利和承担义务上可以有所不同。

　　下面主要分析一下"隧道行为"问题。在股份公司中,大股东有强烈的动机,利用其资金优势、信息优势和控制权便利,进行隐蔽的市场操纵,其中不排除有各种形式的"利益输送",从而侵占了中小股东的利益。这必然会给保护中小股东权益带来更严峻的挑战。在股份公司中,大股东和小股东存在着利益冲突,小股东往往希望多分股息,大股东则希望降低股息以确保公司有足够的资金,能够把握住发展商机。小股东不愿意融资,大股东愿意融资,因为大股东能够通过融资活动享有全部的控制权收益,而只需要按股权比例承担部分未来现金流减少的损失。股权结构太集中,会造成大股东一股独资、一股独大、行为独断。按照《公司法》超过50%的股权,在任何经营上面你都可以为所欲为,如果超过67%的股权,公司如何进一步运营,你可以随时清算、清盘。股权集中度直接影响着企业领导者的行为,王石的不行贿有深刻的制度基础,就是股权结构或治理结构的基础,万科的股权结构或治理结构令他没有动力为了让别人发财而自己坐牢。因为王石并不是股东,他对个人财富疯狂增长的动力小于他为全体股东实现利润、积极贡献社会的价值观的驱动力。黄光裕的国美是家族控制的企业,他追逐个人财富的动力要远大于王石,他可以为了个人家族财富的增长,去冒他认为可以承受的风险。因为在这条道路上,他是最大的受益者,即使是潜规则,他也愿意付出他认为应付的成本去追求他企图得到的更大的回报。而王石则不然,他没有这样疯狂逐利的制度基础。

　　私人在一个公司当中所占的股份,既不能太少,也不能太多。占的股份太少了,股东或创办人没有经济动力,只有道德的动力;而如果股份太多了,股东或创办人只有经济的动力,甚至会为了百分之百的利润而完全忽视法律和道德的约束铤而走险。在大股东一定的股权范围内,可以保持治理结构上的平衡和股权的多样性,以及动力和约束之间的平衡,做到内有动力、外有约束,既有经济冲动,又有道德自律。这样一种平衡,有利于企业的发展和社会的发展。

　　根据LLSV(1997)的研究,如果法律不能给投资者提供有效保护,会产生三种力量促使公司股权集中：一是分散的股权结构大多是由于公司在发展过程中不断进行外部融资最终导致的结果，由于法律不能给投资者提供有效的保护，外部投资者需要较高的风险溢价，这将加大公司的融资难度和成本，延缓公司股权分散的速度，延长股权集中在公司创始人家族手中的时间；二是为了减少信息不对称，对管理层形成有效监督，部分投资者谋求成为公司的控股股东或实际控制人，从而促使公司所有权和控制权的集中；三是法律对投资者的保护越弱，公司潜在的控制权私利就越大，因此投资者谋求成为公司控股股东的动机就越强，这进一步促使了公司所有权和控制权的集中。

如果大股东和上市公司的关系缺乏制度化，当大股东缺钱时，就通过占用资金和关联交易等形式把上市公司的钱转移到自己名下，这种行为就被称为"隧道行为"。为什么称"隧道行为"？因为大股东侵害中小股东利益，是《公司法》禁止的，大股东不敢明目张胆地干，只能偷偷摸摸地干，在别人看不见的地方，隧道里黑暗别人看不到，所以形象地称为"隧道行为"。

在关联交易方面，有的上市公司与大股东之间进行交易，大股东占用上市公司资金，损害中小股东的利益。关联交易是指上市公司及其控股子公司与关联方之间发生的转移资源或义务的事项，而不论是否收取价款。关联交易具有两面性：一方面，它有利于企业集团充分利用内部的市场资源，降低交易成本，提高整个集团的资本运营能力和上市公司的营运效率，也可以帮助实现规模经济、多元化经营、进入新的行业领域以及获取专项资产等；另一方面，与非关联交易完全不同的是，由于交易价格由双方协商确定，关联交易为规避税负、转移利润、取得公司控制权、形成市场垄断、转嫁投资风险提供了合法外衣下的交易途径，尤其是上市公司利用非公允关联交易操纵报表，严重损害了投资者和债权人利益。关联交易并不一定要否定，只要能得到完善而持续的信息披露，让股东能够清晰地知道其中的结构。另外，要实行回避机制，即大股东在进行决策投票中能够有效回避。对大股东侵害中小股东利益问题，可以通过小股东诉讼制度和设定大股东的投票权上限等方法来解决。

"隧道行为"（掏空行为被形象地称为"隧道挖掘行为"）是指关联方通过资产交易、资金融通、接受或提供担保以及赊销等方式进行交易引起的利益冲突问题日益严重。也就是说，"隧道行为"大股东通过占用资金和关联交易侵害中小股东利益问题，通常被称为"隧道行为"问题。有人认为，隧道行为问题是约翰逊等学者于2000年提出的。也有人认为，"隧道效应"一词最早是由捷克财政部提出来的，用来描述捷克私有化投资基金控制人转移公司资产的情景。"隧道效应"

主要是控股集团以低于市场价格销售或者转移被控股公司的产品或资产给同受它控制的其他公司。"隧道效应"分为经营性隧道效应和金融性隧道效应两种类型。经营性隧道效应主要是控股股东自利性交易。例如明目张胆地偷窃和诈骗，资产销售，贷款担保，过高的高管报酬和剥削投资机会。金融性隧道效应主要包括股份稀释，少数股东出局，内幕交易，阶段性收购以及其他歧视小股东的金融性交易。

公司控制权收益分为私有收益和共有收益。股份公司控制权私有收益主要是属于能够以足够的投票权通过股东大会决议的单一控股股东或股东联盟。大股东对中小股东利益的侵害是为补偿其监督成本，且大股东数量越多其对中小股东利益侵害越小。私有收益是指不论其具体来源如何，没有在全部股东中按比例分配的，仅由掌握控制权的人单独占有的价值或收益。掌握公司管理控制权的管理者或内部股东，可以通过控制权的行使，获得其自身享有的，其他不掌握控制权的股东和管理者不享有的金钱或非金钱的收益，这种收益一般会减少公司的价值或以侵占其他股东的利益为代价，而且这种行为难以举证或证实。私有收益的来源包括大股东通过资产买卖、转移定价、过高的管理层报酬、信用担保和夺取公司机会等形式的自我交易或通过稀释的股权发行、少数股东冻结、内幕交易、收购等没有发生交易的歧视少数股东的财务行为。共有收益属于全部股东，是股东持有的公司证券的总价值。

"隧道效应"问题或"隧道行为"问题产生的原因：从宏观层面上看，是法律制度环境对小股东权益保护不力；从微观层面上看，是控股股东持有较高股权比例的控股权。要谈"隧道效应"，不能不谈到股东对公司的过度控制。股东对公司的过度控制是指股东通过对公司控制而实施了不正当的甚至非法的影响。我国司法判例上股东滥用公司控制权的情况包括以下几种：一是公司大股东未经股东会同意以借款为由转移公司注册资金；二是公司控股股东利用其控股地位，用公司资产为自身债务作抵押，使公司丧失履行债务能力，损害公司债权人的利益；三是公司控股股东代表利用资本多数决策原则实际控制公司，直接利用公司财产清偿个人债务；四是公司控股股东利用对公司的控制权将公司的资金转至其所控制的其他公司。当大股东希望上市公司有好的市场表现时，就向上市公司输送利益，比如注资、资产置换、业务支持、关联交易支持等，这就是所谓的"支撑效应"。"支撑效应"固然好，但其反面就是"隧道效应"，两者无法分离，我们不能指望大股东只做前者，不做后者。

在一个现代公司制企业中，具有不同利益目标的所有者、经营管理者和员工与公司的绩效休戚相关,除非他们有表达意见的渠道以及付诸实现的权力,否则便无法实现资本保全。这需要在公司内部设置相互分权、相互制衡的股东会、董事会、监事会、经理层、员工组织等权力机关,协调不同产权主体的利益关系。一是股东会与董事会之间的利益制衡关系。由股东(会)选举产生的董事(会),拥有公司法人财产权,股东通过用"手"投票和用"脚"投票来确保股东利益的实现和资本保全。二是董事会和公司经理层之间的制衡关系。董事会作为公司的最高决策机构聘任或者解聘经理人员,通过内部治理机制激励与约束经理人行为,经理人接受董事会委托掌管公司日常经营决策权。三是监事会与董事会、经理层之间的制衡关系。在股东会休会期间,为防止董事会与经理层滥用权力,保护公司、股东及债权人的利益,现代公司一般设置具有独立监督职能的监事会,监控公司资产运行情况,避免董事会与经理层相互勾结。

内部治理或法人治理是公司治理的核心。因为法人治理既是公司领导体制问题,又是企业产权关系和责权利关系安排问题;既是保护所有者合法权益,充分发挥经营管理者积极性的激励问题,又是在信息不完全、非对称和契约不完备的情况下,防范经营管理者的腐败行为和道德风险的约束机制。现代企业制度并非必然产生高效率,它依赖于合理的公司治理,尤其是依赖于有效的内部治理。

提高公司内部治理效率的核心之一,是风险管理和内部控制。而建立和完善规范的会计基础工作、强大的内部审计监督和真实的会计信息等多层的会计控制机制是实现公司有效的风险管理和内部控制的基础。内部审计机构的特殊性和人员的专业胜任性决定了内部审计在公司内部治理组织框架中扮演着"监控者"和"促进者"的双重角色。内部审计通过内部控制确认与风险监控来搭建连接公司内部治理决策层和执行层的桥梁,合理保证公司内部治理的效率。

内部控制制度主要包含四项基本内容:建立内部稽核制度、信息披露、有专门针对子公司和衍生品交易的内部控制规范、内审部门审核范围能够覆盖所有的业务分部和运作环节或地点。

关于风险控制,在很多公司有这样的误区:第一,风险管理是有模式可依的,这是一个技术性的工具;第二,有些机构只把风险管理看作一项控制性的工作,把它当作一个合规的工具,是为了满足监管部门的要求而做的。实际上,风险管理和控制的确需要一些技术性工具,但千万不能忘记忽视人的判断。成功的风险控制必然是这些工具所带来的定量判断与人的主观定性判断之和。同样道理,风险管理和控制根本的出发点和最终的目的都是为了业务的发展。

建立有效的内部治理需要许多条件。首先,公司要有合理的股权结构,即要有若干个形成梯度并可以相互制衡的大股东,他们以追求资产保值增值为目的。

内部治理的一个最重要的主体是股东(会)。股权结构直接影响公司代理问题的表现形式和公司治理的重心及治理的效果。股权结构是指股东资产在不同股东之间的分布和构成状况,也就是股份公司总股本中,不同性质的股份所占的比例及其相互关系。股权结构是公司治理结构的基础,公司治理结构则是股权结构的具体运行形式。股权结构与不同的治理模式之间是一种自然的匹配关系。

股权结构通常从股权的集中度和股权的维度两个方面考察。如图5-4、图5-5、表5-1所示。关于股权结构问题参见本书第三章第二节的内容。

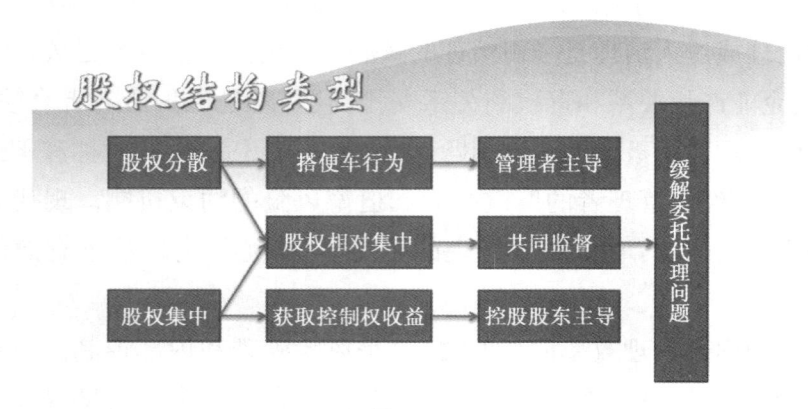

图 5-4

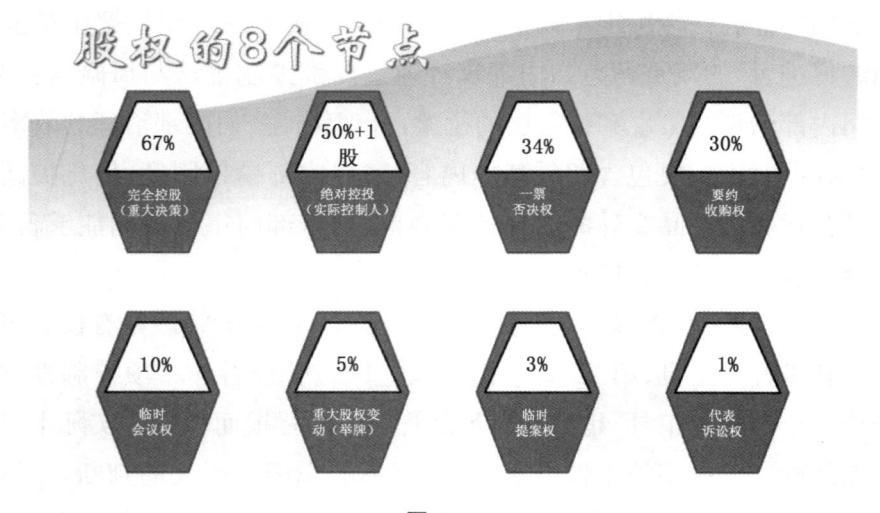

图 5-5

表 5—1

控制要素		注意要点		主要案例
		争取的目标	要避免的情形	
股权控制	完全、绝对和相对控股及否决权	争取创始股东的完全控股（67%）、绝对控股（50%＋1股）、相对控股34%或最大股东	避免导致僵局的股权比例，如 50：50、65：35、40：40：20 甚至 50：40：10	真功夫海底捞
	投票权与股权的分离	争取通过 AB 股、投票权委托、一致行动协议、有限合伙持股等方式把握投票权	避免过快的融资节奏过度稀释创始人的投票权，进而失去对公司的控制	京东百度
日常经营控制	董事会	争取创始股东对董事人数的决定或相对控制	避免非创始股东对董事会的控制	阿里巴巴
	公司实际控制	争取由首席创始合伙人兼任公司董事长、总经理和法定代表人	避免非创始股东控制法人公章、营业执照及账户等公司印鉴	双威教育泡面吧

股权结构太集中，会造成大股东一股独资，一股独大，行为独断。按照《公司法》超过 50% 的股权，在任何经营上面你都可以为所欲为，如果超过 67% 的股权，公司如何进一步运营，你可以随时清算、清盘。如果公司里有一个占股 95% 以上的大股东，他决策即使有错误，大家都不会说，也不能改变、不能弹劾，更不能罢免他，这种表面上的公司稳定将变成僵硬，最后变成僵死。反过来，如果股权配比差不多，很平均，这也不好，因为太稳定就会导致多极化，公司力量多元化的结果，就是什么事也做不成，公司随时可能重组。

从经济学的角度看，影响公司股权集中度的一个重要因素是公司的规模。一般来说，股权的集中度与公司规模存在着反比例关系。股权集中度不同，公司代理问题的表现形式也不同，治理代理问题的重心和力度也不同。股权结构与公司治理中的内部监控机制直接发生作用。股权高度集中的公司，常常会出现大股东侵害中小股东利益的情形；股权高度分散的公司，容易产生股东的"搭便车"行为，出现"内部人控制"和经营者侵害股东利益的情形。在前一种情况下，公司治理的重点是解决大股东侵犯中小股东利益问题；在后一种情况下，公司治理的重点是解决经营者侵犯所有者利益问题。股权的集中程度还会影响到股东的话语权及对管理人员的制约力度，影响公司的业绩和利益分配，从而影响公司治理的效果。较高的股权集中度增强了大股东对经理人进行监督的激励，但同样也会降低经理人获取信息的动机或激励。高股权集中度和与此相关联的控制权对于大股东而言是有成本的，因为股东不能进行多元化投资，降低了所有者对风险的忍受程度。如果股权高度集中,大股东的成分发生变动,可能直接影响董事会和高级经理人员的构成,进而影响公司的决策,最终影响公司的行为和业绩以及利益的分配。股权集中度合理,代理问题会得到弱化,公司治理的效果会得到提升,这样才能保证公司的正确决策和取得良好的经营业绩。

建立合理的股权结构,另外,要实现股东身份(维度)多元化。股东身份(维度)不同,追求的目标和行为方式都不同,从而影响公司业绩,如:私人股东更倾向于企业利润最大化,国有股东会相对多地考虑企业的一些社会目标;私人小股东更多地选择"用脚投票"的方式表达自己的意愿和维护自己的利益;国有大股东往往更多地运用"用手投票"方式表达自己的意愿和实现自己的目标。

股东身份多元化,特别是非国有股和机构投资者的股份的比重都影响公司治理股权的维度,即股东身份也直接影响公司的治理目标和治理主体的行为方式。比如,私人股东更倾向于追求公司利润最大化,国有股东会相对多地考虑公司的一些社会目标;还比如,国有大股东往往更多地运用"用手投票"的方式表达自己的意愿和实现自己的目标,私人小股东通常更多地选择"用脚投票"的方式表达自己的意愿和维护自身的利益。如图5—6所示。

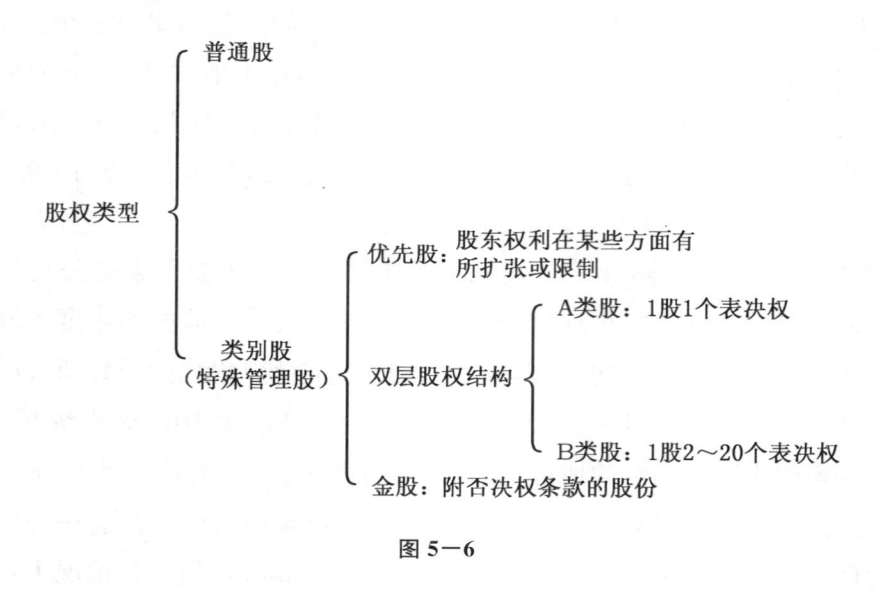

```
                ┌ 普通股
                │
                │           ┌ 优先股:股东权利在某些方面有
                │           │        所扩张或限制
    股权类型 ┤           │
                │           │                    ┌ A类股:1股1个表决权
                │   类别股  ┤ 双层股权结构 ┤
                │ (特殊管理股)│                    └ B类股:1股2~20个表决权
                │           │
                └           └ 金股:附否决权条款的股份
```

图5—6

优先股:一是没有投票权;二是不可在二级市场上转卖,只能通过优先股赎回条款被公司赎回;三是可先于普通股分配利润,且以约定的比率进行分配(目前优先股的股息率一般在6%~7%之间);四是分配剩余财产时仅次于债权人,优先于普通股股东。国有股变成优先股有利于吸收民营资本进入国有企业,从而让不同出身的资方代理人和职业经理人在真正符合市场化要求的现代公司治理结构的基础上决策运营。

双重股权结构,通常公司的股权结构为一元制,也即所有股票都是同股同权、1股1票,但在发达国家市场的二元制(又称双重股权结构、AB股结构)股权结构中,创始人试图以少量资本控制整个公司,故而将公司股票分高、低两种投票权,高投票权的股票每股具有2~20票的投票权,称为B类股,主要由创始人持有;低投票权由一般股东持有,1股只有1票,甚至没有投票权,称为A类股。作为补偿,高投票权的股票一般流通性较差,一旦流通出售,即从B类股转为A类股。

1956年,福特汽车公司是最早实行AB股结构的。2002年的美国《标准公司法》和2006年的英国《公司法》都允许实行一个或多个类别股份及数量。

京东刘强东获得20倍于普通股东的投票权;中国的500彩票网、百度李彦宏夫妇和58同城内部人士获得了10倍于普通股的投票权;新浪微博的母公司新浪就获得了3倍于普通股的投票权等。

京东商城是1998年在开曼群岛以AB股形式注册的公司。京东第一大股东是腾讯下面的黄河投资,第二大股东是刘强东,至2017年2月刘强东持有17.58%的股份,第三大股东是沃尔玛持有10.1%的股份。刘强东不掌握京东的控股权,但掌握京东的控制权。

百度是2000年在开曼群岛以AB股形式注册的公司。第一大股东美国投资基金德丰杰,持股25.8%,第二大股东李彦宏夫妇持股20.8%。李彦宏夫妇不掌握百度的控股权,但掌握百度控制权。

美国投行高盛,以及咨询公司麦肯锡,他们采取的都是股份制的合伙人治理模式。在美国股市中的纳斯达克是允许股份制的合伙人制度上市的。1999年,马云和17名员工在杭州共同创办了阿里巴巴(在开曼群岛注册),这个团队被称为"18罗汉"(马云、孙彤宇、金建杭、蔡崇信、彭蕾、张瑛、吴泳铭、盛一飞、楼文胜、麻长炜、韩敏、谢世煌、戴珊、金媛影、蒋芳、周悦虹、昱峰、饶彤彤。据中申网统计显示,彭蕾、张瑛、韩敏、戴珊、金媛影、蒋芳均为女性,占了33.3%的比例)。

目前阿里巴巴第一大股东日本是软银,持股27%,第二大股东是美国雅虎,持股15%,马云持股8.9%,蔡崇信3.6%(董事局执行副主席),其余联合创始人持股比例皆低于1%,余下的由其他股东持有。阿里巴巴有3.4万名员工,40%以上的员工有股权。

阿里巴巴成立时实行的是股份制中的"创始人制度"。2010年阿里集团的18创始人辞去"创始人"身份,集团开始尝试股份制中的"合伙人制度"(目前阿里巴巴有 34 位合伙人）。所谓股份制中的"合伙人制度"，是指在集团章程中设定特殊条款，使"合伙人"掌握董事人选的提名权。集团中大多数的董事人选由合伙人决定，而不是按照股份比例分配。

　　总之，公司内部治理的效果取决于公司的股权结构。具体来说，公司股权结构从以下四个方面影响公司治理效果。一是经理人是否持有一定数量的股份。如果经理人没有持股，或持股微不足道，他们就更倾向于单纯追求经营管理者目标，而不是股东价值最大化；如果经理人持有一定数量的股票，那么他们就更推崇低风险的公司战略和股东利益最大化。二是股权集中度适中。如果股权高度集中，那么大股东将有积极性对公司经营活动进行直接监控，因为公司经营好坏同他们的利益直接相关，并且关联度极大。而且大股东毕竟不像小股东的股份那样容易转让，规避风险的能力低。而股权高度分散，又是上市公司，使股票比较容易转让，可以使所有者的风险降到最低限度，从而能放手让企业经营者自主经营，可以避免大股东对公司经营管理的直接干预的问题。股权过度分散，股东容易产生"搭便车"心理，因为自己监督公司的生产经营，需要支付很大的成本，而获利并不大，而且当企业经营好了，那些没有支付监督成本的人同样也会获得好处。通常随着股权的分散程度提高，股东对经营者的约束力将逐步下降。所以，股权太集中和股权太分散对公司内部治理都不好，股权集中度要适中。三是股权身份多元化，大量引入非国有股。股权身份是影响公司治理和公司绩效的重要因素。国有控股的企业会更多地追求政治目标和社会公共利益，忽视企业盈利目标。特别是当两者出现矛盾时，盈利目标会在一定程度上被放弃。四是股权结构有良好的弹性，即活性股达到一定的比重。活性股是指公司总股本中扣除公司高级管理人员和员工的内部持股，持股比例达到 5% 以上的股东所持股票，以及其他在交易上受限制的股票后其余交易比较活跃的股票。

　　公司内部治理的一个很重要的内容是对公司股权结构的治理。股权结构既是公司治理的题中之意，也是决定公司治理的重要原因。正是由于不同公司的股权结构不同，形成了不同的治理结构特点。从这个意义上说，公司内部治理结构取决于股权结构。这也是"一人公司"不能形成公司治理的原因，也是国有股"一股独占""一股独大"的公司难以建立规范的公司治理的根本原因。

　　建立合理的股权结构，要有若干个形成梯度并可以相互制衡的大股东，他们以追求资产保值增值为目的。实践证明大股东的存在有其积极的一面，可以减轻管理者和股东之间的委托代理问题，正常情况下第一大股东持股比例与公司治理状况正相关；但也有大股东为了获取私有收益而损害小股东利益的消极的一面。如果大股东独断专行,也会对公司治理产生负面影响。外部大股东的监督有利于公司绩效的改善。

在华尔街五大投资银行中,第一大股东持股比重超过5%的只有一家。其中高盛的第一大股东持股比重仅为1.72%。但内部持股就截然相反。据统计,这五大投资银行平均内部持股比重为24.9%,其中高盛的内部人持股比重最高达78%;美国10大投资银行的平均内部持股比重为30.98%。

股东大会是出资者—股东—主张权力的最重要的场所,作为所有权的主体,拥有公司最终控制权,是公司的最高权力机构。股东作为公司的出资者和公司治理的基本主体,应当依法享受基本权力,确保能够有效地对公司进行治理。所有权到位是形成有效公司治理的重要条件,因为所有权到位是公司治理的灵魂。从股东角度来说,在管理层损害自己利益的时候,没有及时提出异议和主张自己的权利,也是股东的失职。股东参与公司治理是股东权益保护的重要表现。其中,股东的参与决策权包括股东提案权、股东大会召集权、决策事项表决权等项权利内容。一方面,股东参与权是通过在股东大会和临时股东大会上对有关决议事项进行投票表决来直接行使;另一方面,又可通过对董事会、监事会构成人员的提名来间接行使。因此,股东参与决定董事、独立董事和监事候选人的最低持股比例是落实股东参与权的重要内容之一。公司股东之间应彼此负有受托责任,特别是大股东对小股东负有公平交易责任。中小股东的基本权益包括知情权、参与决策权和资产收益权。但由于中国上市公司股权较为集中,"一股独大"造成股东间缺乏制衡。因此,加强上市公司和大股东的信息披露义务,是保护小股东知情权的一个重要方面。从实际情况看,广大中小股东很难实现选出自己代言人的愿望。因为,"一股独大"的大股东能通过控制董事、监事甚至独立董事的提名来控制董事会。

股权的维度即股东身份,是影响公司治理的重要因素。股权多维对于提高公司效益有重要影响。一个案例是上海航天公司的成功,上海航天公司作为国有企业,有技术、有人才,但是原来"差一口气",就是市场活力和分配动力。在上海航天向民营企业浙江杉杉股份和深圳大族激光转让了其部分股权,引进民企之后,直面市场、灵活通达,并采取了经营者持股、重奖科技人才等措施,取得了显著的效益。另一个案例是私人控股的公司——蒙牛集团公司的成功,民营企业蒙牛集团向国有企业中粮集团转让部分股权后,对公司效益的提高也起了积极作用。前者是国企向民企转让股权的成功,后者是民企向国企转让股权的成功。

要大力发展机构投资者,打造高效的公司信息使用主体。机构投资者是指持有公司证券(主要是股票,也包括债券),并由职业经理人对所持证券进行管理的金融机构,主要包括证券公司、投资银行、证券投资基金、保险公司等。机构投资者通常分为战略投资者和财务投资者两部分。战略投资者是指以长期投资而非短期套利为目标,理解、认同支持企业的经营理念、发展模式和发展战略,并且能够为企业的健康持续发展提供某方面(资金、管理、战略、技术等)帮助和支持的投资者。财务投资者一般是指短期投资,即以谋取资本回报为目的,并且在投资前就设定了各种退出机制。战略投资者和财务投资者的区别:一是派不派代表参加董事会;二是股票锁定的期限的长短。战略投资者和财务投资者也是经常转化的,战略投资者受到财务收益的诱惑,无心做真正的战略投资者是常有的事。战略投资者(包括外资和内资)的存在,对公司治理也有影响,战略投资者从公司长远发展的需要,把自己先进的理念、先进的技术、先进的管理应用在自己投资的公司,推动公司的进一步发展壮大。

机构投资者持有公司股票的主要目的是为了确保受益人的利益。他们作为战略投资者进行长期投资,客观上给公司经营管理者造成了外部压力,要求提供高质量的信息披露报告。同时,机构投资者作为直接利益的相关者,由于持股数量巨大而难以在证券市场上脱身,因而有足够的动因真正关心公司的治理情况和效果。作为外部的利益主体,机构投资者一旦认识到必须通过参与公司治理才能保障自身利益时,必然会由外及内、由表及里,对公司的决策程序、关联交易、财务舞弊情况进行关注,必要时会积极地介入公司治理之中。另外,作为众多散户的联合和代表的机构投资者具备一定的对公司治理建设和运行的影响力,他们能够推动上市公司治理结构的改革,强化外部投资者的权益,缓解内部人控制现象,对提高信息透明度有积极的作用。

截至2011年底,自然人持有A股市场流通股达26.5%;法人持有A股市场的流通股达57.9%;机构投资者持有A股市场的流通股达15.6%。机构投资者中证券投资基金、社保基金、保险机构、信托机构等机构投资者短期基金占比重大,社保资金长期资金和企业年金等占比只有5%。

机构投资者的存在会影响公司治理,一是专家理财的机构投资者作为股东具有投票权,可以直接影响公司的决策;二是机构投资者可以通过购买垃圾债券提供资金给收购者及出售公司股票,促进了公司的接管活动,实现公司的治理;三是机构投资者通过恶意收购接管对经理人将产生巨大压力,为防止"代理人控制"找到了制衡点;四是机构投资者成为公司顾问,可以对董事会进行适当干预。

公司的股权结构多元化，相应的，公司的董事会、监事会和经理层的结构也会随之发生较大变化。董事会结构的调整，有利于从根本上改变控股大股东控制董事会的局面，从而影响经理层的产生、企业的运营机制，有利于形成完善的公司内部治理和健全的内部制衡体系，有利于遏制内部人控制现象，有利于提高信息透明度。

股东大会是公司的最高权力机构，股东大会的缺陷在于，它不是常设机构。股东大会分为年度股东大会和临时股东大会。年度股东大会每年召开一次，应当于上一会计年度结束后的 6 个月内举行。临时股东大会不定期召开。出现下列情形之一的，应当在 2 个月内召开临时股东大会：董事人数不足公司法规定的人数（我国《公司法》规定，董事人数为 5～19 人）或者公司章程所定人数的 2/3 时；公司未弥补的亏损达实收股本总额 1/3 时；单独或者合计持股 10% 以上股份的股东请求时；董事会认为必要时；公司章程规定的其他情形。召集人应当在年度股东大会召开 20 日前以公告方式通知各股东，临时股东大会应当于会议召开 15 日前以公告方式通知各股东。股东大会通知中应当列明会议时间、地点，并确定股权登记日。股权登记日与会议日期之间的间隔应当不多于 7 个工作日。股权登记日一旦确认，不得变更。

股东大会通知中应当充分、完整披露所有提案的具体内容，以及为使股东对拟讨论的事项做出合理判断所需的全部资料或解释。拟讨论的事项需要独立董事发表意见的，发出股东大会通知或补充通知时应当同时披露独立董事的意见及理由。监事会可以向股东大会提出提案。持股 3% 以上的股东，可以在股东大会召开 10 日前提出临时提案并书面提交召集人。召集人应当在收到提案后 2 日内发出股东大会补充通知，公告临时提案的内容。

股东大会依法行使下列职权：决定公司的经营方针和投资计划；选举和更换非由职工代表担任的董事、监事，决定有关董事、监事的报酬事项；审议批准董事会的报告；审议批准监事会或者监事的报告；审议批准公司的年度财务预算方案、决算方案；审议批准公司的利润分配方案和弥补亏损方案；对公司增加或者减少注册资本做出决议；对发行公司债券做出决议；对公司合并、分立、解散、清算或者变更公司形式做出决议；修改公司章程；公司章程规定的其他职权。

其次，要有一个维护股东利益和按照股东意愿行事的董事会，并且董事会的构成要合理，董事会的功能要完善。

董事，严格地说，不是经济学的概念，近代以来主要是一个公司法上的概念，其产生与所有权和经营权分离有关。《布莱克法律辞典》认为，董事是"依法律被任命或被选举并被授权经营公司事务的人"。《英汉辞源》认为,董事是"由公司股东委任,授予全面控制和指挥公司企业的成员之一"。董事作为承担特殊责任的决策者和管理者,应当努力履行股东赋予的职责。

公司为什么要设董事会?一是股东数量太多,股东之间,股东与经营者经常发生冲突,董事会的存在可以大大降低代理成本。董事(会)成为连接股东与经营者的桥梁。二是董事会成为一种竞争性战略资源,是公司的战略决策中心。在外部环境不确定的条件下,公司需要的是董事会的科学决策的战略功能。三是董事会成为公司的监督中心。股东负责对董事的激励和监督,董事负责对经理层的激励和监督。四是"董事"和"董事会"的引入,为在股东提供有限责任的同时,设立一个追求"无限责任"的通道。没有有限责任,就没有公司永续生命和无限扩张前景;如果没有配套的董事和董事会制度,有限责任制度则会被股东滥用于过度冒险、掠夺,而不是真正的企业发展。董事和董事会制度,进一步扩展了公司制企业的合作边界。作为股东,你可以在财务上享受有限责任的保护,但如果你由此胡作非为,则追究你作为"董事"的责任,没有"有限责任"之墙的屏蔽,既是直接追求到个人的,也是"无限"的。

董事会的构成(见图5—7)也很重要,董事以是否执行公司事务为标准分为执行董事和非执行董事;按照董事是否同时也是公司雇员分为内部董事和外部董事。外部董事又分为关联(灰色)董事和独立董事。董事会成员中可以有公司职工代表。董事会中的职工代表由公司职工代表大会、职工大会或者其他形式民主选举产生。起源于20世纪30年代的独立董事制度,是在所有权与经营权

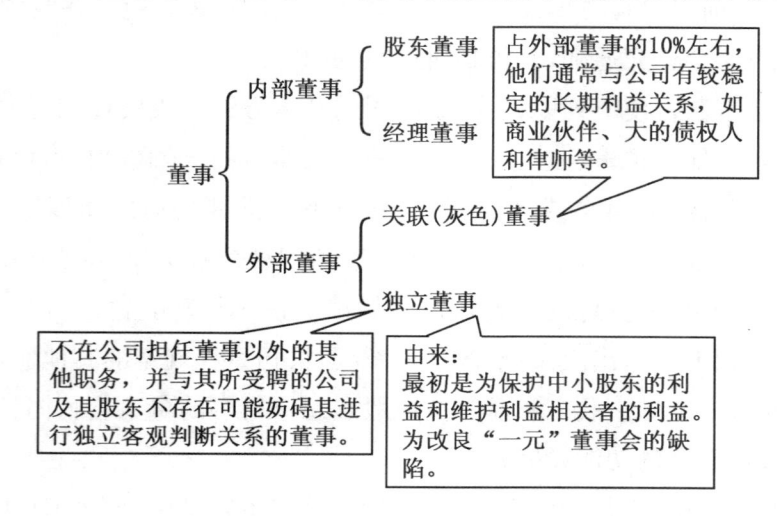

```
                     ┌ 股东董事
          ┌ 内部董事 ┤
          │          └ 经理董事
   董事 ──┤
          │          ┌ 关联(灰色)董事
          └ 外部董事 ┤
                     └ 独立董事
```

关联(灰色)董事:占外部董事的10%左右,他们通常与公司有较稳定的长期利益关系,如商业伙伴、大的债权人和律师等。

独立董事:不在公司担任董事以外的其他职务,并与其所受聘的公司及其股东不存在可能妨碍其进行独立客观判断关系的董事。

由来:最初是为保护中小股东的利益和维护利益相关者的利益。为改良"一元"董事会的缺陷。

图5—7

分离的大背景下，旨在防范代理风险、控制代理成本、监督制衡经营者不会背离所有者的目标、促进代理与委托双方利益一致的一种制度安排。以1940年美国颁布的《投资公司法》为例，该法规定，投资公司的董事会成员中应该有不少于40%的独立人士。

独立董事（independent director）是指独立于公司股东，且不在公司中内部任职，并与公司或公司经营管理者没有重要的业务联系或专业联系，并对公司事务做出独立判断的董事，以保证"地位独立、判断客观"。独立董事必须具有"独立性"和"专业性"两大特征。独立董事的独立性，是指独立董事必须在人格、经济利益、产生程序、行权等方面独立，不受控股股东和公司管理层的限制。建立独立董事制度的直接目标是为了增强董事会内部的制衡机制。如果在公司决策层中引入具有独立地位的参与者，他的判断不受个人眼前利益影响，将更能维护公司的可持续发展和长远利益。当然各国要解决的问题不一样，独立董事制度设计的侧重点也不同。

独立董事不是公司的股东，他们由公司专门聘请，以"独立地位"参与重大事务决策，并且要承担一些按规定"非他们不可"的特别职权和责任：一是审查重大关联交易；二是提议聘用或解聘会计师事务所；三是提请召开临时股东大会和董事会的权力（代表1/10以上表决权的股东、代表1/3以上表决权的董事或者监事会）；四是征集股东投票权；五对公司重大事项发表独立意见等。

董事任期由公司章程规定，但每届不得超过3年。董事在任期届满前，股东会不得无故解除其职务。

股份有限公司的董事长由董事会以全体董事的过半数选举产生。股份有限公司须由1/2以上的董事出席方可举行。董事会决议必须经全体董事过半数通过。有限责任公司的董事长、副董事长的产生办法由公司章程规定。1/3以上董事可以提议召开董事会会议。董事会应当对所议事项的决定做成会议记录，出席会议的董事应当在会议记录上签名。董事会的议事方式和表决程序，除《公司法》有规定的以外，由公司章程规定。

董事是公司法人的法律责任的直接承担主体，对公司行为承担个别的和连带的法律责任和道德义务。公司的错误、非法、犯罪的第一责任人是董事，即权力行使者，而不是"财产所有权人"。公司的法人地位使得公司的经营失败原则上也无法溯及管理层。管理层由董事会聘任，在法律上附属于董事会而不具有独立的公司机关性质。

在公司法下，股东只对有限出资负责任。但是董事要对公司负法律责任，而且是无限责任,签字意味着责任。在国外和我国香港地区,公司违法首先追求董事的责任,这也是为什么它们要给董事买高额保险,对于非主观上的责任给予补偿的原因。

从法律实施和公司治理角度来看,"董事"不是一个简单的公司管理职务设置,它既是一个人的概念,也是一个功能性或职能性概念,又是一种机制和一种公司法律机关的概念。就是说,要从实质上认定公司董事,而不管他是否名义上拥有董事头衔。名义上被任命为董事的个人是"董事",事实上在行使董事职责的人也是"董事"(事实董事)。事实董事存在的原因,是为追求那些操纵或架空董事会的个人"董事"的责任,没有这样规定就难以防范和惩治"有限责任之墙"和"董事会之幕"背后的"关键人""垂帘听政者"。如果股东或者任何人实际介入了公司管理,行使了本该归属董事会的职权,则该股东或者该人在法律上就可以被认定为"事实董事"。

董事会发挥作用的效果在一定程度上取决于董事会的构成,董事会成员的来源、知识结构和观念视野影响其参与公司治理的意愿和能力。公司要从是否能够为公司带来广泛的经验,而不是内部人控制出发建立董事会,一个公司领导层,尤其是董事会成员的管理经验,会影响公司长期的竞争能力,包括对市场各种风险的应对。为了充分发挥董事会在公司治理结构中的作用,西方企业对董事会组成人员进行了不断地调整,除少数大股东代表加入董事会外,还引入了相当数量的外部董事,特别是独立董事。内部董事主要作用是进行决策执行;外部董事的主要作用是进行决策控制。外部董事主导的董事会在高水平的多样化经营与低水平的 R&D 支出的条件下其工作能够被接受。与此同时,董事会的基本功能也不断地得到扩展,董事会除了履行解决代理问题的监督职能外,现在更多地向战略决策和经营管理职能倾斜。实践证明,公司董事会成员构成合理,功能定位准确,并保证其基本功能很好地实现是实现完善的内部治理结构的必备条件。

建立外部董事制度的直接目标是为了增强董事会内部的制衡机制,但受公司治理路径依赖性的制约,不同国家针对不同类型企业要解决的问题不一样,制度设计的侧重点也不同。外部董事对董事会决策至少起到了三个作用:一是外部董事比较超脱,以在董事会上行使表决权为主要职责,能够客观、独立地根据个人判断发表意见,保证了董事会真正实现民主、科学决策;二是外部董事受所任职企业传统观念和惯性思维影响较小,能够跳出来进行决策,董事在专业特长和能力阅历上能够实现优势互补,有利于增加董事会进行商业判断时的整体经验厚度;三是能够产生"鲶鱼效应",带动内部董事增强责任意识,充分发表意见,谨慎行使表决权。

董事会的构成及独立董事在董事会中所占比例是否合理,直接影响公司内部治理的效果。关联董事通常是指与公司有较稳定的长期利益关系的商业伙伴、大债权人代表和律师等。独立董事是指不在公司担任董事以外的其他职务,并与其所受聘的公司及其主要股东不存在可能妨碍其进行独立客观判断关系的董事。独立董事的独立性表现在许多方面。首先,隶属关系独立。独立董事独立于公司,不能在公司担任其他职务;独立董事独立于公司的主要股东;独立董事还要独立于公司的经营管理层。其次,独立董事要独立于与公司存在经济利益关系的有关各方,比如,为公司提供财务、法律、咨询等服务的人员或相关机构中任职的人员。再次,独立董事应在感情和其他非经济利益关系上独立于公司有关各方。所谓独立董事,表现在没有直接的利益;有独立的思想和独立的意见;顾及全体股东利益,尤其是对中小股东利益和其他利益相关的利益,使他们的利益得到保障。最后,职责独立。独立职责是对企业经营者进行监督并对公司的战略运作等重大问题做出自己的独立判断。独立董事制度的引入,使公司的控制权与股权在一定程度上发生了分离,本身不持有股份的独立董事所具有的投票权能够有效地遏制大股东的一言堂的局面,但是这种作用的有效发挥取决于独立董事的独立性与专业水准。与内部董事或执行董事不同,独立董事作为非执行董事不受制于公司控股股东和公司的管理层,他可以利用这一超然的地位考察、评估、监督公司管理层,从而制约控股股东。独立董事要有较高的行权能力,应该是经济、管理、财务或法律方面的专家,应该是行业中间的资深人员,应该有极强的沟通能力和团队精神。独立董事一般不在其担任独立董事的公司中领取工资,只拿一些津贴或车马费,表明他们与股东之间不是雇佣关系,而是董事信托关系或信任托管关系。

独立董事的选拔方式也直接影响独立董事的独立性。如果由大股东推荐独立董事,独立董事很难为保护中小股东的利益服务。西方国家的一些上市公司,提倡最初的独立董事,应由股东大会通过"1人1票"的方式来选拔,然后由上届董事会中的提名委员会提出下届独立董事的人选。我国证监会规定,单独或者合并持有上市公司已发行股份1%以上的股东可以提出独立董事候选人,并经股东大会选举决定。

关于独立董事的由来问题,也是人们感兴趣的问题。因为大家都知道,最早的公司制企业中,只有内部董事,没有外部董事,也没有独立董事。20世纪60

年代后，一些公司才陆陆续续地开始建立独立董事制度。独立董事制度建立的原因主要有两个：一是独立董事的产生最初是为了保护中小股东的利益，而独立董事制度的普及是与维护所有的利益相关者利益直接相关的；二是与"一元制"的董事会制度缺陷直接相关的。最早的独立董事制度产生于英、美，英、美一直实行的是"一元制"机构设置制度，在公司机构设置上没有独立的监督机构，因而力图在现有的一元制或单层制度框架内进行监督机制的改良，通过加强董事会的独立性，使董事会能够实现对公司管理层的监督职能。

确实，英、美公司不设监事会，实行将经营和监管职能统合于董事的"一元制"，具体到人员上董事既是经营者又是监督者。这样的董事的双重职能确实难免自相矛盾。由于制度本身的缺陷导致了一些公司发生了丑闻，因此一些公司建立了独立董事制度。而传统的日德模式设监事会，不设独立董事制度。德国是双层董事会制度，董事会中设有监事会和管理委员会，监事会负责公司的经营决策；管理委员会对监事会负责，管理公司的日常经营。实际上德国公司的监事会，类似于我国公司的董事会。日本是大董事会制度（20～60人）。实际上，中国公司法确定的治理模式，是大陆法系语言、英美法系内容，实际为单层委员会结构。从权力机构的设置上看，中国公司法规定上市公司必须设立董事会和监事会，在形式上属于双层委员会制度，即由代表股东利益的董事会和在一定程度上代表相关者利益的监事会构成了公司治理系统，但从实际控制权看，中国公司治理系统又可以归结为单层委员会制。因为，只有董事会可以直接决定公司重大经营决策，代表股东利益，向股东大会负责，是股东导向型的治理模式。

我国的公司设监事会，监事由股东代表和公司职工代表担任，公司职工代表担任的监事不得少于监事人数的1/3。监事会设主席1人，可以设副主席。监事会主席由全体监事过半数选举产生。监事会主席召集和主持监事会会议；监事主席不能履行职务或者不履行职务的，由监事会副主席召集和主持监事会会议。董事、高管不得兼任监事。监事的任期每届3年。监事任期届满，连选可以连任。监事会每6个月至少召开1次会议。监事可以提议召开临时监事会会议。

监事会行使下列职权：检查公司财务；对董事、高级管理人员执行公司职务的行为进行监督，对违反法律、行政法规、公司章程或者股东会决议的董事、高级管理人员提出罢免的建议；当董事、高级管理人员的行为损害公司的利益时，要求董事、高级管理人员予以纠正；提议召开临时股东会会议，在董事会不履行规定召集和主持股东会会议职责时召集和主持股东会会议；向股东会会议提出议案；对董事、高级管理人员提起诉讼；公司章程规定的其他职权。

我国上市公司治理结构的独有特色之一,即监事会制度与独立董事制度的兼容并包。监事会被确立为法定常设监督机关,其主要职权为对公司财务以及公司董事、经理和其他高级管理人员履行职责的合法合规性进行监督。独立董事的职权包括提议聘请或更换外部审计机构,监督公司的内部审计制度及其实施,负责内部审计与外部审计之间的沟通,审核公司的财务信息及其披露和审查公司的内控制度等。但从既有法律文本给定的监事会与独立董事的职权比较来看,二者职权大部分重叠,其结果必然产生职责履行的掣肘与推诿。

为充分发挥独立董事的制度功能,应当准确划分其与监事会之间的职权边界。考虑到独立董事的独立性和专业性优势,其职权范围必须予以限缩,不妨限定于审查控股股东关联交易,就公司战略、人员任免聘用、管理层的业绩发表意见,在公司经营异常或违规时的信息披露等,同时将财务及业务监督等日常监督职权剥离出来赋予监事会,如此确保独立董事与监事会二者的分工协调。

有人反对我国设立独立董事制度,理由是独立董事和监事会职能重叠。这种说法是有一定道理的,但也不完全对。因为目前独立董事的职能和监事会职能确实既存在着重叠,又存在着差别。监事会与独立董事之间的差别:一是从性质上看,监事会是公司机关,公司监督权由作为公司监督机构的监事会行使,监事只能通过监事会这一机关来行使权责,不能个别行使监督权;独立董事只是董事会中具有特殊身份与特殊职能的董事,不具有公司机关的性质。法律赋予独立董事的是个人职能,一般以个人名义行使。二是从资格上看,独立董事具有独立性,既要独立于公司(经营者),又要独立于公司股东。独立董事在担任独立董事时,在资格和条件上要具备独立性,在担任独立董事后,在利益上和行为上保障独立性。监事只是不能够由董事、经理担任,可以主要由股东或其代表担任。三是从功能上看,监事会只是代表股东对公司经营进行监督,防止董事、经理的行为偏离股东和利益相关者的利益,独立董事除此功能外,还要发挥平衡股东利益,保护中小股东利益,促进董事会代表全体股东、整个公司利益的作用。四是从职能上看,监事会作为监督机关,只行使监督权,不参与公司的经营决策,独立董事作为公司经营决策机关的成员,除负有监督职能外,还要参与公司经营决策。五是从监督职能上看,二者也不同。

独立董事与监事会职能重叠主要是在财务检查和监督董事和经理行为方面。监事和独立董事的职能之间的重叠和交叉表现在:一是二者都把对公司财务的检查监督作为核心内容。独立董事有权"向董事会提议聘用和解聘会计师事务所","独立聘请外部审计机构或咨询机构";监事会有权"检查公司的财务"。

把公司财务监督权同时赋予两个监督主体，机构掣肘，权责不清，或者导致重复监督，或者导致相互推诿、无人负责。同时也增加了监督成本，降低了公司运作效率。二是两者都有监督董事、经理的违法行为的职能。独立董事有权对重大关联交易，聘任和解聘高级管理人员及可能损害中小股东权益等事项发表独立意见，而监事会有权"对董事会、经理执行公司职务时违反法律、法规或者公司章程的行为进行监督"，有权要求董事和经理纠正损害公司利益的行为。这其中包括虚假财务报表，不正当关联交易等行为。三是二者都有权提议召开临时股东大会。

但是，从本质上看，独立董事和监事会在监督职能上是有区别的。独立董事是董事会的正式成员，具有监事会无法具备的事前监督、内部监督以及与决策过程监督密切结合的特点；监事会制度具备独立董事制度无法具备的经常性监督、事后性监督与外部性监督三个特点。具体来说主要表现在，一是独立董事是董事会内部的监控机制，而监事会则是在董事会之外，与董事会并行的公司监督机构；二是要加强独立董事在审计委员会的权力，其职权主要集中在提议聘请或更换外部审计机构，监督公司的内部审计制度，负责内部审计与外部审计的沟通，审核公司的定期财务信息及其披露，审查公司的内控制度以及高级管理人员的聘请或更换上。而监事会则重点关注公司内部审计工作、公司内部的财务状况，高级管理人员的离任审计以及高级管理人员的违法违规行为。

认为独立董事职能与监事会职能完全重叠，这是用传统观点看问题得出的结论。在国外，20世纪60年代，独立董事制度刚建立时，独立董事的功能定位是监督或治理功能。这与监事会的功能定位基本相同。到了20世纪80年代后，独立董事的功能定位发生了一定的变化，由单纯的监督或治理功能到战略决策功能和监督治理功能并重。这时，独立董事虽然仍然具有监督功能，但更注重的是企业的战略决策功能。而监事会却只有监督功能。因此，不能说二者职能完全重叠。

独立董事的基本功能、作用或角色主要包括：一是协调各利益相关者的关系。在董事会成员中引入一些独立董事，可以在某些内部董事与公司发生利益冲突时，从独立的角度帮助公司进行决策，发表肯定和客观的意见，协调各方面的关系，确保全体股东的利益。

二是进行战略决策功能，包括制定战略和制度决策两个方面。独立董事能利用其专业知识（技术、融资、营销和管理等方面）、经验、广阔的视野、能够得到的外界有关信息及将接触到的外界个人及业务上的关系介绍到董事会，协助董事会解决有关的问题,为公司的发展提供各种建议,为董事会的决策提供参考意见,从而有利于公司提高决策水平,改善经营绩效。独立董事的判断力取决于其经验的积累和专业知识的获取。

董事会的决策包括程序化决策和非程序化决策两种。前者是按部就班式的日常决策,且占据了整个决策过程的绝大部分,后者则是指对某些突如其来事件或全新问题的决策。后者是董事会的决策重点,也是独立董事发挥作用的重点。公司有责任通过策略性的程序以制定公司长远的策略计划。公司的前景是由独立董事及高层管理人员所引出的远见,这需要创新行为。

三是监督和治理功能,包括明确责任和监督检查两个方面。独立董事可以对CEO的权力进行制衡,避免企业被大股东和内部人控制。独立董事要对管理层及公司是否符合及履行已创新的制度、程序及计划做出监管,检讨公司是否已创建合适及有效的内部监控制度、程序及指引。

阻碍独立董事发挥作用的因素:经验和能力因素、信息因素、时间(精力)因素和报酬因素。独立董事不能兼职太多(我国规定不能超过在5家公司兼任独立董事),从而保证时间,独立董事还要保证出席董事会会议,参与表决,并要公开披露独立董事对各项决议的表决意见和为其主张负相应的责任。

如何更好地发挥独立董事的作用?第一,一个董事的实际作用除与他的知识、经验有关外,主要与他对所在公司的了解程度成正比,同时也与他的个性、交流能力等因素有关。培养董事团队精神的一个重大挑战是如何充分利用那些"超强"董事的资源,同时又能鼓励董事们各尽所能。第二,要经常保证公司中有建设意见的冲突,只有在不同意见的碰撞中,才能避免错误,产生好的思想火花。第三,要强化董事诚信勤勉义务和责任。董事的主要责任有两个:一是信托责任,即董事作为股东和其他利益相关者利益的代表,受股东和其他利益相关者委托管理公司资产,因此必须根据股东和其他利益相关者利益行事;二是勤勉责任,为了更好地发挥独立董事的作用,需要强化董事,特别是独立董事诚信和勤勉的义务和责任,追究在董事会决议违反法规和章程,造成损失的投赞成票的董事应负有直接责任,独立董事的意见应单独披露。

实证研究表明,具有积极的独立董事的公司比不设独立董事的公司的运作更为成功(世界银行,1999年)。在国外,公司治理比较好的公司,相应要求董事会中过半数的成员由独立董事来担任,而不是由内部董事或执行董事来担任。

美国纽约交易所和纳斯达克交易所规定,独立董事要占董事会人数半数以上,实际执行情况是独立董事平均占董事会人数的2/3左右。美国一些著名的大公司如美国通用电气公司，独董在16席董事会中占15席，可口可乐公司在15席中独董占13席，通用汽车公司在13席中独董占10席，谷歌公司在12席中独董占7席，苹果公司和脸谱公司均是8席中占5席，微软公司是11席中占8席。美国等国家一般要求在董事长不是由独立董事担任时，独立董事必须选举自己独立的负责人。独立董事们每年至少要举行1次无外人参与的独立董事会议。纳斯达克交易所规定，独立董事每年至少召开2次与公司经营层的会议，且公司CEO等核心高管不得参加。

我国董事会构成基本上是大约一半是股东代表，1/3是独立董事，1/6是高管。公司中缺乏有力的职工参与公司治理的机制，致使一体化的"大股东—董事—高管"对中国公司的强力控制，很少受到其他力量的约束。职工董事几乎没有，职工监事数量符合法律规定，但是陷于地位尴尬的公司监事会制度构架内，实际监控作用也很有限。职工董事设立的目的主要是起到平衡出资人与经营层以及职工利益之间的作用。

美国投资者对公司董事会的评判标准主要体现在：一是能否给投资者带来高额回报；二是董事是否具有较高的独立性；三是董事是否拥有本公司大量的股份；四是董事的薪金是否以股票支付；五是董事们是否有较高的素质，最重要的素质就是董事能否积极主动、认真负责地参与制订公司发展战略；六是首席执行官的交接是否平稳。

影响董事会治理效率的主要因素是：董事会规模，董事会独立性，领导权结构（是否董事长与总经理两职合一）。

关于董事会是否属于管理层的问题，人们进行了不断地探讨。比较一致的看法是，董事会要克服与管理层之间的信息不对称性，唯有介入企业日常经营，但是，对日常经营的指导和其拥有的重大决策权相结合必然把董事会蜕变为管理阶层，或者说蜕变为一个由企业经理构成的董事会。因此，从法律上说，董事会是决策层，从实际上看董事会已蜕变为管理层。我国《公司法》第三条规定，上市公司拥有完全独立的法人财产权；上市公司作为一个独立于股东之外的法人，完全依法自主经营，而行使公司经营权的主体包括公司董事和经理两个层次。内部董事不能只参与决策不进行管理，内部董事要拿出80%的精力用于决策，20%的精力用于管理。广义的管理层应包括内部董事。

董事会不仅要从控股股东的角度考虑企业利润最大化目标，而且作为企业相关者群体的利益代表履行保护中小投资者、保护债权人资金安全、保持公司资金流动性、保证公司社会公德等职责。

公司设董事会,对股东大会负责。董事会在公司治理架构里是一个最为核心的部分,它在股东大会授权下执行公司的战略、运营、财务。公司治理中讲到要有完善的管理机制、监督机制,这要由董事会来设定。公司内部董事会的权力是什么,行政班子的权力是什么,也是由董事会来设定的。董事会是公司治理的核心机构,因此良好的公司治理,要求公司董事会构成合理,并制定合理科学的董事规则,明确董事的职责,规范董事会的权力。

董事会实行集体决策,1人1票。董事以个人身份参加董事会,对公司生产经营做出独立判断行使表决权,董事之间地位平等。有些国家的法律直接规定人数必须为奇数。在势均力敌的情形下,有些国家允许董事长或资方代表有第二票。董事通常应当亲自出席。委托投票只能就某次会议做出授权,长期授权会被视为出卖职位。董事会集体对所有者负责,每1位董事对自己的言行负责。公司董事会成员是平等的,董事长比一般董事多的权力,其一是法定代表人的人选之一;其二是董事会的召集人和主持人,检查董事会决议实施方面的情况;其三是股东大会的主持人。新的《公司法》取消了董事长在董事会闭会期间代行董事会部分职权的规定,强调董事会集体决策。董事长不应当在公司中具有超越其他董事的权力。大多数理论和实践工作者认为,董事长只是董事的一员,没有理由具有超越其他董事的职权,在董事长行使了董事会的部分职权后,他也不可能承担比其他董事更大的责任。公司代表的法定制、单一制导致董事会和其他董事的权利被架空。考察大陆法系和英美法系,大部分国家赋予了董事会广泛的权力,承认董事会享有对公司的代表权。董事会的基本职能:一是评估和决定战略;二是激励和监督以总经理为首的管理团队。

为什么董事会需要集体决策?实证研究表明集体决策的正确性要高于个体决策。集体决策的好处在于:一是有限理性。决策需要观察或者获得信息、记忆或者储存信息、计算或者掌握控制信息和交流或者转化信息。而个体人理性是有限的,可能会在有些情形下个体决策优于集体决策,但集体决策并不妨碍好的个体决策获得集体认可。二是集体决策可以消除偏见。可以汇集不同意见和消除过分自信。三是可以降低代理成本,并有助于解决"谁来监督监督者"的问题。集体决策的缺点是,追求错误决策责任比较困难。

按照公司董事会议事规则(2010年4月修订)第8条的规定,召开董事会定期会议和临时会议,董事会秘书办公室应该分别提前10日和7日将董事长签字的书面通知提交全体董事和监事以及经理、董事会秘书。

公司董事会、股东大会的权力结构本身是相互制衡的,大股东没有权利撤销董事会决议。如果大股东要求撤销,只能通过召开股东大会让全体股东投票表决。我国《公司法》规定,单独或者合计持有公司3%以上股份的股东,可以在股东大会召开10日前提出临时提案并书面提交董事会。董事会应当在收到提案后2日内通知其他股东,并将该临时提案提交股东大会审议。临时提案的内容应当属于股东大会职权范围,并有明确议题和具体决议事项。

董事会要大小适度,如过大,人数过多,个人难以获得说话的时间,很难真正讨论问题,而且成员之间很难形成统一意见。当然,董事会规模也不能过小,这样会缺少代表性。董事会一般以9～11人为最佳。董事会成员维度太少,代表性太差,不能有效发挥其他主体的积极性,造成社会净福利损失。董事会成员维度太多,可能会由于组织成本大于治理收益而得不偿失。

为了明确董事的具体责任,董事会要实行分工负责制,下设若干个专门委员会,如治理委员会、提名委员会、报酬与考核委员会、审计委员会、监察委员会和战略规划委员会等,从而使各董事之间能够有效地实现分工合作。其中审计委员会、提名委员会和薪酬与考核委员会中独立董事应占多数并担任召集人,审计委员会中至少有1名独立董事是会计专业人士。董事会中几个委员会的架构设置、人员筛选,都会影响到董事会权力的均衡。

董事会具有双重身份、双重性质。"代表性":董事会由全体股东和其他主要利益相关者选举产生,受托掌管企业,对股东和其他主要利益相关者负诚信责任,是企业内的股东和所有的利益相关者代表主体。董事会不仅要从控股股东的角度考虑企业利润最大化目标,而且作为企业相关者群体的利益代表行使保护中小投资者、保护债权人资金安全、保持公司资金流动性、保证公司社会公德等责任。"权威性":董事会负责对重大经营事项做出战略选择,是企业内经营决策主体。

世界各国早期的公司法通常把股东会定位为公司治理的核心机构,但后来发现,股东虽然有积极性解决代理问题,但由于信息不够,不能很好地有针对性地解决代理问题,治理效果并不好。因此各国在后来修改公司法时,对此进行了调整,重新修正为董事会是公司治理的核心机构。董事会是股东为保证与经理人的合作效率而在公司中设立的代替自己行使剩余控制权和监督权的机构,它代表全体股东监督经理人。

董事主导型的公司治理结构有别于大股东主导型公司治理和内部人主导的公司治理,强化董事高管的专家治理功能,强化公司治理的民主协商功能。董事是公司法人的法律责任的直接承担主体,对公司行为承担个别的和连带的法律责任和道德义务。董事会在现代公司治理结构中居于专业主导地位,负责制定并执行公司的重大战略决策,选聘、评价、监督和解雇公司的高级管理层,推进公司进入专业化、职业化的经营轨道。

近年来,董事会已基本上不是所有者组织,而是所有者代表的组织,现在各国董事会中作为股东的人数越来越少,董事会已经逐步演变为一种控制工具,是一部分管理者控制另一部分管理者的主要工具或手段,是公众股东控制经营者的一种中介与手段。

董事任期由公司章程规定,但每届任期不得超过3年。董事任期届满,连选可以连任。独立董事只能连任两届,两任后要继续担任董事可以转为一般董事。董事任期届满未及时改选,或者董事在任期内辞职导致董事会成员低于法定人数的,在改选出的董事就任前,原董事仍应当依照法律、行使法规和公司章程的规定,履行董事职务。董事会设董事长1人,可以设副董事长。董事长和副董事长由董事会以全体董事的过半数选举产生。董事会每年至少召开2次会议,每次会议应当于会议召开10日前通知全体董事和监事。董事会会议应有过半数的董事出席方可举行。董事会做出决议,必须经全体董事的过半数通过。关联董事不得行使表决权,也不得代理其他董事行使表决权。

董事会行使如下职权:召集股东会会议,并向股东报告工作;执行股东会的决议;决定公司的经营计划和投资方案;制订公司的年度财政预算、决算方案;制订公司的利润分配方案和弥补亏损方案;制订公司增加或者减少注册资本以及发行公司债券的方案;制订公司合并、分立、变更公司形式、解散的方案;决定公司内部管理机构的设置;决定聘任或者解聘公司经理及其报酬事项,并根据经理的提名决定聘任或者解聘公司副经理、财务负责人及其报酬事项;制定公司基本管理制度;公司章程规定的其他职权。需要指出的是,董事不同于股东,不是审议、批准上述相关事项,而只是制订。

股东结构决定董事会和管理层的构成,从而决定公司治理结构。公司的股权结构多元化,相应的公司的董事会、监事会、经理层的结构也会随之发生较大变化,变为多元化。董事会结构的调整,有利于从根本上改变控股大股东控制董事会的局面,从而影响经理层的产生、企业的运营机制,有利于形成完善的公司内部治理结构和健全的内部制衡体系,有利于遏制内部人控制现象,有利于提高信息透明度。董事会的构成,很大程度上是企业股权结构的折射,决定着股东大会、特别是大股东决策意愿的实现,董事会也决定着负责具体执行决策的高管人员的提名和构成。

董事会发挥作用及其互相制衡,是企业科学决策、规范运作和持续稳定发展的核心保障。为此,对于股权集中型的公司,董事提名权和董事会成员构成是关键。一方面应确保其他股东代表进入董事会,形成一定内部制衡;另一方面必须提高独立董事的独立性和勤勉尽责的义务。对于股权相对分散的公司,前几大股东应通过委派董事(或独立董事)等方式积极参与公司治理,通过建设一个强大董事会提高企业内部制衡度,形成科学有效的决策机制,从而降低控制性股东治理风险。

董事会、管理层之间的关系是股东结构的函数。如果股东是一个家族企业或者国有企业,董事会和管理层就没有必要分开,是一体的。控股大股东结构下也类似,比如中国香港和东南亚的家族大企业,尽管上市了,董事长一般都兼任CEO,至多聘请几个独立董事和外部董事。当股东结构进入到一个中间状态,有几家大股东,比如招商银行,招商局是第一大股东但不控股,管理层向所有股东负责,不是向一家股东负责,那就要到市场上去聘请管理层。董事会重大问题要商量,这时候就需要管理层和董事会分开,不能把招商银行管理层视为招商局的下属。

董事会作为一种制度安排,理论上其作用在于帮助解决公司结构中存在的代理问题。董事会既是股东会的受托人,又是经理层的委托人,同时担负着所有者的信(委)托、公司最高决策和监督经理人员3种责任,在公司治理中处于"承上启下"的核心地位。公司的错误、违法、犯罪的第一责任人是董事,即权力行使者,而不是"财产所有权人"。

中国公司中缺乏有力的职工参与公司治理的机制,致使一体化的"大股东—董事—高管"对中国公司的强力控制,很少受到其他力量的约束。职工董事几乎没有,职工监事数量符合法律规定,但是陷于地位尴尬的中国公司监事会制度构架内,实际监控作用也很有限。职工董事主要是起到平衡出资人与经营层以及职工利益之间的作用。

再次,有一个由董事会按竞争原则筛选的合格的CEO或总经理,并建立有效的激励机制。

所谓职业经理人是指以企业经营管理为职业,深谙经营管理之道,熟练运用企业内外各项资源,为实现企业经营目标,担任一定管理职务的受薪人员。

具有企业管理的专门知识以受薪方式受企业所有者聘任,在企业中担任经营管理职务并且获得一定授权的,都属于职业经理人。

职业经理人必须具备的能力有职业能力,主要指综合素质,只有综合人才能够做到 CEO 这一级；综合素质是指全面的动作知识、敬业精神、创新精神、对企业发展有浓厚的兴趣、熟练的专业操作能力，敏锐的观察能力、预测决策能力、组织能力、善用比自己更强的人、团队精神、领导能力、解决问题能力，处变不惊的素质。

管理层是以总裁或 CEO 为首的经理班子。董事会则是代表股东和其他利益相关者的利益的一种会议体组织，除了其中的内部董事外，其他董事不应介入公司的具体经济管理活动。

按公司法要求，公司设经理 1 名，由董事会聘任或解聘。董事可受聘兼任经理、副经理或者其他高级管理人员，但兼任经理、副经理或者其他高级人员职务的董事不得超过公司董事总人数的 1/2。

经理对董事会负责，行使下列职权：主持公司的生产经营管理工作，组织实施董事会决议；组织实施公司年度经营计划和投资方案；拟定公司内部管理机构设置方案；拟定公司基本管理制度；制订公司的具体规章；提请董事会聘任或者解聘副经理、财务负责人；决定聘任或者解聘除应由董事会决定聘任或者解聘以外的负责人员；董事会授予的其他职权。

总经理、CEO、资本家和企业家是既有联系又有区别的角色，总经理或经理人，即企业的高级经营管理者，它不同于资本家（出资者）和创业者，也不同于企业家。总经理或经理人是公司中对内有业务管理权限，对外有诉讼方面的代理权及在诉讼之外的商业代理权限的公司高级管理人员。在业主制资本主义时代，出资者、创业者与管理者三者合一，这种业主制的老式企业，是企业的原型；在经理资本主义时代，出资者与管理者便发生了一定的分离，出资创业的业主在企业建立或成长到一定阶段后，就会退出具体管理职能，转变为通过聘用职业经理队伍从事企业运作；在创业者资本主义时代，出资者、创业者和经营管理者的职能便发生了分离。

经理人不同于企业家的基本特征：一是从财产制度上看，他们不是公司的所有者，而是具有运营和管理财产才能的特殊的人力资源；二是从分配制度上看，他们不是或主要不是领取红利而是领取年薪和奖金（基本报酬＋风险或效益收入）；三是从资产或资本的运营上看，他们不是远离生产和流通领域之外的所有权资本或股东，而是执行资本增值职能的现代企业的管理层。

在所有权与经营权分离的公司制企业中，企业家的职能被分解了，无论是只承担风险取得收入而不从事经营的所有者——股东，还是只从事经营管理而不承担风险和取得经营收入的经理人，单独来看，他们都不是完整意义上的企业家,他们只有作为一个整体时才发挥企业家的职能。

从企业管理者的职能来看,一个管理者有两件事情要做:其一是经营,包括企业战略或者业务发展方向和发展策略的确定、资源规划等,这些是企业高层领导人的核心任务,中基层管理者也可能部分涉及这些方面,只不过是范围不同而已。其二是管理,管理的对象是人、财、物,主要是对人的管理,让所有人都围绕在组织的目标下协同努力。把这两者区分开来就是这样一句话:"经营是操持企业的事务,而管理的核心则是管人。"

经理作为企业日常经营的管理者,其投入企业的精力是董事尤其是外部董事的数倍以上,对于企业情况的掌握程度也更为详细。经理拥有的人力资本,在稀缺程度上是超过物质资本的。在讨价还价的博弈中,稀缺资产的所有者将更耐心,会获得企业更多的控制权。所有权和经营权分离是现代企业制度的基本特征。但是,让经营者拥有部分所有权,则是在坚持所有权与经营权分离这个大前提下,实行所有权和经营权的部分合一。根据代理理论,公司经理一般是风险回避型的,当经理对公司拥有剩余索取权时,他们就会回避风险较高,但同时收益也较高的项目,而选择风险较小收益较低的项目。

作为企业家和经理人,实际上要研究投资本身的规律,除了研究盈利规律外,还要研究一个企业做大做强的一般规律。在注重"价值创造"的同时,还要关注"价格实现"。

企业家是社会经济发展中最稀缺的要素的所有者,是经济增长的主要来源。企业家这种生产要素的重要性和特殊性在于,它主导、决定了企业其他生产要素的数量、质量、结构和配置方式,决定了企业其他生产要素所有者的切身利益,决定了企业的性质、规模边界、生产交易效率和效益,最终决定了企业的前途命运和社会地位。作为企业家要更多地关注本行业的事情,同时要负责本公司战略的制订和执行,承担这家公司的利润责任和发展责任。作为企业家更多的应是在公司"价值创造"上下功夫,企业利润是公司"价值创造"的前提和基础。企业家应是2种规定性的统一。一是他不仅是一个能够创办企业的人,而且是一个能够经营好这家企业的人。二是他是一个能够发现和利用一切可能的机会实现企业创新与发展的人。企业家最重要的素质和能力,是有敏锐地发现并把握市场机会和变动趋势的战略眼光;有敢于并善于承担风险的决策能力;有经常对现存的要素组合进行"革命性破坏"的创新精神。而且在以上2种规定性的基础上,企业家还必须是一个能够对企业经营决策全部后果承担最终责任的人。他既可以是一个企业主,也可以是一个能够对其经营决策的全部后果承担责任的大企业经理人。

关于董事长与总经理(CEO)是否兼任的问题,理论界和企业界都存在着激烈的争论,对此问题大致有三种不同的观点。

第一种观点是主张董事长与总经理(CEO)应该兼职。这种观点认为,在竞争日益激烈和瞬息万变的市场环境中,在知识更新和技术进步速度大幅度提升的条件下,两职合一有利于企业适应不断变化的形势需要,不断地进行技术创新和组织创新以及企业及时地调整自己的战略决策,不断地抓住市场商机,获得发展机遇,使企业能够得到更好的生存和发展。实践证明,总经理(CEO)与董事长不兼职的最大问题是影响决策效率,使公司面临竞争力下降的风险。这种观点还认为,1个公司只能有1个老板,如果董事长与总经理(CEO)不兼职,不是董事长不起作用,成为摆设;就是董事长十分强势,篡取总经理(CEO)的权力,使总经理成为附属物,聪明才智得不到发挥。这种观点的理论依据是"受托责任理论"。这种理论认为,总经理(CEO)的行为动机不仅有经济方面的,还有其他方面的,比如,他们需要通过完成非常具有挑战性的工作,以获得同行或上司的认可;比如,他们需要事业成功,获得成就感和荣誉感。这种理论还在实现内心的精神满足的假定条件下,论证了总经理(CEO)与董事长兼职,能够为公司提供更统一的战略方向,并且企业战略的实施由1人担任,能够更强有力地控制企业的发展,最终有利于提高股东的利益和企业利益相关者的利益。这种理论还认为,在总经理与董事长必须兼职的情况下,为了避免董事长兼总经理的企业主要领导人行为独断,最好在独立董事中增设1名首席董事,这相当于副董事长,以遏制总经理(CEO)兼董事长带来的弊端。

相反意见认为,公司董事长与总经理一肩挑有危险,因为总经理本来需要董事会进行考核、聘任,一肩挑了,总经理很可能就没人管了。他做损害公司利益的事,很难指望有什么力量去阻止去制衡。有些事情本应提交股东大会讨论,但董事会越权批准了,进而一些可能损害中小股东利益的事情也就发生了。董事会应当制订合理针对管理层的考核方案以及薪酬方案,以激励管理层将其自身财富的增长与企业经营业绩的提高结合起来。但在一些公司,董事会在这方面却无所作为,于是管理层便会动歪脑筋打坏主意。

第二种观点是主张董事长与总经理必须分设。这种观点认为,建立在社会化大生产基础上的现代企业制度,要求企业的出资者所有权、企业的法人财产权和企业经营权的不断分化和动态地调整,并且要求不同的权利主体不断地独立化和人格化,不同的权利主体的行为契约化,使不同的权利主体之间权利边界清楚，责权利明确，并相互制衡。现代公司治理有效性的原因之一，就是股东利用董事会，充分发挥监控 CEO 等高级管理人员的功能。这一切都势必导致对董事会及其监督职能独立性的思考。在现代企业中，作为构成企业契约的各相关的权利主体，尤其是股东的利益应得到尊重和保护。而董事长与总经理两职合一后，会使得总经理等高层执行人员的权力高度膨胀，而且会严重削弱董事会监督高层执行人员的有效性，从而使股东及其他利益相关者的利益得不到保障。因为董事长与总经理两职合一意味着要总经理自己监督自己，这与总经理的自利性是相违背的。这种观点还认为，董事长与总经理（CEO）兼职不利于公正地评价总经理（CEO）的业绩和有效地监控总经理的行为。甚至还会出现总经理（CEO）控制董事会的会议议题的局面，因为只要总经理（CEO）控制了信息流，董事就无法客观地了解企业的真实情况和进行科学的企业战略决策，并有效地实施对总经理的监督。另外，董事会的决策控制权与总经理的经营权的两权合一，不利于保持公司董事会独立性和给经营管理层一个宽阔的创新自由的空间和施展才华的广阔舞台。这种观点的理论依据是"代理理论"，代理理论在总经理（CEO）是"有限理性的"，是"经济人"，经常存在违背股东利益和其他利益相关者利益的私利的假定条件下，论证了总经理（CEO）与董事长兼职将导致权力集中、监督失效、增加代理成本、减少股东利益。

第三种观点是主张企业可以根据自身状况，在董事长与总经理（CEO）是否兼职中做出选择。这种观点认为，董事长与总经理（CEO）是否兼职无关紧要，因为董事长只是董事会中的一个会议主持人，而且也没有实证研究能证明，董事长与总经理（CEO）是兼职好还是不兼职好。人们曾对许多公司进行过实证考察，其结果是，在经济效益非常好的公司中，有些是董事长与总经理（CEO）兼职，有些是董事长与总经理（CEO）不兼职。同样在经济效益差的公司，也是有些是董事长与总经理（CEO）兼职，有些是董事长与总经理（CEO）不兼职。因此一些实际工作者依据对企业界实证的考察研究和分析，得出了不必对企业董事长与总经理（CEO）是否兼职做出统一的规定，可以给企业自由度，让企业根据自身的具体状况，在董事长与总经理（CEO）是否兼职中做出选择。

实证研究还证明：对于处在高度变化行业中的公司而言，董事长与总经理两权合一与经营绩效正相关；而对于处在动态性较弱行业中的公司而言，董事长与总经理两权合一与经营绩效负相关。因此，企业在对董事长与总经理是否兼职问题上做出选择时，要充分地考虑企业和行业特点。

现在许多人，把总经理与首席执行官，即 CEO 看作相同的，这是不对的。首席执行官是西方国家20世纪60年代公司治理结构改革后出现的新现象。它的产生与公司内部治理结构重心下移有关,即由建立在股东中心主义之上的公司权力重心集中在股东会手里向建立在董事会和经理中心主义之上的公司权力重心在董事会和总经理手里转化。出现了既拥有传统意义上总经理的权力,又具有一定意义上董事会决策控制权力的CEO。但是,我国的情况与西方国家是不同的,我国的《公司法》是借鉴"大陆法"国家的公司法制定的。在现行的公司法中,公司内部治理结构权力的重心不是在股东会手里,就是在董事会手里,经理人作为董事会的雇员拥有的权力十分有限,在国有大股东或私人大股东的频频干预下,甚至都无法掌握完整的经营权。从这个意义上说,中国目前是没有CEO的。尽管一些企业的领导人也把自己称为CEO。

总经理与CEO是有区别的,首席财务官(财务总监)与财务经理也是有区别的。首席财务官(财务总监)是对董事会负责的,财务经理是对总经理负责的。前者注重财务政策、资本性管理事务,以及构建财务资金储备与监督体系等重任;后者则以企业产供销经营活动的核算和对会计事项执行为主要任务。

为了避免经理人由于对大股东侵犯其他中小股东利益说"不",正确行使职权被炒鱿鱼。西方企业明确规定,如果股东不正确地解雇了总经理,总经理就可以起诉要求赔偿,使得资本家或投资者为自己不正确行为付出很高的成本,从而在制度上杜绝此类事情的发生。

对经理人的有效激励机制应是"一揽子"的,包括年薪、持股、期权和高额退职金等。

为降低代理人风险,并激励管理层勤勉职守,现代公司治理往往通过为管理层设置金色阶梯(对优秀管理层启动快速升迁机制)、金手铐(结构化的高薪资激励机制)和金色降落伞(非自愿退职的高补偿机制)等激励相容的高管薪资机制,实现股东与管理层同向利益最大化以降低代理成本。

股权激励是一种通过经营者获得公司股权形式给予企业经营者一定的经济权利,使他们能够以股东的身份参与企业决策、分享利润、承担风险,从而勤勉尽责地为公司的长期发展服务的一种激励方法。通过使经营者在一定时期内持有股权,享受股权的增值收益,并在一定程度上承担风险的利益安排,可以使经营者在经营过程中更多地关心公司的长期价值。股权激励对防止经营者的短期行为,引导其长期行为具有很好的激励作用。

股权激励不同于其他公司治理模式的特点在于不再使用权利的赋予与剥夺、监督与制衡等模式。股权激励对于经营者来说往往是一种期权,股东是否兑现其股权激励计划往往对经营者设定了一定的经营目标作为行权条件,同时还有期限和数量上的严格限制。行权条件:一是股权激励除了考核财务指标,如净利润、净资产收益率等,其行权当年的增长幅度,应高于前3年的平均增长水平,或不低于同行业公司的平均水平。还要引入考虑了资本成本的EVA指标,以便敦促公司经理层更好地提升现有资本使用效率。首先,考核条件的设计将既考虑公司自身业绩的纵向绝对增长,也结合行业标杆或中值的横向相对比较。纵向的绝对增长是对公司业绩逐年提高的必然要求,横向的相对比较是提升公司行业地位的竞争要求,也是考虑行业冷暖变迁的现实需要,这样的结合,才能更有效地调动上市公司激励对象的积极性,提高考核条件设定的科学性。其次,考核条件的设计将既包含对公司业绩的整体达标要求,也考核每个激励对象的差异化绩效达标条件。公司业绩的整体达标,是公司股东对整个经营团队经营绩效的必然要求,是保证公司股东价值最大化的前提条件。每个激励对象的差异化绩效达标,既可以防止整体达标、大家均享的"大锅饭"现象,也可以为了防止由于出工不出力致使整体不达标结果的出现。

二是要以公司给予公众投资者正常回报为前提。凡实行股权激励的公司,在最近3年中,每年给予投资者的现金分红回报应不低于1年期银行存款利率。

三是购进股票的价格也要有科学的规定。

股票期权往往有禁售期及其他的转让时间和数量上的限制,这种限制既可以表现为公司法上的规定也可以表现为公司章程的规定。作为一个理性的"经济人",谁都不愿意自己财产的贬值和减损,通过股权激励的方式股东将经营者与公司的经营业绩和表现紧紧地"绑架"在一起,从而达到一种风雨同舟、同进同退的效果,这无疑是降低经营者的道德风险、降低代理成本、实现股东利益最大化的一种很好的途径。

衡量公司内部治理成功与否,一是看公司内部制衡机制是否形成;二是看企业决策是否实现了重大事项董事会集体决策,避免了一个人说了算;三是看企业风险防控能力强弱。

公司治理的核心在于权力制衡,尤其要加强股权制衡,由几个大股东共同分享控制权,通过内部牵制,使得任何一个大股东都无法独自控制公司,以实现互相监督,抑制内部人掠夺。事实上,控股公司先天性具有"一股独大"倾向,在缺乏有效制衡的情形下,极易养成内部人控制、关联交易、违规担保等习惯,严重侵害上市公司和投资者利益。另外,要对绝对权力进行制衡,管住公司一把手也尤为重要。公司治理的核心在于权力制衡,尤其要加强股权制衡,由几个大股东共同分享控制权,通过内部牵制,使得任何一个大股东都无法独自控制公司,以实现互相监督,抑制内部人掠夺。事实上,控股公司先天性具有"一股独大"倾向,在缺乏有效制衡的情形下,极易养成内部人控制、关联交易、违规担保等习惯,严重侵害上市公司和投资者利益。另外,要对绝对权力进行制衡,管住公司一把手也尤为重要。

形成制衡而又高效的决策系统和在激励与约束机制下运行的高效执行系统是公司内部治理的重要内容。建立有效的公司内部治理,除了有一个有效的股权结构和一批以追求资产保值增值为目的的股东,有一个构成合理和功能到位的董事会,有一个经过市场竞争原则遴选出的经理班子外,还必须形成制衡而又高效的决策系统和在激励与约束机制下运行的高效的执行系统。在制衡过程中,按公司法的规则行事,股东会按股投票,董事会按人投票,董事会集体负责,总经理实行个人负责制。但公司内部(法人)治理的目标又不仅是单一的权力制衡,内部(法人)治理从来是效率和制衡的均衡点把握,没有说越制衡越好。

公司内部(法人)治理的宗旨在于保障不断提升公司的素质和能力。公司内部(法人)治理的具体目标,一是保障公司决策能力提升;二是保障公司的规范诚信;三是控制风险;四是培育持续创造价值能力。

具体地说,良好的公司内部治理架构中有一些定性的东西,如要保障股东的权益,对所有股东一视同仁,董事会有清晰的权限、高度的责任感;跟投资人或股东能顺畅沟通,能及时回应股东对权益的诉求。股东参加股东大会前,能够参阅到相关的议程,公司要有充足的信息披露及很高透明度;公司内部要形成完善的内部控制和风险管理,有一整套内控体系。

衡量公司内部治理成功与否,一是看公司内部制衡机制是否形成;二是看企业决策是否实现了重大事项董事会集体决策,避免一个人说了算;三是看企业风险防控能力强弱。内控建设的核心是帮助企业健全制度,提高制度的科学性,实现企业管理流程制度化,把全面风险管理作为企业的一个重要机制。每个企业都有自己的管理制度,但这些制度往往不能落到实处。

目前,我国多数的公司制企业还没有形成由股东会、董事会、监事会和经理层等组成的决策权、执行权、监督权三权分立相互制衡又相互配合的有效的公司内部治理结构。完整的公司内部治理结构应是由出资人或产权代表、经营管理者、职工代表和外部专家共同组成的集合体来经营和管理企业。公司内部治理结构要求企业中任何一方,都是人格化的具有独立意志的主体。为此我们要尽快规范委托代理关系,由股东(会)选举董事(会),董事(会)要维护出资者——股东——的利益,对股东会负责。董事会对公司的发展目标和重大经营活动做出决策,聘任经营者或经理人,并对经营者或经理人的业绩进行考核评价。积极发挥监事会对企业财务和董事、经营管理者行为的监督作用。特别是发挥外部董事和监事的作用,加强对公司的监督机制。为了实现有效的公司内部治理结构,我们还要正确地处理好"新三会"与"老三会"的关系,实行双向进入的办法,即党委负责人可以通过法定程序进入董事会、监事会,董事会和监事会都要有职工代表参加;董事会、监事会、经理及工会中的党员负责人,可依照党章及有关规定进入党委会;党委书记和董事长可由一人担任,董事长、总经理原则上分设。充分发挥董事会对重大问题的统一决策,监事会的有效监督作用。有些公司因为决策权与执行权没有完全分开,形成了"一把手决策,一揽子决策,一边倒决策"的局面。不能集思广益,没有不同声音,最终难以规避风险。

　　公司内部治理或法人治理对提高公司绩效有着重要的作用,但也有一定的局限性。这种局限性主要表现在,公司内部治理发挥作用需要严格的条件。在股权极为分散的条件下,名义上作为公司所有者的股东,在自利动机的支配下,主动或被动地放弃属于自己的那部分控制权,即投票权,从而使企业的控制权逐渐转移到代理人手中,而对代理人的决策行为,股东丧失了监督和约束能力,只能被动地接受,或用退出契约的行为表示不满。这种格局一旦形成,代理人的机会主义行为既不可避免,又无法约束。在股权高度集中的条件下,不能有效抑制少数大股东操纵公司、滥用有限责任的行为。

　　以上我们用大量的笔墨分析了公司内部治理的有关问题,下面再分析一下公司外部治理的相关问题。

　　外部治理是通过市场、外部制度和监管部门等来实现对公司的治理。市场包括产品市场、资本市场、企业家市场等,市场能够提供公司绩效的信息,评价公司经营和经营者行为好坏,并通过自发的优胜劣汰机制激励和约束公司的经营者。

　　外部制度的治理是指通过立法和司法及其调整建立起来的一整套制度对公司的治理;政府监管部门对公司的治理是指证监会、保监会和银监会等监管部门对相关公司的治理。这两方面的治理与自律机制是不同的,是他律机制。外部制度保证对违规行为施加限制,保证公司治理的高效率。

　　外部治理最主要的是市场对公司的治理,那么,市场是如何实现对公司的治理的呢?下面我们分别分析一下:

　　首先,看一下产品市场是如何实现对公司的治理的。产品市场的市场占有率和市场覆盖率直接反映企业经营及经营者的行为好坏。提高市场占有率对企业有重要意义,一方面市场占有率提高可以增强企业对本行业产品价格的支配权;另一方面不断地提高市场占有率,企业才能收回投资,赚得利润。而要提高产品的市场占有率,必须不断地提高企业产品的市场覆盖率。企业所有者可以依据产品市场占有率和市场覆盖率的变化,发现问题,实现对公司及经营者的有效治理。在产品市场上,企业的产品若缺乏价格、质量和品种等方面的竞争力,就很难赢得消费者,扩大或保持自己的市场份额,保证企业的经济效益。产品市场的监管,是消费者用手中的购买力投票的过程。

总之,产品市场上的利润率、市场占有率等指标能够比较客观地反映经营者的经营业绩;由于产品市场的激烈竞争会使企业随时面临破产的威胁,制约着经营者的偷懒行为。产品市场竞争与分散型和相对控股型股权结构之间均存在着显著的互补性关系;而绝对控股型的股权结构与产品市场竞争之间存在着显著的替代性的相互关系。

其次,看一下资本市场是如何实现对公司的治理的。资本市场的信息披露制度,为公司治理提供了信息。公司的市场价值,即资本市场的股票价格波动在一定程度上反映了经营者的能力和努力程度。资本市场的兼并、破产及恶意收购和接管机制直接危及经营者的经营权;还有债权人市场通过及时索取债务也会给公司和经营者以极大的压力。这一切都会直接或间接地实现对公司的治理。

资本市场的信息披露制度,为公司治理提供了信息。信息披露是指企业以公开报告的形式,将公司财务及其他信息提供给信息使用者的行为。充分、透明的信息将有助于缓解经营者和股东的信息非对称,从而降低代理问题。信息披露和透明是公司治理的基石。信息披露要求真实、准确、及时、完整和公平,而且还要求有用和有效。信息披露要杜绝内幕信息和内幕交易。内幕信息是指对有关公司股价有重大影响的尚未公开的信息。内幕交易是指内幕信息的知情人利用内幕信息买卖证券。

透明度与真实性是全球资本市场面临的共同问题。如果我们不能有效地解决透明度与真实性问题,不能解决上市公司和中介机构如实地向社会披露信息问题,那么资本市场就没有发展前途。因为透明度与真实性是资本市场赖以生存和发展的基础,没有透明度就没有资本市场。所谓透明度,指的是这些信息在规范的时间内、规范的行为内,如实对公众公布。充分透明度是指上市公司的每一秒的活动,投资者都能够马上知道。所谓真实性,是指在每一个时点上,在一个时间序列当中,保证所有记录是真实的,确实反映了真实行动。透明度与真实性就是不做假账、不说假话,所有重大信息必须如实、及时地向公众披露。损害透明度与真实性的行为主要有三种,一是虚假陈述,主要表现为做假账,或者帮助上市公司做假账;二是损害透明度原则的内幕交易;三是破坏透明度原则的行为,即操纵股市。

我国证券市场经过十几年的发展,虽然已经初步建立起以信息披露为核心的制度体系,但仍没有建立一整套的衡量公司信息透明度的指标体系。因而有必要在目前的企业会计准则和信息披露规则框架的基础上,由独立的评级机构或研究机构开发和建立一套上市公司信息透明度评价指标体系,更客观地描述上市公司信息及信息披露的质量,更确切地反映我国上市公司的信息透明度,并且由政府和监管部门等独立机构定期公布对上市公司的信息透明度评价,将有关上市公司信息及信息披露的质量明确传递给投资者和注册会计师,帮助他们更好地进行分析、判断和决策,使社会经济资源的配置向着更良性的方向发展。

企业的市场价值(股票的价格波动)在一定程度上反映了经营者的能力和努力程度。股价在短期内的迅速上升和下降,与公司的实际运营没有多少关系,因为短期的非正常波动,一般是受到投资者短期逐利情绪的影响,过分恐慌、过分兴奋的行为进一步放大,就会导致错误判断。股市的价格,要从相对长远的眼光来看,如果延长到半年以上来看,股价应该会与公司业绩挂钩。1995~2006年,全球 CEO 的更换率提高了 59%。同期与业绩相关的 CEO 更替率则增加了 318%。剔除经济周期波动和宏观调节的干扰因素,股票价格可以成为反映公司管理水平的主要因素。

资本市场的兼并、破产以及恶意收购和接管对经营者形成巨大的压力。合并和收购推动企业更换 CEO。2005 年和 2006 年,因企业控制权更替而离职的 CEO 分别占 18% 和 22%,2003 年这一比例仅为 11%。并购是世界经济发展的大势所趋。公司并购是市场经济条件下社会化大生产发展到一定阶段的产物。并购行为在盘活企业存量资产、优化有限资源配置、促进产业结构调整、推动企业形成规模经济与提高企业竞争力等方面所发挥的积极有效的作用,是现代企业增强竞争力的重要手段,是世界经济发展的大势所趋。我国的企业现在除了在生存和成长中步履维艰外,还面临着如下诸多问题:技术水平落后;企业过度竞争运作经营不成规模;企业设备闲置情况严重;发展资金严重不足;企业中介机构规模小、实力弱、人才短缺等。这也是国家一直鼓励国有企业走收购兼并的道路扩大生产规模的原因,然而虽然收购兼并是资本市场配置资源的重要手段,但是我国资本市场发展时间还不长,很多方面都缺乏经验。

收购是指对企业的资产和股份的购买行为。收购作为企业资本经营的一种形式,既具有经济意义,又具有法律意义。收购的经济意义即收购的实质是取得控制权。收购的法律意义是指收购的对象为股权和资产。

按照收购是否友好分为善意收购和恶意收购。善意收购是指并购方事先与目标企业协商,征得其同意并谈判达成收购条件的一致意见而完成收购活动的收购方式。恶意收购是指收购公司在收购目标公司股权时虽然遭到目标公司的抗拒,仍然强行收购,或者收购公司事先并不与目标公司进行协商,而突然直接提出公开出价收购要约的并购行为。

恶意收购和善意收购相比,极大地增加了收购公司所需要的收购成本。恶意收购往往出现在购并市场活跃的情况下。恶意收购的结果是接管。接管一般是指某公司具有控股地位的原股东由于出售或转让股权,或者股权持有数量被他人超过而被取代的情形。接管后,接管方往往可取得被接管方的控制权,通常董事会将被改组,经理班子也将被更换。接管被认为是防止经理层损害股东利益的最后一种武器。如果说恶意收购,被收购公司原管理者在公司改组后一般会"炒鱿鱼",而友好收购后,管理人员则会继续留任,一切既得利益都会得到保留。

收购和接管的作用和意义,一是通过收购和兼并,诞生了一大批知名的跨国公司,世界500强的公司均是靠收购和兼并发展起来的,无一靠自身的积累。因此我们可以看到收购和兼并是一个企业做大做强的必经之路,企业越是要发展壮大,收购和兼并的道路就会走得越远。二是恶意收购和接管对社会资源的优化配置和企业的发展,以及一个国家国民经济的发展都有重要的作用和意义。这是因为,实际上收购方愿意出高价购买某个企业股票或控制权,就意味着在收购者的眼中收购该企业物有所值,意味着该企业存在着尚未实现的潜在价值,这一价值必定大于收购过程中的额外支出(超过股票市值的出价),从而使其付出可以在未来得到补偿,并获得一定的收益。从这个意义上说,任何收购行为都是资源合理化配置行为,即增加社会财富的行为。三是以资本市场为主体的外部控制机制的存在,对管理层有较强的控制激励作用。

收购按照是否经过证券交易所分为"协议收购"和"要约收购"。协议收购是指收购公司不通过证券交易所,直接与目标公司取得联系,通过谈判、协商达成共同协议,据以实现目标公司股权转移的收购方式。协议收购易取得目标公司的理解与合作,有利于降低收购行动的风险与成本,但谈判过程中的契约成本较高。协议收购一般都属善意收购。要约收购是指并购公司通过证券交易所的证券交易，持有一个上市公司（目标公司）已发行的股份的30%时，若继续增持股份，必须依法向该公司所有股东发出公开收购要约，按法律规定价格以货币付款方式购买股票，获取目标公司股权的收购方式。要约收购直接在股票市场中进行，受到市场规则的严格限制，风险较大，但自主性强，速战速决。

恶意收购多采取要约收购的方式。例如盛大&新浪，截至2005年2月10日，盛大与其控股股东已通过在二级市场交易，持有新浪公司总计19.5%的股份，并根据美国证券法的规定，向美国证券交易委员会（SEC）提交了受益股权声明13D文件。在这份文件中，盛大坦承购股的目的是战略投资，并意欲控得实质性所有权，进而获得或影响对新浪的控制。2005年2月22日晚10时，新浪宣布将采纳股东购股权计划，即所谓"毒丸"计划，以保障公司所有股东的最大利益。据此，一旦盛大及其关联方再收购新浪0.5%或以上的股权，或者某个人或团体获得10%的新浪普通股，"毒丸"计划就自动启动；于股权确认日（2005年3月7日）当日记录在册的每位股东，均将按其所持的每股普通股而获得1份购股权，以半价获得股权。这一举动被认为系属针对"恶意收购"的反收购行动。

"要约收购"一家公司过程中还存在"举牌"制度。"举牌"收购一般是指投资人在证券市场的二级市场上收购的流通股份超过该股票总股本的5%或者是5%的整倍数时，根据有关法规的规定，必须马上通知该上市公司、证券交易所和证券监督管理机构，在证券监督管理机构指定的报刊上进行公告，并且履行有关法律规定的义务。2010年宝能系举牌深振业A之后，深振业大股东深圳国资局强力反击，3个交易日内火速砸下2亿元左右资金，增持占总股本比例4.17%的深振业A股票。深振业A几天后披露的公告显示，在公司股票最近3个交易日异常波动期间，深圳市国资局及其全资的深圳市远致投资有限公司共买入公司股票3 173万股，占公司总股本的4.17%。宝能系旗下钜盛华实业在异常波动期间买入了公司1 782.91万股股票，占总股本的2.34%。

恶意收购对公司治理的影响主要体现在两个方面：一是由于恶意收购的存在，企业经营者的领导地位始终受到外来的威胁，这种威胁促使管理者努力工作，因为一旦业绩不佳，可能招致公司被兼并，自身利益也会因此丧失。二是一旦恶意收购取得成功，不称职的董事会和管理层将被重组，从而带来董事会的更替和经营者的重新任命，这对目标公司而言，通常意味着代理问题的缓解和管理效率的提高。

但是恶意收购和接管发挥的作用也是有限的。就恶意收购和接管是加强企

业控制的方式而言,有四个方面的原因妨碍其作用的发挥:

一是企业业绩不佳,可能是经营者能力问题,也可能是企业本身资产盈利能力不足的原因,或者是行业本身变化问题,如整个行业已成为夕阳产业。而接管者很难准确地分辨真实原因,这可能妨碍接管的积极性。

二是当某个接管者花费成本评估企业并准备接管时,其他人就会发现这一行为,因而做出接管企业有利可图的判断,于是也加入到接管者的行列中,这势必使企业股价上升,加大接管企业的难度。

三是接管本身也是一种公共产品。因为如果是成功的,那么企业的其他股东预期接管后企业股票价格会上涨,因而在接管时便不愿出售股票,而是等待享受接管后股票上涨的利益。这种"搭便车"行为也会使股价上涨,增加接管的成本。

四是当权的经营者总是想办法阻碍接管以维持他们的地位,例如,他们可能联合其他股东以对抗接管。一般而言,拥有绝对控股股东的公司,被成功接管的可能性比较小。内部经理人员所持有的股权比例越多,并购者接管该公司成功的可能性越小,而且在接管情况下,并购者需要支付的溢价也越高。这表明了控股股东对接管的抵制心态。

以资本市场为主体的外部控制机制的存在,对管理层有较强的控制激励作用。但也会产生一些负效应,其负效应主要表现在两个方面,一方面,公司管理层关注短期业绩,难以有长远打算,不太重视长期投资,不愿意进行设备更新,公司经营行为具有明显的短期化倾向。另一方面,恶意收购往往造成大量裁员、变更投资和经营方向、中断既有的商业联系的情况,使职工、客户、供应商、银行、社区等相关方深受损失,只有部分股东得益。

任何事情都要有个"度",这些年来,防止恶意收购的措施也要适度,对恶意收购过度设置障碍会减少股东的价值和公司控制权市场的范围。为防止恶意收购和接管频繁出现,对经济和社会产生巨大的负面影响,一些企业采取了不同的对策。比较有影响的对策主要有五个:

一是"毒药丸"计划,即指预先在公司章程中加进了若企业被恶意收购时,可以比时价低的价格向公司原有股东分配新股。或当不受欢迎的收购者开始收购目标公司的股票时,目标公司立即发行一大堆债券,提高公司债务—股本比例,降低其税后利润,从而阻止收购者的行动。新浪的"毒药丸"计划就规定,一旦新浪10%以上的普通股被收购,新浪股东可以按其拥有的每份购股权购买等量的额外普通股,以增加收购者难度。

二是"拒鲨"条款或"箭猪"条款,"拒鲨"条款或"箭猪"条款是指分期分级董事会制度,公司章程中规定,每年只能更换1/4的董事,这意味着即使并购者拥有公司绝对多数控股权,也难以获得目标公司董事会的控制经营权。

三是"白衣骑士"计划,"白衣骑士"计划是指目标公司在遭到恶意收购袭击时,主动寻找第三方即所谓的"白衣骑士"来与袭击者争购,造成第三方与袭击者竞价收购目标公司股份的局面,达到解救目标公司,驱逐恶意收购者的目的。为吸引"白衣骑士",目标公司常常给予一些优惠条件以便于充当"白衣骑士"的公司购买目标公司的资产或股份。"白衣骑士"计划的基本精神是"宁给友邦,不予外贼"。

四是"金色降落伞"计划,即预先做出规定,在企业被收购时,公司经营者拥有领取巨额退职金的权利。

五是"创业股东之特别权利条款"。根据这一条款,"创业股东的股权无论被如何稀释,哪怕股份被稀释到只有1股,他将依然保留有在董事会指定占据控股席位的权力。"回想当年发生在张朝阳与北大青鸟之间的恶意收购战,北大青鸟为了把搜狐收入囊中,不惜发动恶意收购,同时耗费巨资,将搜狐中小股东悉数集中起来,在这场看似来势汹汹、必胜无疑的收购战中,却被张朝阳在公司章程中的一个条款轻松化解。

资本市场是长期投融资市场,除包括股票市场外,还包括债权人等市场。债权人市场及时索取债务而对公司的经营者形成极大的压力。债权人是为公司供入资本,即债权的所有者。理论上讲,由于债权人要承担本金到期无法收回或不能全部收回的风险,因此,债权人和股东一样,在公司治理上,有权对公司行使监督权。债权人可以通过给予或拒绝贷款,信贷合同条款安排,信贷资金使用监督,参加债务人公司董事会等渠道起到实施公司治理的目的,尤其是当公司经营不善时,债权人可以提请法院启动破产程序,此时,公司控制权即向债权人转移。债权集中度越高,债权人参与公司治理的有效性越大,一个比较分散的债权结构,将使债权人相互之间沟通、谈判与采取一致行动的成本提高。

债权治理的三大机制:一是"现金流约束机制"。债务的存在可以限制公司经理自由使用现金流,限制经理的种种机会主义行为,如减少经理的在职消费,这样减少了经理的代理成本,提升了公司的价值。债务可以起到约束企业经理人员滥用自由现金流,减少过度投资以及促使经理人员努力经营避免公司被接管的治理作用,从而提高公司价值。

二是"信号显示机制"。由于经营者和外部投资者之间信息存在不对称,外部投资者基于只有高质量的企业才愿意提高企业负债比例来判断他是否能对企业投资。负债比例上升通常被视为一个积极信号,因为举债意味着公司有很强的还债能力,这会使潜在的投资者对公司价值前景增添信心。

三是"破产约束机制"。企业如果破产,公司经营者就会失业,他无法再享受在原有企业的一切在职好处,这是经营者所不愿看到的事情。而企业提高负债率,企业破产可能性就会提高,所以企业通过负债就能发挥债权治理机制——"破产约束机制"——来激励和约束经营者。债务是一种完全按规则运作的治理结构。债务人应遵循的条款是:定期支付规定的利息;经营活动需要不断满足资金流动性;建立偿债基金,确保借款人到期支付本金;万一发生拖欠,债权人对争议中的资产享有优先偿还权。债务被普遍认为是与破产联系在一起的硬约束机制。债务约束功能的作用机制是,企业必须按时偿还债务,一旦发生违约(经营现金流为负)就必须通过出售资产或破产拍卖等途径偿还债务。债务约束和公司治理的有效性,主要是建立在债务条款的强制性和破产机制上。建立完善的偿债保障机制和债权人法律救济机制,强化公司控股股东和其他内部人的偿债责任,形成健全的公司破产清算和重组制度。在国外,作为债权人对上市公司的治理,在制度和实际做法上,具体、完整、合理地确定债权人的直接参与权、参与程度和各种有效参与形式。例如,外部董事中包括债权人推荐的代表;当上市公司进行重大重组,且这种重组对债权人的利益具有实质性影响时,在法定的程序安排上,重组方案须得到债权人的认可;当公司陷入财务困境时,引入接管制度,由债权人代表和来自会计师事务所、律师事务所等机构的公正的第三方代表所组成的接管小组接管等。

破产法是与公司治理直接相关的,因为企业破产会导致公司治理有关各方的关系产生实质性变化。破产申请是债权人的一种重要权力,它使债权人从公司治理中的相对被动的角色,转为相对主动的角色。破产机制的存在对经营管理者产生很大的督促与威慑作用。原来认为,债权人只是民法或普法的一般请求人,他们的权利、义务和责任完全是由契约所规定,在该种契约规定的利益之外,他们对公司不享有更多的利益。20世纪80年代,公司债权人的法律地位已从契约法上的一般"请求权"上升为公司法上的利益主体之一。

债务融资能够对公司治理人产生较强激励,促使经理人努力工作,降低由于两权分离而产生的代理成本,并有利于缓和经理人与股东之间互相冲突。债权融资加大了公司破产概率,激励经理人更努力提高投资决策效率。经理人占有公司股权份额上升。债权人治理功效:一方面是降低股东和管理层之间的代理成本;另一方面是降低债权人和股东(管理者)之间的代理成本。

　　成熟市场经济国家的经验表明,要防止内部人尤其是大股东代表对中小投资者利益的侵害,仅靠传统的董事会、股东大会等公司治理措施是不够的。为了保证投资者利益,应强化债权人约束机制,为此应当确立事前、事中和事后的不同措施来保护债权人利益。事前的措施在于如何确保公司准确的信息披露,以使债权人根据披露的信息预期自己的利弊得失;事中的措施在于如何控制公司资本的不当流失,以使债权人及时掌握公司资本的重大变化。一般来说,债权人不希望所投资企业从事高风险项目,因为债权人获取的是固定收益,享受不到高风险所带来的高收益,但要承担可能伴随的风险,因而债权人成为公司治理的重要力量;事后措施主要是引进"刺穿公司面纱"制度,以使债权人在股东滥用公司法人人格并将过多风险转移给债权人时能够有效获得救济的途径。

　　目前,我国通常由作为大股东的政府主导,而不是由债权人主导公司的破产清算,最终的破产清算安排常常损害债权人利益,明显对债权人不公平。以银行为代表的债权人对参与公司治理持消极态度,作用弱化,这一现状形成的原因是,当前政策制定者担心银行对公司治理积极参与会导致银行与企业之间相互勾结包庇,由此引发难以控制的金融风险。债权人对公司治理作用虚弱的现状,一方面严格廓清了商业银行与企业、资本市场的界定,控制了金融风险;另一方面也弱化了债权人在公司治理中应有的作用,使得上市公司制造虚假信息披露,从而骗取贷款逃废债务变得更为容易。

　　股票的所有者与保持清偿力下的经营控制权相联系;债券的所有者是与破产时的经营控制权相联系的。权益契约下通过投资者监督行动体现的显性激励约束效应显著强于债务契约;相反,债务契约下通过状态依存的控制权转移威胁产生的隐性激励约束效应则显著高于权益契约;而可转债契约内嵌的转股期权有利于诱导投资者提高监督强度,同时经营者绩效恶化情形下退化为债务契约又能产生很强的隐性激励约束效应。

　　股权与债权不仅是两种不同的融资方式,而且是两种不同的治理形式。典型的股权融资对于回报收入流没有硬约束,但要求释放一定的控制权给股东;而典型的债权融资对于回报收入流的多少、还款期限都有硬性规定,不满足这些规定,就会被要求破产清算,债权人就会全面接受企业控制权。因此,融资中的债务和股本的高低将形成不同的公司治理,一个企业的资本结构中股票占多少,债券占多少,将导致经理人拥有不同的控制权,股权借助释放控制权来融资,债权使出资人获得固定收益,但正常情况下不拥有企业的控制权。债务融资是规则治理体制；股权融资是专断治理体制。债权融资是一种比较简单的治理形式，是一种市场化的治理形式，是资产专用性低时使用的治理形式。股权融资是一种可变通的规则运作的治理形式，是一种比较复杂的治理形式，是一种行政化的治理形式，是资产专用性高时使用的治理形式。债权人专家式的监督可以减少股权人的监督工作，并使监督更有效率；公司负债比例越高，债务人的约束作用和债权人的监督作用发挥得越理想；融资需求越旺盛的公司，其完善公司治理的积极性越高。债权人专家式的监督可以减少股权人的监督工作，并使监督更有效率；公司负债比例越高，债务人的约束作用和债权人的监督作用就发挥得越理想；融资需求越旺盛的公司，其完善公司治理的积极性越高。

再次，看一下经理人市场是如何实现对公司的治理的。

有效竞争的经理人市场能使代理人凸显出相应的层次性；经理人市场还能够按照企业绩效对经营者进行分类，并形成报酬的等级；通过充分竞争的经理人（企业家）市场，还能够给经理人形成外在竞争压力。这一切对公司治理都会产生巨大的作用。

在经理人市场上，雇主以经理人过去的业绩为依据，决定他们的市场价值。如果一个经理人把企业搞得很好，他就可以获得很高的报酬；相反，经理人把企业搞垮了，他会失业。两相比较，这种奖惩机制，促使经理人要选择把企业做好，获得更高的回报。我国目前经理人市场还极不健全，缺乏经理人资格认证制度、评价制度及科学的遴选制度。

经理人市场的作用主要有：一是为有管理才能的经营者提供更多的机会；二是通过市场"声望"机制直接影响经营者未来潜在的晋升机会和报酬等利益；三是经营者之间的竞争有利于提高经营者的素质和经营者的总体水平。实践证明，经理人市场的发展状况和企业选聘经理人机制的好坏可以直接影响聘任一个好的经营者的概率。

以上分析说明，建立有效的外部治理对于提高公司绩效、保持公司长期稳定和持续发展的势头有重要的作用。而建立有效的外部治理需要具备以下几个条件：

一是非常发达的金融市场，尤其是发达的资本市场。金融市场分为货币市场和资本市场。货币市场是指短期的1年以下的资金信用场所。资本市场是指长期的1年以上的资金信用场所。资本市场又分为证券市场和长期借贷市场，证券市场还分为股票市场和债券市场。资本市场发挥的功能将越来越全面，其涵盖资源配置、价格发现、风险管理和公司治理等多种功能。货币市场主要是解决流动性问题,资本市场主要解决投资和资产管理的问题。资本市场的效率是指资本市场实现金融资源优化配置功能的程度。

二是股份所有权适度分散的开放型的公司,股权具有充分的流动性。股权流动是根据社会化大生产的要求灵活地分配资源和有效地组织资本的有效形式,是保证股东权益,保障对经理人员有足够外部约束力的重要方式。在现代股份公司制度下,所有权与经营权是相分离的,对于大多数股东来说,他们不可能都来参与公司治理。在这种情况下,制约经理人员的一种有效方式,就是提高股权的流动性。另外,只有股权是流动的,潜在的股权竞争者才有可能通过市场收集行为来达成对上市公司的控制。由于流动性好使得持有大量股票的成本较小,这样增加了股东持有大量股票的可能,也就减少了小股东"搭便车"的问题,提高了公司治理的有效性。

三是活跃的公司"控制权"和"代理权"争夺市场。控制权是指当一个信号被显示时决定选择什么行为的权威。公司控制权是排他性的,公司形成之后,公司控制权是契约一方在特定情境下影响公司行动路径的权力,它是依法享有的对公司决策、日常管理及财务政策的权力,即对公司的发展与利益的决策权。控制权配置是公司治理理论中的核心问题。公司控制权是权力主体对作为客体的公司所施加的边际影响力,在边际影响力尚未达到临界点前,公司控制权的内容包括众多的权能及实现这些权能的途径,其中就包括经营管理权,一旦达到临界点,公司控制权则体现为对公司生命机体予以致命影响的能力,可以将管理权视为控制权从量变到质变的积累过程。公司控制权具有实质的经济价值,即控制权收益。控制权收益指经营者获得的利润以外的所有收入及公司开支的消费。公司控制权一般通过控股权取得,也可以通过征集委托投票权等方式取得。虽然控股权并不等同于控制权,但是控股权是获得公司控制权的条件之一。

不同国家和地区的上市公司收购法对控制权做了专门规定。例如,《香港公司收购及合并守则》对控制权就做出了明确界定:"除意义另有所指,控制权须当作持有或合共持有公司35%或以上的投票权,不论该(等)持有量是否构成实际控制权。"英国《伦敦城市守则》也对控制权做出了明确界定:"控制权指持有或合共持有公司30%或以上股票权的股份,不论该(等)持有量是否构成实际控制权。"

公司控制权市场是不同的利益主体,通过各种手段获得具有控制权地位的股权或委托表决权,以获得对公司的控制而相互竞争的市场。公司控制权市场并不是一个实际意义上的市场,而是指公司之间收购兼并活动发生的一个虚拟领域,它既包括证券二级市场,也包括场外股权交易市场,还包括一切可实现产权转让的有形或无形的方式或场所。公司控制权的争夺,是指公司的各个不同利益主体为获取公司的决策控制权而采取的种种策略和行为,具体包括发起方的主动争夺与目标方的适时防御。公司控制权市场分为内部市场和外部市场两部分,董事会是一种引入市场机制的制度,是公司控制权的内部市场;接管则被认为是公司控制权的外部市场。因此,公司控制权在一定条件下会在内外部市场间进行切换,从而起到自动约束经营者的作用,这是控制权市场动态性的表现之一。

控制权的具体交易方式依赖于公司的所有权结构。在英、美等国家公司所有权结构较为分散,"可竞争的潜在的竞争者"可以通过直接购买股份或发出收购要约方式获得公司控制权。在欧洲大陆国家和新兴市场中,由于所有权结构较为集中,公司的控制权是"锁定"的。潜在竞争者只有与控股股东谈判并经过后者同意后,才能获得公司的控制权,因此,控制权交易在这些国家中主要以"协议转让"方式,而不是以恶意收购的形式进行。与高度集中的股权结构和高度分散的股权结构相对应,控制权的主要转让方式是"协议收购"和"要约收购"。

按照是否通过证券交易所公开交易,收购分为协议收购和要约收购。协议收购是指收购方和被收购方的第一大股东,在证券交易所之外以协商的方式,通过签订股份转让协议来进行股份的转让。这既是排斥外部竞争的表现,也是收购方降低收购成本的重要保证。要约收购是指公司直接向目标公司的股东发出要约,收购全部或部分发行在外的股票,从而控制目标公司。要约收购股权一旦超过30%,收购方就必须向其余股东发出购买股票的要约。

公司控制权市场的运行主要有三种方式,即善意收购、恶意收购接管和代理权之争。善意收购虽然能产生效率和效益,但对解决代理问题作用不大;恶意收购接管是公司控制权市场解决代理问题的主要手段;"代理权"之争对解决代理问题无疑起着很大的作用。

代理权争夺是持有异议的股东,通过资本市场征集委托表决权,以获得股东大会控制权的行为。股东权益的委托性是代理权争夺存在的基础。股东表决权可以委托给其他股东,造就了委托表决权的争夺,控制了委托表决权就能控制股东大会,进而控制董事会和掌握公司控制权。代理权争夺的原因,是股东对公司的经营状况或发展战略不满,而自身又没有足够的资本资源通过并购获得公司控制权,故转向征集委托表决权的低成本公司控制权争夺方式。持有异议的股东要想获得其他股东的支持,必须提出具有吸引力的战略调整规划,包括兼并重组计划、资产重组计划或者主业发展调整计划,显示出新的公司管理层有能力通过公司发展战略的调整给公司经营带来好处,给公司股东带来收益的增加,以获得其他股东给予的委托表决权的支持。股东有权罢免不称职的经营者,标准的做法就是代理权竞争,提出一个候选人,说服其他股东相信他能比在职的经营者干得好,而投票支持他。总的来说,代理权争夺的目的主要就是重组董事会与监事会、撤换企业经营者、调整公司发展战略。

代理权争夺的重要特点是对公司控制权的获得具有暂时性。持有异议的股东通过代理权争夺取得公司控制权,但对公司控制权起主导作用的仍是公司所有者的股权。如果持有异议的股东的发展战略调整未能达到预期效果,就会失去其他股东的支持,从而失去公司的控制权。代理权竞争作为一种治理机制,被认为是股东约束和罢免那些不称职甚至是故意损害股东利益的经营者的基本工具和有特性的做法。

发展控制权市场要推进股权结构合理化,推进外资和民间资本通过收购进入上市公司;还要改善有关收购的法律环境。为推动控制权市场的发展,前几年我们已经进行了"股权分置"改革,实现了上市公司的"全流通"。"股权分置"是指公司同时设有两种不同的股票,其中国有股和法人股不流通,社会公众股流通,并且两种不同的股票价格不同,权利也不同。"全流通"是指在承认中国股市特有的非流通股与流通股市场分裂状况下,本着尊重历史,公平合理地解决非流通股与流通股不平等的问题,解决非流通股的流通性质,从而达到中国股市全部是同股同权同价的流通股。"全流通"概念并不是简单地照字面解释为"全部流通(出来)"的意思,"全流通"是指允许所有股票流通,允许其流通与其愿不愿意流通是两个问题。"全流通"有利于降低大股东的持股比例,真正实现股权主体的多元化;实行公司相互持股和职工持股,建立有效的相互制衡机制;提高活性股的比例,增加股权的流动性,使经营不善的公司随时有可能被收购重组,发挥外部治理的作用。"全流通"有利于优化股权结构,实现股权结构合理化,有利于强化公司外部治理。

四是建立充分竞争的经理人市场或企业家市场。在传统的计划经济体制下,我国没有经理人市场,国有企业经理属于国家干部,由政府或党务部门来任免。由于政府或党务部门不是真正的股东和出资者,不拥有企业的剩余索取权。因此在任免时往往忽视经营管理者的经营能力和经营绩效,造成经营管理者的选择和连任与资产保值增值和企业的经营绩效无关的局面。有关部门曾发布了一项抽样调查,其中显示,67.3%的国有企业经营者最关心的不是国有资产的保值增值和企业经营的好坏和盈亏状况,而是来自上级主管部门对自己的评价。而且许多经理人根本不具有经营才华和管理企业的能力。市场经济体制改革以来,随着企业改革和公司治理的改善要求的深入,人们对建立经理人市场的呼声也越来越高,这是提升公司治理效率的必要条件。

五是要建立多层次、完整的公司治理法规体系,建立有效的外部监管部门,形成良好的法治秩序,并实施完善的执法机制。人们通常说,市场经济就是契约经济,契约经济就是法制经济。因此建立有效的公司治理结构必须加强法治建设。公司制度治理的多层架构:一是公司内部规则和自律性场所与组织的业务规则;二是部门规章和行政法规;三是公司法强制性规则。

六是上市公司市场准入和退出机制市场化运作。

公司外部治理也有一定的局限性。由于公司内部治理失灵,代理人有许多办法阻止或延迟不利于自己的市场信号出现,最典型的方法就是财务造假。因此,外部治理机制的主要缺陷在于信号的滞后性,即外部市场向契约参与者发出的信号,是对机会主义行为的事后反映。另外,共同接管市场可能出于个人和经济势力的动机而不是经济效率,使接管市场往往偏离股东的利益;经理人市场可能由于在职管理人员的抵制,以及许多非经济因素的考虑,也可能使之失灵。

我们前面分别分析了公司的内部治理和外部治理,在现实经济生活中,二者在公司治理中各有长短,具有很大的互补作用,缺一不可。但是内部治理和外部治理也存在着很大的差异。首先,外部治理主要是市场对公司的治理,市场中的权利分配是对等的,交易充分自由。而内部治理是通过公司内部各个权力机构的相互制衡来实现对公司的治理,在公司内部权力分配是不对等的,必须有一个中心的权威机构来统一控制、监督和管理公司的经营活动,公司内部的交易自由是受到限制的。公司内部制衡在内容上体现股东大会、董事会、总经理和监事会的制约关系,并且重大决策大体上显示"股东积极主义"的原则;外部约束常以强制手段改变公司股权结构,从而促使公司在做出重大决策时重视内部制衡对外部约束的适应性。其次,外部治理更多地具有事后性的特征,对经理人机会主义行为的惩罚是一种事后的惩罚。而内部治理通常具有前瞻性,可以通过有效的防范措施把一些代理问题的苗头扼杀在萌芽状态。再次,外部治理和内部治理在逻辑层次上是不一样的。外部治理处于主动地位,它为内部治理提供有效的信息,是内部治理的首要条件和基础。内部治理则是外部治理的内生性制度安排。判断公司内部治理是否有效,要以外部治理状况为依据。

对于一个公司来说,内部治理和外部治理通常是不可能完全均衡、主次不分的。如果硬要脱离公司实际,寻找二者之间的均衡点,可能会使公司的内部治理与外部治理的效果相互抵消。一个公司以什么样的治理为主,还要看是否具备与之相适应的条件。比如,日本公司持股形式主要表现为主办银行持股、企业集团交叉持股、法人塔式持股和股权法人化,股权流动性差,外部治理就受到限制,就应以内部治理为主。需要指出的是,法人持股的主要动机,不在于获得股票投资收益,而在于加强企业之间的业务联系,通过稳定企业来追求长期资本增值,这与美国共同基金持股目的的本质不同。

股权结构是公司治理的基础。公司股权结构决定着公司控制权的分配,决定着公司所有者之间的协调机制。公司股权结构直接关系到公司治理的特点。

英美的股权结构决定了英美只能以外部治理为主。美国股权相对分散,流动性强,外部治理发挥着主要作用。英美公司的股份分散和经理人持股较少,实施治理成本很高,而且在很大程度上会导致投资者对公司的监控不力。因此,股东依托发达的资本市场,通过买卖股票实现对公司的影响,并以此对代理人形成间接约束。英美公司运作透明,有较健全的法规体系和有力的执法体系,公司治理可通过对经理人的激励和有效监督实现股东利益最大化,可通过资本市场的机构投资者和并购机制的启动,保持治理的外在压力。在英美,一般要求公司向他们提供详细的财务数据,要求证券市场管理者制定规则以确保交易的公平性。当公司出现治理问题时,小股东会"用脚投票",公司价值可能会被低估,此时,投资银行家和机构投资者可能会启动资本市场的购并和接管机制,纠正市场的无效率,并从中获取利润。其主要做法是,收购公司并对公司实施有效治理,从而提升公司价值。

日本和德国的股权结构和证券市场特点决定了日本和德国只能以内部治理为主。日本和德国的股权结构的特点是法人相互持股、证券市场特点是不发达,十分疲软。

法人持股,特别是法人相互持股是德、日公司股权结构的基本特征,在日本公司中更为突出,控制企业股权的主要是法人,即金融机构和公司。法人股东具有较少的投机性,一般不轻易出售股票。在法律上对法人相互持股没有限制,因此,德、日公司法人相互持股包括几个公司间的循环持股非常普遍,形成了一个"命运共同体",由互相信任、支持的企业家控制着企业,使这些经营者在公司中居主导地位。这种股权结构决定其股票流动性极差,不利于外部治理,只能以内部治理为主。

相应的机制的设计,主张股东通过董事会的制衡、完善的审计和信息披露制度、股票市场和经理人市场等的竞争、债务的约束和激励等机制,来有效地激励约束经理层的行为,实现公司价值最大化。

内部治理与外部治理共同解决代理问题如图5—8所示。

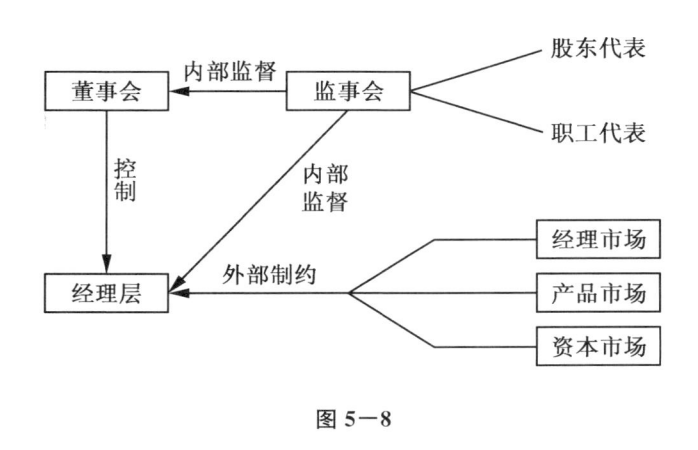

图5—8

公司治理的改善靠2个关键因素驱动:一个是外部压力情境,另一个是内部激励机制。外部压力情境是公司治理改革的方向,内部激励机制是决定在这个方向上的力度。内部本身的动力,常常需要外部压力激活。

二、单边治理和共同治理

从企业所有权安排,即剩余索取权与剩余控制权安排的角度看,公司治理分为单边治理和共同治理。作为公司治理的企业所有权安排本身不是目的,而是实现剩余索取权和剩余控制权最好对应的一种手段,当事人的风险态度和其承担风险能力是获取企业剩余的前提。

剩余索取权是与合同(特定)索取权相对应的权利。剩余索取权是一个既涉及所有者又波及其他利益相关者的问题。合同索取权是按合同索取收入的权利,工人按合同索取工资,经理人按合同索取年薪,债权人按合同索取本金和利息,土地和房屋出租者按合同索取租金。工人、经理、债权人和出租者都是公司合同索取权拥有者。公司的剩余索取权是指企业产品销售收入扣除各要素价格和税收后的余额。公司销售产品获得收入后,首先要给各要素所有者支付报酬,如向工人支付工资、向企业家支付年薪、向资本所有者支付利息和向土地和房屋所有者支付租金等,然后再向国家支付税金。最后剩余的部分归公司的所有者股东所有。剩余索取权主要表现在收益分配优先序列上"最后的索取者",也就是说股东是公司最后一个获得收入的人,即公司风险的主要承担者。当代企业理论发展的一个里程碑就是阿尔钦和德姆塞茨在1972年提出的"剩余索取权"假说。

"剩余索取权"假说在主流经济学中所造成的最大进步,就是承认了资本主义企业所有者的收入是在生产过程所榨取的剩余,这个剩余是企业的产出超过按市场价付给企业使用的所有投入的报酬之后的余额。"剩余索取权"假说的核心论点之一,是团队生产需要监督人。而为了使监督人有足够的动力,就必须给予这个监督人以剩余索取权。这实际上是把资本主义企业的利润看作企业管理者的劳动报酬。

在马克思主义经济学看来,利润是资本家所榨取的剩余价值,它是资本家雇佣劳动,在企业中支配和控制劳动的产物。为了控制劳动以获取剩余,资本家需要管理企业,需要有监工,但是企业的利润并不是管理者的工资,而宁可说成是管理工资以外的剩余部分。在西方经济学看来,正常情况下,不存在经济利润,西方经济学所说的经济利润就是超额利润,这是西方经济学与马克思经济学的不同。

一般来说,产生经济利润的原因主要有三个方面:其一是风险,风险是指某种事件尤其是不利事件发生的可能性,当该事件发生的可能性越大,则风险越大。由于大多数人倾向于回避风险,在预期收益给定的情况下,人们比较愿意接受较为稳定的收益。在企业经营管理活动中,决策效果是充满风险的,因此为了促进人们愿意承担一定的风险,必须有一定的经济利润对之进行补偿。

其二是创新,创新是指厂商提供新产品、引入新的生产方法和新工艺、采用新原料、开辟新市场、建立新的销售方式和组织等,由此获得了经济利润。事实上正是人们追逐经济利润,才使得新产品等创新层出不穷,整个经济向前发展。

其三是垄断或者不完全竞争,即一个市场上少数几家厂商独占了某种产品的生产和销售,这时垄断者就可以通过限制产量,提高价格,获得经济利润。此外,垄断者通过一定的手段限制新的进入者进入本行业以维持垄断地位,从而阻止经济利润流出本行业,或者阻止其他厂商进入本行业分享经济利润。

剩余控制权是合同中没有规定的权利。剩余控制权是与合同控制权(特定控制权)相对应的权利。合同控制权是合同规定的权利。根据产权理论,控制权按照有无契约规定可以分为特定控制权和剩余控制权。剩余控制权是不完全契约理论最核心的概念,由于不完全契约不能把各种条件下的所有权利和责任规定得清楚和完备,因此没有明确规定的那部分权利就是剩余控制权。

如果契约是完全的,那么特定控制权就包括了全部权利。如果契约是不完全的,那么凡是契约中未给予明确界定的权利就是剩余控制权。剩余控制权就是可以按任何不与先前的合同、惯例或法律相违背的方式决定资产所有用法的权力。剩余控制权主要表现在"投票权"上,拥有投票权也就是拥有契约中没有说明的事情的决策权。

用什么来定义企业的所有权,在企业理论中有三种不同的看法。一些人认为,应将企业的所有权定义为企业的剩余控制权;另一些人认为,应将企业的所有权定义为企业的剩余索取权;还有一些人认为,应将企业所有权定义为企业剩余索取权和剩余控制权的统一。以格罗斯曼和哈特为代表的一些经济学家持第一种观点,他们认为,企业的剩余控制权是最重要的,因为同剩余索取权相比,剩余控制权是实质性的权力,剩余索取权在某种意义上只不过是剩余控制权的逻辑延伸,除非法律特别限制,否则让拥有剩余控制权的人放弃剩余索取权几乎是不可能的。而且从现实经济生活来看,也是如此。在现实经济生活中,拥有剩余控制权的人总是或多或少或明或暗地拥有剩余索取权,但是反过来,拥有剩余索取权的人未必能够拥有剩余控制权。从这种意义上说,剩余控制权的分享才是真正的企业剩余权力分享。第二种看法认为,企业所有权应主要定义为企业的剩余索取权。因为所有权不能在经济上得到实现是毫无意义的。企业所有权在经济上的实现形式可以理解为索取企业剩余收入的权利。拥有企业所有权的人才能够和必然地索取企业的剩余收入,而索取企业剩余收入的人也必须以拥有企业的所有权为前提。此外,拥有剩余控制权并不一定意味着拥有了企业的剩余索取权,如董事会中的外部董事参与企业的重大决策,拥有企业的重大控制权,但由于其并不是企业的所有者,并不拥有企业剩余索取权;而拥有剩余索取权,也并不一定就拥有了企业的剩余控制权,如众多的中小股东并不参与企业的重大决策,剩余控制权与剩余索取权之间在实际上并不存在一对一的映射关系。第三种看法认为,应将企业的所有权定义为企业剩余索取权和企业剩余控制权的统一。这种看法认为,只有企业的剩余索取权,或只有企业的剩余控制权,都不能说其拥有完整的企业的所有权。

为什么要确定企业的剩余索取权呢?在契约不完备的情况下,企业投入生产要素后不可能得到确定的产出,所以不可能所有的人都获取固定合同的支付,总有一部分人要承担生产不确定带来的结果,即索取剩余。股东是剩余索取者,他们承担着边际上的风险。为什么要确定企业的剩余控制权呢?由于不确定性,一些偶然因素没有在合同中得到明确说明,在执行契约中往往造成各方冲突,并出现相关各方按自己利益决策和行动的情况。在这种情况下,让一方有剩余控制权可以降低交易成本,提高效率。可以说,剩余控制权是为了克服企业可能面临的种种不确定性而设立的,可以说剩余控制权是一种克服不确定性的装置。

怎样的剩余控制权安排是最有效率的？一是剩余控制权与剩余索取权相匹配。公司本质被界定为利益相关者产权契约联结体。其核心思想是,公司产权契约的实质是公司财产权契约,公司财产权契约的本质是剩余索取权配置,剩余索取权配置的效率最大化原则是剩余索取权与剩余控制权相对应。西方企业理论大多把剩余索取权和剩余控制权统一定义为所有权。

二是剩余控制权与其所需要的专门知识相匹配。在现代企业的实践中,企业的控制权、剩余控制权,甚至剩余索取权并不单纯是所有权的副产品,权力的来源更趋于多元化,如视野、思维、观念、信息、知识、能力、信任、社会资本、管理经验和权利均衡等。

公司内部权力的配置应该按效率最大化的目标设计。按照效率最大化原则把公司剩余控制权授予给股东不合适。股东分享剩余控制权受到两个因素制约,一是股东作为局外人(表面是局内人,实际是局外人)对企业具体的生产经营状况的信息掌握不多,经营才能有限,从而使得由他们行使剩余控制权的决策成本(包括决策失误的损失)太高;二是由于股东人数众多、交易成本高,以及可能的"搭便车"行为,从而使得他们享有剩余控制权极不现实。

按照西方新制度学派的企业理论,企业剩余索取权授予企业的经营者比授予一般劳动者更有效率。因为这不仅使经营者有动力,而且使其监督劳动者有积极性。经理人拥有剩余索取权是为了解决企业其他成员以及自身的道德风险问题。因为如果赋予经理人剩余索取权,让经理人承担生产经营结果不确定的大部分风险,那么就会降低经理人采取牺牲其他成员利益的道德风险行为,而且经理人也会有动力去监督其他人员的努力水平,以追求剩余收益最大化。假如委托人承担所有风险,并且支付经理人一个固定报酬,就相当于给经理人一个完全保险,这样经理人就不会选择最高的努力水平,而会尽可能地偷懒;反之,如果由经理人承担所有风险,即委托人根据随机的产出结果来奖赏或惩罚经理人,相当于完全由经理人承担风险,其结果是,要么他们的报酬很高,则委托人得到的利润很低,要么报酬不足够高,经理人会因为风险太大感到不合算。这种合约当然也不会是有效率的风险分担。因此,最好的合约设计是能够对激励提供风险分担进行有效的折中。

经理人拥有剩余控制权是因为经理人的人力资本相对于其他生产要素更为

重要，而且取决于企业资产的互补性（或独立性）程度。企业的剩余索取权与企业的剩余控制权在资本与劳动之间的分布状况，一方面取决于双方的性质和实力，即双方的力量对比；另一方面取决于二者的稀缺程度或供求状况，并随着这两方面情况的变化而变化。

公司管理者对公司拥有的控制权很少体现在分散的日常经营管理职能之中，而是通过公司董事会载体来实现的。在现代企业中，董事会并不仅仅是一个股东控制的受托机构，而是参与公司契约的投入专用性资产的各要素所有者共同分享和行使公司剩余控制权的配置载体。

从公司所有权安排，即从剩余索取权与剩余控制权安排的角度来看，公司治理结构分为单边治理和共同治理。

单边治理是指公司的物质资本所有者或人力资本所有者单独拥有公司所有权，从而行使公司的剩余控制权，并拥有公司的剩余索取权。拥有公司所有权的一方作为公司所有者雇用不拥有公司所有权的另一方。不拥有公司所有权的另一方成为雇员，须按照雇主的意图从事生产经营活动，并获得固定收益。而公司所有者则享有企业的剩余索取权。

按照公司所有权的归属不同，单边治理又可以分为两种类型，一种是股东主权制或资本雇用劳动的单边治理；另一种是劳动主权制或劳动雇用资本的单边治理。在现实经济生活中，纯粹的资本雇用劳动或纯粹的劳动雇用资本，这样两种企业所有权的集中分布的情况，只能发生在两种极端的企业类型中，前者是古典企业，后者则为纯知识型企业。而在大多数情况下，是企业的所有权分散分布于企业不同的主体。典型的单边治理虽然有两种，但从实际经济生活来看，单边治理主要表现形式为股东主权制的单边治理。

股东主权制的单边治理，是指公司的物质资本所有者——股东——单独拥有公司所有权（剩余索取权和剩余控制权）。其理论依据是"股东至上主义"。世界各国的商法和公司法均根据物权法理作此认定。

所谓"股东至上"的逻辑，就是指公司是股东拿钱办的，管理层和员工是股东拿钱雇的，因此公司制度效率的度量标准在于所有者或股东的利益最大化，如果经营者的自由处置行为损害了所有者股东的利益，即意味着公司的治理有问题。

物质资本是用于生产物品与服务的设备与建筑物存量。物质资本所有者指的是那些拥有货币、有价证券等金融资产的人，或者那些拥有土地、设备、建筑物等有市场价值的实物资产的人，也可以是那些拥有具有市场价值的产品品牌、专利技术等无形资产的人。随着经济的发展，无形资产的比重不断提高。

劳动主权制或劳动雇用资本的单边治理模式,是指公司的剩余索取权和剩余控制权对称地分布于公司的劳动者。其理论依据是"人力资本"理论。

劳动主权制或劳动雇用资本的单边治理,虽然在现实经济生活中存在,但只存在一些科技含量高和附加值高的高新技术企业,以及会计师事务所、律师事务所等一些部门,这些部门物质资本少,人力资本多。因此,这种治理模式在实际经济生活中并不占主导地位。对于专业服务机构来说,最有意义的不是资金,而是专业技能,如果单纯实行按股分红,显然抹杀了专业技能的贡献。因此有必要实行劳动主权制的单边治理。

劳动主权制或劳动雇用资本的单边治理模式的特点:一是决策权由劳动者(员工)控制,企业内部实行1人1票制;二是纯租赁型企业,劳动者(员工)不拥有资本,但租赁资本,资本所有者享有固定利息收入;三是劳动者(员工)分享企业的剩余收入——利润,不是按契约领取固定工资;四是劳动者(员工)追求人均收入最大化。

人力资本是通过教育、培训和经验而获得的知识与技能。技术知识是社会对生产物品与服务的最好方法的了解。人力资本是指把这种理解传递给劳动力的资源消耗。人力资本所有者是指具有经营管理知识的企业高管人员和掌握先进科技知识的工程技术人员,以及具有一般劳动能力的普通劳动者。教育投入形成的只是潜在的人力资本,其本身并不是现实的人力资本,与之相结合的制度自由化程度决定其转化为现实人力资本的程度。根据使用场所转移之后价值是否发生变动,人力资本通常划分为专用性人力资本与通用性人力资本两大类。物质资本所有者与人力资本所有者在企业契约中虽然都是平等的要素提供者,但物质资本与人力资本产权特征的差异,决定了它们的要素所有者在初始缔约组成企业时具有不同的谈判地位。物质资本所有者股东拥有剩余控制权与剩余索取权是企业缔约初期的一种最可能的制度安排,而现实生活中剩余权力的分享格局有时不同于企业初始谈判的均衡的结果。

关于人力资本,在经济学界有不同的界定。有一种观点认为,人力资本与人力资源是同义语,人力资本不仅包括具有经营管理知识的企业高管人员和掌握先进科技知识的工程技术人员,也包括普通劳动者。另一种观点认为,人力资本不同于人力资源,人力资源的外延大于人力资本的外延。只有具有经营管理知识的企业高管人员和掌握先进科技知识的工程技术人员,才是人力资本所有者,普通劳动者只是人力资源所有者,而不是人力资本所有者。

按照舒尔茨的研究,在美国半个多世纪的经济增长中,物质资源投资增加

4.5倍,收益增加3.5倍;人力资本投资增加3.5倍,收益却增加了17.5倍。舒尔茨还指出,从1919年到1957年的38年中,美国的生产总值增长额中49%是人力资本投资的结果。人力资本才是对经济增长起作用的非常重要的因素,不是土地,不是数量上的劳动力,也不是银行的钱或机器设备,而是人力资本,是人的质量,包括人的进取心、人对风险的态度、人的知识的累积程度和应用技术的能力。

物质资本是不同于人力资本的。物质资本与其所有者可以分离以及物质资本具有市场转换价值和抵押性;人力资本与其载体不可分离,决定了人力资本具有不可转让和不可抵押两种属性,这些属性同人力资本信息不易对外显示的特征结合在一起,共同导致了人力资本所有者在企业剩余权力初始安排中的相对被动地位。

由于物质资本具有普适性、稳定性和可抵押性,可以被其他成员做"人质",因此,物质资本所有者进入企业之后,在一定程度上向其他成员提供了保险,成为"天生"的风险承担者。于是,有动力对其他成员进行监督,做出最优的风险决策。相比之下,人力资本天然与其所有者结合在一起,不具有普适性、稳定性和抵押性,不具有承担风险的能力。

单边治理,特别是资本雇用劳动的单边治理,是一种人类社会长期运用的古老的形式。资本雇用劳动的单边治理在工业经济时代起了巨大的作用,但是,随着经济的发展暴露出了许多缺陷,对经济发展产生了抑制作用。这种模式缺陷产生的原因,一是这种模式基于资产经营风险抵押功能,把公司所有权天然地赋予了物质资本投入者,夸大了资本投入者的绝对权威,忽视现代公司中信息、创意、知识和能力等无形资源正占据着越来越重要的地位。

二是公司剩余索取权与剩余控制权在实际上非对称分布,不利于提高公司的经济效率。所谓对称分布,是指企业剩余索取权和剩余控制权授予相同的主体。所谓非对称分布,是指企业剩余索取权和剩余控制权授予不同的主体。大家都知道,按照各国20世纪80年代前旧的公司法规定,公司剩余索取权和剩余控制权作为所有权的内容归公司的所有者——股东——所有。因此,从法律上看,公司的剩余索取权和剩余控制权是对称分布的。

随着经济的发展,大股东对企业控制权逐步萎缩,因为股权越分散,需要专业的知识越高,股东控制决策的成本就越高,所以股东通常除保留剩余索取权和少数几项最终决策控制权外,已将企业多项决策控制权授予了董事会行使。而董事会除保留聘用和解雇首席执行官、重大投资、兼并和收购等控制权外,又将包括日常生产、销售等权力在内的企业部分控制权授予给了企业的经营管理层。这一切都说明,在现代企业中,企业的控制权是分散的、是多层次的,分布于企业决策系统内部的各个阶层,如股东掌握着将企业资本交给谁做的监督控制权;董事掌握着企业做什么的决策控制权;从事专业化管理的管理人员和从事生产研制工作的技术人员掌握着公司怎样做或以什么方式做的执行控制权。并且企业控制权在股东、董事会和经理之间的划分并不是非常清楚的,在控制权的公共所有部分或模糊地带,谁进谁退,主要是靠彼此的默契。但是,在现代企业理论中,人们通常把企业的最终决策控制权定位为企业的核心控制权,其他控制权都是由核心控制权派生的,包括由核心控制权约束下的各种形式的内部授权产生的控制权。因此,现代企业理论把重心放在了对核心控制权的关注和研究上。

以上分析说明,经过企业内部的两次授权后,企业的绝大部分控制权已不在所有者股东手里,而是转到了董事会和经理班子手里,这样有企业剩余索取权的股东,很少有企业的剩余控制权,有企业剩余控制权的董事会和经理班子,没有或很少有企业的剩余索取权。因此,出现了企业剩余索取权和剩余控制权虽然在法律上是对称分布,实际上是非对称分布的状况。由于剩余索取权和剩余控制权在实际上的非对称分布,缺少对经营者、管理者和技术人员的有效激励,造成了公司的低效率。因为,有剩余控制权而无剩余索取权的经理人、管理者和技术人员常常不思改进公司经营管理方式和实现技术创新或滥用控制权;有剩余索取权而无剩余控制权的股东常常不计资源的消耗,单纯追求更多的收益。健全的产权应该是剩余索取权与剩余控制权相统一的产权,没有剩余控制权的收益权是被动的、固定的、空洞的收益权,没有剩余收益权的控制权是缺乏激励的控制权。心理学研究表明,只要成本和收益不发生在一个人身上,就会产生动机问题。因此,只有将剩余控制权和剩余索取权结合起来,并使二者落在同一个主体上,才能构成一个完整的产权。完整的产权能让决策者承担自己决策的风险,在行使控制权和索取权时达到一个均衡状态,使产权获得相对稳定的性质。所以,只有对称分布的剩余控制权和剩余索取权才能实现资源的有效配置,才能对契约当事人形成有效的激励。参见本章第一节的内容。

剩余索取权具有激励功能。如果一个人只能获得事先规定的固定收入,而不享有剩余索取权,他劳动的努力程度和他的收入没有直接关系,理性人会选择"偷闲"。但是,如果他拥有剩余索取权,他努力工作能带来收入的增加,这就可以激励他更努力地工作。剩余索取权相当于给"偷闲"施加了一种约束,剩余索取权的拥有者会自己衡量闲暇与收入的关系,但是一般情况下,闲暇将会减少,他会更努力地工作。将剩余索取权"平均"分配给全体成员,也不是最有效率的分配方式。契约当事人在进入契约之前拥有不同的资产,并且他们各自拥有的资产是有差异的,当他们进入契约之后,这种资产的差异性就成为决定契约内剩余索取权的重要依据。

从法权的角度认定,所有权是权利的来源。当契约中出现未对资产使用的某些方面做出规定的情形时,资产的所有者拥有决定资产使用的剩余控制权是合理的,也是有效率的。资产是一种财富形式,所以很容易被滥用。如果把资产的剩余控制权配置给非所有者,那么,剩余控制权的持有者的掠夺性使用资产和其他短期行为将很难避免,在这种情况下,资产会加速地损耗。最珍视资产的人是资产的所有者,将剩余控制权配置给所有者,以一种"自然而然"的方式遏制了滥用资产的机会主义行为,资产所有者为维护自己资产能起到很好的监督作用,充当"财产监护人"。

实践证明,企业的剩余索取权与企业的剩余控制权的分布是不能完全用"看得见的手"来强制安排和执行的。现代企业理论发现了企业的契约性质,就在于企业所有权的配置是给定制度下当事人之间谈判协商的结果。这正是物质资本所有者——股东——在获取了法律上授予其的最初的全部的企业剩余索取权和企业剩余控制权之后,为什么还会做出相应调整,放弃部分剩余索取权和剩余控制权的原因。放弃企业部分剩余索取权,是股东为了激励企业内部其他利益相关者;放弃企业部分剩余控制权,是由于信息不对称,技术业务知识不够和精力不足,股东无力完全有效地控制企业。同时,二者又完全是股东与企业其他利益相关者博弈的结果。

为了有效地激励企业内部利益相关者,企业逐步向企业内部利益相关者让渡了企业的部分剩余收入。从而,在现实生活中的实际情况是,相比而言,企业的剩余索取权是比较分散的,而企业的剩余控制权是相对集中的。企业中剩余控制权相对集中而剩余索取权相对分散的现实,虽然从表现上看,是违背了现代企业理论关于剩余控制权与剩余索取权相对应的基本准则,从而有可能偏离企业剩余权力安排的效率轨迹,但只要剩余索取权分散配置的决策是由拥有核心控制权的人做出的,那么这种决策就不会偏离企业剩余权力安排的效率准则。也就是说,从更现实的角度看,有效率的企业剩余权力的安排并不意味着剩余索取权与剩余控制权必须一一对应,而是体现了剩余控制权与剩余索取权的大体对应。

人力资本的特点决定了其所有者在企业的初始剩余权力安排中将处于劣势

谈判地位,从而使物质资本所有者获取了企业初始剩余权力。但另一方面,人力资本难以观察的产权特征,也意味着人力资本所有者在劳动中是否尽心尽力同样是难以观察的。也就是说,虽然人力资本所有者在企业缔约的初始谈判阶段处于劣势,但缔约后的劳动过程中,人力资本难以观察的特征会使人力资本所有者可以利用自己的这种不易被人观察的私人信息,通过消极怠工和偷懒的方式来提高自己的福利。所以,对一家企业来说,一般性合约只能保证最低的效率,缺乏激励的雇员最策略的办法是按照契约规定,消极地应付雇主的安排,在努力不会得到相应收益的情况下,雇员会想尽一切办法避开雇主的监督而"偷懒"。考虑到人力资本易于隐藏的这种产权特征,雇主为了自己的利益,也会采取一定的激励措施使雇员的收益与其努力水平联系在一起。其中,利润分成是一种常用的卓有成效的办法。而利润分成是一种典型的剩余控制权集中而剩余索取权分散的实例,因为它体现了上述关于剩余控制权与剩余索取权的分配权相对应的准则。

与单边治理相对应的是共同治理。那么,什么是共同治理呢?共同治理是一种混合主权制,是公司的剩余索取权和剩余控制权分散对称地分布于公司的主要利益相关者之间。即公司的决策只能是利益相关者调和的产物,重要的是通过决策使冲突转化为合作。其理论依据是"利益相关者原则"。

共同治理的实践20世纪60年代后期始于美国,它是作为对企业单纯追逐利润最大化倾向的批判和后工业化社会思潮延伸的企业社会责任与伦理问题讨论不断深化的结果。共同治理以法律形式出现是20世纪80年代后期。

共同治理作为一种混合主权制的治理,不存在纯粹的"资本雇用劳动"模式和纯粹的"劳动雇用资本"模式。共同治理模式强调物质资本所有者和人力资本所有者共同拥有企业所有权,但是,并不意味着所有权的平均分配,由于物质资本所有者与人力资本所有者在不同企业中的重要程度不同,因而双方在不同企业中拥有的所有权比例也不相同。

根据各利益相关者在企业中的地位,共同治理可划分为三种类型:一是物质资本所有者——股东——主导的共同治理,即物质资本所有者拥有的企业所有权比例大于人力资本所有者的共同治理,也可以描述以物质资本所有者——股东——利益为主,兼顾其他利益相关者的利益。股东主权制主导的共同治理就是股东优先的利益相关者共同治理。这是当前世界各国共同治理的主要形式。

二是人力资本所有者主导的共同治理,即人力资本所有者拥有的企业所有权比例大于物质资本所有者的共同治理。

三是"平等"的共同治理,即物质资本所有者与人力资本所有者拥有的企业所有权比例相等的共同治理。虽然现实社会经济生活中的共同治理有三类,但最广泛存在或运用的是物质资本所有者主导的共同治理。以谁的利益为主和利益分配的多少有关,同利益的排列的先后顺序不是一个问题,以股东利益为主并不等于股东的利益优先于顾客的利益。

谁是公司最关键的利益相关者,公司治理中以谁的利益为主,一是取决于谈判力,也就是资产的专用性;二是取决于资源的稀缺程度;三是取决于对公司风险承担的程度;四是取决于对公司的贡献大小,而对公司贡献的大小,通常又是由要素的市场价格决定的。

实践证明,完全的单边治理确实不适合当前经济发展的要求,但在贯彻共同治理时,一定要充分证实物质资本的特殊性,在保证物质资本所有者股东利益的前提下,兼顾其他利益相关者的利益。

共同治理模式的理论依据是"利益相关者"原则。利益相关者概念是1963年由斯坦福大学的一个研究小组提出的。所谓"利益相关者",是指那些为了实现自身目的而存在于企业,且企业为了自身持续发展也依托其存在,与公司有合约关系的个人或者组织。他们通常是在企业内部投入专用性资产的人或组织,他们与企业生产经营行为和后果具有直接利害关系,为公司活动而承担不同程度的风险,具体包括股东、经理人、员工、债权人、供应商、客户、社区和政府等。其中,股东、经理人和员工是内部利益相关者。内部利益相关者相对比较稳定,可识别性高,因此边界比较清楚、稳定。外部利益相关者范围比较广,是模糊的,具有动态变化性,一般来说,主要是债权人、供应商、客户、社区和政府。

与单边治理相比,共同治理使企业的思维方法和行为方式都发生了一定程度的变化,即由过去只对投资者——股东——负责,变成了对所有企业的利益相关者负责,其顺序也发生了变化,以前是把股东的利益放在首位的,现在是首先满足社会需要,对所有的消费者和客户负责。国际经验表明,在成熟的市场经济中,消费者的满足程度是衡量一个企业治理结构优劣的一个重要指标,成熟的投资者也往往愿意为消费者满意度高的企业付出溢价;其次,要同一切合作者结成伙伴关系,相互负责;再次,要对进行物质变换的全体员工和团队负责;最后才是对投资者股东负责。

利益相关者的存在对公司的生存和发展至关重要。没有作为利益相关者的个人或组织的存在,企业的生存和发展是难以维系的。至于向企业投入多少专用性资产或投入专用性程度多高才能算作利益相关者并参与企业的治理,"利益相关者模式"并没有给出确切的回答。资产专用性是契约理论中的术语，特指专门为支持某一特定团队生产而进行的持久性投资，并且这种投资一旦形成，再改作他用，其价值会大跌。或者说，专用性资产的价值在事后严重依赖于团队的存在和其他团队成员的行为。专用性资本包括专用性的人力资本和专用性的物质资本两部分。人力资本的专用性特征，是指人力资本具有某种专门技术、工作技巧或某些特定信息。物质资本（非人力资本）的专用性与其稀缺程度和社会化程度有关。需要指出的是，专用性资产不同于专有性资产，并且二者之间没有必然的联系。专有性资产是指企业团队生产所必需的，同时又难以被替代，这种资源就具有某种"专有性"。

社会生产力越发展，分工与专业化程度越高，利益相关者的群体的联系就越紧密，利益相关者的范围也就越大。资本预付规模很大，分散的私有资本不能独立运作，而当私有产权一旦联合起来，就形成一个资本与利益共同体，就取得了社会化形式。当今社会，在产品市场上，最主要的利益相关者是消费者和供应商。在要素市场上，除了股东，最主要的利益相关者包括提供资本的债权人，提供劳动的雇员，提供土地的土地所有者，提供自然资源的资源所有者，承担环境成本的社会等。

建立在利益相关者基础上的共同治理的主要思想和基本内容是：公司不应只把利润留给自己，而应注重把利润与股东和其他利益相关者共同分享。并且，实现所有股东之间利益的均衡。共同治理提倡，公司通过产品或服务，为顾客提供价值；公司通过创造利润，为股东，尤其是中小股东提供价值；公司通过工资和福利，为员工提供价值；公司通过及时还本付息，为债权人提供价值；公司通过承担对其商业伙伴的责任，建立完善的供应链，在实现自身利益的同时为商业伙伴创造价值；公司通过税收和就业，为政府和社区提供价值等。

公司要通过向客户提供优质的产品或服务，为顾客创造价值。作为消费者的顾客起码有四项权利：安全权、知情权、自主选择权和求偿权。公司的产品对消费者感知、消费者满意度及消费者忠诚度都会产生重要的影响。当消费者利益与股东利益发生冲突时，公司应当尽力兼顾两者利益；如果两者实在无法兼顾，应当优先考虑消费者利益。企业客户对企业决策的建议权，能够保证企业的产品和服务更好地满足客户的需要，有助于企业与客户之间形成长期稳定的合作关系。公司不能受经济利益的驱动，不顾消费者利益，通过生产假冒伪劣产品获取高额利润。

公司通过创造利润和投资者关系管理，为股东，尤其是中小股东提供价值。

公司要通过信息披露与交流,加强与投资者的沟通,增进投资者对公司的认同,提升公司水平,以实现公司整体利益最大化和保护投资者合法权益。

公司通过不断提高工资和福利,为员工提供价值,如果员工待遇低下,对企业归属感不强,忠诚度不高导致士气低落、责任心缺失,有可能会造成严重的生产经营事故,给企业带来巨大的事故支出。雇员比企业的外部股东更具有信息优势。雇员的信息优势是指雇员比出资者掌握了更多的企业内部信息,对企业经营过程中存在的问题有更加深刻的了解和认识。雇员在长期的工作和协调中形成的基于专门的信息交流方式和交易网络的长期稳定关系构成了企业专用性资源的源泉。雇员的信息优势和参与机制能够提高企业决策质量和监督效率。雇员通过这种专用性人力资本投资承担了一定的企业经营风险,从而使雇员的利益与企业发展息息相关。因此雇员参与决策和对企业管理者的监督比股东更有效率。我国一些股份公司目前还没有树立起共同治理的理念,在劳动关系上,使用童工、恶劣劳动条件等尚未绝迹;压低劳动力价格,拖欠员工工资、特别是农民工工资仍时有发生;不按时足额缴纳员工的社保基金还相当普遍。

公司通过及时还本付息,为债权人提供价值,商业银行不仅仅是企业的债权人,也是企业重要的商业伙伴。企业只有履行诚实信用的义务,确保商业银行和其他各类债权人的利益,才可能保证自身在金融市场的信用,并利用金融市场推动自身发展。因为公司的往来账目开户银行十分清楚,银行能够依据掌握的巨大信息对同行业的不同企业进行比较分析,因此作为债权人(银行)比出资者掌握了更多的企业内部信息,对企业经营过程中存在的问题有更加深刻的了解和认识。

公司通过承担对其商业伙伴的责任,实现和完善与供应链上的合作伙伴关系获取双赢局面。对于任何企业来说,自身都只是社会经济活动中的一员,置身于某一产品或服务的产业链之中,既有上游的供货商或服务商,也有下游的商业客户或服务购买者,并且它们都对企业发展产生影响。作为利益相关者的供应链上的合作伙伴关系与传统企业关系是不同的,它是以联盟为基础的长期关系,存在广泛的产品、服务、营销和物流信息的共享,通过联合决策,公司互相依赖。供应商与公司之间形成的长期稳定合作关系,以及供应商与公司之间签订的隐性保险契约,使供应商在与公司合作过程中投入更多的专用性资产而不必担心被企业敲诈,从而显著减少交易成本。公司不能进行商业欺诈和商业贿赂,在市场交易中缺失诚信。我国有些股份公司以虚假广告、虚假促销信息,欺骗和误导消费者。"言不行,行不果"的诚信缺失,是社会的一个突出问题。

以德国为代表的"莱茵模式"强调社会保障体系的建立,利用税收和福利政策来实现社会的和谐和公正。莱茵模式的商业原则以社会公平的理念为基础,强调企业及其利益相关者的相互依赖性,关注企业与所在社区的均衡发展,重视企业的社会责任和环境和谐。莱茵模式强调商业机构在获取自身利益最大化的过程中,维护历史、文化和传统,履行"以人为本"的价值观,保证企业在财务绩效、社会责任和外部环境上的和谐,实现长期可持续的发展。在德国模式下,企业首席执行官的角色多是倾向于低调,更像是整个管理团队的发言人,很少存在英雄式的个人崇拜;在企业的战略决策上,莱茵模式倾向于以"共识"为基础,并采用一个长期的视野;企业比较抵触来自资本市场对短期盈利的压力,而是关注更广泛的利益相关者,包括雇员、顾客、供应商、政府、社区、工会乃至整个社会和未来的利益。具有明显的"以人为本"的价值观,重视员工的发展,着力优质高水平的员工雇用安全和较低的员工流失率,为大多数雇员提供持续的培训,重视员工的内部提拔,同雇员、工会、管理层分享权力。

财阀集团在日本被称为株式会社,是以银行、证券、保险公司等金融财阀为核心的交叉持股的公司集团。这种集团的特点是,与政界联系紧密,形成了所谓的命运共同体。在20世纪60~70年代,日本经济起飞时,这种模式被证明非常成功。它可以迅速调集财阀集团的力量进行赶超式发展,迅速扩张,实力强大,但是一旦遭遇经济危机,其危害也非常集中,一旦龙头企业出问题,很可能将其他连带企业全部拖垮。此外,由于是政商勾结,一旦财阀集团出现问题,政治家会出面帮助解决或拖延问题的解决,但这种操作机制的结果是,把小病拖延成大病,大病拖延成绝症,错过了治疗的最佳时机。

我国在贯彻利益相关者的原则基础上的共同治理方面存在的问题是:第一,上市公司损害中小投资者权益的行为仍时有发生。例如,通过关联交易向大股东进行利益输送,或者进行选择性披露和不公平披露,导致中小投资者权益受损。第二,企业在生产经营活动中较少考虑员工的切身权益。77%的上市公司董事会中没有员工代表,而监事会中员工代表比例未达到1/3的高达59.2%。第三,债权人利益保护被极大弱化,债权人往往成为破产程序中事实上的局外人。第四,环境意识淡薄,涉及上市公司的重大环境污染事件时有发生。

需要指出的是,不要混淆企业所有者与一般利益相关者之间的关系。企业所有者和企业的利益相关者是不同的所有权主体。不要把一般利益相关者(非股东)等同于企业的所有者。非股东的利益相关者只是企业某种权益(或权利)的所有者,而不是企业真正的所有者。利益相关者分享公司的收益和承担相应的风险,但不一定是"剩余收益"和"剩余风险",公司"利益相关者"对公司治理结构有影响也不等于就是直接"参与公司治理"。把一般利益相关者(非股东)等同于企业的所有者,一方面会混淆一系列不同性质的经济关系,如所有者之间的关系与雇主同劳动者之间的关系;股东和投资公司对企业的投资关系与银行等债权人同企业之间的借贷关系;企业内部的生产关系与企业同要素供应商、产品销售者和消费者的市场交换关系;企业内部的管理与企业同政府之间的行政领导关系等。另一方面,将混淆企业内部的剩余价值生产和分配关系与这些价值通过市场在不同主体间再分配关系。将企业外部通过再分配环节分享到剩余价值的人也拉进企业内部当作企业的所有权主体,是不科学的,也与事实不相符。不同的利益相关者与企业的关系以及对企业的影响各有不同,它们的利益要求也存在很大差异。要根据不同的原则,采取不同的方式,满足各类不同的利益相关者的合理要求。

当然,对股东以外的利益相关者是否以所有者的身份参与企业的剩余分配,在理论上有不同的观点。如一些学者认为,人力资本也成了资本,经理人和员工不再是纯粹的劳动力拥有者或雇工,而是劳方和资方的复合体,这使得劳方和资方的界限变得模糊,加快了从劳方到资方的身份转换的速度。企业利益相关者理论认为,所有对企业有合法利益要求权的个人或组织都应该平等地获得其应得的利益,直接参与公司的治理。企业的利益相关者根据其与公司财务利益的关系不同大致可分为两类:财务利益相关者和非财务利益相关者。与管理者、股东、债权人相比,非财务利益相关者(竞争者、顾客、供应商、员工)在公司内并没有直接的货币利益。同时对公司的财务政策也没有直接的决策权和投票权。企业众多利益相关者所追求的利益诉求之间不但会因为立场和出发点不同而有差异,而且很可能会有矛盾冲突。企业本质上是不同利益相关者提供的资源或能力的集合体,良好的企业利益相关者之间利益协调机制是企业成功开展经营活动的基本前提之一。当企业利益相关者投入了一定的专用性资产后,他们或是分担了一定的企业经营风险,或是为企业的经营活动付出了代价,企业的经营决策就必须要考虑他们的利益,并给予相应的报酬和补偿,即做到企业利益相关者层面的责、权、利相一致。企业竞争优势不仅仅局限于企业内部资源和能力(如投资者或股东、经营层和员工),而是越来越依赖于外界(如债权人、政府、供应商、销售商和社会等)的资源供给的数量和能力。生产和分配是企业的两大基本过程,基于此,要依据企业对资源依赖程度、资源稀缺程度和利益相关者对公司贡献程度对企业进行整合。在资源稀缺的前提下,要同时满足每个利益相关者的利益诉求是很难做到的，要尽可能地调整公司治理安排达到最优的状态，使得对公司重要性高的利益相关者的利益诉求能够得到优先满足，其他利益相关者做到公平合理对待。

苹果公司的乔布斯在他的知识创新过程当中，一再强调一个理念，就是以人为本。苹果公司制造的产品目的是要使人感到幸福，这一点与我们说的行善理念是完全一致的。本田公司的本田宗一郎有一句非常有名的话："没有哲理的技术创新将会成为一种非常危险的武器"。松下公司的松下幸之助先生也有一句名言："企业是为社会做出贡献而存在的"。这些都体现了利益相关者的原则。

公司要对所有的利益相关者进行优先性排序。各利益相关者为了各自的目的在一起合作，组成团队。公司各利益相关者对公司进行了公司专用性的投资，并且产生了不可分离的产出，因此公司的主要问题之一是怎样分配产出。由于很难对产出进行预先分配，所以公司的各利益相关者同意将公司进行分配和解决争端的权力交给独立的第三方——董事会，董事会作为独立的协调性机构来平衡各种利益相关者的利益，为公司利益最大化服务。不同国家和文化背景下的企业，在股东、顾客、员工、供应商和社会这五者的优先顺序上，各有不同的侧重和选择，本无所谓高下，但不能片面追求某一方面利益。美国过去是片面强调股东利益至上的股权主义，最后变成了操纵收益、会计骗局并购狂潮，取悦华尔街。欧洲过去是片面强调员工利益的社会资本主义，导致企业产品成本提高，企业竞争力下降。日本过去是片面强调供应商利益的财团主义，导致企业产业链僵化，缺少灵活性。中国公司治理过去是片面强调顾客利益的商业模式，导致企业极端迷信市场份额（重视顾客）和企业规模，价格战盛行，商业模式同质化，轻视员工等其他利益相关者的利益。

物质资本所有者——股东——主导的共同治理与单边治理的典型形式——股东主权制的单边治理——相比，最大的区别是，在股东主权制的单边治理条件下，企业剩余索取权由股东独占，而在物质资本所有者——股东——主导的共同治理模式条件下，企业剩余索取权并不是股东独占，而是在股东拥有企业大部分剩余索取权的情况下，把企业的一部分剩余索取权让渡给企业其他内部利益相关者。并且与股东主权制的单边治理相比，物质资本所有者——股东——主导的共同治理模式，企业剩余控制权更向下倾斜，也就是董事会和经理班子拥有更多的企业剩余控制权。

与单边治理不同，共同治理涉及的关系更广泛也更复杂。共同治理通常涉及四方面的交易关系：企业的所有者或股东与管理人员的交易关系；掌握企业控制权的股东与企业其他股东之间的交易关系;企业的债权人与企业之间的交易关系;包括职工、社会在内的企业其他所有相关者与企业之间的交易关系。过去企业被假定为原子型企业,即本身是一个价值创造的完整实体,可以独立地创造和实现价值,各个企业之间是一种孤立的、零散的竞争关系。现在企业被假定为网络型企业,即将企业作为嵌入在社会中的一员看待,最终的价值创造和实现要依赖于与其他利益相关者之间的合作。

从20世纪二三十年代公司制企业发展初期,人们就开始实行股东主权制的单边治理。而到20世纪80年代后期,西方各国开始由单边治理向共同治理转化。那么,为什么要由单边治理向共同治理转化呢?共同治理的根据或理由是什么呢?经济学家认为,实行共同治理的理由之一是,企业剩余是物质资本与人力资本相结合的产物,它不仅包括股东投入的物质资本,而且包括债权人投入的物质资本和企业家与雇员投入的人力资本,这些产权主体都有权参与剩余分配,分享企业所有权。理由之二是,企业行为的物质基础是法人财产,而不是股东资产,其权力基础是法人财产权,而不是股权。理由之三是,在现实经济生活中,物质资本所有者往往是物质资本市场中的寻利者,真正为企业发展操心,真正支配企业的是企业的经营管理者和企业的员工。理由之四是,经营者、雇员和企业债权人(银行)等利益相关者比企业的外部股东更具有信息优势。理由之五是,企业面临的外部环境的不确定性,使其自下而上越来越依赖于人力资本。

在理解由单边治理向共同治理转化的理论依据时,最大的理论难题在于,是在原有的"资本雇佣劳动"的先验性命题下,单纯从对经营管理者"激励"角度和股东与经理人之间的主从关系上,去理解授予经理人部分剩余索取权的原因;还是在人力资本理论的命题下,从人力资本所有者也是企业的产权主体,也拥有企业所有权,从物质资本所有者与人力资本所有者是平等的企业产权拥有者,都有权分享企业的产权或企业所有权的角度去理解共同治理的理由和原因,说明给经营管理者高薪、股票和股票期权,让经营管理者分享企业的所有权,是因为他们作为具有某种专门技术、工作技巧或特定信息等专用性特征的人力资本所有者,也是企业的所有者。笔者更倾向于这样的观点,就是授予经营管理者一部分企业的剩余索取权是经营管理者人力资本产权化的内在要求,是企业经营管理者的无形资产的价值有形化的要求。与其对应的物质资本或财务资本的所有者获取企业的剩余是因为他们具有与其稀缺程度和社会化程度有关的专用性物质资本。

共同治理的优点:一是能够实现企业剩余索取权与剩余控制权实际上的分

散对称分布，即我们所说的责权利统一，形成高效的内部治理。二是有利于人力资本投资，有利于企业与客户或供应商建立稳定关系，使后者更好地为满足企业的需要增加投资，有利于银行与企业之间建立良好的稳定关系，还有利于充分调动企业员工的积极性。三是有利于缓解信息不对称造成的利益群体之间的摩擦，减少代理成本。

公司的剩余索取权和剩余控制权的分散对称分布，实践证明是有效率的。剩余索取权与剩余控制权的对称分布表现为两种形态：一种是剩余索取权与剩余控制权集中对称分布，即由物质资本所有者或人力资本所有者单边拥有；另一种是剩余索取权与剩余控制权分散对称分布，即物质资本所有者和人力资本所有者共同拥有。在资本主义国家的公司制企业中，剩余控制权主要被赋予董事会和经理层。而剩余索取权也在所有者和董事、经理之间进行分配。因此可以说，在这里，剩余索取权与剩余控制权是分散对称分布的。西方经济学依据"剩余索取权"和"剩余控制权"的分散对称分布的原理，即"剩余索取权"和"剩余控制权"在"风险承担者"股东和"风险制造者"经理人的分散对称分布，从利益上激励代理人约束自己的行为，建立有效激励机制。这样做是符合经济学原理和市场经济的规则的，也收到了良好的效果。企业所有者（股东）享有企业的剩余索取权和剩余控制权，这是符合权利与义务对等和效率原则的，是天经地义的。因为企业所有者才真正对企业负责。在企业破产时，他们要承受损失，他们不得不全力关心和爱护企业的生产经营。授予企业董事和经营管理者部分剩余索取权和剩余控制权，是出于提高企业效率和降低代理成本的考虑。企业要提高效率，就要降低监督成本，就要使代理人自己监督自己。

在现代西方委托代理理论中，人们改变了原有的"股东至上主义"原则，而开始实施"利益相关者"原则。按照"股东至上主义"的逻辑，企业制度的效率的质量标准在于所有者或股东利益的最大化，获得授权的经理人只能按照股东利益行使控制权才是企业有效率的佐证。"利益相关者"原则认为，企业不仅要重视股东的权益，更要重视其他利益相关者的利益。由于委托人是风险承担者，其他利益相关者，特别是代理人是风险规避者，要使其他利益相关者，特别是代理人也转变成为风险分担者。其中很重要的一种方案是使剩余索取权在委托人与其他利益相关者，特别是代理人之间进行合理的分配和组合，让其他利益相关者，尤其是代理人成为剩余索取权的分享者，实现风险共同分担的原则，形成对其他利益相关者的自我激励和自我约束。这是提高企业效率和降低监督成本的主要途径。这是有一定道理的。因为，只让少数人享有经济增长的好处不会使企业获得长久的竞争力,在社会主义经济中尤其如此。而且在一个小集团内,贯彻利益相关者原则,会使人们更关心集团利益,小集团的人可结成一个紧密的利益共同体,收到我们期望的"主人翁"效果,使企业内部治理结构优化。显然,从经营者持股推广到职工持股是大势所趋,这也能够调动职工监控经营者的积极性。因此,从长远目标来看,更要考虑建立符合"利益相关者"原则的共同治理的公司治理结构模式。

随着理论与实践的发展,越来越多的人倾向于现代公司制企业实行共同治理,并且共同治理的绩效在实际工作中也充分地显现出来。长期以来,人们对单边治理批评的声音从来没有停止过。大多数学者不是对单边治理本身的内在逻辑提出批评和质疑,而是从单边治理逻辑推导的某些前提假设出发,对单边治理进行了批评和质疑。如股东不是企业风险的唯一承担者;股东监督代理人不具有有效性,即有限责任和风险退出机制使得股东不关心对代理人的监督等。他们中的大多数人都是共同治理模式的拥护者和提倡者。

单边治理的主张者对共同治理的批评和质疑也进行了反击,其反击的根据是:共同治理抹杀了企业契约各方在风险偏好、产权性质和监督难易程度的差别,尤其是抹杀了契约各方在企业中相对重要性的差异,不利于发挥企业中主导要素所有者的积极性。

单边治理的拥护者认为,企业最优的契约安排要准确和灵敏地反映契约各方的风险偏好、产权性质和重要性程度的差异性以及对其监督的难易程度的差别。企业剩余为企业一方独占的权利安排固然增加了对不享有剩余的契约方偷闲的激励,但剩余的分享却可能增加契约中最重要人员的偷闲激励,两害相权取其轻,还是把企业剩余索取权授予最重要的要素所有者更好。单边治理模式主张者认为,实行共同治理是缺乏依据的。

首先,企业物质资本所有者与人力资本所有者的风险偏好不同。偏好是指在没有预算顾虑的情况下,人们对于某种东西的喜爱或不喜爱。不同的人对风险的偏好是不同的。一般而言,愿意冒险的人或风险爱好者成为所有者,并承担经营体系波动引起的损失;不愿冒险的人或风险厌恶者成为经营者和雇工,拿固定工资,作为不冒险的代价。

其次,物质资本的产权性质和人力资本的产权性质是不同的,从而对企业经营风险承担程度也不同。人力资本是人力资本所有者借以获得劳动报酬的专业知识和技能,也是投资的产物。没有投资,人力资源绝不可能发展并形成人力资本。如果某种支出只能满足个人的消费偏好,那么这种支出就是消费;如果某种支出,不仅能满足人的消费,还能增加个人的能力,那么这种支出就是投资。为什么人力资本所有者对自身素质的投资也称资本呢?因为就像货币资本的使用能给所有者带来收益一样,人力资本也能给其所有者带来收益,也能产生超过资本价值的价值,并且这种超额价值也为投资者所占有和支配。尽管人力资本所有者承担不承担企业的风险,人力资本具备不具备抵押性,还存在着争议,但由于人力资本难以度量,至今市场并未建立起人力资本做抵押筹措资金的制度和做法,物质资本所有者在明处,人力资本在暗处。我投入了多少货币资本是可清点的,而你投入了多少人力资本是不可清点的。而且由于物质资本与所有者在自然形态上是分离的,结果物质资本投入企业变成了一种抵押品;物质资本具有良好的信息显示机能;物质资本具有市场转化价值;物质资本的所有者从企业中退出的成本很高,从而成为企业风险的真正承担者,因而有积极性去管理企业,而人力资本与其所有者在自然形态上却不可分离,因而没有抵押性,机会主义就比较严重,不可能真正承担企业的风险。

实际情况中并不完全像单边治理主张者上面分析的那样,客观地说,人力资本与物质资本相比的特点具体表现在以下几方面:一是人力资本不具有转让性或继承性,不具有抵押功能、担保功能,无力承担风险。物质资本不同于人力资本,物质资本具有抵押和担保功能("跑得了和尚跑不了庙"),使其成为风险的主要承担者,这也是企业之所以是资本雇佣劳动的原因;二是人力资本是主动产,物质资本是被动产,主动产作用于被动产是社会财富增长的源泉;三是人力资本天然归属个人,物质资本可以归属个人,也可以归属国家或经济组织;四是人力资本的产权一旦受损,其资产可以立刻荡然无存,因为人力资本无法被集中到其他主体的手中,而物质资本即使受损失,也会有残留价值;五是人力资本总是自发地寻找实现自我价值的方式,而物质资本却做不到;六是人力资本的报酬(效率)是递增的,而物质资本的报酬常常是递减的。另外,人力资本还具有异质性、垄断性、私有性、专用性、群体性、分散性和易逝性等方面的特点。异质性意味着劳动贡献难以衡量,劳动的异质性程度越高,人力资本的贡献就越难以界定,所有者所拥有的信息优势就越大;垄断性意味着人力资本天然与某个主体相联系,所有者天然地对自己的人力资本具有垄断性;垄断性与异质性一起强化了人力资本的私有性,它不能像一般商品或货币一样被转移;易变性也表明人力资本属性是难以界定的;专用性和群体性表明人力资本往往属于一定的环境和团体,这也就成为退出的障碍,增强了人力资本的风险承受能力,分散性和易逝性意味着每个个体拥有的相对人力资本量比例是少量的。人力资本的专用性是一个相对的概念。从广义上看,由于协作劳动需要劳动者之间的密切配合,甚至需要一定的默契,与此同时,不同企业有不同的文化特点和价值观念,因而几乎所有的劳动者离开原来的工作岗位转向新的岗位,都需要一段时间的适应。在这种意义上,人力资本专用性带有一定的普遍性。从狭义方面看,专用性的人力资本是指那些一旦从企业退出,不仅会给人力资本所有者造成较大损失,而且也会给企业带来较大损失的人力资本。具体来说,拥有专用性人力资本的人要么拥有企业核心技术,要么拥有企业市场销售网络,抑或是具有特殊的管理才能等。

物质资本与人力资本的区别表现在很多方面,其中最根本的区别在于:物质资本与其所有者可以分离以及物质资本具有市场转换价值和抵押性,人力资本与其载体不可分离,决定了人力资本具有不可转让和不可抵押两种属性,这些属性同人力资本信息不易对外显示的特征结合在一些,共同导致了人力资本所有者在企业剩余权力初始安排中的相对被动地位。人力资本和物质资本在抵押性方面存在着较大的差异是事实,决定了二者风险承担程度是不同的。

再次,物质资本所有者与人力资本所有者在企业契约中的重要性程度是不同的。资本的重要性程度的差异,主要是由不同形态的资本的稀缺程度不同决定的。单边治理模式主张者认为,物质资本所有者是最稀缺的资源,从而在企业中重要性程度更高。在企业各种资源稀缺程度不同,重要性程度不同的情况下,大面积地实行共同治理是缺乏依据的。因此,共同治理最多只能是在企业契约各方重要性程度相当、风险偏好相近、产权性质相同和投入均难以监督的情况下的权利安排的一个特例。而不能作为一个大数定理来普遍推行。另外,企业剩余索取权的安排不必拘泥于某种特定的模式,而要根据企业的具体情况而定。

最后,对物质资本所有者与人力资本所有者贡献的度量和监督难易程度也不同。传统的企业理论认为,所有权应与最难度量的因素相联系;由于资本的贡献是最难度量的而且容易被错估,因此资本雇佣劳动是合理的。最优的契约安排要体现对企业契约各方监督的相对难易程度。

以上我们分析了单边治理模式主张者是如何对共同治理模式提出批评和质疑进行回击的,对此,共同治理模式的积极倡导者也对这种批评和质疑一一地进行了进一步的反驳。

首先,关于"企业物质资本所有者与人力资本所有者的风险偏好不同"的问题,单边治理模式的主张者认为,物质资本所有者比人力资本所有者更偏好风险,所以物质资本所有者作为企业的所有者,应该是企业剩余索取权和剩余控制权的拥有者。对此,共同治理模式的提倡者提出了质疑。他们认为,有些人力资本所有者，比如企业经营管理者通常都是爱好风险、勇于探索和创新的人。因此说，物质资本所有者比人力资本所有者更愿意冒险是与事实不相符的。

其次，关于"物质资本的产权性质和人力资本的产权性质是不同的，从而对企业经营风险承担程度也不同"的问题。单边治理模式的主张者认为，物质资本的所有者的产权性质决定其是企业风险的主要承担者，是企业的所有者。对此，共同治理模式的倡导者提出了不同的意见。他们认为，严格而又客观地说，每一种要素在价值实现过程中都面临着风险，也都有承担风险的能力。不同的生产要素承担风险的程度大小主要是由不同的生产要素属性和发挥的作用而定。而谁是企业的所有者，不仅要看它们对企业经营风险的承担程度，还要看不同生产要素所有者化解风险的能力。所以，仅仅考察各要素对风险的承担程度是不够的，还要考察各要素所有者对风险的化解能力。而承担风险者未必是最有能力化解和降低风险的人。这就引出一个新的问题，与风险相对应的收益是否应该由具有战胜风险的潜能的人（考虑效率）和受风险影响最大的人（考虑公平）获得。如果企业经营决策失误，物质资本投资者充其量只能就投资额承担有限责任，其损失比较直接、相对集中和容易测度，并且损失还可以转移。而人力资本的损失可能更大，不过这是间接、分散、隐蔽、测度相对复杂困难的风险。人力资本所有者的身体、精力和时间等方面的损失是难以换回的。所以无论从风险承担还是从具有化解风险能力角度看，人力资本拥有者获得剩余是应该的。

再次，关于"物质资本所有者与人力资本所有者在企业契约中的重要性程度是不同的"问题，共同治理模式的提倡者认为，笼统地说物质资本更稀缺因而更重要的是没有道理的。因为在不同时代，在不同的企业最稀缺的东西是不一样的。比如，农业经济时代最稀缺的资源是土地，工业经济时代最稀缺的资源是资本，知识经济时代最稀缺的资源是知识和技术。在一般工业企业中，最稀缺的可能是资本，而在高科技企业中，最稀缺的可能是技术和知识，而且即使是在同样的企业中，由于各企业的具体状况不同，最稀缺的资源，起最重要作用的资源也不同。

最后，关于"对物质资本所有者与人力资本所有者贡献的度量和监督难易程度也不同"的问题，单边治理模式的主张者认为，物质资本所有者最难监督。共同治理的提倡者却提出了完全不同的观点，他们认为，企业经营者的决策活动支配着不确定性，是风险制造者，同时经营者的行为更难监督。很少有人能知道，企业家究竟在干什么，而要知道工人如何努力工作并不是一件困难的事情。对人力资本的评价也比较困难，如人力资本的报酬率、人力资本的成本率和人力资本的价值都很难评估。

"利益相关者"范畴确实容易让人们对公司治理产生重重困惑,因为在逻辑上一个职业经理人逃避责任的最好办法就是宣布对所有人负责,这样他可以不为任何人负责。如果企业亏损了,他可以说,这是为了照顾消费者的利益;反之,商品提价的时候,他也有充分的理由,因为他不仅对客户负责,还要考虑股东利益。当然裁员的时候,他也有道理,因为他想照顾其他利益相关者的利益。另外,一个组织进行决策的时候,往往需要相对单一目标,如果企业要兼顾多个目标,经常没有办法决策。这也是许多人对共同治理理念质疑的原因。尽管如此,世界各国也在努力地贯彻着利益相关者的原则基础上的共同治理。

现实是不以人的主观意志为转移的客观存在。不管人们是赞成也好,反对也好,共同治理模式都为自己开辟着道路,从而成为当前治理模式的主流。但是,人们在贯彻利益相关者原则基础上的共同治理模式中也遇到许多困难。一是利益相关者的概念模糊,使建立在此原则基础上的共同治理模式缺乏可操作性。甚至"利益相关者"都包括谁,到现在还没有定论。关于谁是"利益相关者"的问题,在经济学中历来都有不同的观点,有人认为,利益相关者主要包括股东、经营管理者和员工;有人认为,利益相关者除包括股东、经营管理者和员工外,还应包括债权人、供应商和客户;有人认为,利益相关者的范围应更宽广,除了上面提到的外,还要包括政府和社区等。因此,虽然各国公司法都提出,要实行利益相关者基础上的共同治理模式,但是,利益相关者究竟包括谁并没有明确界定,这就给企业贯彻共同治理模式带来了困难。

二是利益相关者各自承担多少风险无法计算,应得的利益也无法计算,因为计算成本太高。企业利益各方所承担的风险在企业发展和运作过程中是变化的,需要对企业控制权安排不断进行边际调整,必然导致重复讨价还价,导致交易成本太高、效率低下。贯彻和实现各个利益相关者的利益,绝不是一件容易的事。因为各个利益相关者的利益不可能是完全相同的,他们当中谁的利益最重要,各个利益相关者的利益大小如何界定,这些在理论上都是十分困难的。还如人力资本报酬率、人力资本成本、人力资本价值等人力资本的相关评价体系,也有待于不断地完善,这要求技术手段的创新。

三是由于企业控制权分散导致履约和相互监督成本提高。共同治理不同于单边治理,企业控制权不断向下倾斜,企业中的各利益相关者都不同程度地、直接或间接地拥有企业的控制权或话语权,企业中谁是企业的所有者,谁是企业的雇员,这种关系的模糊,导致企业成员相互监督的成本大大提升。

共同治理模式不仅在贯彻执行过程中遇到了许多困难,而且共同治理模式的弊端也逐步显现。这也验证了经济学的一个重要原理,即任何事情都有利有弊,有百利无一害的事情和有百害无一利的事情都不存在。经济学的重要作用在于,两利相权取其重,两害相权取其轻,权衡利弊,做出科学选择。

共同治理模式的弊端主要有:利益相关者之间"长久合作",不能灵活地对人员的增减、零部件的筹措、产品的选择、融资的形式做出及时调整;利益相关者基础上的共同治理模糊了相关各方的权利边界,很难平衡各方面的关系;稳定长期的合作,缺少竞争压力,不利于企业创新和进步;公司治理目标多元化,往往会造成公司无目标,管理者就会失去追求的目标;会增加公司决策上的难度,会给公司决策造成损失;会增加管理者的道德风险,如果公司治理的目标是多元的,公司管理者往往可能会借此支持一些相关者的利益,而损害另一些相关者的利益;会增大管理者与公司内部某些利益相关者形成"内部人控制"的可能性。

在共同治理取代单边治理成为公司治理的主流形式后,在独立董事问题上也发生了一系列的变化。一是独立董事的质和量都发生了变化。从质上看,在实行单边治理模式的情况下,独立董事的门槛较低。在共同治理模式下,独立董事的门槛提高了,不再由普通的人力资源来承担,而是由具有专门的技术业务专长的高层次的人力资本所有者充当,他们大多是不同领域中有专长的人,并表现为多样性。从数量上看,在单边治理的条件下,董事会成员构成中独立董事占的比重很小,一般为2~3人,在共同治理条件下,董事会成员构成中独立董事所占的比重大幅度提高,在平均11人的董事会成员中,独立董事占9名左右。目前,美国公司的独立董事在董事会中所占的比例已超过60%。如IBM公司的19名董事中,独立董事有14名,其中专家学者7人,其他公司现任或前任董事长6人,机构投资者代表1人。英特尔公司13名董事中,独立董事8名,其中专家学者5人,其他公司现任或前任董事长3人。这些专业化、知识化、权威化的独立董事既在董事会内人数占优,又往往在知识组合和管理经验等不少方面占有优势,且在社会上有地位、有名望。为了保持自己的良好声誉,他们在公司的各种重大决策面前,通常都能进行充分地分析和仔细地研究,具有充分的发言权和提出有价值的建议权,从而保证公司决策的科学和正确,并敢于和能够对内部董事的一些错误观点说"不"。

二是在独立董事的选拔方式上出现了一些变化。在贯彻单边治理模式时,独立董事通常由大股东推荐,意味着大股东愿意为独立董事的决策失误埋单。在贯彻共同治理模式时,独立董事是由所有股东及所有的利益相关者共同选拔,以避免独立董事不独立,而为少数股东和部分利益相关者的利益服务。

三是独立董事的工作重心发生了变化。在单边治理模式转化为共同治理模式后,公司由主要保护大股东的利益,变为在权衡所有的利益相关者的利益的情况下,平等地保护所有股东的利益,平等地保护企业所有的利益相关者的利益。

四是股东与董事和企业法人与董事之间的关系发生了变化。由股东与董事之间的董事信托关系转化为股东与董事之间的委托代理关系,又由股东与董事之间的委托代理关系转化为企业法人与董事之间的委托代理关系。在单边治理的条件下,独立董事大多不获取报酬,只领取少量的车马费,因此股东与董事之间是董事信托关系;而在共同治理条件下,随着独立董事的功能作用的不断加强,为了有效地激励独立董事,大多数公司对独立董事支付了报酬,并使独立董事持有公司的股票和获得股票期权,从而使股东与董事之间的关系由董事信托关系转化为委托代理关系,并且使董事由股东的代理人转化为企业的法人代理人,现在董事不再单纯是股东的代理人,而是企业法人的代理人。

五是独立董事的功能定位发生了变化。在实行单边治理模式的时候,独立董事的功能是监督和治理功能。在实行共同治理模式以后,独立董事除了具有监督和治理功能外,还要对企业进行战略决策和控制管理,以及构筑关系网络。因此说,在共同治理条件下,独立董事的功能定位也发生了一定的变化。在公司法人治理结构的框架下,由独立董事代表企业所有利益相关者的利益进行企业的战略决策和行使控制权时,既可以大大简化利益相关者为解决长期契约的不完全性,通过法人治理不断签订短期契约的困难和复杂性,节省了签约成本,又解决了共同决策的滞后性。

实践证明,独立董事要有效地发挥作用,需要有一定的条件:不是由契约合作关系中某一利益个体或利益集团(大股东或经理人)选择独立董事;在董事会决策中,独立董事群体起决定性作用;对董事的报酬激励或报酬的支付与公司法人利益有高度关联;被选聘的独立董事有系统知识和经验,在面对复杂且不完全的信息进行决策时,有能力与经理人相抗衡;建立与独立董事有关的法律和规章,明确独立董事标准、任命方法和拥有的权力。

前面我们分别分析了单边治理与共同治理的特点和变化过程。实际上,单边治理和共同治理都是理论上的抽象。在现实经济生活中,公司治理远远不是这两种模式都能把所有的内容包括进去的。比如现实中以英、美为代表的市场导向型的以股东为主导的共同治理,以日、德为代表的银行(关联方)导向型公司治理就有着极其丰富的内容。

以英、美为代表的一些国家实行市场导向型的以股东为主导的共同治理结构,在这种公司治理中,强调股东是公司的所有者,公司治理的根本目标主要是维护股东的利益,促进股东价值最大化,虽然也兼顾其他各方的利益;以日、德为代表的一些国家实行的是银行(关联方)导向型公司治理结构,在这种公司治理中,公司治理目标在于实现包括股东在内的利益相关者财富最大化,对其他利益相关者的利益强调得更多一些。主办银行制是在日本金融制度、产业制度和企业制度发展过程中历史地形成的。所谓主办银行制,是指企业的借款总额中所占份额最大的银行,也就是企业的最大贷款银行。但是不能仅仅局限于从借贷关系上来把握主办银行制的内容,主办银行制的主要内容包括:一是结算账户。主办银行通过拥有企业的结算账户,就有机会拥有其他金融机构不可得到的优势信息,因此,主办银行在很大程度上可以准确掌握企业资金状况的变化。二是银行持股。根据日本现行的禁止垄断法,银行可以持有特定企业不超过5%的股票。通常情况下,主办银行都名列该企业股东的前五位之内,并且与其他银行相比,属于最大的银行股东。除了特殊情况以外,主办银行一般不会在股票市场上出售其所持有的股份。虽然持股比例不大,但是主办银行处于牵头负责一系列银行以及非银行金融机构的关键位置上。三是企业债券发行。日本企业在国内市场上发行公司债券时,主办银行接受企业委托为其发行公司债券。同时主办银行获得高额的手续费收入。四是经营参与。主办银行根据需要参与企业治理,包括派遣人员担任企业要职,形成银行主导的公司治理结构。

英美股东主导型的公司治理模式如图5—9所示。

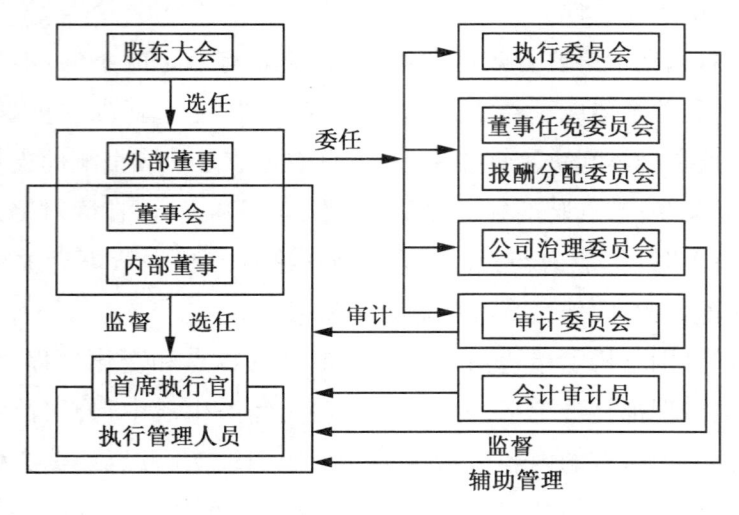

图 5—9

在图5-9中,从横向上看,由于各国资本市场结构不同,法律体系和文化背景的差异,各国公司治理的具体格式并不相同。与资本市场结构不同,相对应的是不同利益集团在企业目标结构中所占地位的不同,英、美以股东利益为第一位,日、德提倡为所有的利益相关者服务。英、美的治理机制,主要以保护股东利益为主,比如,机构投资者发挥积极作用,股东大会、董事会紧密监管管理者,在高层经理当中普遍实施控股计划和认股期权制度,投资者"用脚投票"以及恶意收购随时可能出现等因素。"日德模式"不依赖资本市场和外部投资者,以银行为主的金融机构在公司治理中发挥着重要作用,不但提供融资,而且控制公司的监事会和大量投票权,凭借内部信息优势,发挥实际控制作用。

德国公司治理模式如图5-10所示。

日本公司治理模式如图5-11所示。

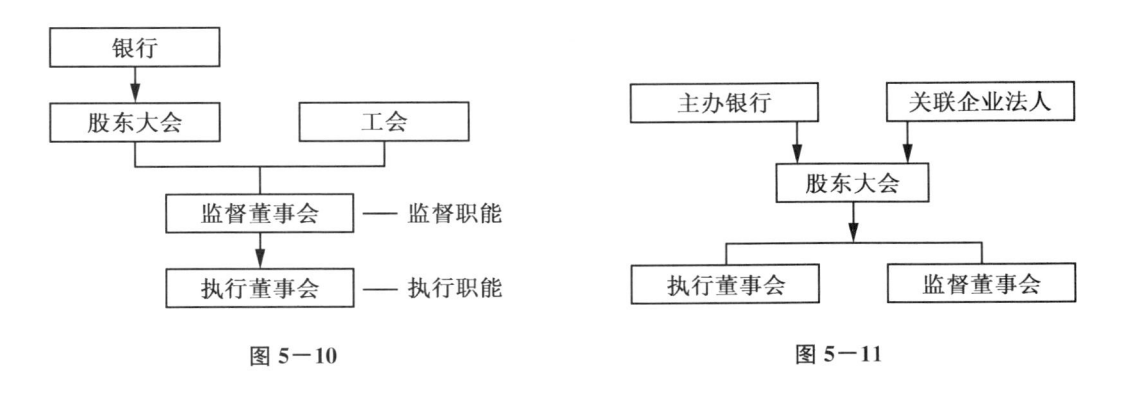

图5-10

图5-11

在以上分析的基础上,我们归纳出单边治理与共同治理的主要差异,这就是:单边治理更多地强调物质资本所有者(股东)的权益。共同治理不仅重视物质资本所有者的利益,而且重视公司内部其他利益相关者的利益,尤其是经理人等人力资本所有者的利益;不仅强调股东的权威,而且关注其他利益相关者对公司决策的参与。单边治理更加关注企业物质资本所有者——股东——的价值的最大化,主要体现了一种追求效率的原则。共同治理更关注企业利益相关者福利的最大化,关注企业与社会的协调发展,更多地体现了一种追求公平的原则。在单边治理模式中,公司的治理和约束是单向的和线性的,是一种自上而下的治理结构,共同治理则提供了一种多维的矩阵的网络型的治理,使公司内部上下层和左右方之间具有很强的互动作用。

实际上,不应把单边治理和共同治理完全对立起来,看作一种替代关系,而应看作是一种融合和互补关系;也不能把物质资本所有者和非物质资本所有者的利益同等对待,不分主次。我们在公司治理结构改革中,要根据公司的不同性质和所在行业的不同,权衡单边治理和共同治理的利弊,在保证公司关键主体利益的前提下,兼顾公司其他利益相关者的利益。这不能不说是一个最佳的选择。

特别需要指出的是,在我国现阶段应以单边治理为主导,兼顾共同治理的理念。这是因为,我国几十年传统习惯,缺乏的是利益独立和对利益差别的承认,缺乏保护所有者利益的观念,缺乏以效率为原则的企业决策和企业行为以及相应的竞争精神和创新精神,而不是强调共同利益。这也是因为,贯彻单边治理能够解决由于股东相对于经理人处于不利地位,而使其利益得不到保障的问题。还因为,这样可以解决由于追求利益相关者利益最大化目标的相对宽泛而造成的财务上的实施困难,这是由于新经济中无形资产较多,会计技术比较模糊。当然,我国目前仍然坚持以单边治理为主的治理,并不意味着我们完全拒绝共同治理的理念。事实上,我们从来也没有排斥共同治理的尝试,在我国,公司治理结构中已经包含了许多共同治理的因素。比如,我国公司法中对保护职工、消费者和债权人的利益都有明确的规定,并提出了要接受社会公众和政府的监督。这些都说明,我国在贯彻共同治理。

还需要指出的是,许多西方经济学家对共同治理取代单边治理成为公司治理的主流形式,是给予很高的评价的。他们把共同治理的实施,说成是资本主义生产关系在自身界限内第三次较大的调整。资本主义生产关系在自身界限内第一次较大的调整,被认为是股份制的建立和广泛发展,它使社会资本取代了单个的私人资本,缓解了社会化大生产与资本主义私有制的矛盾,推动了资本主义经济的发展;资本主义生产关系在自身界限内第二次较大的调整,被认为是垄断结构的形成,垄断结构是指大企业或大企业的联合,垄断结构的形成使集中的巨额资本的占有形式代替了分散的小额资本的占有形式,进一步缓解了社会化大生产与生产资料私人占有形式之间的矛盾,又一次推动了资本主义经济的发展;资本主义生产关系在自身界限内的第三次较大的调整,被认为是共同治理取代单边治理成为主导的治理,它缓解了企业资本所有者与企业经营管理者的矛盾,也缓解了企业资本所有者和企业经营管理者与企业劳动者之间的矛盾,这又一次推动了资本主义经济的发展。

现在各国企业都逐步强调所有利益相关者的利益,强调企业的社会责任。"企业社会责任"或"企业公民",是经济全球化框架下的一种新的公司治理,是企业对其自身行为的规范和约束,它既是企业应该追求的宗旨,又是用来约束内部,包括其商业伙伴行为的一整套管理体系。企业和社会的利益互动是企业社会责任产生和发展的根本原因。"企业公民"是国际通行的用来表达企业社会责任的一个新术语,企业公民在获得社会资源行使生产能力的同时,也就承担了对社会各方利益相关者的责任。表明企业要像公民一样承担社会责任,履行相应义务,这里的责任包括对股东、员工、客户、社区及周边环境等各个方面。

公司社会责任(corporate social responsibility,CSR)最早于1924年由美国的谢尔顿提出。从历史发展的角度看,公司社会责任经历了由20世纪50~70年代"公司赢利至上",到80~90年代"关注环境",再到90年代至今"社会责任运动兴起"三个历史发展阶段。

什么是"企业公民",波士顿学院企业公民研究中心的定义是:企业公民是指一个公司社会基本价值与日常商业实践、运作和政策相结合的行为方式。一个企业公民认为的成功与社会的健康和福利密切相关。因此它会全面考虑公司对利益相关者的影响,包括雇员、客户、社区、供应商和自然环境。

公司社会责任的依据:一是公司社会责任的理论依据在于公司的经济力量。现代公司富可敌国,可以凭借强大的经济实力,给人类造福。强大的公司所有权集中在少数人手中,为少数人服务,会危及社会公正。二是公司社会责任的理论依据在于公司的社会性。公司生活在社会中,具有广泛的社会连带关系。公司多方的利益相关者的行为都影响企业的发展,协调好利益相关者关系有利于促进企业的健康发展。而能否协调好这些关系是公司是否履行自己社会责任的体现。三是公司主动地履行社会责任可以避免政府不必要的外在法律制约公司的活动,造成公司活动受到不必要的管制。我们要着力构建并形成政府引导、行业自律、企业自觉、社会监督"四位一体"的企业社会责任体系。

企业的社会责任体现在3个层次:微观层面,对所有的利益相关者承担社会责任;中观层面,对所有竞争对手承担社会责任;宏观层面,以环境、资源承担社会责任。企业社会责任是一个动态发展过程,包含多面体的完整体系:经济责任—道德责任—法律责任—公益责任。人们通常将公司社会责任划分为法律强制约束内的消极的社会责任和伦理道德的积极的社会责任。法律强制约束内的消极的社会责任是公司承担社会责任最起码的要求和底线,公司如果没有尽到消极社会责任,该公司的经营者将会违反法律法规而承担民事、刑事的法律责任。超越法律的伦理道德的积极的社会责任,它是公司对社会的价值和期望所做出的更高程度的伦理道德层次的回应。这种社会责任是指企业的社会行为要合乎道德伦理的价值要求与价值标准。虽然这种要求最易与公司追求利益最大化的基本要求相冲突,但却能够被那些奉行商业道德、尊崇诚实守信的公司自愿、主动地予以接受并践行。

相对于财务数据而言,企业社会责任数据通常难以量化,透明化程度不够,不便于比较与分析问题。运用目前被国际社会广为接受的、成熟的社会责任原则和标准,可以为企业社会责任报告的编制以及审计提供指导。如今,有关企业社会责任的国际标准已经越来越多,比如全球盟约和全球苏利文原则等原则性社会责任保证标准,再比如社会道德责任标准 SA8000 和 ISO4000 系列标准则是两个被广泛认可的认证标准,前者积极关注劳工情况,后者则关注环境问题。此外,还有两个非常重要的标准直接促使了当今企业社会责任报告的日臻成熟:一个是全球报告倡议(GRI),一个是社会责任 AA1000 标准。

企业追求利润最大化与履行社会责任之间的关系:只强调公司营利性目的的实现,而不考虑其他社会因素,就很难保证公司的存在和发展,股东利益也难以实现最大化。就企业自身而言,我们无法想象一个不能提供优质产品或服务,一个恣意损害员工和消费者权益、不注重社区和谐、执意破坏社会环境的企业,会具有常青的生命力。从这个意义上说,公司承担社会责任不但不与经济目标矛盾,而且是经济目标的重要组成部分。从短期来看,承担较多的社会责任,必然导致一定的财务成本,从而降低企业盈利水平。但从长期来看,承担社会责任,有助于为公司长期发展创造更为有利的外部环境,也有利于在企业内部形成有利于持续发展的和谐氛围,因此能创造出更多的未来利润。企业的基本目标固然是追求利润最大化,但是要追求利润最大化,必须要求企业能够长远发展。任何一个好的企业领导者,更应该关心的是企业长期资本收益率的最大化。要使企业获得长远发展,就必须承担社会义务,以及为了承担社会义务所发生的社会成本。如果把公司的社会责任视为外加于市场的东西,那么它是与市场经济自发作用相矛盾的。如果将公司的社会责任视为完善市场经济的组成部分,二者之间就是统一的。

未来企业的社会责任将成为企业提高企业竞争力的新动力。中国企业要较好地履行对股东及利益相关者的经济责任,也要更多地参与公益和慈善事业。企业履行社会责任不仅是一种硬约束,也日益成为提高企业竞争力的重要要求。

共同治理体现了公司社会责任,公司社会责任是指公司在创造利润、对股东利益负责的同时,还要对所有的利益相关者承担责任。公司社会责任包括四个层次:一是经济责任。公司要不断提高盈利能力,维护投资者的经济利益。二是法律责任。公司要遵守国家法律、法规和规章,加强劳动保障,开展安全生产,保护自然环境。三是道德责任。企业要讲究商业道德,坚持诚信经营。四是慈善责任。公司应当热心公益事业,参与慈善捐赠。

"每股社会贡献值"是衡量企业社会责任的重要指标,即在公司为股东创造的基本每股收益的基础上,以公司年内的税收、向员工支付的工资、向银行等债权人给付的借款利息、公司对外捐赠额等为其他利益相关者创造的价值额,并扣除因环境污染等造成的其他社会成本,计算形成的为社会创造的每股增值额,作为反映公司为其股东、员工、客户、债权人、社区以及整个社会所创造价值的一个指标,大体上符合目前人们对企业社会责任的理解。国际上,雇员敬业度、客户满意度、企业可持续发展能力及投资者关系等虽被视为非财务绩效指标,但对企业社会责任必须融入业务战略也早已形成共识。

共同治理模式包括两个并行的机制:董事会和监事会。董事会中的共同治理机制确保产权主体有平等的机会参与公司重大决策;监事会中的共同治理机制则是确保各个产权主体平等地享有监督权,从而实现相互制衡。

三、相机治理

我们前面阐述的内部治理模式和外部治理模式、单边治理模式和共同治理模式,从总体上看,都属于静态治理模式的范畴。与静态治理模式相对应的是动态治理模式。

广义的动态治理模式是指从纵向上看,企业要根据其内部情况和外部环境的变化不断地调整和变更自身的治理模式,适时选择最适合自身特点的有效的治理模式。广义的动态治理模式是公司治理模式本身的变化,如以内部治理模式为主转化为以外部治理模式为主;以资本雇佣劳动的单边治理模式转化为物质资本所有者主导的共同治理模式等。公司治理模式的演进过程说明,没有固定不变和绝对好的公司治理模式。

世界上并没有一种固定的公司治理模式或标准供各国借鉴。任何国家的公司治理模式的选择都面临着双重性的问题,既有全球公司治理模式面临的共性问题,又有各国特有国情决定的特殊问题。我国的企业不同于发达市场经济国家的企业,其中最大的不同就在于制度环境,大的约束条件和小的约束条件都是不一样的,这就决定了我国公司的治理模式和机制与西方发达的市场经济国家会有所不同,因为现实需要把属性各不相同的交易与成本和效能各不相同的公司治理"匹配"起来。一些经济学家经过反复考察得出这样的结论,即各国公司治理中共性的东西占80%,特性的东西占20%。但反映该国特色的20%的东西,往往最终决定公司发展的成败。

狭义的动态治理也叫相机治理。相机治理是考虑企业动态发展的可能性,根据具体的利益受损状况采取相应的应急措施,使企业中最先容易或有可能利益受损的一方暂时获得企业的控制权。它主要通过对企业控制权的争夺来改变企业既得利益格局。相机治理的理论依据即企业所有权是一种"依存性的所有权"。

所谓企业所有权,是一种依存性的所有权,是指企业的所有权不是固定不变的,而是依据企业的不同情况而改变,如当企业能履行债务时,股东对企业具有所有权;如果企业不能履行债务而出现财务危机时,股东丧失了对企业的所有权,债权人掌握了企业的所有权;当企业破产清算时,债权人也会丧失部分对企业的所有权,企业的所有权主要掌握在企业的内部人手里。美国等国家的法律禁止银行持有企业股份,但当企业破产时可以接管企业,将债权转为股权,从而由银行对企业进行治理整顿。当企业经营重新好转时,银行及时退出,若无法好转则进入企业破产程序。企业所有权状态是依存性所有权,是市场机制作用的结果。控制权相机转移是以债务人不能还本付息为条件,而不能根据企业的其他状态,如收入、利润水平相机转移,因为这些状态变量是不可证实的。上述"状态依存所有权"只是从事后来看。从事前的角度看,所有权的安排更为复杂,因为事后状态出现的概率决定于事前的行动,即使在某个特定状态出现以前,该状态的所有者也可能要求一定的企业控制权。

在共同治理模式条件下,企业剩余索取权的一个重要特点是它与状态依存,当企业无力偿还债务时,它增加的收入就必须先支付给贷款人,在这种情况下,贷款人就是企业的剩余索取者;经理人是部分收益的剩余索取者;而随着企业收益的增加,工人的工资、奖金、提拔机会都会增加,这些都不是合同规定的,因此可以认为工人也得到了部分剩余收益权。组成企业的各要素所有者作为签约人,其"谈判力"的大小决定权益的分配结果,"谈判力"大的一方获得"剩余索取权"和"剩余控制权",或者分享到相对多的"剩余索取权"和"剩余控制权",而"谈判力"相对弱的要素所有者则领取相对固定的收益权,如工资、租金、利息等。

为什么在企业正常运行时,剩余控制权或投票权主要归股东而不是其他企业的利益相关者或参与人呢?因为股东是企业的剩余索取者,他们承担着边际上的风险,因而最有积极性做出最好的决策。对比之下,其他利益相关者或参与人的收入是合同规定的,边际上不受企业经营业绩的影响,因而缺乏这样的激励。为什么当企业处于破产状态时,企业的剩余控制权由股东转给债权人呢?因为此时,股东的收益已固定为零,边际上已不承担风险,缺乏适当的激励,而债权人和优先股股东成为实际上的剩余索取者,要为新的决策承担风险,因而也最有积极性作出好的决策。为什么经理人总是有一定的企业的剩余索取权呢?因为经理人具有"自然控制权",为了使他们对自己的行为负责,就得让他们承担一定的风险。在现实经济生活中,由于特殊技能的存在,工人在企业中的人力资本价值大于其市场价值,如果企业倒闭,工人的利益就会受到损害。由此看来,公司治理背后的逻辑是:剩余控制权跟着剩余索取权(风险)走,或剩余索取权跟着剩余控制权走,使二者达到最大可能的对应。

在许多国家的企业中,以银行为代表的债权人对参与公司治理持有消极态度,使债权人对公司治理的作用弱化,这一现状形成的原因是,当前政策制定者担心银行对公司治理积极参与会导致银行与企业之间相互勾结和包庇,由此引发难以控制的金融风险。债权人对公司治理作用虚弱状况,一方面严格廓清了商业银行与企业、资本市场的界限,控制了金融风险,但另一方面也弱化了债权人在公司治理中应有的作用,使得上市公司制造虚假信息披露,从而使骗取贷款逃废债务变得更为容易。

许多人认为,所谓的"控制权相机转移"实际上是一种误判,是"权利实际拥有"与"权利实际实施"之间的对比关系,也是资产所有者的风险控制权和企业经营者的经营管理权两者相互混淆的结果。"决策控制权"是投资者对企业经营者的"管理决策权"的限制和约束的权力,其功能是减少投资风险。只要投资者所承担的风险不能被其他权利(如高额风险佣金)所完全补偿,那么这种投资者的风险控制权就绝不会为零,而且也不会因为某些投资者(如股东)在实施其控制权而否定其他投资者(如债权人)控制权的存在。事实上,"控制权相机转移"现象的本质是:投资者风险控制权在特定条件下从"潜伏"状态变为"活跃"状态的过程。

相机治理的核心并不在于债权人怎么办,而在于由债权人决定怎么办。债权人通常有3种选择:清算、拍卖和重组。对债务人企业进行清算可以给债权人带来一笔现期收入,拍卖也可以使债务人获得一笔现期收入,重组企业则意味着一项投资。从经济角度看,世界经济可以重组,区域经济可以重组,企业的经济状况也可以重组。重组是经济发展中永恒的主题。重组的目的有四个方面:一是为解困而重组。宏观上为应对一个区域的危机而进行重组,微观上为帮助一个企业渡过难关而进行重组。二是为取得发展资金而重组。企业发展到一个特定阶段,需要有更多的资金投入。上市融资是企业获取低成本发展资金的一个非常重要的渠道。三是为优化资源配置而重组。在企业重组的过程中,各种市场要素、企业的各种资源都流向了最需要的地方,流向了最能产出经济效益的地方,这就实现了资源的优化配置。四是为转变企业制度而重组。企业上市的过程,实际上就是一个转制的过程。通过股票上市,家族式企业、国有企业变成公众企业,这就是为转制而重组。相机治理是在公司总体治理模式框架不变的情况下,根据公司的不同情况变更公司所有权主体。它是通过公司利益相关者对公司控制权的争夺来改变既得利益格局实现的。

位于杭州市西湖区的南望信息产业集团有限公司曾获得中国10佳专利企业荣誉,连续5年位列全国软件百强,其生产的远程图像监控设备曾占我国1/3市场份额,位居同行业榜首。2008年4月,南望集团因多元化投资和高额银行和民间借贷负债导致资金链断裂,累计负债高达23亿元,企业财务危机爆发,银行和其他债权人纷纷起诉。浙江省高院提出了可适用司法重整挽救南望集团的建议,杭州中院于当年5月受理了南望集团司法重整申请,依法指定管理人,及时采取维稳措施,防止了危机的进一步蔓延。在法院监督下,管理人提出"主业保留+原股权清零+债转股"的重整方案框架。至2011年2月,南望集团的重整计划全部执行完毕,重整申请受理后产生的劳动债权和除选择债转股以外的申报期内的普通债权也提前获得清偿。

相机治理模式的最大优点是,始终把企业的剩余索取权或剩余控制权授予最有积极性把企业搞好的人。相机治理存在的基础是当企业中某一利益相关者权益遭到严重侵害时,他必然要求改变这种既定的利益格局,进行企业所有权的重新安排。相机治理机制的设计的目的在于非正常经营状态下,受损失的利益相关者有合适的制度来帮助其完成谈判意愿。一般来说,企业经营处于正常情况下,企业的剩余控制权应在所有者即股东手里,因为这时股东最有积极性控制企业;在企业出现财务危机,即亏损和无法偿债时,债权人最有积极性重组企业,企业的剩余控制权应在债权人手里,因为这时股东已没有可能获得利润,债权人如果不关心企业的经营状况,他就可能血本无归;在企业面临破产倒闭时,企业的剩余控制权应在内部人职工手里,因为这时股东和债权人都没有动力经营企业,而企业内部人职工最有积极性挽救企业,因为企业破产,他们将面临失业的危险,失业时人力资本的市场价值一般要低于在企业的价值。

债权人掌握公司的控制权,有可能采取的对策是:一是当债权人认为企业困难只是一时的,有挽救的可能和发展的前景时,对企业实行挽救政策,追加注入资金;二是当债权人认为企业无发展前景或者无力对其挽救时,对企业强制履行债权合约,硬化债务约束;三是当企业出现资不抵债的危机时,债权人对其实施破产程序。

我国企业实际上已经在实行相机治理的理念。如我国新破产法规定的依法破产清算程序就体现着相机治理的理念：一是担保债权；二是破产费用和公益债务；三是破产人所欠的工资和医疗、伤残补助、基本养老金保险、基本医疗保险等费用、行政法规规定应当支付给职工的补偿金；四是破产人所欠缴的除前项规定以外的社会保险费用和破产人所欠税款；五是普通破产债权；六是股东的利益。

什么是"普通破产债权"？就是那些除了担保债权以外的一般债权债务关系，包括企业因合同关系而产生的各种债权，此类债权大多因正常的商业行为而产生，如各上下游业务企业和该破产企业之间的各种债权关系；同时也包括因企业侵权而产生的各种债权，此类债权大多发生在消费者和企业之间，如三鹿事件中那些受假奶粉之害的"结石宝宝"和厂家之间的关系。

按新的破产法，担保债权有"别除权"地位。"别除权"是指可以从破产人的特定财产中，先于其他债权人得到债权满足的权利。

按新的破产法，不仅现有的财产能作为抵押，将来的财产也可以作为抵押，即拿应收账款作为抵押。拿房屋所有权、机器设备做担保，主要是对工业制造而言的。现在很多高科技企业、服务性企业并没有这样的财产，但是有许多的可以实现的应收账款，而且效益很不错。

从破产法的法理来看，各国破产法都把职工债权的受偿顺序排在担保债权之后。其理由在于：一是破产法本质上是以保护债权人利益作为价值定位的法律。在市场经济中，不同法律侧重于对不同利益主体的保护，破产法就是一部倾向于保护债权人利益的法律。二是在市场经济中担保已经是债权的最后保障，如果连最后的保障都不能得到保证，就动摇了担保制度的基础，就会危害交易安全，从而不利于社会诚信体系建立。三是如果对劳动债权没有严格明确的范围，模糊的职工劳动债权优先于有抵押、质押的债权，实际可能导致的抵押、质押的债权回收概率相当低，如果企业破产机制中不能很好地保证银行作为债权人的利益，作为最后一道门槛的破产法就失去了威慑作用，给整个金融生态造成问题，增大金融风险危及金融安全。四是保障担保权的优先受偿权有利于长远促进社会经济发展。对担保权益的保护有利于确保金融体制的稳定和防范金融风险；对担保权益的保护有利于降低市场的交易成本；对担保权益的保护有利于给债权人提供一个稳定的交易预期。需指出：工人的利益应主要由劳动法和社会保障法来保障。

公司破产是指公司总资产不足以抵偿到期债务时，由法院依照法定程序强制将公司的总资产公平地清偿给所有的债权人,不足之数即免于清偿的制度。也就是说,企业破产是企业无法清偿到期债务,而又无法实施其他重组方式时,依法进行的企业自灭行为。我国1986年12月2日第六届全国人大第十八次会议通过了《企业破产法》(试行)。

市场竞争理论通常被看作破产法的理论基础,因为在充分竞争的市场经济中,企业的成功与失败取决于它在市场上的绩效,企业破产倒闭是市场公平竞争的自然选择。保护债权人的利益,通常被看作破产法实行的主要目的。虽然法律为了有效地保护债权人的利益,允许债务人可与大多数债权人达成延期偿还或减少债务的协议,但这只是作为结束破产,而不是防止破产的程序。企业失败与破产的过程本质上有利于社会经济整体的健康发展,因为它淘汰了失败或低效率的企业,有利于社会资源的有效配置。

公司走向失败或破产,可以归结为四种类型:一是新业务崩溃。没有创造,一个组织不可能生存,但是,对历史的研究发现,创造新业务的历史充斥着公司惨败的故事,如摩托罗拉试图推出铱星通信系统的尝试最终失败。二是购并与兼并。在试图并购其他公司时,公司常常因此招致灾难。在并购的冲动中,戴姆勒—克莱斯勒、威旺迪、美国在线—华纳都导致了几十亿美元甚至更多的价值损失。麦肯锡研究证明,全球并购成功比率只有23%。波特研究证明,兼并成功率是50%(需要指出的是,自我发展的成功率是10%。无论怎样,兼并战略成功率要远远高于自我发展的成功率,这也是为什么兼并的成功率并不高,许多企业仍热衷于兼并的原因之一)。在并购对企业绩效的影响方面,研究发现并购事件后,短期或有所提升,或有所下降结论不统一,对长期绩效而言,实证研究普遍发现上市公司的并购绩效从整体上有一个先升后降的过程,最终难免会使一些企业陷入破产倒闭的情形。三是应对创新与变革。谁能预测到为什么许多公司明明有许多机会去适应和做出改变,但直到失败来临它们却选择什么也不做?四是新竞争威胁。

公司失败或破产的关键因素可归结为:公司主管没有认识到公司的真实情况和风险,组织内的信息和控制系统管理不善,以及组织领导者养成了一些必然导致失败的坏习惯。

实践告诉我们,失败的早期警告信号是"成功",有许多公司在惨败的几年前处在非常成功的状态。从理论分析上看,第一,许多失败公司曾非常成功,随即它们陷入成功的副产品——错觉性态度——当中不能自拔;第二,成功公司是吸引竞争对手进入同一市场最好的广告,由于缺乏进入障碍,新公司常常从这些公司那里夺走相当大的市场份额;第三,成功带来自负;第四,在面对大量利润时我们常常会放松警惕,而真实的情况是他们并不难被赶上和超越,甚至被挤垮。

公司通过破产可以促进经营者的竞争与创新,可以分摊公司的风险,可以加强公司所有者、经营者和劳动者的责任心,可以有力地保护相应的产权,可以实现资源重新优化配置。

当一家公司因丧失清偿能力,对到期债务无法偿还时,理论上讲有两条出路,第一是通过"破产清偿";第二是通过"重组破产"(也称"重整谈判")。"破产清偿",即现金拍卖,是把公司的资产完全地清理并变卖,用以偿还债务,如果债务偿还完毕,还有剩余,就在股东中进行分配。"破产清偿"又分为2种情况:一是公司整体成块地卖给出价最高的投标者;二是公司的资产分割出售,这种分割出售又称为公司被清算。

"重组破产"是新公司法三大程序之一(另外还有清算与和解)。重组分为再生型重组和清算型重组两种形式。重组是鼓励公司的索赔人根据事先决定的规则就公司的未来进行商谈,也就是针对公司怎样处理,在债权重组情况下谁应该得到什么等问题进行谈判。在"重组破产"的情况下,公司可以暂时不用偿还到期的债务而继续运营,在征得债权人同意的情况下采用各种可能的办法使公司扭亏为盈。几年之内,如果公司能顺利运行,公司就可以摘掉"破产"的帽子,变成正常的公司。

"重组破产"是指经利害关系人(债务人和出资占债务人注册资本1/10以上的出资者)的申请,在法院的主持和利害关系人的参与下,对已经具有破产原因,或有破产原因之虞而又有再生希望的债务人进行经营上的整顿和债权债务关系上的清理,以使其摆脱经营和财务困境,重新获得经营能力的特殊法律程序。重整表现为股权转让、公司收购、增资、资产收购等。重整的目的是挽救濒临破产的债务人企业,通过对债务重整使之避免解体,从而避免随之产生的社会动荡。

对那些已经是"病入膏肓"的上市公司,与其浪费时间让它们去重整,还不如尽快进入破产清算,这样对于债权人和各方当事人更为有利。广义的破产应该包括清算、和解与重整三种程序。和解是债权人、债务人之间达成协议。重整就是说"破产保护",对有挽救希望的企业,给它一次机会,看它有没有复兴的可能。它首先由债务人或债权人提出重整方案,法院在不违反法律原则的情况下予以确认,然后才能重整。和解与重整的区别不是特别大,重整复杂在必须经过各种类别的债权人的表决。所以,在美国没有和解程序,只有重整程序,和解程序一般是通过重整程序达到的。对债务人企业进行清算和重整通常可以给债权人带来一笔现金收入。一旦启动破产保护,债权人是最脆弱的,因此重整的前提是债权人认为,在重整和清算程序中能够得到的更多,即提高清偿比例。

以上分析的是狭义的动态治理,即相机治理,相机治理在我国公司治理中很重要,占有重要的位置。我国公司治理改革的近期目标是实现股东主权制的单边治理;远期目标是实现股东主权制主导的共同治理与相机治理相结合。

第二节 公司治理的实质及功能和作用

在上一节中,我们对公司治理结构类型进行了比较全面和系统地分析,也做了一些比较研究。这一节我们将对公司治理的内容进行分析。对各种治理结构类型中涉及的共性的关键问题或本质问题加以提炼,以使人们抓住事物的本质,掌握问题的要害,更好地推进我国公司治理结构的改革。

一、公司治理的实质和作用

公司治理的实质是界定企业中最主要的利益主体的相互关系的有关制度安排,是如何将要素结合带来的收益在要素所有者之间分配的制度安排,是要解决企业所有权与控制经营权分离而产生的代理问题和平等地保护大小股东的利益,既避免代理者侵犯所有者的利益,又避免大股东侵犯小股东的利益。同时解决企业的战略决策和控制管理问题。公司治理的实质是公司资本所有者确保自己的投资能够得到良好回报的方法问题。公司如果没有良好的治理,一个必然的结果就是公司和股东的资产被滥用,而作为股东的公民的财产权也难以得到保护,市场经济和现代国家运作的基础将受到削弱,实体经济和金融部门也将面临巨大的风险。

保障股东的价值是一种综合性手段。首先是股东维权,中国过去维权的成本比较高,渠道也不通畅,现在正在慢慢改变。其次,监管层的作用不可忽视,强制上市公司做一些信息披露,保障股东的权益。最后,对一些公司的信息披露质量,可聘用一些专业机构,如行业专家、风险管理公司和注册会计师帮助分析。

公司治理的制度安排决定了企业为谁服务、由谁控制、风险和利益如何在各利益集团之间分配等一系列问题,公司治理的制度安排合理与否是决定企业绩效的决定性因素。公司治理是联结并规范公司内部不同权利主体(股东、董事和经理)之间的相互权力、利益和责任关系,其主要目的是恰当处理不同决策权的分工、不同权利主体之间的监督、制衡、激励和风险分配问题。公司治理首先是一种引导经理实现股东财富最大化的机制；其次是对企业利益相关者保护的机制，还是平衡公司内部活动的激励机制，特别是激发合作与协作的机制；最后是改进经理们的激励机制和风险之间的平衡关系，从而提高企业价值。公司治理是企业制度有效率的源泉，也是企业制度稳定的基础。

公司治理对企业和国民经济发展具有重要的作用。企业是社会财富创造体系的细胞或基本单位，细胞死了整个机体就垮掉了。如果企业都不创造价值、不创造财富，而是热衷于分配性的努力，热衷于利用不公正的手段去最大限度地去赚取他人的财富，那整个经济系统必定要崩溃。没有健全的公司治理结构和治理机制，一个国家就必然缺乏足够的创造财富的能力；国家的竞争力最终依赖于企业的竞争力，依赖于企业的业绩，而企业的业绩又依赖于公司治理结构和治理机制；没有成熟的公司治理结构和治理机制，必定导致对公司和股东资产的滥用，甚至掠夺，作为股东的公民的财产权利就不可能得到真正的保护，市场经济和现代国家的运作基础将受到实质性的削弱；缺乏良好的公司治理结构和治理机制，实质经济部门和金融部门将面临巨大的系统性风险，在经济全球化的条件下，这些系统性风险将时时引发金融危机、经济危机和社会动荡。

公司治理不只是言商。现代公司治理的理论与实践集中了人类社会发展，尤其是现代市场经济发展的思想精华，充满着人本精神，是一种大可以治国、中可以治理企业和任何组织机构、小可以修身处事的精致理论，只有结合实际认真感悟体会，方能真正理解其内涵和精髓，出神入化地用以构造组织的制胜之道。

公司治理不佳是所有失败公司的共同原因。公司治理制度的失败会导致资源配置不当，投资风险过高，高管层滥用职权，控制股东对外部股东和债权人的掠夺，公司财务困难、甚至破产。

为了正确地理解公司治理的实质，我们首先要把一些错误的观点和看法加以澄清。

第一，要把公司管理和公司治理区别开来。有许多人常常把公司管理问题与公司治理问题相混淆。这是一个常识性的错误，的确公司管理（狭义）与公司治理有联系，一方面，广义的公司管理包括公司治理和狭义公司管理。广义的公司管理，既包括所有者对经营者的管理，即公司治理，又包括经营者对员工的管理，即狭义的公司管理。并且公司治理是公司管理的基础。一个公司，只有所有者先把经营者治理好，经营者才能把员工管理好。公司治理是治本，公司管理是治标。过去，包括我国在内的许多国家，重视公司管理问题而忽视公司治理问题,经济发展的实践使人们认识到,搞好一个公司,公司治理比公司管理更重要。所以现在人们更加关注公司治理问题。另一方面,公司管理和公司治理都强调要遵循规则,按照程序办事。

　　狭义公司管理与公司治理的区别:一是狭义的公司管理反映的是公司经营者(经理人)与劳动者(员工)的关系;公司治理反映的是所有者(股东)与经营者(经理人)之间的关系。二是狭义的公司管理是任务导向,公司治理是战略向导。三是狭义公司管理的核心问题是企业生产率的提高、产出最大化和利润的增加。公司治理的目的不仅要确保企业财富的创造、利润的增加,而且要保证公司利益的分配合乎各种利益主体的合法要求,最终目的是谋求一种良好的制度安排,也就是说,公司治理不仅关注谁能赚到更多的钱,还要关注赚到的钱进了谁的腰包。其实,企业赚到了更多的钱,不一定保证相关利益主体都能得到实惠;反过来说,企业不赚钱,企业内也可能有人能"赚"更多的钱,"穷庙富方丈"就是证明。

　　第二,要把公司治理结构和公司治理机制区别开来。公司治理可以从两个不同方面讲,一个是公司治理结构问题,另一个是公司治理机制问题。公司治理结构,包括股权结构、资本结构以及治理机构的设置等。公司治理机制,包括用人机制、激励机制和约束机制等。

　　公司治理结构中最重要的是股权结构问题,股权结构是影响公司治理结构的重要因素。实践证明,一是正常情况下第一大股东持股比例与公司治理状况正相关,但如果大股东独断专行也会对公司治理产生负面影响。二是外部大股东的监督有利于公司绩效的改善。

　　资本结构也影响公司治理。资本结构分为广义的资本结构和狭义的资本结构。广义的资本结构是指全部资本的构成比例关系,即自有资本和负债资本的对比关系。狭义的资本结构是指公司的长期负债或股东权益占长期资本的比重。

　　负债对社会经济发展具有巨大的功能和作用。第一,负债可以弥补自有资本的不足,以获取更大的盈利,实现企业利润最大化的目标。企业多渠道、多层次融资,借钱生钱,既可以解决企业资金短缺问题,又可以增强企业自身的造血功能,以最低的消耗取得最大的成果。第二,负债具有竞争压力动机。负债经营者是借他人资金进行生产经营活动,他所创造的价值要大,否则就要亏本,他所生产的产品要能顺利地转化为社会需求,若是产品滞销、积压,造成企业资金周转困难,资金循环缓慢,就会使企业面临倒闭的风险,这就促使负债经营者把竞争压力转化为一种注重经济效益的动力。第三,负债可以强化经济责任。负债经营是商品经济条件下普遍存在的经营方式,从经济学角度说,负债的本质关系是债权人与债务人之间责任与义务对等的关系。在负债经营中,债权人与债务人之间有明确的权利、责任和义务,债务人必须在规定的期限内还本付息,并且还要积累企业生存所需要的资本。在这种情况下,促使负债经营者具有相应的利息观念、效益观念、市场观念和速度观念,最大限度地发挥借贷资本的作用,强化内部管理,拓展经营领域。第四,负债还可以活跃资本市场,优化资源配置。企业的资本经营意识和资本经营技巧,归根结底取决于其决策者的竞争意识和知识素质,负债经营者如何最大限度地提高资本运作效率,优化资源配置,这是负债经营所要解决的关键问题。

人们经常思考这样一个问题,就是如果企业在市场上能够筹到足够的权益资本,是否仍存有举债动机,回答应该是肯定的。这是因为债务资本对股东收益具有倍率放大作用——杠杆作用和税负优惠作用,还可使股东转嫁与分散投资风险(当企业破产时,企业被豁免的债务便是债权人的损失)。债务资本要求权的固定性,决定了债权人只能从企业取得定额收益。当企业经营收益(息税前净收益)发生变动时,不同的债务比率会引起净资产收益率成倍地变化,这种倍率作用称为财务杠杆作用。各国法律或政府规定对企业债务利息都给予一定的税负优惠,即免交所得税或减交所得收益等。

当然,负债的多少是要有一个度的,负债率太低不能充分发挥财务资本的杠杆作用,负债率太高会增大企业的经营风险。利用负债给企业带来财务杠杆效应是有条件的。只有当税息前的资金利润率高于负债的资金成本,即利息率时,负债才能给企业带来额外收益。但是,能否达到这样的目的则取决于企业经营过程中产生的效率与效益。企业经营风险的客观存在和难以完全控制,决定了利用负债也可能给企业带来额外的损失和负担。

按照米勒—莫迪利安尼定理,如果不存在信息不对称问题,那么企业的价值与它的资本结构无关。企业可以通过比较债务融资的节税的收益和债务融资引发的破产成本来确定企业总融资中债务融资与股权融资之间的最优规模。在存在不确定性的情况下,借入资本的增加会增加金融风险,即一方面使股权资本的收益率更加不确定,另一方面增加了无力偿付债务的可能性。这样,投资者就要求一个更高的股权资本收益率,即提高了股权资本的成本。借入资本增加所引起的借入资本成本减少,被由此引起的股权资本成本增加所抵消,因此资本结构的变化对资本成本也没有影响。也有许多经济学家对此持不同的观点。在这里我们不做详细的探讨。

如果我们从现实经济生活去考察，影响资本结构的因素可能有以下几个方面：一是企业资本的灵活性。由于筹资渠道和筹资数量有限，现行的筹资方式会对未来的筹资方式发生影响。因此，企业在筹资时，不仅要考虑是否能筹到资金，而且要考虑什么时候用什么筹资方式是最好的等问题。二是企业的风险状况。若企业的税前收益较稳定，在总风险不变的情况下，可以承担较高的财务风险，从而有较高的负债/权益比率，反之则相反。三是企业的控制权。各种筹资方式对企业控制权的影响是不同的。不同的融资手段（股票、债券）所附带的控制权力是有差别的，比如股票所有者拥有对企业事务的投票权，而债权人可以通过破产机制或债务的附带条款对企业的一种或有的控制权力。如果企业股东不愿意削弱他们对公司的控制权，又没有足够的财力投入新的权益资本，则企业负债/权益比率可以高些。四是企业的信用等级和债权人的态度。如果企业的信用等级不高，债权人将不愿意把钱借贷给企业，企业就只能选择其他融资方式了。五是其他因素。如企业的资本结构、政府税收政策、企业成长性和盈利多少等因素都是选择资本结构时应考虑的因素。

股权融资与债权融资是企业融资的主要方式，二者之间有明显的区别：第一，债权融资是有期限的，股权融资则没有期限，它与公司同在。第二，债权人在一般情况下，不能干预债务人内部事务，股东可以通过公司治理结构对企业经营活动进行一定程度地干预。第三，债权人比股权人承担的风险小。一方面，债权人有到期要求公司偿还本金和利息的权利，而股东在公司存续期间内无要求归还股本的权利；另一方面，如企业破产倒闭，应先支付债权人的债务，再支付股东的资本金。股东承担的风险来自两方面，一是经营者不可控制的市场风险，如产品的需求、消费观念的改变，以及科技进步对产业结构带来的影响。二是来自经营者或代理人的机会主义行为。第四，债权的利息是约定不变的，而股利依据公司的经营状况而定，即债权人的要求收益权是固定的，股东的剩余要求收益权是可变的。第五，债权融资的成本是明确的、直接的，公司需要偿还本金和利息，股权融资的成本则是较为迂回和间接的。第六，企业终止时，股东按股份的比例分配公司剩余财产，而债权人无此权利。第七，债务融资不仅能够使公司放大销售增长所带来的公司盈利，而且还是公司合理避税的途径之一。例如，各国立法都规定，公司发行债券的利益可以从税前利润扣除，不存在公司与个人双重课税的问题。第八，以股权的方式融资，会扩大公司规模，但日后不需要大量资金时，公司的组织难以收缩，且董事与监事常因股东会的改组而发生变动，对公司影响较大。而债务融资灵活性大，可以根据企业发展情况，进行调整，也不影响公司内部机构成员构成状况。第九,股权融资,投资者与公司形成一种委托代理关系,为避免公司损害股东权益所引发的道德风险,股东对公司监督的成本很高;而债务融资,投资者与公司是一种特殊的委托代理关系,即债权债务关系,投资者不需要经常监督公司,因此监督成本很低。

在西方一些比较发达的市场经济国家,企业在融资时,除自我积累外,常常更偏好债权融资,而不是股权融资。在负债与发行股票之间,为什么企业通常首先选择的是负债。主要原因之一在于:股权融资成本高于债权融资成本。为什么股权融资成本通常高于债权融资成本?这可以从以下几方面理解:

一是股东通常要求的报酬率是根据市场无风险收益率和企业经营风险补偿率所提出的。具体来说,股权成本=无风险利率+市场风险溢价×能够反映出企业风险状况的调整率。无风险利率是不存在任何违约可能的资本商品的利率水平,是投资者所期望的在不承担任何风险的情况下所获得的投资收益率。与无风险收益率最相近的收益率为政府债券收益率,多数评估者动用的是10年期政府债券收益率。市场风险溢价是说市场风险困扰着评估者,因市场存在不确定性导致收益波幅难以"熨平",但我们看到的不是企业的绝对价值,而是寻找价格区间,然后通过市场机制再发现企业价值。与市场相比企业股票的风险状况,也即是找出能够反映企业风险状况的调整额。华尔街认为,很少有几家企业的风险状况与股市的风险状况完全相同。如果股票收益与整个市场相比更不稳定,可以通过资产定价模式进行调整,调整值称为 β 系数。

企业没有支付股息的法律义务。所以在我国上市公司对股权资本有"免费现金"的幻觉,因而在公司扩张中需要资本时,总是对股权融资有内在冲动。股权融资"免费现金"产生的原因,是国家绝对控股,所有者缺位,对经营者激励和约束不到位。实际上,企业不发放股利会影响企业的市场形象,失去股东对企业的信任,失去企业再筹集权益资本的机会,从而付出昂贵的隐性成本。股权融资的成本是通过企业在资本市场的价值变动体现出来的。而企业市场价值是由企业经营绩效体现出来的,一旦企业市场价值下降,则会影响企业资信等级,进而降低下阶段的股权融资可能性和提高债务融资成本。而在我国,股权融资方式的成本低于债券融资方式的成本,是因为债券融资的付息"硬约束"和股权融资分红的"软约束",使债权融资的成本大大高于股权融资。

二是债务融资的利息计入成本,具有冲减税基的作用,而股权融资却存在公司所得税和个人所得税"双重纳税"问题。

三是发行债券可以利用外部资金扩大投资,增加企业股东收益,产生"杠杆效应",而在股权融资中,新增股东要分享企业盈利,从而摊薄每股收益。

在股权融资和债权融资之间做选择,企业通常选择债权融资的第二个主要原因在于,企业所有者不希望自己的股权被稀释,进而削弱他们的决策地位。债权人权益与企业控制权无关,股东的权益与企业的控制权直接相关。股东权益可能导致对企业控制权的争夺。

当然任何事情都不是绝对的。不同行业的融资方式有所不同,充分竞争的行业倾向于股权融资,倾向于分散风险;而相对垄断的行业更倾向于债务融资。负债经营公司的权益资本成本等于无负债公司的权益资本成本加上风险报酬。风险报酬多少取决于公司负债程度。另外,对于专用性程度高的项目,股权融资是比较适宜的工具。

企业选择最佳的资本结构的标准主要有两个:一个是综合加权平均资本成本最低;另一个是资本组合风险最小。要使综合加权平均资本成本最低,受负债的免税效应驱使,通过增加筹资的负债比重可达到,但资本组合中负债融资比重过大,又会增加企业财务风险,也因此会影响到负债筹资的效果。对此,要在股权融资和债权融资中做出取舍,应该两利相权取其重,两害相权取其轻,做出最佳选择。企业部门债务安全指标主要包括企业的资产负债率、资产利润率、存货周转率、产销率、流动比率。

需要指出的是,最优的企业资本结构在理论上确实存在,但要十分精确地测定到这个"点"则是做不到的。因为影响资本结构的因素,除了上面阐述的因素之外,还有经理人的行为特征、企业所处的发展阶段、获利能力及所处行业等。需要指出的是银行的资本结构不同于一般的工商企业的资本结构。银行资本结构中,权益资本在总资本中比例极低;银行的负债大多以存款形式存在,但资产与负债之间的期限与风险均不匹配,极易产生流动性风险,而且银行的流动性风险极具传染性。

资本结构转换是股权代理成本与债务代理成本之间的转化。减少其中一种代理成本,将增加另外一种代理成本。当由股权代理成本和债权代理成本构成的总代理成本最小时,或股权的边际代理成本与债权的边际代理成本相等时,就形成了均衡的企业资本结构,即最优化的公司所有权结构。参见本章第一节外部治理中有关债权人对公司的治理的内容。

"新三会"和独立董事制度的设置及其"老三会"和"新三会"关系问题都属于治理机构设置问题。"三会四权"制衡的法人治理结构是针对我国及日本等国公司治理结构设计的。"新三会"是现代企业治理机构的主体框架,在创立现代企业组织制度过程中必须坚持;"老三会"(党委会、工会和职工代表大会)是传统企业制度中的精髓,我国企业管理实践过程表明这种制度安排有许多长处,在现代企业制度建立过程中也不可废弃。在我国公司治理完善过程中,强调在处理"老三会"和"新三会"关系时要"交叉任职,双向进入。"

在世界范围,公司治理模式分为两种类型。主流型的治理模式和非主流型的治理模式,主流型的治理模式,即英、美等国实行的是一元模式或单层模式,也称"外部人"或市场导向模式,这种模式是由股东大会选举董事组成董事会,由董事会托管公司财产、选聘经营班子,并全权负责公司的各种重大决策并对股东大会负责。采用这种模式的国家除英、美外,还有法国、意大利等。主流模式的特点是:公司的股份分散和经理人持股较小,企业运作透明,有较健全的法规体系和有力的执法体系,公司治理可通过对经理人的激励和有效监督实现股东利益最大化,可通过资本市场的机构投资者和并购机制的启动,保持治理的外在压力。股东依托发达的资本市场,通过买卖股票实现对公司的影响,并以此对代理人形成间接约束。这种治理模式的弊端主要有:股权分散,弱化了股东对公司的监控,容易导致经营者的短期行为;银行在公司治理中的作用小。

英、美国家公司在董事会内部设立不同的委员会,如附设执行委员会、任免委员会、报酬委员会、审计委员会等,都由董事长直接领导,有的实际上行使了董事会的大部分决策职能。董事会是股东大会常设机构,而执行委员会则成为董事会常设机构。因为决策者既是董事长也是最大股东,对公司事务有着巨大影响力,所以不愿让太多的人分享他的决策权。他们将董事分成内部董事和外部董事,自20世纪70年代以来,外部董事比例呈上升趋势。按理,这会加强董事会对经营者的监督与控制,但英、美大公司中同时存在的普遍现象是公司首席执行官兼任董事会主席。这种双重身份实际上使董事会丧失了独立性,难以发挥监督职能。

非主流型模式,即以德国、日本为代表的二元模式或叫双层模式,也称"内部人"或银行导向型模式。非主流模式是设董事会,也设监事会(甚至还设有独立董事)。非主流模式又有两种不同的情况,日本模式和德国模式。日本公司是由股东大会分别选举组成董事会和监事会,董事会和监事会是并列的机构,二者都对股东会负责。德国是由股东大会选举产生监事会,再由监事会任命董事会。监事会对股东大会负责,董事会则对监事会负责。仿效德国、日本模式的国家有奥地利、丹麦、挪威、瑞典等。非主流模式的特点是主银行制、法人相互持股、集体决策以及高级管理人员的终身雇用等。其弊端是导致了证券市场的疲软和大企业的过度扩张、利益相关者的冲突加剧等。

非主流模式是以企业整体利益最大化为经营导向,银行处于公司治理结构的核心地位,公司股东主要通过中介组织或股东当中有行使股东权力的人或组织(通常是一家银行)来代其控制与监督公司经营者的行为,达到参与治理公司的目的。在非主流的日德模式中,银行通过长期贷款和作为个人股东的代理人来控制企业,通过接受个人股东的委托,代他们选举公司董事会,从而控制许多公司的大部分权力。银行既是公司的债权人,又是股东,还通过选举代理人进董事会对公司经营实行监督。

法人持股,特别是法人相互持股是德、日公司股权结构的基本特征,在日本公司中更为突出,控制企业股权的主要是法人,即金融机构和公司。法人股东具有较少的投机性,一般不轻易出售股票。在法律上对法人相互持股没有限制,因此,德、日公司法人相互持股包括几个公司间的循环持股非常普遍,形成了一个"命运共同体",由互相信任、支持的企业家控制着企业,使这些经营者在公司中居主导地位。

德国公司设有监事会。为了使监事会更好地执行职能,德国公司法还赋予了监事会更强有力的职权,如对董事的选任权、解任权。近年来,在实际运行中,监事会的监督不仅是对有关被决定的事项以及实施状况的事后监督,在董事做出政策决定和计划等的必要情况下,监事会也存在与董事协商,同时给予董事忠告的义务。在公司法中规定,监事对公司业务执行虽然不具有决定权,但对于一定种类的业务限定于得到监事会同意时方可实施的宗旨被确定了下来。这对于保护监察、监督的实效性有着重要的意义。

公司治理的作用效果,一方面取决于公司治理机构的设置,另一方面取决于公司治理机构的权力安排。同样的治理机构设置,由于权力安排的差异,也会导致完全不同的治理效果。

公司治理机制是解决现代公司由于所有权和控制经营权分离所导致的代理问题的各种机制和总称,是各种利益相关者利用现有法律和管制框架以及公司章程对利益相关者权益的保护,通过权力的实施来实现对公司控制的一种手段。公司治理机制包括外部治理机制和内部治理机制。公司的外部治理机制,主要是市场对公司治理的机制,包括产品市场、资本市场、经理人市场等。在市场对公司治理的机制中,最重要的是资本市场和经理人市场的激励和约束。公司的内部治理机制中,最重要的是用人机制、内部激励机制和内部约束监督机制的安排。

公司治理机制的内容主要包括用人机制、激励机制和约束机制。用人机制首先包括如何防止人才流失。

西方许多国家的企业多年发展实践证明,公司高级管理者有一部分需要从内部提拔,从内部提拔有两个好处,一个是不容易同企业文化产生冲突,因为长期在一个企业工作,文化比较了解和认同;二是让企业中层领导者和基层干部看到希望,如果自己努力工作,做出成绩,就有可能被提拔重用。但一部分企业高级领导者必须从外部选拔,从外部选拔企业领导者的好处,是带来一些好的观念和思路,带来先进的技术和管理,给人们耳目一新的感觉,开阔视野。公司治理机制中另外两个内容,即激励机制和约束机制问题,在本书第六章有专门的阐述。这一节就不详细阐述了。

公司治理结构的设置和公司治理机制的安排目的是相同的,都是为了充分发挥公司治理的功能。公司治理的主要功能有两个:一个是本质功能。公司治理的本质功能是治理功能,即解决代理问题,平等地保障大小股东的利益,既避免代理人侵犯所有者的利益,又避免大股东侵犯小股东的利益。另一个是派生功能。公司治理的派生功能是进行"企业战略决策、控制管理和运作"。原来的公司治理功能主要是第一个功能,即公司治理功能,现在公司治理功能逐步向"战略决策、控制管理和运作"功能推进。战略决策、控制管理和运作,即制定和实施企业的发展战略,主要是解决企业的发展方向、发展目标以及为达到预定目标所需要的资源搜寻与整合问题。

公司治理的基本功能:一是维护全体股东和公司的整体利益,减少公司代理成本,保证按照所有者和利益相关者的最佳利益运用公司资产,促进公司健全运作,提升公司价值,实现股东价值最大化;二是提高企业在资本市场上的竞争力和吸引力,降低企业融资成本;三是保证公司的公正、透明、效率和质量;四是提高资源的配置效率和使用效率,促进社会经济持续增长;增强投资者信心,有利于证券市场和整个金融体系的稳定,提高社会经济整体的国际竞争力。

二、公司治理的主客体及公司治理的手段和准则

理解公司治理问题,前提是先要弄清楚,在公司治理中是谁治谁,即公司治理的主体和对象(客体)分别是谁。关于公司治理的主体,一般来说,主要是公司的股东和董事。股东负责对董事的治理,董事负责对经理人的治理,因此,公司治理的主体是股东和董事。为什么强调一般来说公司治理的主体是股东和董事呢?原因在于,当大股东通过关联交易侵害中小股东利益时,公司治理的主体就

不再是大股东了,相反,大股东由治理的主体,变成了治理对象了。因此在大多数场合下,公司治理的主体是股东和董事,并不排除有些情况下出现相反的情况。搞清楚了公司的治理主体后,我们再看一下公司治理的对象是谁,公司治理的对象主要是公司的经理人,有时还包括控股股东和董事。因为控股股东、董事和经理人直接参与了公司的价值创造,并在一定程度上左右了公司的战略走向,而作为利益分享和风险分担的其他交易契约参与者必须对其有所控制。对董事会的治理来自于股东及其他利益相关者,目标在于观察公司的重大战略决策是否恰当,判断标准是股东及其他利益相关者投资的回报率。对经营者的治理来自董事会,目标在于观察公司经营管理是否恰当,判断标准是公司的经营业绩。

需要指出的是,公司治理的主体和公司治理的对象不是绝对的,而是相对的、经常转化的,公司治理主体和公司治理对象经常依据公司代理问题表现情况不同而不同。当经营者侵害股东的利益时,股东是治理的主体,经营者是治理的对象;当企业大股东侵犯中小股东利益时,大股东本身也可能由治理主体变为治理的对象,中小股东成为治理的主体。

不同的公司状况下,公司治理的主体和依据不同,可以用表5－2来表示。

表5－2　　　　　　　　　　公司治理的主体和依据

公司状态	公司治理主体	治理依据
公司行为涉及法律	政府及授权机关或机构	公司法、证券法
公司正常运作	公司股东	公司章程
公司面临破产	公司债权人	公司债务合同
公司裁员	公司雇员	公司用工合同

研究分析完了公司治理的主体和客体(对象)后,我们有必要研究一下,用什么办法或手段来实现公司治理,即公司治理的手段和方式是什么。公司治理的手段包括:完整的机构,如股东大会和董事会等;完整的程序,如表决程序、利益分配程序和人事任免程序;有效的激励和约束机制,包括内部激励和约束机制,外部激励和约束机制。

公司治理的准则是以保护投资者利益为目标,以强调董事会职责为重点,以信息透明度为基础。公司最重要的核心资源,是公司与投资者等市场行为主体之间的信任关系,伤害投资者和其他利益相关者,最终必定伤害自己。只有发展与投资者之间的持久的合作关系,公司才能不断进步。公司要形成良好的公司品格:对不当做法要保持一种罪恶感,对公平游戏规则、最佳道德操守与行为准则要保持一种敬畏感。

中国公司治理基本原则:一是平等对待所有股东,保护股东合法权益;二是强化董事的忠实与勤勉义务,确保董事会的独立性和有效性,确保公司决策和运作符合法规和监管的要求,符合全体股东的最佳利益,避免利益冲突;三是发挥监事会的监督作用;四是建立健全绩效评价与激励约束机制,强化对公司管理层业绩和行为的监督以及关于内部控制程序和管理控制程序的实施;五是保障利益相关者的合法权利;六是确保公司信息披露完整、准确、及时,保证公司运作的透明度;七是健全的公司治理文化和良好的公司价值观。

如何实现公司治理的高效率:一是尽可能地实现企业剩余索取权与剩余控制权对称分布,实现有效的内部治理;二是建立完善的产品市场、资本市场和企业家市场,实现有效的外部治理;三是适时地对公司治理进行适应性的调整。

三、公司治理结构和治理机制的变化趋势

公司治理是一个简单问题,同时又是一个复杂的问题。我们为什么说公司治理是一个简单的问题呢?因为一方面,从道理上说,公司要为股东的利益服务,同时兼顾其他利益相关者的利益。为什么公司首先要为股东的利益服务,原因就在于公司是由股东出钱建立的,公司管理者是股东出钱聘任的,管理者按照股东和公司的最佳利益行事,是天经地义的,这里的逻辑推理再简单不过了。公司在保证股东利益的前提下,还要为公司其他利益相关者的利益服务,因为其他利益相关者都从不同的角度为公司提供了帮助,为公司创造了价值。另一方面,在成熟市场经济的社会文化中,管理者按照股东和公司的最佳利益行事,讲诚实信用,讲职业道德,对一些人来说是一种自然而然的事。

为什么我们说公司治理是一个复杂的问题呢?因为第一,在实际社会生活中,高质量的公司治理,是由一整套极为精致、复杂、协调的社会制度安排来支持的,它在不断地发展进化,并构成了现代市场经济文明的重要基础,它与众多的法律、政治、文化、社会因素密切地联系在一起,并相互缠绕、相互影响,它深深地扎根于特定的社会土壤之中;第二,公司内部的运作过程极为复杂,而不是一目了然;第三,在中国现实经济生活中,前几年公司治理还是一个新鲜词,现在虽然逐步熟悉了这个词,但在很多经济活动主体的行为习惯和思维惯性中,甚至根本不存在按股东和公司最佳利益行事的概念。尽管公司治理是复杂的,但专业化、市场化、透明化和法制化是公司"治理现代化"的基本思路。

公司治理好比买鞋,不存在适合所有人的通用尺码。在实践中,公司治理分为几个基本层面:首先是制度层面,包括法律体制和政府监管;其次是市场层面,包括劳动力、产品、管理者与金融资本融合发展的情况;再次是公司层面,包括公司组织结构、股权结构和管理架构;最后比较重要的是公司治理结构和会计工作。

不同国家公司治理模式仍将在较长的时期内保持差异性,因为:一是公司治理不能脱离其特定的国情,一个国家的经济、政治、法律和文化背景都决定和影响其公司治理。二是公司治理具有较强的路径依赖和制度互补性。互补性是路径依赖的成因。互补性是公司治理机制形成的基本特征。互补性系统难以零敲碎打地改变。如果仅改变一项制度,新的形式可能不能与组成系统的其他制度形成互补,这将导致那些没有改变的制度效率降低。三是改革是有成本的,公司治理模式转换的成本相当巨大,除非其转换效益显著超过成本,一般不会轻易放弃原有的公司治理模式。按照经济学的观点,一种组织的结构建立和相关制度安排,如果能够从传承获得就比较便宜;引进一个全新的制度,成本就比较高。四是公司治理改革不仅是经济问题,还是政治问题,因此相关者为维护其利益,会阻碍公司治理趋同。

尽管不同的公司最有效的公司治理是不同的,但是也有一定的共性和一般标准,并且表现为明显的趋同趋势。公司治理趋同的原因:一是经济全球化及市场一体化,促进了公司治理的国际化。二是由于各国公司不断地相互学习,实现优势互补。各国对不同国家公司治理模式的比较和反思,推动了公司治理的改革,促进公司治理的相互借鉴和相互融合。因而各国的公司改革呈现出一定的趋同化。

公司治理趋同的表现是:第一,机构投资者成为公司治理的主导力量。原来在日德公司的治理模式中,比较重视机构投资者的作用,现在英美公司学习了日德模式,也大力发展了机构投资者,结果使机构投资者成为各国公司治理的主导力量。机构投资者有良好的专业知识,对公司的基本面、行业走势和宏观经济发展趋势都有很好的感觉和把握,机构投资者倾向于长期投资和价值投资,可以对公司的治理发挥积极作用,从而有充分的积极性改善公司绩效。

第二,维护股东和主要利益相关者的权益成为公司治理的目标,这样做有利于公司和谐和社会和谐。公司治理的好坏直接影响到投资者的投资选择和公司股票价格。原来英、美公司只强调保证股东的利益,把企业利润最大化看作至高无上的,重视资本市场的作用,而忽视其他利益相关者的利益。日、德公司比较强调利益相关者的利益,现在英、美公司也加强了对股东以外的其他利益相关者的利益保护。

第三,董事会的独立性。董事会的独立性通常用以下几个主要指标来衡量:一是 CEO 或总经理和董事会主席是否由一个人担当。二是外部董事,特别是独立董事的比例达到一定程度。原来日德模式的董事会中是不设独立董事的,董事会成员构成几乎全部是内部董事。美国的董事会成员中多数由独立董事来担任,董事会的独立性很强。20 世纪 80 年代末期,日德模式也开始引入独立董事制度。三是董事会成员是否持有公司股票。

第四,期权等对经营层的长期激励计划的广泛采用等。英美模式首先实行了股票期权计划,在一定时期对企业的发展起到了一定作用。日德模式也吸收了这一做法,从而使股票期权现在成为全球性的激励方式。

不管是什么样的公司治理模式,一个有效的公司治理模式的基本特征主要有以下几个要点:一是要给经理人以充分的自由来搞好企业。人们有一个错误的想法,认为公司治理主要是对经理人的治理,所以要把经理人管好。实际上,公司治理的最终目的是要提高公司的绩效,如果不给经理人以充分的自由,发挥他们的聪明才智,让他们充分地施展才华,公司绩效就不可能提升。因此好的公司治理一定要让经理人充分自由地来管好企业。二是确保经理人能够从股东等主要利益相关者的利益出发来使用这些自由搞好企业,而不能让企业的经营管理者乱用这种自由,为个人谋私利。三是经理人要知道股东等利益相关者期望什么,股东等利益相关者有足够的信息去判断他们的期望是否正在得到实现,如得不到实现,他们有果断采取行动的权力。这需要企业内部各利益相关者之间有良好的信息沟通。四是股东能充分自由地买卖股票,给投资者以流动性。这样才能使股东及时行使退出权,规避风险,最大限度地保证其资产的安全性。

建立一个有效率的公司治理模式,是企业界的普遍追求。实践告诉人们,建立有效的内部治理模式的关键,是尽可能地实现公司剩余索取权与剩余控制权的分散对称分布,即责、权、利相统一。建立有效的外部治理模式的要害是,要有发达的资本市场和经理人市场。建立发达的资本市场要求股票价格波动与公司业绩充分挂钩,还要求股票全流通,并流动性好。建立有效的公司治理模式,要求公司治理模式本身有很好的适应性或增强公司治理的自我适应能力,能够随着外部环境和内部情况的发展变化,及时对其治理模式进行修正,保证治理模式的有效性。

在公司治理模式广泛趋同的同时,也出现了公司治理模式趋异的现象。所谓公司治理模式的趋异,主要是指在世界各国出现了一种新现象,就是在同一个国家中公司治理模式表现出多样性,如 2003 年 4 月,日本通过公司法为企业提供了类似于英美模式和经过改良的传统日本模式的 2 种选择;又如欧盟各国规定,在设立公司时,除了可以选择原来本国的公司治理模式外,多了一些其他可供选择的公司治理模式。

不同的研究机构对上市公司治理评级指标要求是不同的,有的机构制度的考核指标为:一是控股股东与上市公司之间的关系;二是公司内控制度是否完备、是否切实可行;三是上市公司"三会"运作情况;四是上市公司的激励与约束机制;五是股东权利保护状况;六是上市公司的信息披露与透明度状况。南开大学商学院的公司治理评价指标:一是控股股东行为;二是董事会;三是监事会;四是经理层,五是信息披露;六是利益相关者。里昂证券的公司治理评价指标:一是管理纪律;二是透明度;三是独立性;四是问责制;五是责任;六是公平性;七是社会责任的认识。标准普尔的公司治理指标:一是所有者与投资者关系;二是财务透明度与信息披露;三是董事会结构与运作过程;四是财务相关利益者。而对一个上市公司治理状况的主要考核指标:一是公司治理有效,治理措施、手段得当;二是信息透明,信息真实、及时、准确和完整;三是公司有可持续发展能力,对股东有所回报。

我国上市公司治理的问题主要表现在:内幕交易、企业缺乏诚信文化以及商业道德水平不足、管理层失职、公司治理细节的信息披露欠缺等方面。在内幕交易方面,有的上市公司与大股东之间进行交易,大股东占用上市公司资金。关联交易并不一定要否定,只要能得到完善而持续的信息披露,让股东能够清晰地知道其中的结构。另外,要实行回避机制,即大股东在进行决策投票中能够有效回避。

总之,公司治理是以治理目标为导向、以治理结构为框架、以治理机制为核心、以治理模式为路径、以治理绩效为结果的复杂运作系统。

前面我们对公司治理的分析主要是以工商企业为对象或蓝本,而不是以金融企业或商业银行为对象。虽说公司治理有一般性规律。但行业不同也各有其特点,金融企业或商业银行及其治理的特殊性表现在以下几方面:一是低股权—高债权的资本结构。商业银行是典型的财务高杠杆企业,资产负债率高达 90%左右,这增强了银行管理者从事高风险项目的动机。二是严重的信息不对称。银行的信息不对称比其他非金融企业更加严重。银行的产品是贷款,贷款的质量更不容易被观察,并且可以长期隐藏,贷款也不能在市场上进行流动和转让,使得银行的不透明更加严重。三是严格的政府监管。银行业是一个国家经济的重要领域,银行业对冲击是脆弱的,银行业一旦受到冲击和破坏,将对经济产生重要的影响。从正面看,银行的稳定有巨大的正外部性。首先,银行支付体系的稳定性是整个金融业正常运行的前提,金融业的稳定是经济发展的保障。其次,银行对于客户的治理起到了重要的作用。四是银行的经营目标与一般公司存在巨大的区别,一般公司经营目标是实现公司利润的最大化,为股东赚取尽可能多的收益;而商业银行由于其高杠杆的经营特征,对危机的冲击较脆弱,使得商业银行的安全性应该放在第一重要的位置。

第六章

公司治理中的激励机制和约束机制

　　解决代理问题的主要途径是公司治理，而科学的公司治理又依赖于有效的激励机制和约束机制。任何一种制度都必须具备动力激励和约束规范两个基本机制。有效的代理制度的控制措施有两个，一是激励（动力），二是监督（约束）。通过激励机制把代理人的努力诱导出来，通过监督机制把代理人对委托人利益损害的现象消灭在萌芽中。目前，我国公司的激励和约束机制都很差，而且约束与激励不对称，要么激励过重而约束不足；要么强调约束而忽视激励，约束从实，激励从虚。其实，约束和激励是相互促进、相辅相成、互为补充的关系，两者缺一不可。没有约束的激励只能是产生腐败的温床，而没有激励的约束又是相对无力、缺乏刚性的。同时，激励和约束又是矛盾的，约束往往会减少风险，但却有可能削弱代理人的积极性，而激励代理人的积极性有时却又难以实现有效的约束。在这一章中，我们将对公司治理中的激励机制和约束机制问题进行分析和研究。

第一节　公司治理中的激励机制

一、激励与激励机制

　　激励是指激发人的动机的心理指向与过程，即主体在某种内部因素或外部刺激作用下，把行为保持在满足、渴望、兴奋、专注的状态下。因此，从广义上说，激励就是调动人的积极性；从狭义上说，激励是一种刺激，是外部条件满足个人需要，而使人的心理处于高度激发的状态和过程。激励是人在内在驱动力和外在刺激的作用下，其需要、动机、行为和目标之间的关系发生相互作用的过程。能满足人的需要的因素都可以作为激励的因素。激励要满足三个条件：一是个人的努力能够得到组织的认可;二是依据个人绩效给予适当的奖励;三是这种奖励能有效地满足个人需要。这三者缺一不可,才能有效地激发个人的努力,个人努力才会得到保持,并会使工作干得更加出色。

组织行为学有一个著名公式:绩效＝能力×激励。完全的激励只有在小业主制企业或"自然人"企业中才存在。现实的激励都是不完全的激励。有研究证明,一个没有受到激励的人,仅能发挥其能力的20%～30%;而当他受到激励时,其能力可以发挥80%～90%。企业或经营者的经营业绩取决于三个因数:经营者的能力、激励状况和工作环境(主要是公司治理)。为什么要对经理人进行激励,要从经理人的人力资本(管理知识、经验和能力)、公司制企业风险机制的客观性、企业经营权的垄断等方面全面理解对经理人激励的根源所在。

一个好的管理层激励制度要解决好几个问题:一是通过工作评价,解决内部管理人员之间的公平比较问题;二是解决与经理人市场接轨的问题;三是安排管理层的职业发展问题。激励机制,就是激励相容机制,激励相容就是将自利的个人利益和他人的利益统一起来,使得每个人在追求其个人利益时,同时达到了其他制度安排设计者所想达到的目标。

激励是十分重要的,因为没有激励,就没有人的积极性,没有人的积极性,一切经济发展都无从谈起。在现代企业制度中,激励因素即满足人们需要的因素。激励的根本目标是把个体行为的外部性内部化,从而使相应主体将其所产生的社会成本和社会收益转化为私人成本和私人收益。

从一定意义上说,激励机制通常是以双赢的方式在一定的制度框架内为使委托人和代理人的最大化利益都得以实现所做的制度安排。机制是学术上的说法,对应到现实中就是制度和规则。机制设计是指先给定一个组织的目标,然后相应地设计一套游戏规则,通过这套规则的实施,使得每一个参与经济活动的人,在掌握私人信息的情况下出于自身利益行事,其最终博弈结果能够实现该组织所设定的目标。经济学中的关键词之一就是机制设计。机制设计的重心在于改变行为主体的激励结构——一句话:你不愿意做的事情,我赋予你一种奖励让你去做;你不应该做的事情,我给你一种事前惩罚不让你做。"激励机制"是通过合理的设计使经营者的目标和股东及其他利益相关者的目标达到最大限度的统一,将经营者对个人效用最大化的追求转化为对企业利润最大化的追求,最大限度地实现公司的整体利益。

激励机制是机制体系中最重要的机制之一。制度安排决定收益分配规则,收益分配规则决定了个人的激励机制,而个人激励机制决定了个人的行为,所有个人的行为合在一起决定了公司绩效。激励机制是所有者与经营者等利益相关者如何分享企业经营成果的一种契约。激励机制的核心是通过合理的设计使经营者等利益相关者的目标和股东的目标达到最大限度的统一,将经营者等利益相关者对个人效用最大化的追求转化为对企业利润最大化的追求,最大限度地实现公司的整体利益。激励机制的设计应尽可能地将经营者所创造的收益与其所得保持较高的正相关关系。激励的主要来源是剩余索取权,公平合理地分配剩余索取权对大多数要素所有者来说是最大的激励。而剩余索取规则应该解决两个方面的问题,一是谁来索取剩余,二是按什么原则索取剩余。前者指谁创造剩余、谁获取剩余,这是基础层面的制度安排;后者指剩余索取权与剩余控制权的对应。

激励机制"适合的就是最好的"。企业给予人才恰到好处的激励,终极目的在于给予经营者合适的发展机会和发展空间,不断构建融洽和谐的创业氛围,从而实现经理人个人的愿景与企业的长远发展的共赢。在开展个性化的人才激励方面,那些世界级的"百年老店"可谓不拘一格、各有特色。像惠普的赞美激励法,松下电器的尊重激励法,通用电气的宽容激励法,都从不同角度让经营者得到相应的褒赏,成为激发他们创新工作的良好催化剂。诚然,要让激励机制产生良好的效果,企业就必须制订出多元的个性化激励方案,并在施行中不断加以改进、推陈出新。对工作绩效好的经营者,可将其调整到更理想的岗位去工作;对学习力较强的经营者,可给予其学习进修的机会并报销一定费用;对好旅游的优秀经营者,可安排其更多的休假,去享受异域休闲的快乐;等等。当然,激励方式要达到各取所需的目标,还要求股东和董事长与经营者经常性沟通,及时把握他们的思想脉搏和价值取向。

每个企业的激励机制都不会完全一样,"世界上没有完全相同的两片树叶",因为行业背景、发展阶段、发展战略、公司文化等都不一样。别人的美餐可能是自己的毒药,所以一定要根据自身情况设计自己的激励机制,个性化设计。处于困难时期的企业不要以为激励机制的建立排不上日程,因为"分蛋糕的方法会影响蛋糕的大小",激励就是"分蛋糕的方法";经营状况好的企业也不要以为自己的激励就不需要创新了,人在不断变化,激励也需要不断创新。经理人在不同的发展阶段需求是不同的。前面一两年是经验积累阶段,看重的是企业的名气和从事的岗位,关键考虑到能否提升自己的核心价值,收入倒是其次,而步入正轨后,收入和发展空间同样重要,两者并重。当然,激励方式要达到各取所需的目标,还要求股东和董事长和经营管理者经常性沟通,及时把握他们的思想脉搏和价值取向。

激励方式有多种划分,依据激励是否采用货币形式,分为经济性激励与非经济性激励;依据激励产生的原因,是外部强化,还是来自激励对象的心理强化,分为外在激励和内在激励;依据正反向的不同,还可以分为奖励激励和惩罚激励。为降低代理人风险,并激励管理层勤勉职守,现代公司治理往往通过为管理层设置金色阶梯(对优秀管理层启动快速升迁机制)、金手铐(结构化的高薪资激励机制)和金色降落伞(非自愿退职的高补偿机制)等激励相容的高管薪资机制,实现股东与管理层同向利益最大化以降低代理成本。

二、建立有效的激励机制的两个环节

建立有效的激励机制需要两个环节,二者缺一不可。一个是对企业及经理人的经营绩效进行准确的评估;另一个是依据观测到的结果对企业经理人进行激励,即所有者根据经理人所实现的所有者的目标来对经理人支付报酬,从而实现企业剩余索取权和剩余控制权的对称分布。

(一)对企业及经理人的经营绩效进行准确的评估

绩效是指通过工作所产生的符合要求的结果的数量、质量及效率。绩效的考核与评估是绩效管理的核心环节,绩效管理是以结果为导向的,评估的标准、过程和方法,直接影响着考核结果的客观与公正。绩效管理的中心任务是构建一套科学合理的评估体系,主要包括指标设计和考核办法两个方面。作为企业价值评价的指标应该具备三个条件:一是它与企业价值之间存在天然联系;二是能够说明企业价值的来源——未来现金流的折现值;三是对企业真实的经营业绩、经营活动作出判断。

企业的复杂劳动其过程是难以直接监控、衡量的,更多的只能以劳动结果来衡量,这在分配上的结果就是企业家的报酬不再单独由劳动时间或过程决定,而要与产出、经济效益挂钩。如果没有准确的、透明的以及具有商业意义的企业财务信息,实施有效的激励就无从谈起。评估体系是指所有者根据可观测到的经营结果来推测企业经理人的行为。

公司绩效主要是以下四个方面因素的综合反映:一是运营状况,主要由主营业务、主营业务成本效率和主营业务的人均收入构成;二是盈利状况,主要由销售回报率、净资产回报率、资产回报率和人均净利润构成;三是资本结构,主要由长期财务杠杆和总财务杠杆构成;四是市场评价,即托宾 Q 值。托宾 Q 值是反映投资者对于上市公司总体评价的指标。Q 值越高,表明市场对上市公司的市场评价和预期越高。

根据反映公司绩效的综合因素,人们设定了一些考核公司业绩的指标:

1. 资本保全指标:

期末资本－期初资本＝0

2. 资本保值指标:

期末资本－期初资本×(1＋正常利润率)＝0

3. 利润总额指标。是考核企业资产经营的回报情况,属于效果指标。

企业利润主要来源于三个方面,价值创新、企业市场力量和企业效率。价值创新利润是指企业在成本约束下为消费者带来新的价值而获得的利润;垄断利润(企业的市场力量)是因为企业在资源和产品价格方面具有更为强大的人为谈判力量而获得的经济利润;效率利润是指企业在产品生产和流通方面因为效率而形成的经济性所获得的利润。

4. 净资产收益率指标:

净资产收益率(ROE)＝税后净利润/所有者权益

资产收益率＝净利润/资产总额×100％

净资产收益率是效率指标,净资产收益率是以股东利润最大化为企业目标的绩效衡量指标,是反映资本收益能力的国际性通用指标。净资产收益率是传统业绩评价使用频率最高的比率,也是传统杜邦财务分析体系的中心指标。优点是综合能力强。缺点是只注重利润,忽视了资本需求和资本成本(仅考虑了借入资本的利息等费用,而忽视了权益资本的机会成本),以及易被人为操纵。这一缺点的直接后果是不仅放大了企业的经营利润,而且使得企业经营者很容易把股权资本当作免费资本。

一般来说,企业利润的增长可以来自三个方面:一是当年未分配利润的再投资(这块的影响较小);二是ROE水平的提升;三是在ROE水平不变甚至是下降的情况下,企业仍有可能实现利润增长,即通过所谓的外延式增长来实现,具体而言也就是通过股权融资后收购资产,从而增加了公司的资产规模,资产规模增加自然就会带来利润的增加(假设新增资产都是盈利的)。当然,这里说的股权融资并不一定都要有现金融入,通过定向增发收购资产也是一样的,相当于增长加收购并为一步了。

净资产收益率应该有一个非常合理的区间。有的企业,净资产很高,净资产收益率很低,说明它的资产有效性不好。有的企业,净资产收益率很高,但是净资产很少,负债很高,说明它是高危企业,在运行中会出现问题。

5. 主营业务收入(CBR)。主营业务收入是以企业规模最大化为企业目标的业绩衡量指标。许多上市公司热衷于委托理财和资产重组,这导致净资产收益率可能不会反映企业的实际盈利能力,只有主营业务突出的公司,才能在竞争中占据优势地位,因此选用主营业务收入为业绩变量,可以弥补净资产收益的缺陷。

6. 现金流指标。自由现金流量(free cash flow),是指企业在完成所有净现值为正的投资项目后所剩余的现金流量。从股东价值最大化的角度出发,自由现金流量应以分红形式返还股东。但追求自我价值最大化的管理层总想方设法把自由现金流量留在公司,在信息不对称的情况下做到这一点难度并不大。管理层运用自由现金流量的方式无非两种:或扩大在职消费,把自由现金流量转化为管理费用;或不负责任地投资。第二种消耗自由现金流量的方式更为隐蔽,但从金额上讲危害更甚。

现金是企业的货币性资金,包括企业库存现金以及存入银行或其他金融机构可随时取用的款项,再加上其他货币性资金(短期债券)和现金等价物,不包括股票。经营现金流量是销售净额减去销售成本、再减去销售和管理费用,然后再加折旧和无形资产摊销。现金流是以资本回报率为基础的业绩衡量指标,是由一项长期投资方案引起的在未来一定期间所发生的现金收支。人们所说的现金流指标,有两层不同的含义,一是指以资本回报率为基础的业绩衡量指标。主要是看所有者(股东)获得的现金分红是否超过以其投入的资本可以得到的国债利息。二是指企业在一定时期内实现的收入。企业在一定时期内实现的收入,一般由内部的销售收入和外部的投资收益构成,其中销售收入是由企业主营业务实现的,具有稳定性和可控性,这也是企业经营现金流量不竭的源泉。现金流是企业经营中最密切关注的指标之一。收入必须是每天的、流水性的,支出必须是间断性的、隔几天或者几个月才支出的。企业的最优投资决策是当期现金流的边际价值和未来现金流的边际价值之间的权衡。

现金流量表是现代企业财务三大主表之一(还有资产负债表和利润表),它主要揭示企业在一定会计期间内现金变动原因,包括企业在经营中的资金来源和资金运用以及所有筹资、理财和投资活动。阅读现金流量表可获得三方面信息,企业净收益质量、企业现金流量能力和企业偿债能力。

现金是金,盈利是银。西方国家的企业把现金流量看得比利润还重要,因为在西方发达国家,企业破产与否的法律依据不是该企业能否实现利润,而是该企业是否拥有足够的现金及时清偿到期债务,这与我国企业的理财理念形成了巨大反差。

  经营活动产生的现金流量净额反映公司账面业绩的背后是否有充足的现金流入,在一般情况下,公司的经营现金流多,说明企业的销售畅通,资金周转快,而公司经营性现金流量净额远远超过净利润,就意味着该公司获得现金流量的能力极强,公司未来的业绩增长有较大的保障。

  一方面,公司现金流的充沛为扩大再生产提供了可能,而自有资金的使用可以降低财务费用和资金成本;另一方面,一些企业当期的现金流,可能在以后的会计期间逐步体现为净利润。例如,房地产企业因预售商品房而收到的现金流,可能在当年不能确认为收益,但在以后年度会随着预售商品房达到确认条件而逐渐转化为利润,从而转变为业绩增长。总体来看,经营性现金流应当与利润增长相互配合,仅有利润而没有现金流的企业应当谨慎对待;而利润和现金流能够同步增长的企业才值得关注。

  企业一定要树立"现金流为王"的思想,一是现金流是企业的血液。企业最害怕的不是没有利润,而是没有足够的维持企业正常运转的现金流。二是现金是信誉。三是现金是机遇。商场如战场,时间就意味着生存或死亡。企业拥有充足的现金是能够抓住商机的保证。四是现金就是安全。净利润反映上市公司的最终业绩水平,但不与现金流量结合起来分析,则许多公司的高利润指标,很可能只是"纸上富贵"。在正常情况下,公司的净利润与经营活动的现金流量净额应是同步变动的,可是由于减值准备计提大量提取,应收账款周转率下降,存款大增和预付账款增加等因素所致,企业常常是利润大增,现金流量却下降了。

  现金流量和会计盈余反映了不同维度的会计信息,两者具有很强的互补性。如果信息使用者注重了解预测企业财务状况和未来经营业绩方面,会计盈余信息更为重要;而在了解企业收费质量、偿债能力以及企业价值方面,则现金流量更为重要。

  每股税后利润和现金流量净额是相辅相成的,如有的上市公司有较好的税后利润指标,但现金流量较为不充分,这就是典型的操作利润的关联交易所导致的,有的上市公司在年度变卖资产,而出现现金流量大幅增加的现象,也不一定是件好事。经营性现金流量指标也并不必然预示公司未来的成长。有时现金的增加来源于回收往年的应收账款,减少存货的采购,减少赊销等。反之,即使出现现金流出很大的情况,也不能必然得出公司经营状况不佳的结论。比如短期内的大量赊销可能导致现金流入较少,但随着市场扩大和账款逐渐回收,未来现金流入会不断增加。

7. 经济增加值指标(EVA)。

经济增加值＝税后经营净利润－投入资本成本×加权平均资本成本

加权平均资本成本＝公司税前债务资本成本×(1－公司所得税税率)×［公司债务市场价值÷(公司债务市场价值＋公司股东权益市场价值］＋公司股东权益资本成本×［公司股东权益市场价值÷(公司债务市场价值＋公司股东权益市场价值)］

经济增加值指标是20世纪80年代在美国兴起并广泛用于企业内部和外部的业绩评价指标。经济增加值表示的是一个公司扣除资本成本后的资本收益，也就是说，一个公司的经济增加值是该公司的资本收益和资本成本之间的差。经济增加值与会计利润不等值。经济增加值代表公司在扣除包括股权成本之后的盈余，一方面它取决于公司的效率，而且更重要的一方面则取决于公司的资产负债管理。经济增加值指标考虑了负债和股权资本的成本，以及以企业经营风险为基础的机会成本。公司资本成本＝债务成本×债务比重＋股权成本×股权比重。公司优劣标准不是每股收益或净资产收益率，而是安全警戒线。安全警戒线主要取决于两点，一是负债对资本的比率；二是有息负债对资本的比率。

经济增加值是在对因财务报告的需要而被公认会计准则曲解信息做出调整后计算得出的，尤其是对传统的会计利润进行了调整，将研发费用由费用化改成资本化，并在受益年限内摊销。

经济增加值作为企业评价标准，有其明显的优点：一是经济增加值的理论基础是公司价值——股东权益——最大化，这使得评价的指标体系与企业经营目标统一起来，很直观地反映公司的价值变化。二是经济增加值涵盖规模与投资回报率，从而避免或是以规模(利润或利润增长)，或是以资本回报率片面评价公司价值的局限性。三是经济增加值考察了所有资本成本，特别是其中包含了对机会成本的考虑，能够客观地反映企业的经营状况。它把包括机会成本在内的所有资本成本都考虑在内，显示出公司创造或流逝的财富。总之，是对公司经济利润的一个真实计算，准确地表明了公司股东剩余索取权的多少。四是经济增加值基于现金流，能够比较准确地反映企业未来现金流的创造能力，促使企业在运营中尽可能降低成本，提高经济增加值，增加企业价值。五是经济增加值体现了公司价值链管理的要求。以它作为公司价值链会计的核心内容，能更好地评价公司的整体价值，价值链管理的目标是为公司创造价值，与传统的会计评价指标相比，基于经济增加值的公司价值链管理，追求的是扣除资本成本之后的经济利润，这部分价值越高，说明公司的价值链管理和价值创造系统设计得越有效，公司的核心竞争力越强。经济增加值作为公司价值链管理的工具,弥补了价值链的理论在实际应用中的一些不足。六是经济增加值与公司治理关系密切,作为上市公司价值管理的主要工具的经济增加值指标,与公司治理有着十分密切的关系。

经济增加值与公司管理层的关系:通过经济增加值这种衡量系统,既可以对会计准则进一步调整,以使税后营业净利润的定义建立于正确的经济基础之上,也可以约束公司经理人利用过多的非经营收入操纵利润,从而使公司管理层的盈余管理行为得到一定程度遏制。另外,经济增加值对所有资金的机会成本都进行扣除,这样可使股东和管理者明确错误的扩张和兼并是不经济的行为。

经济增加值与大股东的关系:大股东更为关注公司的长远发展,而不仅仅是当期净资产增加,这恰恰与经济增加值管理的目标相吻合,即将为股东管理和创造财富作为公司财务目标,并将其贯彻到公司管理决策的方方面面。

经济增加值也存在着不足,它是基于净收益的多个因素调节,不但计算烦琐,而且也为管理者操纵利润提供了较大的空间。另外,经济增加值强调了资本成本,但忽视了资本投资风险。

8. 总产值。产值是反映企业在市场占有率和成长性等方面的绩效表现的指标。虽然产值是一个经济数量指标,而不是一个效益指标,但是产值的变化仍然能够反映出企业的获利能力。总产值的缺点,是忽略了生产成本、销售费用及其管理费用。

9. 市值。市值即公司(股票)的市场价值,也可以说是公司(股票)的市场价格。它包括股票的发行价格和交易买卖价格。市值是上市公司规模和业绩水平的重要"参照系",是公司治理水平、经营管理能力、市场竞争能力等关系到公司发展的一系列因素的综合反映,是公司重要的市场评价和社会评价指标,也是衡量一国直接融资活跃程度和资本市场发达程度的重要指标。市值溢价一般表现为:一是主业溢价,即建立起有竞争力的主业,从而保持经济持续发展;二是管理溢价,即公司管理和治理质量;三是投资者偏好溢价。

市值与公司直接融资有密切相关。当股价高的时候,卖出一股得到的资本金和股市低的时候是不一样,公司会选择市值比较高的时候去做融资。市值与公司发展战略密切相关。当市值小的时候,公司的并购目标也不能太大,否则会引发市场对公司消化能力的怀疑。

公司市值很好计算,并且市值能反映企业价值的增长方向和公司的投资的发展状况,反映公司在市场上能够给股东多少回报。企业在成长过程中,难免有一些急功近利的做法,而市值管理有助于规避这类短期行为。

由于投资者的不理性和市场的有效性问题导致其不能完全反映企业的价值,但是市值能够反映企业价值的增长方向。市值这个指标背后与公司的账面价值、发展潜力、股市环境等因素息息相关。作为公司的管理层,能够完全自行独立控制的因素,只有发展潜力;而对于股市环境,公司则完全不能控制。另外,管理层过度关注长期投资和资本市场的反映,存在着作假的可能。

10. 市场增加值(MVA)。市场增加值是公司股票市值与累计资本投入之间的差额,反映了资本市场对公司未来盈利能力的预期,这个指标也是考核企业绩效常用的。

"盯市"计价原则(公允价值)兴起于20世纪80年代,源于美国证券交易委员会(SEC)与金融界之间关于金融工具,尤其是衍生金融产品确认和计量时运用历史成本计量存在缺陷的争论。由于金融资产价格波动较大,历史成本法往往不能反映企业所有的金融资产的价值,而"盯市"计价(公允价值)能够将市场中金融资产价格的波动反映为企业的损益,能够增强财务报表对企业信息反映的真实程度。参见本书第三章第二节的内容。

公认会计准则(GAAP)和国际财务报告准则(IFRS),把公允价值定义为一种资产或负债能够与有意愿的交易对手以有序方式进行交易和清偿的价格。两种会计框架都提供了分层次的公允价值计量方法:层次1:在活跃市场有可观察的价格,因而采用市价对资产和负债进行价值计量,也称盯市原则;层次2:没有活跃市场时可采用模型来估值,但需要输入可观察的参数,称为按模型定价;层次3:类似盯住模型的方法,用不可观察的输入参数和模型假设进行。GAAP和IFRS都要求对公允价值方法的运用、特定假设、风险暴露、敏感性进行披露。

所谓公允价值准则,大致上就是用近期的市场成交价,作为高流动性资产的当期会计记账价格,会计界采用这一准则,是为了让资产负债表客观准确地反映企业资产的真实价值。该准则的支持者认为,在诸多试图找出资产真实价值的方法中,这是能最大限度避免主观偏见、随意性和恶意操纵,也最能令投资者信服的方法。确实,说某件东西值多少钱,最可信的办法就是指出:的确有人在不久前出这么多钱买了它。公允价值也就是"盯市"计价。"盯市"计价能够有效地、实时地反映企业的这一投资行为,具有功能上的正确性。在过去多年的资产价格膨胀期间,企业特别是银行有意漠视这一计价法则可能带来的资产膨胀后果,而在泡沫崩溃时来指责它引起了市场衰退的延续明显有失公允。

在2008年国际金融危机中,公允价值暴露出的问题主要体现在:一是公允价值较之于历史成本加剧了市场的波动。公允价值较之于历史成本更加动态，更能反映资产和负债的实时价值，但另一方面也加剧了资产和负债的价值变化，并通过公允价值计价工具的损益变动加大了收益的波动性。二是缺乏在非活跃市场运用公允价值的指引加剧了市场的动荡。从公允价值的定义来看，有序交易是其运用的一个前提，但在危机中，大量机构被迫变现资产，形成的价格并不符合公允价值的前提，但会计准则中缺乏对此类情况的具体指引，使得会计主体不得不按照不合理的市场价格进行公允价值计量，进一步增加了"账面损失"额，加剧了"价格下跌——资产减记——恐慌性抛售——价格进一步下跌"的恶性循环。

2009年4月初，美国金融会计标准委员会（FASB）对美国"按市值计价"会计准则做出了两方面明显改变：一方面是允许金融机构在证明市场失灵导致价格不正常的情况下，可以用其他合理价格估算资产价格。此项改变，实际上是对那些有价无市、甚至是无价无市的金融资产，给予了有别于"公允价值"（fair value）的另一套定价准则，从而使这部分资产不至于因为估价模型导致的价格偏低而造成过多的资产减记。另一方面，美国金融会计标准委员会（FASB）同时表示，如果一家机构认为自己持有资产只有在资产到期时才会出售，而不会用作交易来投机，那就不需要根据"非暂时损失"原则（OTTI）来进行减记。所谓OTTI规定，即便持有资产是为了到期收回本金，一旦有"尚未实现的损失"，也需要根据"按市值计价"原则来进行资产减记。这项规则，对于金融机构那些"持有到期"的金融资产估值尤为重要。因为在金融危机中价格大幅下跌之时，金融机构可以通过认定部分资产为持有到期的资产，而避免用市值计价，并避免大规模减记现象的发生。

11. 毛利率。计算公式为：

毛利率＝毛利润/主营业务收入

毛利润金额是总收入减去产品所消耗的原材料成本和制造产品所耗费的劳动力成本。它不包括销售和管理费用、折旧费用、企业运营的利息成本。毛利＝主营业务收入－主营业务成本。就其自身而言，毛利润能提供给我们的信息很少，但是我们能通过这个数据去计算公司的毛利率，而毛利率能给我们提供很多关于公司经济运营状况的信息。毛利率表示每1元销售收入弥补销售成本后，有多少钱可以弥补各期间费用，形成盈利。毛利率是判断企业长期盈利的关键指标。

只有具备某种可持续性竞争优势的公司才能在长期运营中一直保持盈利。

人们发现,比起缺乏长期竞争力的公司,那些拥有良好的长期经济原动力和竞争优势的公司往往具有持续较高的毛利率。

从大数定理来看,毛利率在40%及以上的公司一般都具有某种可持续性竞争优势;而毛利率低于40%的公司则一般处于高度竞争的行业,因为竞争会削弱行业总利润率。如果一个行业的毛利率在20%及以下,显然说明这个行业存在过度竞争。在此类行业中,没有一家公司能在同行竞争中创造出可持续性的竞争优势。处在过度竞争行业的公司,由于缺乏某种特殊竞争优势,无法为投资者带来财富。

如果讲企业业绩,上述指标是主要的,但如果讲竞争力,还要重点考虑规模、市场份额等指标。一家小企业的业绩可以非常好,但不能说它竞争力强。研究企业的竞争力,一定要进行对标指标、主要指标、辅助指标和否决指标的综合研究。

对标指标法分为行业对标法和标杆对标法。行业对标法是通过对行业领先水平和平均水平的分析,知道自己在行业中处于的位置。行业对标法分为基本指标和分类指标两种。标杆对标法是同行业中最优秀的企业相比较。无论是行业对标考核,还是标杆对标考核,根本目的都是为了提升企业的管理水平,克服自己的短板,缩小与先进企业的差距,如果管理水平没有得到提升,无论考核结构怎么漂亮,考核都是失败的。

如果是国有企业,考核公司的业绩除以上指标外,还要考核企业承担的社会职能和产生的社会效益指标,如完成国家计划任务情况,维护公共利益情况,保障就业职能的状况。总的来说,评价国有企业业绩的首要标准应该是能否满足国家、社会和老百姓的全局性和长期性需求。当然,现在我们不能要求所有国有企业都为了满足社会利益而彻底放弃对经济利益的追求,但是国有企业也不应该谋求所谓"暴利"。

对企业经理人进行激励,除了看以上的指标外,还要参考下列情况:一是考虑企业的规模,因为企业经营者所负担的责任会因企业规模的不同而不同;二是参考同行业收入水平、同地区的收入水平等。

企业经营者报酬的边际价值与员工报酬的边际价值是有根本区别的。企业经营者报酬侧重于股东收益的边际价值,员工报酬侧重于产品的边际价值。经营者报酬增量与股东收益增量互为边际收益或边际成本。当股东希望增加收益时,更高的经营者报酬成为边际成本;当经营者希望增加报酬时,更高的股东收益成为边际成本。

分工的差别导致收入方式的差别。一般来讲,企业有2种收入方式,即工资制度和薪酬制度。工资制度和薪酬制度有着本质的差异。工资制度是人力资源的回报方式,绩效工资是在对个人或组织工作绩效评估的基础上而发放工资的一种工资制度。关注的重点是工作的"产出",如销售量、产量、质量、利润额及实际工作效果等,是对市场能力的一种评估。而薪酬制度是人力资本的回报方式。人力资本属于资本范畴,应获得资本收入。

(二)依据观测到的结果对企业经理人进行激励,即所有者根据经理人所实现的所有者的目标来对经理人支付报酬,从而实现企业剩余索取权和剩余控制权的对称分布

企业或经营者的经营业绩取决于三个因素,即经营者的能力、激励状况和工作环境(主要是公司治理)。分配的基本原则主要有三个,一是风险与收益成正比;二是资源的稀缺性;三是生产要素贡献(价格)分配。三条分配原则有时是一致的,有时是有矛盾的,当出现矛盾时,根据主次进行排列。除经营者的能力和工作环境外,主要取决于激励状况,我们在这里分析一下激励机制问题。经理人的薪酬水平可以依据经理人市场的供求关系来决定,也可以由董事会薪酬委员会根据企业内部的层级结构来自行决定,或者把两者结合起来制定薪酬决策。在现代企业制度中,建立一个科学合理的激励体系和机制,还要发挥有独立董事参加的董事会薪酬委员会的作用,由薪酬委员会确定经营管理者的报酬,并且准确完整地披露经营者的报酬。

一般来说,所有者对经营者的激励方式主要有物质激励和控制权激励,另外,还有市场激励。如图6-1所示。

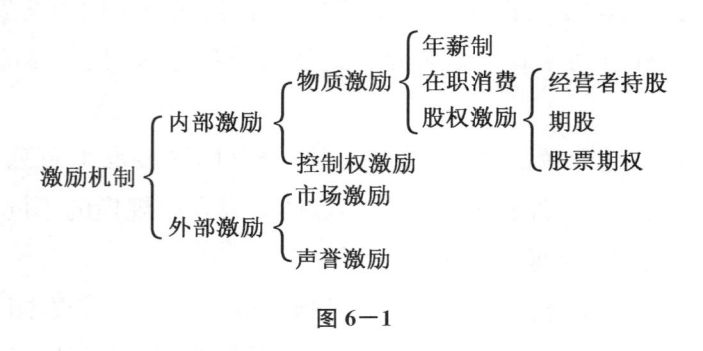

$$
\text{激励机制}\begin{cases}\text{内部激励}\begin{cases}\text{物质激励}\begin{cases}\text{年薪制}\\\text{在职消费}\\\text{股权激励}\begin{cases}\text{经营者持股}\\\text{期股}\\\text{股票期权}\end{cases}\end{cases}\\\text{控制权激励}\end{cases}\\\text{外部激励}\begin{cases}\text{市场激励}\\\text{声誉激励}\end{cases}\end{cases}
$$

图6-1

第一,物质激励。物质是人类的第一需要,是人们从事一切社会活动的基本动因。在市场经济条件下,各个利益主体都有各自不同的追求。作为企业的股东,追求的是股东价值的最大化;作为经营者,追求的是个人收入的最大化;作为企业员工,追求的是安身立命之处,有一个稳定的工作环境和稳定的收益。因此对于不同的主体应有不同的激励方法。人们通常要思考这样一个问题,就是为什么所有者——股东——要对企业的经营管理者进行激励,这个问题在前面的分析中实际上已经很明确了,我们在这里要说的是,一是人力资本是现在与未来经济发展的主要源泉。按照舒尔茨的研究,在美国半个多世纪的经济增长中,物质资本投资增加4.5倍,收益增加3.5倍;人力资本投资增加3.5倍,收益却增加了17.5倍。舒尔茨还指出,从1919年到1957年的38年中,美国的生产总值增长额中,49%是人力资本投资的结果。人力资本才是对经济增长起作用的非常重要的因素,不是土地,不是数量上的劳动力,也不是银行的钱或机器设备,而是人力资本,是人的质量,包括人的进取心、人对风险的态度、人的知识的累积程度和应用技术的能力。而人力资本是需要激励的。二是在高昂的监督成本下,股东只有选择在一定程度上放弃监督,拿出一部分剩余索取权作为对经营者的激励,让经营者自己监督自己。这样做,无论对股东还是对企业经营管理者都有好处。激励机制的特点在于不再使用权利的赋予与剥夺、监督与制衡等模式。钱散人聚,钱聚人散。三是对企业经营管理者进行物质激励的具体理由是:企业利润在不断增加;企业经营管理者承担较高的风险,对企业的贡献越来越大;为了保持企业对高能力的经营管理者的吸引力,与同行业其他公司争夺人才。低薪招来的可能是低能力的人,也可能将公司原有的经营管理人才放跑,将低能力的人留在公司。相反,当给高素质人才出高薪时,他们除了安心工作外,还有余资可供个人发展,这里的个人发展,既包括通过在职学习和保养提高个人素质,也包括因为有了一个富裕的生活环境而无后顾之忧,从而动态地提高个人的生产效率。

经理人可分为两类:一类是家族企业的经理人,这类企业职业经理人权限不大,离职对公司的影响并不大;另一类是已建立现代企业管理制度的企业的经理人,老板放权的情况较多,职业经理人手中掌握着丰富的资源,一旦离职,对企业影响巨大。职业经理人拉走企业原有的客户资源,另立门户,对企业来说就是釜底抽薪。许多家族企业权力根本不下放,职业经理人有再大的本事也无法施展,企业发展不见效,离职成为必然;随着成功的企业增多,对职业经理人的需求越来越大,无论从数量还是质量上都是难以满足经济快速发展的要求,因此,高管人才市场配置中恶性跳槽或互挖墙脚的现象比较严重。

被誉为"彩电业第一职业经理人"的陆强华,1996年离开上海广电股份公司加入创维后,用4年时间将创维的年销售额由7亿元提升到44亿元。可惜黄宏生对员工的激励不足,有报道指,黄对陆的薪酬承诺很难兑现,这导致了陆 2000 年带领手下 150 多名销售骨干离任,投奔同行业的高路华。创维集团的营销系统遭到空前重创,2000 年亏损 1.26 亿元。黄宏生痛定思痛,开始对员工加大激励,例如,2002 年重赏科技功臣李鸿安 100 万元和 300 万份股票期权,邀请核心高管人员进入董事会,并拿出 1 亿股股票期权(约占总股本的 5%)分配给集团要员。到 2008 年,创维实现经营收入 153.29 亿港元,盈利达 5.03 亿港元。就算在老板出事之后(黄宏生及其弟黄培升 2006 年 7 月被香港区域法院裁定串谋盗窃及串谋诈骗等 4 项罪名成立,被判入狱,黄宏生至 2009 年 7 月才出狱),企业也没有崩塌甚至还在壮大,可算是创造了一个奇迹。黄宏生入狱后不仅没有减持创维数码的(00751.HK)股权,还继续监察员工表现并进行激励,比如提出 2007/2008 年度节约 4 亿元开支,并愿意拿出其中一半奖励有功高管和员工。创维案例说明两件事:一是经理人得到妥善的激励,是企业成功的重要元素;二是职业经理人的主要任务是提高企业的营运效益,促使其达到未来的营运目标是激励方案的拿捏重点。

华为的任正非作为华为的创始人和大股东掌握公司 1.42% 的股权,华为 61 457 位员工(占员工总数 64.69%)持有华为 98.58% 的股权。实践证明,董事长和总经理持股不能太高,如果创造 100 元的财富 90 元被董事长和总经理个人拿走,剩下的 10 元被 3 万员工分享,这个模式便没有可持续性。

国美在黄光裕主导时,一直没有对管理层进行股权激励。陈晓主持工作后,开始对管理层进行股权激励。这就是为什么黄光裕的老部下在他与陈晓发生矛盾时纷纷倒戈的主要原因。

一般来说,所有者对经营者的物质激励方式主要有两种,一种是非持股所得,另一种是持股所得。非持股所得主要是指短期利润分享制。广义的短期利润分享制,具体包括税前分享和税后分享两种情况。税前分享主要是指在职消费。税后分享是指在税后分红中拿出一部分分给经营者,即年薪制。

年薪制是以企业一个经营周期,即以一个年度为单位,确定经理收入的一种分配制度,是专门用于企业高层管理人员的一种特殊的收入分配制度。

年薪包括基础薪金和风险收入或效益年薪两部分。基础薪金部分是经理的劳动报酬收入,是由其从事的行业和岗位的性质决定的,还要考虑企业生产经营规模和效益水平,并参考本地区、本行业和本企业的职工平均收入水平,其职能是保持经营者的基本需要。基础薪金是管理者人力资本价格中的固定收入部分,应该纳入到企业的成本中。一般情况下,基础薪金应是本企业工人平均工资的 10~15 倍。风险补偿或效益年薪部分是对高层经营管理者在一个年度内创新和承担风险的报酬,由经营管理者的经营成果决定,是为激励经理人充分使用其人力资本而付出的报酬,因此应该从企业利润中扣除。

风险补偿或效益年薪是指依据职业经理人实际生产经营管理业绩,以企业实际保值增值率为考核指标,以基本年薪为基数,按一定办法计核的职业经理人年度效益收入。风险补偿或效益年薪,是一种基于短期公司业绩或者个人业绩决定的重要收入,并一次性支付,一般一年发放一次,它使职业经理人的收入与公司业绩直接挂钩,有利于职业经理人在提高自己收入的同时为股东创造更高的利益。然而薪酬激励制度使职业经理人偏好于短期行为,因此属于短期激励模式。风险补偿或效益年薪的具体计算办法为:(1)当资产保值增值时,其效益年薪按如下公式计算:效益年薪=基本年薪×(保值增值率的实际完成数-1)÷(核定的保值增值率基数-1)。(2)当资产减值时,其效益年薪为零,同时由职业经理人予以赔补。赔补额为:每减值1%,按职业经理人基本年薪的一定百分比予以赔补,赔补款从职业经理人的风险抵押金和基本年薪中抵扣,直到扣完为止。如果企业经营业绩较好,超额完成核定的资产保值增值率基数指标时,其超过部分经年薪制考核部门核准,由企业主管部门或出资者给予奖励。

年薪制是目前国际上普遍使用的方法,实行年薪制可以较好地体现企业经营者的工作特点,可以比较完整客观地反映经营者的工作业绩,实行年薪制在工资分配上突出了经营者人力资本的重要性,体现了经营者在企业中的地位和作用;同时,实行年薪制,经营者个人收入与企业经济效益挂钩,体现了收入、责任和风险相一致的原则。由于年薪制这种分享制不是对总量的一次分享,而是对每一边际增量的逐次分享,它能够使经济个体在增量上看到自己的利益,从而极大地刺激其增产节约的积极性。

工资制度和薪酬制度有着本质的差异。工资制度是人力资源的回报方式;而薪酬制度是人力资本的回报方式。分工的差别导致收入方式的差别。一般来讲,企业有两种收入方式,即工资制度和薪酬制度。

在职消费也是短期激励的一种形式。在职消费也称职务消费,是企业经营者在行使职权、履行职责过程中所发生的应由企业支出的货币消费以及由此派生出的其他消费。具体而言,在职消费包括经营者享受的豪华办公室、专车、公务出差乘飞机,以及餐饮消费等。

要注意两个问题:一是单纯的薪资的量的变化不一定能提高经理人的积极性,要综合考虑新式薪资结构的变化,包括对个人自我需求最优化的考虑,即考虑如何提高个人舒适度、个人自我实现度；二是要寻求薪资量的变化中的替代品，如用职位的变动来替代薪水的变化，用企业文化的认同来替代单纯的薪酬变化。

美国经济学家斯蒂格利茨建议"高管们的奖金应先由第3方托管10年，如果第二年、第三年，或第四年出现业绩亏损，奖金也将相应削减"，这种高薪风险的规避思路值得借鉴。

我国从2004年1月开始对189户中央企业负责人实行年薪制。现在央企只有126家。年度考核指标包括年度利润总额和净资产收益率；任期考核基本指标包括国有资产保值增值率和3年主营业务收入平均水平增长率；根据企业所处行业和特点，还将在责任书中具体确定年度考核和任期考核分类指标。

2009年"中国版限薪令"规定：金融类国企高管的薪酬由基本年薪、绩效年薪、福利性收入和中长期激励收益构成。其中，基本年薪根据企业资产规模、市场范围、产品及业务复杂程度等因素综合确定，绩效年薪则以基本年薪为基数并与绩效评价结果挂钩，按照管理办法测算，金融类国企高管年薪的最高额度为280万元人民币。

公司高管的薪酬激励制度，也将成为公司治理改革的重点。一方面，公司高管承担的责任、压力与绩效，理应获得应有的报酬；另一方面，公司高管也会为获得最大的回报而不惜冒险导致公司危机，这种薪酬机制与文化，已引起投资者的质疑或反感。

股权激励是一种通过经营者获得公司股权形式给予企业经营者一定的经济权利，使他们能够以股东的身份参与企业决策、分享利润、承担风险，从而勤勉尽责地为公司的长期发展服务的一种激励方法。通过使经营者在一定时期内持有股权，享受股权的增值收益，并在一定程度上承担风险的利益安排，可以使经营者在经营过程中更多地关心公司的长期价值。股权激励对防止经营者的短期行为，引导其长期行为具有很好的激励作用。

是否对管理层进行股权激励？一是与企业发展不同阶段有关。如果公司在初创期有足够的资金，并且通过发放工资、设定短期奖金、设定短期业绩目标足以调动职工积极性并且职工的离职不影响你公司运作，不会形成竞争对手，那么就没有必要实施股权激励。反之，如果资金不充裕，又想留住人才，则部分人员可能会看中未来股权的收益与公司的发展，通过股权激励，能够节省暂时的资金并且职工愿意接受股权激励方案，这时公司就应该实施股权激励方案。

二是与企业类型有关。如果是以资本或资源型为主要竞争力的企业则不需要股权激励,比如房地产业和矿业,对于这些公司员工的激励通过业绩奖励等其他手段可以解决;如果是以人力资本或智力资本为主要竞争力的公司,比如教育培训和科技型企业,则需要让员工持股来稳定团队。

持股所得即股权激励,是将经营者的经营业绩与经营者可以获得的企业股份挂钩的激励方式,也称长期利润分享制,具体包括经营者持股、期股和股票期权、虚拟股票、影子股票、股票增值权、限制性股票和延期支付、高额的退职金和丰厚的医疗保险等。

经营者持股是指让经营者持有一定数量的本公司的股票,这些股票是公司无偿赠予经营者的,或者是经营者通过公司补贴去购买的,或者是经营者自行出资购买的。激励对象在股票升值时可以获得收益,在股票贬值时受到损失。经营者持股份额足够大时,经营者就可以获得足够的激励作用,此时可以消除股东与董事、董事与经营者之间可能出现的摩擦,当然它也可能会限制企业规模的扩大和自然地缩小选择经营者的范围。对于经营者持股的激励,詹森和麦克林(Jensen & Meckling,1976)曾做过实证分析。他们认为,经营者持股比例的增加会减轻代理冲突(经营者与股东的利益相背离)所造成的福利损失。如果经理拥有企业剩余索取权的100%,其管理行为的最优决策就处在一个均衡点上:企业资源的额外1元钱的支出所带来的边际效用等于额外1元钱购买力的边际效用。此时,经营者的最优管理决策就处在企业资源净收益最大化这一点上。当经营者将其所持股份出售给外部股东一部分之后,其与外部股东之间的利益分歧将会产生代理成本。此时额外1元钱支出所带来的边际效用小于额外1元钱购买力的边际效用,经营者对最大化效用的追求,会导致企业资源的过度使用以及经营的非效率。另外,随着经营者权益持有比例的下降,意味着其对企业产出的剩余索取部分也随之下降。

经营者持股,包括经营者持大股(控股)和经营者持小股两种情况。经营者持大股可以有足够的激励作用,消除了股东与董事、董事与经营者之间可能出现的摩擦,缺点是可能会限制企业规模的扩大和自然地缩小了选择经营者的范围。有研究表明,在有些行业中,上市公司经营业绩与公司高级管理者持股比重是成正比的,一些高级管理者持股比重高的公司,其业绩与成长性普遍较好;而业绩较差的公司,其管理层持股比重一般也较低。

年薪和持股所得是所有者对企业经营管理者的物质激励的两种基本方式。这里有一个重要的理论问题需要弄清楚。这就是,从现象上看,工资和利润都是钱,没有区别。但实质上,企业经营管理者在年薪制下获得的收入和在持股或股票期权下分得的股息及红利收入是有本质区别的。年薪制是雇佣的含义,经营者拿到的是薪水;持股和期权是所有者的含义,经营者拿到的是股息和红利,是把企业经营管理者人力资本的投入视为是资本构成的一部分。

期股制度是企业的股东给予其经营者一种优惠的分期购买股份的计划,在授予期股之时,经营者即获得全部期股的收益权和表决权,但不享有所有权,而是分期分批地由经营者按约定的价格购买该股份的所有权,资金来源依次为股份分红、实股分红和所得现金,在全部期股变为实股后,要履行变更手续。期股,是指企业出资者同经营者达成的一份协议,此协议规定经营者在任期内按既定价格获得一部分本企业股份的权利。其实施的前提条件是经营者必须购买本企业的相应股份。经营者对其拥有所有权、表决权和分红权。其中所有权是虚的,只有把购买期股的贷款还清后才能实际拥有;表决权和分红权是实的,但是分得的红利不能拿走,需要用来偿还期股。要想把期股变实,前提条件必须是把企业经营好,有可供分配的红利。如果企业经营不善,不仅期股不能变实,本身的投入都可能亏掉。期股的特点有:一是股票来源多种多样,既可以通过个人出资购买,也可以通过贷款获得,还可以通过年薪收入中的延迟支付部分转化而成。二是股票收益将在中长期实现,可以是任期届满或任期届满后若干年一次性兑现,也可以是每年按一定比例均速或加速兑现。期股的最大优点是经营者的股票收益难以在短期内兑现,股票的增值与企业资产的增值和效益的提高紧密联系起来,这就促使经营者更多地关注企业的长远发展和长期利益,从而在一定程度上解决了经营者的短期行为。期股的第二大优点是经营者的股票收益长期化,使经营者的利益获得也将是渐进的、分散的。这在一定程度上克服了由于一次性重奖使经营者与员工收入差距过大所带来的矛盾,有利于稳定。期股获得方式的多样化使经营者可以不必一次性支付太多的购股资金就能拥有股票,从而实现以未来可获得的股份和收益来激励经营者今天更加努力地工作。对企业经营者来说,期股是长期激励的一种有效方式。

股票期权是给予经理人员在将来某个时期购买企业股票的权利,从期权中获利的条件是企业股票价格超过其行权成本,即股票期权的执行价格。公司经股东大会同意,将预留的已发行但未公开上市的普通股票认股权作为一揽子报酬中的一部分有条件地授予高层管理者和有突出贡献的员工,以期最大限度地调动经营者和特殊员工的积极性。这一制度允许上述人员在特定时期按某一预定价格购买本企业的股票,这种认股的价格由特定实施认股时的市场价格所决定,这种价格差额就是期权所有者的收入。股票期权作为股权激励的一种方式对于经营管理者来说往往是一种期权,股东是否兑现其股权激励计划往往对经营管理者设定了一定的经营目标作为行权条件,同时还有期限和数量上的严格限制。股票期权,通常被称为"金手铐"。从期权中获利的条件是企业股票价格超过其行权成本,即股票期权的执行价格,并且股价升值越大,获利越多。

股票期权的特点:一是经营管理者能从股票期权获得的收益多少取决于公司股票价格的变动。换言之,公司股票的现价越是高于当初规定的价格,经营管理者获益越大。股票价格从根本上说取决于一个公司长期盈利能力。因此,股票期权有利于鼓励经营管理者提高公司长期盈利能力。二是经营管理者既有收益又有风险,体现了收益与风险的一致性。这就是说,公司股票价格上升能给经营管理者带来利益,但如果股票价格下降,经营管理者也要承担风险。三是股票期权收益要在股价上升、公司增值后才能兑现,而且,根据美国等国家的法律,期权不计入公司成本。这就可以在不增加公司财务负担的情况下,运用这种激励机制。股票期权并不是现金收入,而是一种剩余索取权的分享。

股票期权激励存在的问题:一是股票期权的价值不容易度量,股权激励常常没有成为激励机制,而成了向企业高管输送利益的机制;二是股票期权激励计划容易被操纵,如高管可能选择最有利时机给自己发放期权;三是股票期权可能诱导企业高管通过做假等办法操纵股价;四是股票期权可能随大市上升而上升,而不是由于企业股价跑赢大市;反之,当股市为熊市的时候,期权则可能完全失去激励效果;五是股票期权的价值波幅比股票的更大,所以从被激励人的角度看,风险调整后的价值较低,因而激励的成本较高。

股票期权激励和直接的股权激励有区别,股票期权激励和直接的股权激励的收益与成本是不同的。一般而言,股票期权比直接的股权激励更具优势;与一般股权激励相比,期权激励计划在不被操控和滥用并且股价能够反映公司长期绩效的情况下,是强度更大的激励方法。

股票期权是20世纪70年代中后期在美国产生的一种对高级管理人才进行激励的制度。按期权对象不同划分,股票期权分为岗位股票期权和绩效股票期权;按期权价格不同划分,股票期权分为激励型股票期权(法定股票期权)和报酬型股票期权(非法定股票期权),前者授予价格为市场公平价,享受纳税优惠;后者授予价格低于市场公平价,不享有纳税优惠;按期权获得方式不同划分,股票期权分为无偿授予股票期权和有偿授予股票期权;按期权转让形式不同划分,股票期权分为不可转让股票期权和可转让股票期权。

期权与期股的区别:一是获得物不同。期权制中的经理人取得的是一种权利,这种权利可以履行也可以不履行;在股权制中,经理人获得的是股份或股票。前者是一种权利,后者是一种凭证。二是收益获得来源不同。期权制中,经理人靠买卖股票的差价获得收益;期股制中经理人从企业利润增长中按一定比例获得收益。前者分享资本,后者分享利润。三是收益方式不同。在期权制中,经理人只要付出数额极小的权利金或基本不用付现金,就可以获得这种权利,而且再行权后可一次性获得全部收益;在期股制中,经营者必须拿出一部分现金(或者是获奖所得延期兑现,或者是直接拿出现金作为风险抵押)才能获得股票或者股份,而在获得股票或股份后只有分红权,期权价款支付完毕后享有全部收益权,但股票在离任后方可全部兑现。四是收益获得的数额不同,在规范的期权制中,经理人获得的期权收益有时非常巨大,可达到上万美元;在期股制中,经营者获得的收益是比较小的,达到上百万的很少。

股票期权激励和直接的股权激励的收益与成本是不同的。一般而言,前者比后者更具优势。与一般股权激励相比,期权激励计划在不被操控和滥用并且股价能够反映公司长期绩效的情况下,是强度更大的激励方法。

从股东利益角度看,经理人基薪、津贴和奖金都是以现金形式发放的,基薪与津贴列入企业成本,奖金从税后利润中支取,所以股东更愿意用非合约收入及其认股权或模拟认股权方式来激励经理人。

按照国际惯例,股票期权的授予额度通常没有下限,但上限不超过公司已发行股份的10%,高科技企业可达到20%。股票期权行权价一般为授予日市场平均价或给予一定折扣。在我国股票期权所需的股票来源有以下几个途径:新组建的公司发行股票时预留一部分;企业改制时经营者认购增量股份或协议受让其他投资方的股份;已改制公司,经营者可通过增资扩股或转配股等股权转让的方式;上市公司在二级市场回购股票;等等。

管理者的股票期权的激励方式,在形式上与管理层收购(MBO)均为经营管理者持股,但二者之间有很大的区别。与其他激励机制相比,股票期权有自己的特点:一是经营者能从股票期权获得的收益多少取决于公司股票价格的变动。换言之,公司股票的现价越是高于当初规定的价格,经营者获益越大。股票价格从根本上说取决于一个公司长期盈利能力。因此,股票期权有利于鼓励经营者提高公司长期盈利能力。二是经营者既有收益又有风险,体现了利益与风险的一致性。也就是说,公司股票价格上升能给经营者带来利益,但如果股票价格下降,经营者也要承担风险。三是股票期权收益要在股价上升,公司增值后才能兑现,而且,根据美国等国家的法律,期权不计入公司成本。这就可以在不增加公司财务负担的情况下,运用这种激励机制。股票期权并不是现金收入,而是一种剩余索取权的分享。

股票期权制的实质是授予经营者一定剩余索取权,假定企业业绩的货币变动部分转变为经营者的报酬变动。股票期权是通过承诺给予代理人一定的产权(期权)形成对其经营效果的激励,使委托人与代理人的目标趋于一致。股票期权有利于解决目前财务分配行为短期性与财务目标长期性的矛盾,将企业经营者的收入与企业长期利益联系起来,鼓励他们更多地关注企业长远发展,而不仅仅将注意力集中在短期财务指标上;股票期权有利于克服经营者付出与回报的不对称导致激励不相容的现象;股票期权有利于经营者目标与企业财务目标的一致性,让经营者充分享受到企业价值最大化的好处;股票期权有利于建立开放式的股权结构,改变企业剩余索取权的单一归属,从而有利于建立人力资本所有者的财务分配制度。股票期权还有利于在不发生现金流出的情况下,实现企业利益分配。

股票期权也有许多局限性和弊端。一是由于在股市上许多说不清的因素对股市都有影响,也就是说,公司股票价格的波动,往往更多地取决于"大势",而不是公司的业绩。这样用股票价格来衡量公司业绩和经营者的努力程度就难免失之偏颇。二是公司高管还可以使用"变更日期、重新定价、续发"等手段操纵和扭曲股市,从中谋得私利。三是股票期权更突出的问题是急剧拉大了经营者和普通员工的收入差距,在实践中产生了巨大的负面效应。四是在高额的股权下,实际形成了公司高管人员"内部人控制",股权的"终身制"会导致高管人员的"终身制",出于自身的利益,会排斥外来者的竞争,而长期处于领导岗位会使得他们在管理决策上趋向保守。这不利于企业的竞争。五是在内部人控制下,高管人员容易产生偏离股东利益,而偏向于自身利益的保护。六是股权激励存在失败问题。股权激励如果发生正的激励效果,应满足两个条件:公司业绩与经营者和努力程度完全正相关;证券市场上股票价格正确反映企业的经营业绩。在不具备这两个条件的情况下,股权激励就会失败。

正因为此,最近有些大的公司对股票期权制度进行了调整。微软决定不再给员工发认股权证,改发股票。微软从 2003 年 7 月起的本会计年度,开始把股票认购权与发放股票列入成本。英特尔也在考虑取代股权证的方式,包括给予员工现金或股票。戴尔也说,在 2003 年给予员工的认股权证将减半。自从安然、世通等公司出现了财务造假事件后,人们更加怀疑股票期权制度的作用。一些经济学家提出,美国会计制度至少存在两个问题:一是没有把股票期权列入成本,不能真实反映公司成本开支;二是允许会计师事务所既为一家公司提供财务咨询,又为这家公司提供审计服务,形象地说,就是让左手查右手做的账。

股票期权作为一种长期的激励机制,其作用也要受企业和市场环境的制约。一般来说,实行股票期权需要具备这样一些条件,一是企业产权明晰,是独立的法人实体,自负盈亏,靠自己的能力盈利。二是各企业在市场上能够平等而自由地竞争,不存在由于国家的干预而引起的企业权利的不平等。三是股市是完全竞争,不存在政府对股市的干预。四是有完善的立法和执法制度,是一个法制社会。五是有社会、新闻媒体和公众公开透明的监督。六是企业经营者是竞争上岗的,存在一个发达的经理人市场。西方以"期权制"为特征的经济收入分配制度是以市场选聘经营者的组织制度为前提的。所以,对经营者偏离所有者利益的行为的治理应从选聘经营者的组织制度入手,而不只是从调整经营者的收入制度入手。

目前在我国,大多数公司没有上市,其股票并没有市值,也不能通过股票市场变现而获利,期权收益与风险以及期权转让等衍生品更无从谈起。而且,非上市公司的资产封闭,流动性差,资产和人力资本的投入没有科学的市场定价,缺乏对未来的应有预期。换句话说,非上市公司和未建立现代企业制度的企业缺乏国外特别像美国那种实施股票期权激励机制的条件。事实说明,实现对经营者的长期激励,未必一定要照搬别国的模式。即使在上市公司,实施股票期权也要持谨慎科学的态度,并且一定要结合我国国情和企业实际情况进行理论和实践上的创新。

归结起来,在我国股票期权激励存在的主要问题有:一是股票期权的价值不容易度量。股权激励常常没有成为激励机制,而成了向企业高管输送利益的机制。二是股票期权激励计划容易被操纵,如高管有可能选择最有利时机给自己发放期权。三是股票期权可能诱导企业高管通过做假等办法操纵股价。四是股票期权可能随大市上升而上升,而不是由于企业业绩导致股价跑赢大市;反之,当股市为熊市的时候,期权则可能完全失去激励效果。五是股票期权的价值波幅比股票的更大,所以从被激励人的角度看,风险调整后的价值较低,因而激励的成本较高。

虚拟股票是指公司授予激励对象一种虚拟的股票,激励对象可以据此享受一定数量的分红权和股价升值收益,但没有所有权,没有表决权,不能转让和出售,在离开企业时自动失效。经理人实现了公司的业绩目标,便可获得虚拟股票,享受分红和股价升值的收益,但并没有企业的所有权和表决权,也不能转让和出售这些"股票",在经理人离开公司时,这些"股票"便会自动失效。发放虚拟股票的好处是不会影响公司的总资本和股本结构,因此能防止家族股权被摊薄,同时还可以避免公司股价异常下跌(非业绩挂钩因素造成的下跌)对虚拟股票持有人收益的影响。使用股票或期权作为激励,可能会摊薄大股东的股权,令其丧失企业控制权的风险增加,因此,企业或可考虑使用虚拟股票的激励模式。因此,用于作为参照的股票才被称为影子股票。用于影子股票来提供长期激励报酬时,计算报酬大小的原理基本相同。

现在西方国家很多公司通过"影子股票"的形式向经营者提供长期激励。"影子股票"是西方国家很多公司向经营者提供长期激励的一种形式。其特点是,经营者在被决定给予股票报酬时,报酬合同中规定,如果在一定时期内公司的股票升值了,则经营者就会得到与股票市场价格相关的一笔收入。这笔收入的数量是依据合同中事先规定的股票数量来计算的,股票的数量一般与经营者的工资收入成比例。也就是说,通过影子股票的形式向经营者发放报酬,要借助于股票,但又不实际发放股票。因此,用于作为参照的股票才被称为影子股票。用影子股票来提供长期激励报酬时,计算报酬大小的原理基本相同。影子股票不同于虚拟股票,前者是以合同的形式参照股票给予经营者既定的收入,后者是经营者持有"股票"参照股票价值的未定性收入。

影子股票与虚拟股票的区别是,影子股票是以合同的形式参照股票给予经营者既定的收入,虚拟股票是经营者持有"股票"参照股票价值的未定性收入。

股票增值权是指公司授予激励对象的一种权利,如果公司股价上升,激励对象可通过行权获得相应数量的股价升值收益,激励对象不用为行权付出现金,行权后获得现金或等值的公司股票。

限制性股票是指事先授予激励对象一定数量的公司股票,但对股票的来源、抛售等有一些特殊限制,一般只有当激励对象完成特定目标(如扭亏为盈)后,激励对象才可抛售限制性股票并从中获益。

延期支付是指公司为激励对象设计一揽子薪酬收入计划,其中有一部分属于股权激励收入,股权激励收入不在当年发放,而是按公司股票公平市价折算成股票数量,在一定期限后,以公司股票形式或根据届时股票市值以现金方式支付给激励对象。

上述各种股权激励在起着巨大的激励作用的同时,也有不可克服的缺点:一是在高额的股权下,实际形成了公司高管人员"内部人控制",股权的"终身制"会导致高管人员的"终身制",出于自身的利益,会排斥外来者的竞争,而长期处于领导岗位会使得他们在管理决策上趋向保守。这不利于企业竞争。二是在内部人控制下，高管人员容易产生偏离股东利益，而偏向于自身利益的保护。三是股权激励会加大经营者与员工的矛盾。四是股权激励存在失败问题。股权激励如果发生正的激励效果，应满足两个条件：一个是公司业绩与经营者的努力程度完全正相关；另一个是证券市场上股票价格正确反映企业的经营业绩。在不具备这两个条件的情况下，股权激励就会失败。

  股权激励失败的案例：光明乳业（600597）。光明乳业 2005 年遭遇的品牌危机，可能就与其高管激励方案分寸拿捏不当而导致的这两大危害有关。2002 年光明乳业上市时，设立了管理层激励基金，并于 2002 年、2003 年度分别一次性计提 600 万元和 560 万元基金，2004 年，光明乳业动用这一基金从二级市场购买流通股，作为对时任总经理的王佳芬等四位高管完成关键经营指标的激励。在这一方案的刺激下，光明乳业的规模快速扩张，其控股子公司在 2003 年新增 17 家之后，2004 年再增 5 家；销售额与利润也持续增长，主营业务收入由 2001 年的 35.2 亿元直线飙升到 2004 年的 67.86 亿元，增长近 1 倍；2004 年还创下了 3.1 亿元的中国乳业盈利最高纪录，成为业界绩优大蓝筹。4 位高管也因此得到了相应的回报，以 2004 年年报公布前一天光明乳业收盘价 6.28 元/股计算，他们获得的股票市值超过 563 万元，其中，王佳芬持股市值达 288 万元。那一年，她以年薪 313 万元跻身"2004 年中国上市公司高管身价排行榜"前 10 名。然而，乐观的增长数字掩盖了光明乳业疾速扩张的种种隐患。2005 年 6 月 5 日，河南电视台曝光光明乳业子公司郑州光明山盟乳业有限公司，将过期奶回炉并用于销售；6 月 10 日，《都市快报》报道其杭州生产基地出现"早产奶"，即将 6 月 10 日生产的牛奶生产日期标为 6 月 15 日。随着此后各媒体的跟进报道，光明乳业当月在上海、北京等地的销售额下降 3 成左右，股价也从 6 月 13 日的 4.5 元跌到 7 月 14 日的 3.58 元，跌幅超过 20%。无论是"回炉奶"还是"早产奶"，不仅显示企业有压缩生产成本以提升盈利的可能，也暴露了光明乳业在大举购并之下对子公司缺乏有效的管理，而整体上又缺乏合理的激励机制。

  光明乳业股权激励方案的一个明显缺陷，在于有违平衡。这一方案只针对少数资深高管，而非整个管理层或员工，这常常会造成矛盾。在其激励方案实施后的几年间，一些新晋的职业经理人纷纷离职，原因为何，无从得知，但若是他们也能透过股权分享企业成长的喜悦，是否会留下来与老领导一起奋斗呢？此外，光明乳业众多子公司的经理人要么没有任何股权，要么仅持有子公司的股权，同样可能形成利益冲突。比如出事的光明山盟通过购并而来，其高管仅拥有该企业20%的股权,这就有了利益冲突:生产回炉奶、早产奶等违规产品,子公司可以获利,由此带来的品牌价值下降的后果却大部分由母公司承担,从而对企业的所有成员都产生恶劣影响。管理学上十分关心的总部和下属利益不一致的问题,尤其是在母公司要树立品牌形象时,投资是母公司做,但收益由所有子公司分享,子公司经理人为了财富增长,不顾品牌形象违规经营,形成的伤害不需要等比例承担。

由于各种激励方式都有鲜明的优点和缺点,综合地采用多种激励方式,可以有效地扬长避短,激发代理人在各个方面努力的积极性。合理的以市场为导向的企业经营者收入结构或激励机制应该是以工作表现为基础的工资,以财务数据为基础的奖金,以股价为基础的股票期权,以服务年限为基础的退休计划。并且上述各部分之间的比例关系要合理。

美国《财富》杂志对全美200家最大公司的一项调查显示,这些企业的总裁报酬基本上由21%的工资、27%的奖金、16%的长期激励、36%的股票类收入构成,劳动收入与财产收入并举,风险收入超过基础薪金收入的特征非常明显。

目前我国激励机制存在的问题之一,是为促使经理人努力工作的代价过高,2002年上市公司整体业绩增长8.5%,加权平均每股收益不过从0.137元至0.143元,可高管薪酬增长却达19.15%,超出公司盈利增长的1倍还多。根据激励理论,依据企业业绩对经理人的激励可以合理量化,但以人才竞争为理由,脱离实际业绩发放高额奖金,会产生巨大的副作用,并且市场经济靠自身无法对其进行管理。

国资委在国有企业经营层激励办法的指导意见制定过程中考虑了五条基本原则:(1)市场调节和政府监管相结合,不能错位;(2)激励功能和约束机制相统一,不能偏废;(3)短期的激励和长期的激励相兼顾,不能近视;(4)高管人员的薪酬增长和职工工资的增长相协调,不能悬殊;(5)完善薪酬制度与规范补充保险、职务消费等相配套,不能单一。

2009年我国人力资源和社会保障部等部门制定的国企高管薪酬新规,与此前由国资委制定的,并已实施多年的中央企业高管薪酬管理办法,并未有本质的不同。新规确定的国企高管薪酬水平也大致分为三部分,即基本年薪+绩效年薪+中长期激励。其中基本年薪由企业所在地区国有企业职工年平均工资乘以一定倍数,再乘以企业规模系数(或调节系数)构成;绩效年薪则为基本年薪的3倍或3倍以下;中长期激励则由结合企业的实际情况及上市公司有关规定构成。

新规规范的是所有中央国有企业负责人薪酬,即除了国资委管理的制造业中央国有企业及财政部、汇金管理的金融类中央国有企业之外，由人力资源和社会保障部代为管理薪酬水平的是带有垄断性的中央国有企业，如烟草、水利等行业的国有企业也在规范范围之内。

实际上，国有企业的长期绩效与管理层的努力和决策力关系不大，特别是对于那些国有资源垄断企业来说，其高额利润主要来自于资源要素低价和绝对垄断带来的超额利润；其次，国有企业高管的行政任命和市场化的股权激励存在矛盾；最后，行政限制与股权激励自相矛盾。对于国有企业、特别是对于国务院国资委管辖的国有企业来说，其大多在相关行业具有垄断及寡头垄断的市场地位，所以，企业效益增长并非一定都来源于管理水平的提高与成本的降低。可以说，在现有国内市场具体环境中，其有不少效益增长乃是来自于垄断规模扩大，甚至于有的还是以阻碍与排斥其他市场竞争对手而来的。所以，对此不难预见的是，如果没有设定好一定的约束配套机制，就简单对这些垄断企业负责人实行薪酬与效益挂钩，可能使一些负责人为追求薪酬而过度利用自身垄断地位，进而以强化自己垄断的方法对竞争予以阻碍与排斥。而这显然会对市场机制的成熟与进步造成负面影响。

国有企业分配面临着两个问题：一是国企产权的公有性，使得转型期社会公众和国企普通员工具有强烈的公平偏好；二是国有企业经营因垄断性和政策性因素而带来的盈利，削弱了人们对国企经营者报酬增长合理性的认同感。

上面我们分析了所有者对企业经营管理者的物质激励的两种基本方式，这里有一个重要的理论问题需要弄清楚。这就是从表面现象看，工资和利润都是钱，没有区别。但实质上，企业经营管理者在年薪制下获得的收入和在持股或股票期权下分得的股息及红利是有区别的。年薪制是雇佣的含义，经营者拿的是薪水；持股和期权是所有者的含义，经营者拿的是股息和红利，是把企业经营管理者人力资本的投入，视为资本构成的一部分。

物质激励是有局限性的，即物质激励具有不可逆性或"棘轮效应"。要想有效地保持物质激励效应，就必须不断加大激励量，否则激励效应就会逐步递减。而且物质激励达到一定程度之后，报酬的边际效用将呈现明显的递减态势，这时物质激励作用已发挥到了极限，需要考虑物质激励以外的激励。经济学的边际分析方法告诉我们，增加数万元的收入给一个年薪数十万元或上一百万元的经营者与给一位普通劳动者所带来的效用是大相径庭的。随着收入绝对量的增加，收入的边际效用则不断下降，事业的发展、培训机会和人际关系等"软"指标的效用都在增加。另外，物质激励措施有时还会导致管理层怠工，管理层之间非合作行为,甚至挑起上下级博弈。

第二,控制权激励。控制权主要包括企业的特定控制权(合同控制权)和企业的剩余控制权。企业的剩余控制权主要是指合同中没有规定的控制权,直接归企业所有者所拥有,经营者一般不直接拥有这种控制权。如果有股东或董事会的授权也可以掌握剩余控制权。而企业的经营控制权激励主要是指对名义权威安排进行再配置,使下层组织成员凭借局部的不可言说知识形成的实际权威转变成名义权威。也就是在名义上授予经营者更高的职位和更大的权力,以使经营者获得控制权效用。参见本书第五章第一节外部治理部分。

经营者的控制权效用,是指控制权能够给经营者带来满足感。对于企业控制权效用,周其仁(1997)进行过研究,他认为控制权存在是因为其能获得控制权回报,主要是以继续工作权甚至是更大的继续工作权的回报。其运行的基本机制是:企业家对企业承担的责任和所做的贡献与他事实上得到的企业控制权是正相关的关系。控制权回报作为对企业经营者贡献的一种激励机制,其激励的有效性和激励强度都取决于经营者的贡献和他所得到的企业控制权之间的对称程度。它与用剩余索取权来回报企业家贡献的机制不同,剩余索取权意味着分配企业创造的剩余;而企业控制权意味着经营者有权支配企业资源去从事决策性的工作。企业控制权要求经营者本人必须在控制企业的位置上才能享用这一权利,在位才能决策。而正是提供这种决策性判断的权利本身才形成对企业经营者努力工作的激励。经营者的续约和晋升都属于控制权回报范围。根据马斯洛(Maslow,1943)和麦克利兰(David McClelland,1973)的需要理论,人的需要包括人对权力、地位的需要和自我实现的需要。周其仁的继续工作权或更大的继续工作权能使经营者继续拥有权力和地位或拥有更大的权力和更高的地位,能够满足经营者权力和地位的需要。而且这种继续工作权或更大的继续工作权将给予经营者更多的施展其经营才能的机会,从而满足经营者自我价值实现的需要。可是周其仁只注意了控制权在精神层面上的效用,没有考虑其在物质层面上的效用,所以,他的解释是不充分的。黄群慧(2001)在此基础上进行了补充,把控制权在物质层面上的效用包括进来,因此控制权激励主要满足了经营者三方面的需要:一是自我实现的需要;二是权力和地位的需要;三是在职消费的需要。

自我实现的需要是指实现个人理想、抱负,发挥个人的能力,达到自我实现的境界。自我实现的需要是在努力实现自己的潜力,使自己越来越成为自己所期望的人物;权力和地位的需要则是满足控制他人或感觉自己处于负责人地位的权力和地位；对于在职消费的需要是指经营者在行使其职权过程中所必须进行的消费，如装修豪华的办公室、用车、请客、出差、出国等。

物质利益、生理需要固然是人的需要的一个十分重要的方面。但人毕竟还是有精神上的和心理上的需要和追求，即人需要有精神上的寄托、感情上的满足、心态上的平衡。有时这些需要甚至是第一位的。因此，我们要加强对人的心理和行为进行关注和管理。为此，在把握人的行为，了解人的需要，认识人的思想活动规律、心理活动规律和行为变化规律基础上采用现代化科学管理方法，对人的思想心理行为进行科学的管理是十分必要的，从而能够形成更加有效的激励。控制权的激励恰恰可以起到这样的作用。

在现代经济生活中，控制权能够成为一种激励的原因主要是：在一定程度上满足了企业家施展才华和体现企业家精神的自我实现需要；满足控制他人或感觉自己处于负责地位的权力需要；企业具有职位特权，享受"在职消费"，给企业家带来正规报酬以外的物质利益满足。

第三，市场激励。市场激励是指资本市场上公司股票价格的不断上涨和企业家市场上经营者的身价飙升，都会对经营者形成激励。资本市场上的股票价格波动与企业恶意的收购和接管的威胁都提供了激励职能上的补充作用，起到了促进经营者重视股东及其他利益相关者利益的激励。企业经营者的代理权竞争的压力可以变为使经营者努力工作的动力。在西方社会，解雇的恐惧就是实现对企业经营者激励的一种有效方式。经济学认为，如果有完全的转让权、完全控制权和收益权，通过市场自愿交易就可以解决对代理人的控制和激励问题。但由于让渡权利涉及交易成本和当事人的切身利益，为了使其具有效率，就必须规定一种制度框架，划分决策权，以及绩效计量制度和所有权控制制度。

第四，声誉激励。声誉激励是指为经营者提供获得社会好评以获得较高社会地位的机会。公司高层经营者，尤其是大公司的高层经营者，其个人的物质收入一般是相当得多，可以说，对他们来说物质报酬激励的边际效用已大大降低，而声誉激励的边际效用对经营者来说却是递增的。因此，他们十分重视和维护自己的社会名誉。因为一方面，声誉激励使经营者获得社会赞誉，有助于进一步提升其社会声誉和知名度，从而产生成就感和心理满足感；另一方面，声誉、荣誉和社会地位和在业界的知名度意味着有更多的机会被实力更强的公司所聘用，意味着未来可以获得更高的物质收益。声誉对现代企业的经营者来说是相当重要的。

经营者的声誉既是经营者长期经营的结果，又是经营者拥有的创新、开拓、经营管理能力的重要证明。对经营者而言,良好的个人声誉同样是一种稀缺的资源,一位没有良好声誉的人很难获得企业的经营职位,而有着良好声誉的经营者则会在企业内外都有着较高的信誉,这种声誉将会为其工作和交往提供有力的支持。声誉激励实质上是一种隐性激励,因为追求良好的个人声誉本身能激励经营者更加努力地工作,同时也能够促使其行为的长期化,有效地抑制各种机会主义倾向。因此,股东如何很好地利用经营者对声誉的追求,使其朝着股东价值最大化的方向努力工作,这是声誉激励的核心问题。声誉激励作用的机理是公司股东通过对前一期公司的效益来预期经营者的能力,进而确定经营者的当期报酬,而经营者则通过前期的努力来影响这种预期,所以,前期的努力水平不仅影响到该期的报酬,还影响当期及以后的报酬,从而促使经营者对自身行为负责。声誉激励机制能很好地促使经营者努力工作,为企业的整体长远利益考虑。

设立经理人激励机制要注意解决以下几个问题:

一是股权激励的对象,即可参与股权激励的人群。上班拿工资,加班拿奖金,销售拿提成,忠诚拿福利,知识专利拿股份,管理(者)拿期股。经验教训证明,非股权激励和股权激励的原则是,不好管的拿股,好管的拿钱;钱多的拿股,钱少的拿钱;官大的拿股,官小的拿钱;理解的拿股,不理解的拿钱;重要的拿股,不重要的拿钱;长期的拿股,短期的拿钱;能力大的拿股,能力小的拿钱。股权激励应给三类人:第一类人:功臣,即你过去需要的人。给功臣是对历史的认可,还账是道德。第二类人:骨干,即你现在需要的人。对待骨干,要给到他们高兴和满意,给现在也给未来。也就是说,现在我给你这么多,将来还要给那么多,革命理想得让他有。要让你的员工知道,老板一定不会说话不算数,给骨干是最容易的,你心理不会不平衡,因为骨干今天就帮你挣钱。第三类人:苗子,即你未来需要的人。苗子更重要,而给苗子的风险非常大:第一,他不是苗子,你看错了,那就白给了;第二,他是苗子,你尽心尽力培养,到让他做贡献时,他离开了,怎么办?就是这样还是应该给。在这方面,老板不能患得患失,不能太贪心。给苗子不可多给,让他知道你重视他很重要。老板可以把苗子和骨干之间的差距当成一种激励,让苗子有目标。这也是给的重要艺术。比如,你说公司这回主要的是给工龄多少年以上、职务什么什么以上的,在工龄以下和职务以下的人,我只给了 15 个人。给你们,是让你们认识到公司重视你们。你看人家,人家手里有 100 万股,人家是百万富翁了,你手里就 8 万股,为什么?能力不够,或者业绩不够、职务不够,这些你够了,你就能跟他们一样。这个给,就变成了一种激励。

二是股权激励的数量,即给多少。按照国际惯例,股权的授予额度总量通常没有下限,但上限不超过公司已发行股份的10%,高科技企业可达到20%。

三是实行什么样的激励方式?给什么股,干股(身股)?实股(银股)?晋商的股份制中有一个独特的创造,就是顶身股制度。所谓顶身股,就是在企业的股份构成中,除出资人的银股外,还有掌柜阶层和资深职员持有的人身股。顶身股实际上并不出一文资金,而是凭自己的劳动,因此,有的地方也称其为劳力股。银股是事实上的资本股份,身股则纯粹是收益股份。身股以1俸相当于银股的1股,一般大掌柜顶1俸,二掌柜以下到资深职员,根据工作年限和表现分别顶9厘以下的不同等次。股权激励有多种方式,包括经营者持股、股票期权、期股、虚拟股票和影子股票、股票增值权、限制性股票和延期支付等。不怕股权被稀释,可以让经营者持股或股票期权,怕经营者持股可以实行虚拟股票、影子股票和股票增值权等。

四是股价怎么定?要不要钱?要多少钱?怎么付钱?股票可以是公司无偿赠予的,可以是经营者通过公司补贴去购买的,还可以是经营者自行出资购买的。经营者自行出资购买可以是一次出资,也可以用未来的年薪和奖金支付。股票赠予不需要职业经理人付钱,因此又将被赠予的股票称为干股。购进股票的价格要有科学的规定。激励对象在股票升值时可以获得收益,在股票贬值时受到损失。

五是行权条件。一是工作年限;二是业绩目标;三是公司整体收益的条件(公司净利润数额和净利润增长比例);四是不能触犯违约性条款。

关于行权的业绩目标。首先,股权激励除了考核财务指标,如净利润、净资产收益率等,其行权当年的增长幅度,应高于前3年的平均增长水平,或不低于同行业公司的平均水平,还要引入考虑了资本成本的经济增加值(EVA)指标,以便敦促公司经理层更好地提升现有资本使用效率。首先,考核条件的设计将既考虑公司自身业绩的纵向绝对增长,也结合行业标杆或中值的横向相对比较。纵向的绝对增长是对公司业绩逐年提高的必然要求,横向的相对比较是提升公司行业地位的竞争要求,也是考虑行业冷暖变迁的现实需要,这样的结合,才能更有效地调动上市公司激励对象的积极性,提高考核条件设定的科学性。其次,考核条件的设计将既包含对公司业绩的整体达标要求,也考核每个激励对象的差异化绩效达标条件。公司业绩的整体达标,是公司股东对整个经营团队经营绩效的必然要求,是保证公司股东价值最大化的前提条件。每个激励对象的差异化绩效达标,既是防止整体达标、大家均享的"大锅饭"现象,也是为了防止由于出工不出力致使整体不达标结果的出现。

关于股票期权禁售期及其他转让限制。股票期权往往有禁售期及其他的转让时间和数量上的限制,这种限制既可以表现为公司法上的规定,也可以表现为公司章程及合同的规定。作为一个理性的经济人,谁都不愿意自己财产的贬值和减损,通过股权激励的方式股东将经营者与公司的经营业绩和表现紧紧地"绑架"在一起,从而达到一种风雨同舟、同进同退的效果,这无疑是降低经营者的道德风险、降低代理成本、实现股东利益最大化的一种很好的途径。

我国企业特别是国有企业,存在着激励机制滞后、激励不到位和激励效应均分等问题。既缺乏对经营者经济利益的激励机制,也缺乏精神激励。一项调查显示,我国企业经营者的报酬大多数还是以月薪为主。实行经营者持股和股票期权的企业比例不高,与西方企业有明显的差距。美国企业经营者平均薪金是产业工人薪金的几十倍甚至上百倍。日本企业的总裁的收入是普通工人的20倍左右。我国企业经营者的平均薪金是工人薪金的3~5倍。近几年出现了管理层与普通工人收入差距扩大趋势,有些企业和行业还相当严重,说明我国企业两种情况并存,一方面,存在对经理人激励不够的问题;另一方面,存在激励过度的问题。由此可以看出,我国企业经营者的收入和他们付出的劳动、他们承担的责任与风险、做出的贡献及取得的效益相比是明显偏低的,根本没有形成与企业经营者对出资者的贡献相联系的制度化报酬。在我国国有企业中,多数效益好的企业的经营者的收入偏低,而一些效益差的企业的经营者的收入又没有减少,表现出明显的激励效应均等化的问题。

我国国有企业激励机制存在问题的主要原因有:第一,国有企业经营者非独立化。由于受计划经济体制的影响,我国国有企业经营者没有成为一个独立的主体,其独立地位和独立利益往往不被承认,经营管理者的利益雷同于一般职工的利益。其实,在现代社会,机器大工业和社会化大生产使得经营管理者从一般劳动者中脱颖出来,形成一个独立的社会阶层,成为社会分工体系中的一部分,他们应该有不同于一般劳动者的独立地位和独立的经济利益。企业经营者的劳动不同于普通员工的劳动。经营者的管理劳动是一种集知识、经验、天赋和组织能力于一体的高度复杂的具有创造性的社会劳动。其劳动的责任和风险都远远大于一般的员工,经营者的劳动时间也比较长,在一定意义上说具有无限性。因为要经营好一个企业,往往需要经营者具有忘我的不计时间的奉献精神。与经营者特殊的劳动相适应,必须给经营者不同于一般员工的特殊报酬,同一般员工的报酬拉开档次,否则就不利于调动他们的积极性。实践证明,没有一批适应市场经济要求,有充分的积极性和创造力的经营者,就不可能有现代企业,市场经济也就无法运作。

第二,官本位的经营者任免选拔制度。在传统的计划经济体制下,我国国有企业的经营者属于国家干部,由政府或党务部门来任免。由于政府或党务部门不是真正的股东和出资者,不拥有企业的剩余索取权。因此在任免时往往忽视经营管理者的经营能力和经济绩效,造成经营管理者的选拔和连任与国有资产保值增值和企业的经营绩效无关的局面。有关部门发布了一项抽样调查报告,其中显示,67.3%的国有企业的经营管理者最关心的不是国有资产的保值增值和企业经营好坏和盈亏状况,而是来自上级主管部门对自己的评价。为了改变这种局面,我国正在进行着经营者任免选拔制度的改革。大型国有企业负责人不再由上级党委直接决定,更多考虑市场和出资人是否认可。除了改革企业经营者的任免机制外,还对国有企业经营者的管理机制和激励机制进行了改革,力图实现四个转变:一是选拔方式从组织直接配置向市场化配置转变;二是在任用方式上从国资委党委决定任免向由董事会依法聘任转变;三是在管理方式上从以职务级别为中心的党政干部管理方式向以职位职责为中心的契约化管理转变;四是评价方式上从党政干部评价重在领导机关和群众认可向企业经营管理者评价重在市场和出资人认可转变。

为了解决企业的代理问题,必须建立有效的激励机制。过去,我国国有经济的经营管理者主要是靠"党性"和觉悟来努力工作。虽然精神激励是时代的精神指引,但从制度创新的角度看,不能把我们的事业发展的希望完全寄托于个人的思想觉悟和良心发现上。在市场经济条件下,这样难以长期维持大多数经营管理者工作的积极性。社会主义公有制并没有从根本上消除人们经济利益上的差别和矛盾,从而也不能消除各个企业在生产资料占有上的独立性,个人的经济利益仍然是人们从事经济活动的基本动力。传统的计划经济体制忽视个人正当的经济利益,使经济运行过程缺乏个人经济利益这一经济发展的主要动力。我们只有在充分考虑企业经营管理者的物质利益的基础上,建立有效的激励机制,才能真正地解决企业动力问题和委托代理关系中的代理问题。

我国正在改变企业经营管理者选拔机制,并在此基础上,实行经营者收入分配方式的改革。我国新的国资委成立后,提出将对189家(现在是126家)大型国企的经营者实行年薪制,年薪分三部分:基本工资、业绩奖金和中长期激励收入。后两种形式为主要收入来源。中长期激励收入分为上市公司和非上市公司。上市公司拟采用股票期权方式,非上市公司可以与养老金和医保挂钩。

第二节 公司治理中的约束机制

在我国目前的国有企业公司制改革中,就总体上看,"激励机制"和"约束机制"都很弱,没有形成良好的激励和约束机制,使企业行为人缺少动力和对自己行为后果不能很好地承担责任。但相对来说,激励机制有所加强,而约束机制更显不足。实际上,即使有一个比较完善的激励机制,经营者的行为仍有可能偏离所有者的利益。因此,还必须建立有效的约束机制。根据激励理论,若产出的测量是困难的,激励的有效性就会降低,监督就成为代替激励的主要手段。激励机制往往存在于事前和事中,而约束机制大多发生在事中和事后(惩罚),所以从时间关系上看,约束可作为激励的补充,两者相辅相成,并可在一定条件下相互转化。

一、约束机制及其内容

在公司治理中,约束机制主要是根据对企业业绩及对企业经营者各种行为的监察结果,企业所有者或是市场对企业经营者做出适时、公正、无情的奖励惩罚决定。约束机制对企业经营者的行为的约束使得经营者不得不慎重考虑自己的各项决定,防止自己的收益受到不必要的损害。如图6—2所示。

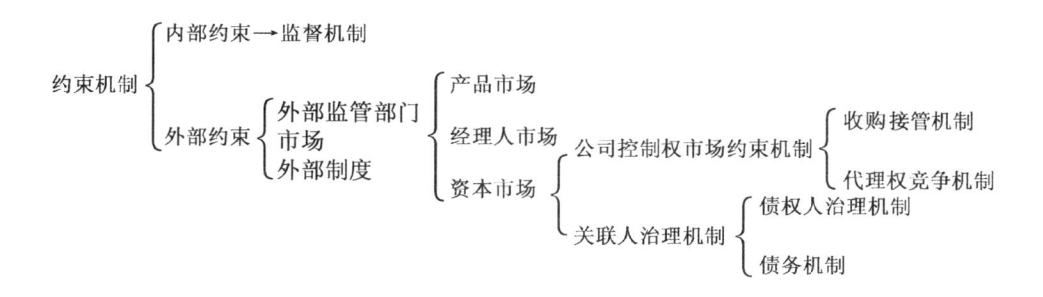

```
          ┌ 内部约束 → 监督机制
          │                    ┌ 产品市场
约束机制 ─┤          ┌ 外部监管部门      ┌ 收购接管机制
          │          │ 市场    经理人市场 ─ 公司控制权市场约束机制 ┤
          └ 外部约束 ┤ 外部制度                              └ 代理权竞争机制
                     │          资本市场 ─ 关联人治理机制 ┌ 债权人治理机制
                                                          └ 债务机制
```

图6—2

内部约束机制指的是从企业内部的权力安排、制度方面形成的对经营者的监督。监督是委托者通过一定的方式对代理人的行为进行监察和控制的行为。其主要目的是及时发现代理人可能发生的背离委托人利益目标的行为,并予以及时控制。监督机制则是公司的所有者及其利益相关者可用以对经营者的经营决策行为、结果进行监察和控制的制度设计。公司治理中的监督机制分为内部监督机制和外部监督机制。内部监督机制包括股东(会)、董事(会)、监事(会)等的监督,外部监督机制包括新闻媒体、中介机构和政府监督机构等,这些都属于企业的外部约束机制。

股东对经营者的监督主要有用手投票、用脚投票两种机制。具体表现为:用手投票机制可以通过集中行使投票权,替换对企业经营业绩下降应承担责任的董事会成员,并更换企业经营者。用脚投票机制则是当公司经营不善、绩效不佳或是预期股价下跌时,股东可以通过在股票二级市场上及时抛售拥有的股票以防止自己的利益受到损害。不过,股东的监督有很大的局限性,就用手投票机制而言,对于众多小股东来说基本上是可望而不可即,因为小股东持股的分散性和持股量的微不足道使得小股东难以集中到足够的投票权。此外,众多小股东即使想联合起来,对经营者进行监督,也会因监督成本的高昂,最终不得不放弃用手投票的想法。从用脚投票机制看,它虽然能在一定程度上为维护小股东的利益、约束经营者的行为发挥作用,但由于股票市场存在较大的波动性以及市场信息的不对称性和不完全性,股东用脚投票行为本身也常常带着很大的盲目性,往往会使小股东自身遭受利益损失,由此产生的风险比较大,特别是在股票市场还不成熟、市场有效性还很低的条件下,用脚投票的机制有很大的局限性。

董事(会)对经营者的监督主要通过制定公司的基本管理制度和长期发展战略,审议公司经营计划和投资方案,行使对经营者的聘用和解雇权力等方面进行。其目的是监督经营者是否执行了董事会的经营方针与政策,考察经营者是否称职。独立董事的权力包括对公司重大关联交易活动进行审计,提请召开临时股东大会,提议召开董事会,公开向股东征集投票权,对企业经营者任免事项发表意见等。独立董事具有事前监督、内部监督和决策过程监督的特点。其对监督经营者的不称职行为发挥着重要的作用。

监事会是股东大会领导下的公司的常设监察机构,执行监督职能。监事会对股东大会负责,对公司的经营管理进行全面的监督,包括调查和审查公司的业务状况,检查各种财务情况,并向股东大会或董事会提供报告,对公司各级干部的行为实行监督,并对领导干部的任免提出建议,对公司的计划、决策及其实施进行监督等。其具有经常性监督、事后性监督和外部性监督三个特点。监事会一旦发现违反公司章程的越权行为和其他损害公司利益的问题,可随时要求经营者纠正,监事会行使对经营者的经营行为的监督。

内部约束的重要内容是要实行"奖惩制"和"问责制"。在心理学上,奖惩是一个很宽泛的词汇,意指能够在对方心理上产生积极或消极影响的任何外在强加措施。公司治理中能够让管理者感到不舒服的任何举措都是惩罚,能够让管理者感到舒服的任何举措都是奖励。"奖"或"惩"在管理者自己的心理上甚至在团队中其他人的心理上,都会产生持续的正强化或负强化作用。因此,奖惩无小事。奖惩的有效性取决于我们是否能够因势利导地利用管理者个人或团队的心理状态,脱离了对心理把握的奖惩活动很可能不是解决问题,而是激化矛盾。建立严格的奖惩制度是公司内部约束的重要内容。

所谓"问责制",并不简单是出现问题后的"责任追究制"。它包含明权、明责和经常化、制度化的"问"——质询、弹劾、罢免等方面,是一个系统化的规范;它不仅是犯了法、有了错要追究,它涉及范围还包括能力不足、推诿扯皮等看似小节问题;还包括我们不太常见的"合理怀疑"等方面,比如面对面质询时,有些事就是说不清楚,即使确实没做,也得承受"问责"来源方的"合理怀疑"。

外部约束主要是企业的外部市场、监管部门和外部制度形成的对企业的约束。

外部市场包括产品市场、经理人市场和资本市场,外部市场约束也就是来自以下三方面的约束:第一,产品市场的约束。来自于产品市场的竞争构成了对企业经营者市场约束的主要方面。第二,资本市场竞争的约束。资本市场的竞争是缓解代理问题的一个有力的手段。资本市场主要是控制权市场和债权市场。公司控制权市场,是指在资本市场的激烈竞争中,任何公司若经营不好都有被收购的危险,经营者则会有下岗的危险。债权(人)市场治理表现在 2 个方面,一是在债权市场上,债券契约相对完备,签订契约的双方的权利、责任比较清晰和明确,对债权的违反很容易在法庭上得到证实。经营者有债务压力,迫使其必须努力经营企业,创造利润,按时还本付息。二是当作为债务人的公司出现财务危机而不能按时履行其债务时,债权人就可以通过法律程序接管公司,实现经营者的撤换。第三,外部经理人市场约束。利用职业经理人市场对经理晋升任免的作用机制,给在位的经营者施加足够强的外部竞争压力,促使他们努力工作以及自觉维护企业所有者的利益,否则随时都有被人取代的可能。经营者的名誉、地位和前途都取决于他在外部经理人市场中的竞争实力。

另外,外部约束还有法律约束、政府宏观调控约束和道德约束。法律约束即国家颁布法律、法规或各项条例对企业经济行为所产生的制约。政府宏观调控约束,主要是政府通过所有权关系对下属的企业进行监督;通过制定行业或产业政策,以及宏观总量和结构调整的经济手段、行政手段等去调节市场,进而对企业行为进行规范。企业经营者必须按照政府的宏观调控经营企业。道德是一种社会意识形态,是人们共同的行为准则和规范。它包括社会公德、企业职业道德和经营者个人道德。

我国国有企业的约束机制不健全,既缺乏内部约束又缺乏外部约束。结果既影响了企业的效率,也为国有资产流失留下过大空间。目前我国国有企业的约束机制存在很多问题,从内部约束机制看,主要表现在,一是出资者未能进入企业法人治理结构。大家都知道,所有权约束的一个重要内容,是公司董事会、监事会通过控制重大战略决策权、经营者任免权、监督权等方式监控经营者,以确保公司的长期稳定发展。而国有企业的所有权属于"全体人民",但是,全体人民既缺乏信息,又没有有效手段监督经营者,从而既没有积极性对经营者提供激励,又因为"搭便车"等问题的存在而没有"当家做主"的"自我激励"。实际上,国有企业的所有者是没有行为能力的。表面上由国有企业的董事会"行使出资者权力",但由于在出资者对国有企业经营者行政控制弱化的同时,未能相应构建新的出资者对经营者的资产约束机制,从而形成普遍的"内部人控制"。二是存在着公司的权力机构、决策机构、执行机构和监事机构之间关系不顺、职权不明、治理结构不规范等问题,如股东大会的职权不能充分行使、董事会的构成和行为不规范、监事会职能不到位等。三是由于委托代理链条过长、环节过多,以及由其导致的信息传递迟缓、失真,又使代理成本太高,使有效的监督难以实现。

从外部约束机制来看,由于资本市场、经理人市场发育迟缓,又由于国有股高度集中,使股东无法用"脚"投票,对代理人施加约束,从而使外部约束机制失灵。由于市场体系还不成熟,市场机制还不健全,因此,国有企业的代理人受不到来自经理人市场竞争的威胁,也不用担心自己的企业在产权市场上被兼并或破产,更无需顾忌在资本市场上自己的企业股票下跌而影响到自己的职位。也就是说,我国国有企业的经理人几乎受不到来自各方面市场的任何约束和威胁,使约束机制缺位。

总之,我国经济体制改革以来,在国有企业改革过程中对企业经营管理者的约束未能与企业经营权的扩大同步加强,缺少有效的约束和监督机制。在委托人失去对代理人监督与约束的情况下,代理人与委托人利益发生背离,代理人会以牺牲委托人的利益为代价,而换取自己的私利,使许多国有资产不仅使用不当,有的还大量流失,还出现了严重的在职消费现象,以及企业的经营短期行为等。为了有效地扭转这种情况,保证全体人民的根本利益,国家应该制定各项方针政策,从各个方面对企业经营者进行约束,如董事会、监事会的内部约束,市场的外部约束,建立科学有效的约束机制。

二、如何建立有效的约束机制

为了建立有效的内部约束机制,首先,公司应该按照国家财务、会计等方面的规定建立规范的信息披露制度,并实行公司信息公开制度。信息披露主要集中在两个方面,一个是财务会计信息披露,另一个是股东的信息披露。其次,要推行资产经营责任制,建立高级经理人员问责制度。对董事会成员实行以国有资产价值增值和重大投资经营决策为主的考核,对经理层人员实行以经营目标责任为主的考核,并实行"奖惩制"和"问责制"。

建立有效的外部约束机制必须建立竞争性的产品市场、资本市场和企业家市场以及劳动力市场。第一,通过产品市场的竞争,抑制企业经营管理者的道德风险问题。在产品市场上,经营者的表现和企业的经营业绩会通过其产品的市场占有率及其变化直接表现出来;产品市场的激烈竞争及其带来的兼并和破产威胁会使经营管理者能尽心竭力地提高自己的代理绩效。第二,通过建立有效竞争的资本市场,使委托人借此来校正代理人的行为。狭义的资本市场主要是股票市场。股票市场强化了私有产权制度的刺激机制。在股票市场上,股东对企业经营者行为和绩效的预期结果,被资本化为股票现值。资本(股票)市场提供了公司经营的相对信息,所有者对经营者的监督与评价可以借助具有可比性的指标来进行,这可以增加法人治理过程的透明性和客观性,并可以降低其成本;资本(股票)市场还为股东提供了逃避风险的途径,股东既有"共益权",即用"手"投票权利,又有"自益权",即用"脚"投票权利。股东通过"自益权"把对公司的监督权外化为股票的存留和抛售上,由多规则的内部监督转化为单规则的外部监督。第三,通过充分竞争的经理人(企业家)市场,给代理人形成外在竞争压力。因为有效竞争的经理人市场能使代理人凸显出相应的层次性;经理人市场还能够按照企业的绩效对经营者进行分类并形成报酬等级,即有效竞争的经理人市场能够使委托与代理双方收益(价格)在市场上达到一个均衡合理的水平;经理人市场还为委托人提供一个广泛遴选代理人的场所和条件。第四,通过债权人市场的约束作用和企业破产的压力,使经营者更努力地工作,提高企业的绩效。债务被普遍认为是与破产联系在一起的硬约束机制。债务的约束功能和作用机制是,企业必须按时偿还债务,一旦发生违约(经营现金流为负)就必须以出售资产或破产拍卖等途径偿还债务。第五,通过立法、政府管制和司法调整建立起来的一整套制度,保证对违规行为施加足够的限制,保证治理结构高效率。

外部监督和约束与内部委托代理机制之间存在相互替代关系:若内部委托

代理机制较为完善，则企业较少求助于外部监督和约束；若内部委托代理机制较为薄弱，则企业将更多依赖于外部监督和约束机制来降低代理成本。

国有企业要建立"六位一体"的监管体系：在国资委监管的基础上，引入以证监会为主的监管机构的监督；引入交易所、协会等自律机制的约束；引入保荐机构、会计师事务所、律师事务所等中介机构的监督；引入机构投资者、中小投资者用"脚"投票等的倒逼机制；引入媒体的舆论监督。

需要指出的是，在公司法上有一条著名的"经营判断原则"（business judgment rule），即只要董事和公司高管恪尽职守，尽到了与拥有同样知识和经验的人在同样的情况下会尽到的注意义务，即使公司运营失败，高管也无须承担法律责任。正如美国著名公司法学者曼尼教授所言，"经营者不像法官，有能力同时也愿意就特定的案件争论不休，以求得'正确的答案'；经营者不像学者那样一丝不苟地去追求真理，也不像科学家在高度专业化的领域中精益求精地探求更为完善的方法"。决策的容错机制，应是基于人的主观能动作用的有限性和客观上的不可抗力而设的。也就是说，决策失误发生后，只有那些决策者主观上是为了创新解决问题，主观上尽到了审慎的义务，才是可以"减责"或"免责"的。但是，这一切的认定，只有靠完备的、科学的、动真格的追责机制。没有追责机制在前，容错机制的出现就可能为一些人逃避责任提供保护伞。

第三节 激励机制与约束机制的关系

激励机制与约束机制既有联系，又有区别，二者是对立统一的关系。下面我们全面分析一下激励机制与约束机制的关系。

一、激励机制与约束机制的统一

激励机制和约束机制是公司治理中不可缺少的组成部分。经营者的激励机制体现的是经营者人力资本的价值，是为了使经营者在法律保护的情况下仍然保持积极的工作状态，从而达到公司运营的高效率。而经营者的约束机制体现的是各项制度对经营者权力的监督与控制。

在现代公司治理中，激励机制与约束机制的相容是十分重要的，因为只有激励与约束并重，才能确保企业有很强的竞争力来吸引并留住优秀职业经理人，才能提高企业的整体竞争力。一般来说，经营者的经营能力是激励机制与约束机制发挥作用的前提。在经营者能力既定的情况下,企业对经营者的激励和约束机制决定着企业经营的效率,激励机制与约束机制融合的程度直接关系着公司治理机制的发展与完善。

激励机制与约束机制的作用是不一样的,但二者又是辩证统一的。激励机制从经营者的正向发挥作用,影响经营者的行为,并促使其努力工作,而约束机制从反向发挥作用,预防与阻止经营者做出损害股东利益的行为。激励机制与约束机制既有区别又有联系,它们相互作用且互为前提。就参与约束机制与激励相容机制而言,两者共同发挥作用,这是经营者激励机制和约束机制有效运行的必要条件。参与约束是前提,激励相容则是保障。没有吸引人的激励机制的实行,就无法吸引并留住优秀的职业经理人,当然更谈不上对其进行约束了。优秀职业经理人参与到企业运营中,如企业不能适时根据内部组织、外部环境变化对经营者实施更有力度的激励,将打击他们继续努力经营的信心,在企业内外部强大刺激下,他们可能选择退出现有企业而跳槽到其他更有吸引力的企业。因此,激励机制吸引经营者参与其中,为激励机制和约束机制提供了前提条件,持续激励则能确保持续参与并为有效的约束机制奠定了基础。激励与约束就如同是一枚硬币的两面,任何一方都无法脱离对方而单独发挥作用。

因此,公司治理中的激励机制与约束机制发挥作用必须做到激励机制与约束机制相互配合、相互补充、双管齐下。激励机制可以使约束机制得到更好的执行,约束机制则为激励机制的运行提供了保障,我国企业必须综合考虑激励机制与约束机制的方方面面,制定出一个恰当的适合本企业发展的激励机制和约束机制,使得企业经营者毫无保留地施展自己的才能,为公司的整体与长远利益着想。

激励与约束可能替代也可能互补,监管的加入使得委托人实现同一目标具有更多可行的选择。激励与约束之间的关系:考虑到约束或监管的成本,当代理人有限责任约束放松时强激励与弱约束是最优的,要促使代理人付出更多努力,委托人必须使用强激励或强监管,或同时兼用两者。

二、激励机制与约束机制的矛盾和对立

(一)激励机制中的矛盾和对立

经营者持股对公司治理的影响存在两个不同的假设:第一为詹森和麦克林(Jensen & Meckling,1976)提出的利益一致假设,其认为企业高层管理者持股具有激励效应,即经营者持股行为能提高公司价值。因为一方面稳定的职位会激励经营者增加自身对人力资本的投入,从而提高管理效率;另一方面,使经营者避免过分关注短期经营业绩的倾向,而这种倾向往往损害股东的长期利益。第二为德姆塞茨(Demsetz,1983)、默克(Mock,1988)和苏茨(Stulz,1988)提出的"管理者战壕"假设,指的是经营者长期居于某一关键职位,牢固掌握着企业的资源分配权力,因而很少受到各种约束机制的影响。经营者大量持股会增加其控制权,导致其占位现象。其实质是减少对经营者的控制和压力,而使代理成本上升、股东利益受损。因此,经营者持股激励与控制权激励存在矛盾。

(二)约束机制中的矛盾和对立

债务是一种能部分地缩小经营者对现金流处置权的约束机制。债务机制使用效率的高低取决于不同的股权结构。实行债务机制有效的是经营者持有较高股权比例的企业,此时如果经营者与企业的整体利益一致时,经营者会恰当地制定各部门的生产经营计划,使企业每年得到的现金盈余能满足债务契约支付利息的要求。简言之,经营者持股比例越高,他违反债务契约、实行不当经营、造成资不抵债的可能性就越低。而一旦企业资不抵债,企业实行破产清算的可能性就会升高,那么经营者的利益包括固定薪酬、股权激励、在职消费和声誉都会受到毁灭性的冲击。而当经营者持股比例较高时,遇到企业被收购时,经营者的抵抗又会使企业被收购的可能性降低。由此可见,债务机制与收购机制两者存在矛盾。

如果公司股权比较集中,形成控制性大股东,有利于避免分散股权结构下小股东缺乏对经营者监督的动力和能力而导致股东利益和企业价值受损害的结果。另外,股权集中于控制性大股东,收购机制的有效性会受到很大的削弱。一般来说,大股东不会对外部收购者夺取企业控制权行为视而不见,更不会拱手相让,大股东必定会全力抵抗收购行为(个别人另当别论)。因此,大股东监督机制的强化从股东内部加大了对经营者的监督,但却弱化了外部收购市场对经营者的约束。因此,监督机制与收购机制存在矛盾。

代理权争夺是竞争双方矛盾激化的结果,持有异议的股东对公司的管理现状或是发展战略不满,在矛盾无法调和且不能更换经营者的情况下,去寻求其他股东的支持,以得到足够的代理权份额,在股东大会上行使更换企业经营者的权力。当公司股权结构高度分散时(单个股东持股比例低于5%),所有权与经营权的分离非常充分。此时经营者掌握着最充分的公司经营信息,而中小股东因为信息的缺乏以及专业水平的不足,他们的意见很容易受经营决策者的影响,而且"搭便车"的心理动机会使这些股东缺乏推翻经营者的积极性,所以股权分散时代理权竞争也很难实现。当然此时由于小股东的"搭便车"动机,监督机制更是难以发挥。而在股权绝对集中时(持股比例超过50%),由于存在控制性大股东,企业经营者一般是其代理人,经营者的决策行为是充分体现着控股股东的意愿,此时代理权竞争机制就会被弱化,甚至不起任何作用。而监督机制则能很好地被执行,因为控股股东的利益在企业的比重使得他不得不对企业经营者的管理决策实行监督。因此,此时代理权竞争机制与监督机制存在矛盾。

要解决代理权竞争机制与监督机制的矛盾,必须寻找其问题的根源,而代理权竞争机制与监督机制的矛盾的根源是股权结构的问题,也只有股权结构适度集中时,此问题才能解决。在此种条件下,公司的股东一般是相对控股股东,不存在绝对的控股股东,也不存在没有大股东的局面,股东结构最有利于经营者在企业经营不佳时被迅速撤换。因为:第一,大股东拥有的股份数量较大,同时对公司的经营情况较为关注,因而他有动力和能力发现经营者经营企业时出现的问题。第二,由于大股东拥有一定的股权,而且可能争取到其他大股东的支持。第三,几个相对控股股东存在,没有一个相对控股股东能强行支持完全忠于自己的经营者,这有利于代理权争夺的发生。在这种激烈的代理权争夺中,经营者就会面临充分的压力,使他必须努力工作,以避免在控制权争夺中成为牺牲品。所以代理权竞争对经营管理者的约束在股权相对集中时最容易实现。而监督机制也能在一定程度上发挥其应有的作用。

(三)激励机制与约束机制之间的矛盾和对立

经营者持股是一种有效的激励机制,经营者持股的增加可以提高经营者利益与企业股东利益的一致性,从而能激励经营者为企业价值最大化而努力经营。与此同时,经营者持股比例的增加,会降低收购机制发挥约束作用的效率。当经营者持有较高比例的股权时,经营者的个人利益与企业的整体利益具有高度的正相关性,一旦出现恶意收购的情况时,经营者无疑会积极主动地抵抗收购行为,积极地实施反收购策略,从而增大收购的难度,降低收购的有效性。由此可见,经营者持股的激励机制与收购的约束机制之间存在矛盾。

在职消费能给经营者带来以下利益:一是能提高工作效率。拉詹和任尔夫(Rajan & Wulf,2006)对美国300多家上市公司的高层的在职消费问题进行过实证研究,其结果表明:在职消费可以节省高管人员的时间,提高他们的工作效率。结果同时表明,公司之所以向高管人员提供这些以节省时间、提高效率的在职消费是因为公司是其最终受益者。二是能为公司节省成本。公司在提供某些在职消费时,有时可以节省成本,实现规模经济,这样就比对每一位高管人员分别进行补贴,让他们单独去做一些无效率的选择更为合理。三是能提高经营者的地位。有些在职消费是一种身份的象征和职务优势的体现,它可以提高公司高管人员在其他员工心目中的地位。弗兰克(Frank,1985)认为,如果一个人在公司中的地位是个人效用的重要因素,那么显示其身份的在职消费将比等额的工资报酬起到更大的激励作用。所以,在职消费能给经营者一定的激励,促使其努力工作,为企业的整体利益、长远利益考虑。但在职消费存在的一个原因是公司有足够的现金流。当有足够的现金流时,企业的债务约束机制就会被弱化,因此,在职消费激励机制与债务约束机制存在矛盾。

对在职消费与债务约束机制的矛盾,詹森(Jensen,1986)则认为,对于拥有过多的自由现金流而又缺乏良好的投资机会造成的企业,通过举债或调整公司股利政策可以适当缓解上述问题。此外,由于债务按期还本付息的压力比调整股利政策有更强的法律约束力,所以举债更能减少高管人员浪费公司资源的行为,此时,债务约束机制也能得到加强,对经营者既有激励也有约束。

第七章

国有资产管理体系改革

第一节 国有资产管理体系改革的必要性

国有资产管理体系的建立及其改革都是为了解决国有资产的出资人问题。国有企业与非国有企业的主要区别,是国有企业的所有权属于全体人民。而实际上,国有企业的所有者是没有行为能力的,一方面,由于全体人民缺乏信息和缺少有效的手段,无法有效地对企业经营管理者实施有效的激励和监督;另一方面,由于"搭便车"等行为的存在,全体人民没有积极性对企业经营管理者进行激励。从而使国有企业代理人问题得不到解决,国有资产保值增值无法实现。因此,需要通过国有资产管理体系的改革,解决国有资产的出资人问题,实现国有资产的保值增值。

一、我国国有企业不仅有代理人问题,还有委托人问题

按照世界经合组织的观点,国有企业是指国家通过持有全部、多数或重要的少数所有权而掌握重要控制权的企业,它包括了非上市的和上市的、全部国有和多数股权,甚至少数股权的国有企业。

现代国有企业制度的特点:从产权方面看,由政府直接拥有全部或绝大多数产权;从人事权方面看,政府直接向企业派董事会成员以及其他高级管理人员;从企业的经营目标看,具有两重性,即社会目标与经济目标并存,基本上以社会目标、社会效益为主;从重大决策方面看,某些重大决策,如产权变动、重大经营方向的改变、高级人员的薪酬等必须由政府批准;从财务管理方面看,预算、决算必须由人大或政府批准。

国有企业是政府运用市场机制和企业化经营方式提供公共产品和服务,对市场进行调节的一种手段。国有企业主要存在于公共物品或准公共物品行业,道理主要是,物品通常具有质量和价格两个维度的特征,而这两个维度都会影响消费者的效用。在质量和价格这两个维度中,质量是一个难以写进合约的维度,因此,如果一个物品交给私人部门生产,私人部门就有很强的激励去降低成本,如果降低成本将带来质量下降,那么私人部门生产出来的产品往往是低质量的。如果由政府委托国有企业来生产,那么,相对于私人部门来说,国有企业由于降低成本的激励不足,相应地提供的产品质量也更高。

截至 2011 年末,现在关于国有企业有 3 个数据——国务院国资委管理的有 119 家国有企业,财政部出资以及各个部委管的国有企业有 6 000 多家,另外地方的国有企业有 11 万家。目前真正垄断的国有企业有 3 家,即国家电网、南方电网和中盐总公司。寡头垄断的企业有 5 家,即中石油、中石化、中国电信、中国移动、中国联通。这 8 家企业的经营领域存在市场禁入,价格由政府控制。这些领域的市场禁入是有道理的。这些行业和企业的生产经营都是靠线路、管道和网络联结的,属于自然垄断行业。石油是不可再生的短缺资源,石油开采除美国外都有国家石油公司控制。盐业是价格弹性极低的产品,不宜私人经营。

国有企业的比例一直在下降:1998~2010 年间,国有企业的户数占比从 39% 下降到 4.5%。2012 年中央国有资本经营预算编制范围为国资委监管企业 117 户,所属企业 55 户;教育部所属企业 508 户;工信部所属企业 81 户;农业部直属黑龙江北大荒农垦集团公司、广东省农垦集团公司;卫生部所属企业 3 户;国家广播电影电视总局直属中国电影集团公司;国家体育总局所属企业 53 户;中国国际贸易促进委员会所属企业 27 户;中国民用航空局直属首都机场集团公司;中央文化企业国有资产监督管理领导小组办公室履行出资人职责的中央文化企业 113 户;中国烟草总公司;中国邮政集团公司。以上共计一级企业 963 户。

谈到市场经济条件下国有企业的定位问题,概而言之,国有企业是一种特殊类型的企业,在国有经济中占据特殊地位,发挥特殊作用。在鼓励通过市场来配置资源的条件下,国有企业因为作用特殊而存在,但数量上也需要有限制。国有企业应主要存在于公共物品或准公共物品行业。国有企业作为一个特殊的企业的作用:一是弥补失灵;二是发展战略性民族产业;三是作为公有制实现形式之一,体现公有制经济的决定性力量。前两个作用体现了市场经济的共性,后一个作用体现了社会主义市场经济的特性。

2011年末国务院国资委副主任邵宁曾谈到,国有企业在向两个方向集中,并逐渐形成了两种类型不同的国有企业,分别是"具有公益性质的国有企业"和"竞争性领域的国有企业"。"具有公益性质的国企在中央企业层面包括石油石化、电网、通信服务等领域的企业;在地方包括供水、供气、污水处理、公共交通等方面的企业。"具有公益性质的国企具备的共同特征包括:其产品或服务关系国民经济发展和人民生活的保障条件;在经营中存在不同程度的垄断因素,有些是寡头竞争,有些是独家经营;产品或服务的价格由政府控制,企业并没有定价权;企业的社会效益高于经济效益,经常会承受政策性亏损等。"竞争性领域的国有大企业在体制上政企分开更为彻底,企业在机制上更加市场化。"作为独立的市场竞争主体,与其他所有制企业一样,这种类型的国有企业要独立承担经济法律责任和市场竞争优胜劣汰,乃至破产退出的风险。

上述两种类型的国有企业在今后的改革方面也会具有不同的特点。其中,具有公益性质的国有企业改革涉及四个方面,包括建立有别于竞争性企业的、有针对性的出资人管理制度,考核评价应切合企业的功能定位;实施有效的行业监管,包括价格、服务标准、成本控制、收入分配、资源配置和行业限制,提高透明度,防止企业利用垄断地位损害社会和公众利益;形成规范合理的与政府间的政策安排,以兼顾企业为社会服务和企业持续发展的双重目标等。

好的经济效益是较高的净资产回报率(ROE)和全要素生产率(TFP)。无论是净资产回报率(ROE)指标还是全要素生产率(TFP)指标,在过去10年国有企业发展壮大最快、最明显的时期,上述两个指标都远远低于私营企业和外资企业。根据国家统计局统计年报的数据来算,2003年国企和私企的这个指标还差不多,私企13%,国企12%,2007年国有企业净资产回报率略微高于15%;民营企业已经是23%了,非常平稳地上升,2009年受金融危机的影响稍微有点下跌,但这两条线的差距越来越大。近些年来,几乎所有经得起推敲、具有引用价值的研究都显示,国有企业全要素生产率(TFP)远远低于私营企业,过去30年国有企业全要素生产率(TFP)年均增长大约为1.5%,而私营企业是4.5%。总之,无论是ROE指标还是TFP的指标,在过去10年国有企业发展壮大最快、最明显的时期,都远远低于私营企业。

中央国企现在有27万亿元的总资产,净资产10.5万亿元,2011年的净利润不到1万亿元,平均净资产收益率约8.4%,剔除息税后的总资产回报率约为3.2%,还不及银行的1年期基准存款利率3.25%高。

好的社会效益包括科技创新、吸收就业、促进区域经济发展等,坏的社会效益则包括违反法律、违反公共道德、剥削劳动力、污染环境等。国有企业在社会效益方面取得了一定成绩,但也存在问题。

从效率角度考量,国有企业同样需要建立规范的现代企业制度和管理机制,但就功能而言,又必须超越单纯的商业利益目标。物品通常具有质量和价格两个维度的特征,而这两个维度都会影响消费者的效用。在质量和价格这两个维度中,质量是一个难以写进合约的维度,因此,如果一个物品交给私人部门生产,私人部门就有很强的激励去降低成本,如果降低成本将带来质量下降的话,那么私人部门生产出来的产品往往是低质量的。如果由政府委托国有企业来生产,那么,相对于私人部门来说,国有企业由于降低成本的激励不足,相应地提供的产品质量也更高。

根据科学的效率观,评价我国国有企业的效率应该综合考虑经济效率和社会效率,若全面实行私有化,使国有企业减少原本为了提高社会效率而承担的社会成本,有可能会提高企业的经济效率,但整个社会将承担更大的社会成本,国有企业的社会效率将会大大降低。

谈国有企业存在客观必然性除了讲效率,更要讲效用。效用量的实现是由欲望与消费相互作用的结果,具体分析国有企业的效用,必须详细研究实现效用的基本条件,因为,时间、地点、行业和操作方法都会对国企效用的实现产生极大影响。

首先,时期不同国企的效用不同。政府在不同时期任务不同,需求也不同。如果国企不注意需求的变化,几十年如一日做着同样的事情,它的效用就可能会变成零甚至负数。

其次,地区不同国企的效用不同。我国幅员辽阔,东西南北区域差异很大,各地的社会需求也不同。比如在西部,市场经济不够发达,矿产资源丰富,对战略资源的掌控,对社会经济的投入与培育,可能对国企的需求量更多;而在东部,经济比较发达,市场规则不断完善,国企在竞争性领域的积极作用越来越少,如果国企醉心于在此做大做强,其效用也可能是负数。

再次,行业不同国企的效用不同。根据国资委的部署,国有经济应在军工、电网电力、石油石化、电信、煤炭、民航、航运7大行业保持"绝对控制力"。同时对装备制造、汽车、电子信息、建筑、钢铁、有色金属、化工、勘察设计、科技9大行业要保持"较强控制力"。对此,不能认为这个意见圈定了国有经济势力范围,在市场经济中筑起了篱笆。国企的效用不是国企分布得越广越好,而是根据市场经济的需要,根据国家发展的需要,恰到好处地布局。

最后，操作原则不同国企的效用不同。国企应最大限度地满足政府需求，按照政府的要求去实现政府的目标。通常在这种状况下，国企效用可以实现最大化。这是基于政府代表公共利益，政府需求与社会需求是高度一致的。但有时政府需求与市场需求是有差异的，这种差异的产生源于两种因素，一是政府对市场的误判，二是政府有自己的利益。由此，政府的需求可能偏离市场的需求。因此，只有坚守市场需求的原则调动国企，国企效用才能实现。

2009年2月，清华大学公共管理学院教授崔之元在共青团北京市委主管的《文化纵横》发表文章"重新认识'社会主义市场经济'的经济学含义"，以"浦东逻辑""重庆经验""香港实验""阿拉斯加模式"等案例提出新论，政府通过国有形式，实现国有资产盈利，以国有资产的盈利丰盈政府收入，有更大的空间和能力降低对私人企业的税收，从而促进私人经济的发展。1977年诺贝尔经济学奖获得者詹姆斯·米德（James Meade）也曾提出，"公有资产的市场收益可以降低对税收和国债的过度依赖，提高整体经济效率"。

我国国有企业的委托代理关系与发达的市场经济国家的企业委托代理关系，有相同的一面，也有不同的一面。相同的一面表现在，经营班子经营的资产都是别人的。不同的一面表现在两个方面，一是代理人的差别，即我国国有企业对代理人的治理效率不如发达的市场经济国家的企业，这主要是因为我们在企业治理结构和治理机制的安排上不如发达的市场经济国家的企业。二是委托人的差别，发达的市场经济国家的企业的股东或是个人投资者，或是机构投资者，因此，对委托人的监督激励或是天然的，或是人工安排得比较有效率，在我国国有企业中，委托人是目标多元的政府和特设机构，对委托人的监督和激励，需要人工安排，而且以往安排得效率低下。我国国有资产管理体制改革的主要目的就是为了解决国有企业的出资人问题或委托人问题，解决国有资产的"商业化"、"专业化"和"透明化"运作模式的问题。

我国国有企业不仅存在代理人问题，而且存在委托人问题。因为我国国有企业不具备西方委托代理理论所需要的两个假设条件：

一是委托人十分关心自己财产的营运情况，即初始委托人对代理人的监控动力是自足的。西方国家企业的委托人或股东，通常是个人投资者和部分机构投资者，他们对代理人的监控有很大的积极性。我国国有资本的委托人不是真正的所有者，国有资产的增值、受益的增加与他们个人收入没有直接关系，他们往往不可能尽职尽责地负起这份责任。这也是我国国有资本管理体系改革的一个难点问题。

由于国有企业中的代理并不是面向市场竞争而签订的委托代理合同,因此这些合约更多的是行政负责制,向上级负责。这意味着,这些企业的经营者实际上不可能真正承担市场风险,因为总是有所谓国家在背后兜底。在这种情况下,他们的行为就会偏离市场。

委托代理是一个责任链条,国有企业的最后委托人无数,整个链条拉不起来,所以,国有企业普遍缺乏信托责任的根源就在于此。国有经济的所有者是全民,而不是任何一个活生生的自然人,这是一个没有最终委托人的经济。无数机构和人似乎都是委托人,仔细推敲都是代理人,而不是承担财产责任的最后委托人。从委托代理的角度看,试图让一个政府特设机构像自然人股东那样履行好国有股权出资人的职责是不可能的。其根本原因在于,这符合一般委托代理理论中关于委托人的基本假定。

二是剩余索取权具有可转让性。西方国家企业的所有权或股权是完全可以转让的,股票是完全流通的,而且有很好的流动性。在我国,长期以来,为了保持企业的国有性质,许多国有企业的股权高度集中,并且流动性差。因为所有权的转让或国有股的流通与保持企业的国有性质是不可能同时并存的,国有股流通可能被个人或非国有的其他经济组织买去,可能导致国有企业的性质丧失。由于国有股不流通,使委托人无法用"脚"投票,对代理人形成外在压力,从而使公司的外部治理无法发挥作用,最终导致公司治理效率大大降低。我国目前有近2 000家上市公司,其中有相当一部分企业是国有控股公司,而在国有控股公司中,股票长期以来不流通或很少流通,使通过恶意收购和接管,导致原有企业控制权的丧失,经营管理者被炒鱿鱼的可能性不大。这是一个极大的问题。

那么,如何解决上述问题呢?我们的思路是,对于提供公共物品、存在外部性问题和明显具有报酬递增性的产业,国有企业的作用是其他企业无法代替的。这些行业中国有企业可以突破私人利益最大化的狭隘眼界,从社会利益最大化的目标出发,进入非国有企业不愿意进入的领域,弥补市场失灵。对于这些国有企业来说剩余索取权是不应该转让的,因为剩余索取权的不可转让性可以防止企业受经济利益的驱动退出该领域。而对于一般竞争性行业的国有企业(除了重要的支柱产业和高科技产业中的重要骨干企业外)来说,可以以利润最大化为目标,可以扭转政企不分、企业剩余索取权不转让的局面,确立企业排他性的法人财产权,保障企业的自主权,及时行使自益权,实行"用脚投票",从而避免国有资产的流失,加速国有企业的市场化改革进程。对于这些国有企业来说,应该实现其所有权或剩余索取权的转让,退出其企业。

分布在一般竞争性行业的国有企业的"剩余索取权"实现转让后,国有股被私人或非国企买去,企业可能由国有控股企业变为私人控股企业,企业的国有性质可能丧失。但这并没有什么可怕的,我们只要保持对公共物品行业和自然垄断行业的一些关系国民经济命脉的重点行业和关键领域,以及竞争性行业的一些支柱产业中的重要骨干企业实现国家控股,国有企业少一点,并不影响社会主义的性质。

今后,我国国有资本将长期在自然垄断行业和竞争性行业中的一些支柱产业中保持控股地位,在这些行业如何实现国有资产保值增值,这是我们面临的一个重要课题。要完成这个课题,必须对国有资产管理体系进行深入地改革。

二、我国国有资产管理体制改革的过程及其变化

为了说明我国国有资产管理体制的改革,我们首先对国有资产进行科学的界定。

国有资产是以国家作为出资者而形成的、并在法律上得以确认属于国家的资产。1991年国资局、财政部和工商局联合发布的《企业国有资产所有权暂行规定》第四条指出:国有资产是指国家以各种形式对企业的投资和投资收益形成的资产。

我国的国有资产通常包括三个部分:一是生产经营性国有资产,即国家作为出资者在企业中依法拥有的资本及权益;二是行政事业性国有资产,即由国家拨款等形成的用于行政事业的国有资产;三是资源性国有资产,即有开发价值的国有资产。

生产经营性国有资产主要是国家将财政收入的一部分投入到社会生产领域而形成的国有资产(也有一部分生产经营性国有资产是国家通过对私有资产或其他资产进行没收和赎买而形成)。经营性国有资产主要是来自于纳税人,但其形成取决于民众的代议机构和政府。生产经营性国有资产的管理、监督和运营权利也属于代议机构和政府,虽然经营性国有资产的形成与国家权力密切相关,但它并非是国家权力的直接产物。生产经营性国有资产在属性及形成、运营、管理和监督等方面与行政事业性国有资产和资源性国有资产有很大的不同。生产经营性国有资产,由于受历史背景、政治、经济及意识形态等多种因素的影响,不同国家的管理体制差别很大,并处于不断地变革和发展之中。

行政事业性国有资产是国家建立后为政府系统提供的各种基础设施,是维持政府系统的正常运转和向公众提供各种公共产品(包括国防、法院和基础教育等)的基本物质条件,是国家权力的间接产物。行政事业性国有资产与政府是相互依存的关系。

资源性国有资产是国家权力的直接产物,是国家凭借国家权力对土地、矿山等各种自然资源进行直接占有形成的国有资产。行政事业性国有资产和资源性国有资产易于界定,监督相对简单。

国有资产管理体制是指国家为了实现对国有资产的有效管理而设置的一套管理组织、管理机构,是由管理和监督体系、运营或使用机构、相关的中介组织及有关的法律法规体系等组成的一个复杂系统,是这些组织和机构的职能及其内部各个层次各个环节之间的责权利的划分,以及适应经济发展需要而建立的国有资产管理的种种制度和管理方法的总称。

经济体制改革以来,我国先后对国有资产管理体系进行了几次较大的改革。1988年8月"国家国有资产管理局"正式成立。当时建立国有资产管理局的目的,是适应国有企业进行股份制改造的需要,通过政资分开最终实现政企分开,把国有企业改造成产权清晰、责权利明确和管理科学的现代企业制度,实现国有资产所有权与产权和公司法人财产权以及经营管理权的分离,使产权能够顺畅流动,使企业法人财产权真正落实,实现国有资本在市场的公平竞争中保值增值。

在社会政治和经济生活中,政府有三重身份和三重职能,这就是社会公共管理者、国有资产所有者和宏观经济调控者。经济体制改革以前,政府三重身份三重职能合一,常常出现职能串用、权责混淆的情况。因为政府三重身份和三重职能合一,必然导致国有产权代表多元化和政资不分,原有的国有企业的产权被当时的计委、经贸委、财政部、中国人民银行和行业主管部门等分而行使,造成产权不明晰和随意干预企业经营的行为,特别是社会公共管理者以国有资产所有者的身份对国有企业进行干预。而且常常由于各部门意见不一致,造成企业无所适从。因此,为了政企分开,首先必须政资分开;为了政资分开,必须机构分设。

政资分开是有特定含义的,这就是从横向上将政府社会公共管理职能与政府国有资产管理职能和宏观经济调控职能分开。政府各综合管理部门只致力于社会经济管理职能。而针对国有资产所有者职能要设立专门管理机构来履行。这样做的目的是将国有资产的出资者职能集中于专门的机构,使政府的社会经济管理职能和宏观经济调控职能与国有资产监督管理职能相分开,政资分开不是像人们单纯从字面来理解得出的肤浅的结论,即政府与国有资产的管理职能分开。实际上任何一个国家政府都与国有资产有着紧密的联系。为了充分体现国有资产的公益性,发挥其基础性和前导性作用,发达国家建立了比较紧密的"政资"结合方式。事实上,国有资产监督管理职能是政府社会管理职能的有机组成部分,政府的宏观经济调控职能也离不开国有资产管理体系。但在国有资产监督管理机构和其他政府经济管理部门之间必须明确各自的职责和义务,否则就会使政府的社会经济管理职能和宏观经济调控职能弱化,不利于国民经济的长期持续发展。

政资分开主要是要使政府的社会公共管理职能和宏观经济调控职能与国有资产监督管理职能相分开。为什么要实现政资分开,即为什么要使政府的社会公共管理职能和宏观经济调控职能与国有资产监督管理职能相分开,除了前面我们讲到的原因外,具体来说是因为政府社会公共管理者与国有资产监督管理者追求的目标、管理的对象和管理的内容、发挥职能和作用的依据和行使权力的手段都是根本不同的。首先,政府的社会公共管理者和政府的国有资产监督管理者的目标函数不同。社会公共管理者的目标是维护社会稳定和法律秩序,保护公民安全等;国有资产监督管理者的目标是国有资产保值增值。其次,政府的社会公共管理者和政府的国有资产监督管理者的管理对象和内容不同。社会公共管理者管理的对象是各种不同所有制企业,管理的内容是负责管理包括经济活动在内的各种社会活动;国有资产监督管理者的作用对象是国有资产和国有企业,管理的内容是负责管理国内外国有企业资产的经营。再次,政府的社会公共管理者和政府的国有资产监督管理者发挥职能和作用的依据是不同的。社会公共管理者职能和作用产生的依据是国家政权;国有资产监督管理者职能和作用产生的依据是国有资产所有权。最后,政府的社会公共管理者和政府的国有资产监督管理者行使权力的手段是不同的。社会公共管理者是依靠政权,制定和发布各种指令、法规,从外部约束企业的行为;国有资产监督管理者是通过行使所有权和控制产权从企业内部贯彻自己的经营意图。

以上分析说明,从理论上看,国有资产监督管理局成立是有着科学依据和充分理由的。但由于并没有完全随着机构的设置分开,在权力、责任和利益的安排上彻底分离,导致国资局成立时所设定的通过政资分开实现政企分开,搞活国有企业,使国有资产保值增值的目标无法实现。基于这种情况,1998年8月国务院机构改革时,国有资产监督管理局被撤销。其理由就是,在这样的国有资产监督管理局的构架下没有达到建立国资局时所要达到的目的。具体原因在于:一是在这样的体制框架下,国有资产监督管理局只拥有国有资产监督管理的部分权能,并且是其中最不重要的权能,而更重要的权能分散在大企业工委、财政部、经贸委、国家计委、劳动和社会保障部等部门,"政"和"资"不可能真正分开,政企也就无法分开。二是多个代表国家行使所有者职能的部门在分配国有资产的监督管理权力时互不相让,而在落实国有资产监督管理的责任主体时常常相互推诿。名义上大家都负责,实际上大家都不负责。三是国有资产监督管理局要监管的国有企业太多,以至于不得不采用国有资产监督管理局——国有资产投资经营公司——股份公司等多级委托代理的构架。交易费用不仅很高,而且由于代理链条过长,容易造成对国有资产失控和流失的现象。四是处于委托代理链条中间环节的国有资产投资经营公司大多都是由企业原主管部门改制而成的"翻牌公司",从而出现了穿新鞋走老路的现象,形似而神不似的局面。

  国有资产监督管理局被撤销了,但国有资产监督管理体系存在的一系列问题并没有随之消失,并且这些问题越来越严重。为了继续解决1988年设立国有资产监督管理局时所要解决的而至今仍然没有解决的问题,国家不得不于2003年4月又成立了国有资产监督管理委员会。可能会有许多人发出这样的疑问,就是1988年8月我国成立了国有资产监督管理局,1998年8月我国国有资产监督管理局撤销了,2003年4月我国又成立了国有资产监督管理委员会(简称国资委)。如果新的国资委与老的国资局没有区别,那么,新成立的国资委就没有什么意义了。如果新的国资委与老的国资局有区别,区别又在哪里?我们可以清楚地回答,新组建的国有资产监督管理委员会同原来的国有资产监督管理局有本质的区别。

  二级出资者,三结合式管理、三层次经营管理框架与两层次经营管理框架相结合,以及三级国有资产管理机构设置常常被看成是新的国有资产管理体系的精髓所在。也有人把新的国资委的精髓概括为:集中行使所有权,实行政资分开,分级行使产权(准分级所有者)。这些所谓的精髓正是新的国资委与老的国资局的本质区别所在。以下分别加以说明。

  "两级出资者"是指在坚持国有资产由国家统一所有的前提下,规定由中央人民政府和地方政府分别履行出资者职责。国务院、省级、地(市)级人民政府设立专门的国有资产监督管理机构,根据同级人民政府授权依法履行出资人职责。老的国资局的提法是,国有资产国家所有,国家履行出资者职能,分级管理;新的国资委的提法是,国有资产国家所有,中央和地方分别履行出资者职责,分级管理。两种提法相比较,我们发现,国有资产国家所有,分级管理都没变,唯一的变化在于,原来国有资产只有中央政府履行出资者职责,现在变为中央和地方政府分别履行出资者职责,这一变化有什么意义呢?出资者职能被称为是一种准所有权职能,或者说,谁履行出资者职责,资产的受益权就归谁,因为所有权最主要的权能就是受益权,即获得股息和红利的权利。过去,国有企业的出资者职责都由中央政府履行,却实行分级管理,这就意味着,地方政府代表国家管理企业时,并没有同时享受到资产受益权。现在实行国家所有,中央和地方分别履行出资者职责,分级管理后,被授予代表国家管理国有企业的地方政府履行出资者职责后,地方政府享有出资者职能的受益权,这就有利于调动地方政府的积极性,搞活国有企业。

"三结合式管理"指管人、管事和管资产相结合。在老的国资局的框架内,出现了"五龙治水"或"九龙治水"的现象,即国有资产监督管理职能分布在五个或九个部门中,五个部门或九个部门都有权管理国有资产或国有企业,同时又都无法独立地对国有资产保值增值负责。所谓"五龙治水",是指计委管上项目;经贸委管日常管理;劳动和社会保障部管理劳动用工和工资问题;中组部大型企业工委管企业领导人的任命;财政部下属的国资委只管国有资产的注册登记。实行"三结合式管理"以后,原来分布在其他部门的国有资产监督管理职能全部集中到国有资产监督管理委员会手中,国有资产监督管理委员会在一定意义上集权力、责任义务和利益于一身,有利于充分发挥国资委的权威作用,实现权利与义务对等,风险和收益对称。"三结合式管理"是指管人、管事和管资产相结合,其中管人是手段,管事是控制,管实现较高的资产收益是目的。核心是"管资产",而"管人"和"管事"都是为了"管资产"这个中心目标服务的。

国资委的成立初步实现了出资人职能的一体化和集中化,隔开了其他政府部门对企业的直接干预,最重要的一点是,在政府的层面责任清晰了,如果现在国有企业发展不好,国资委已经没有办法把责任再推卸到任何一个方向上去了。责任到位、责任主体明确,对政府运作来讲是最重要的。

"三层经营管理框架与两层次经营管理框架相结合",指大多数企业的国有资产,可以通过国有资产投资经营公司这个中介机构管理,少数企业的国有资产也可以由国资委直接管理。在原有的国有资产监督管理局的框架下,一方面,由于国有企业数量太多,国资局无法直接面对30多万个国有企业;另一方面,由于国资局直接面对国有企业容易形成政企不分,国家对企业干预过多的问题。国有资产管理体系改革,只能以层次的增加来减少国家直接面对的国有企业的个数及弱化国家行政干预,因此国有资产监督管理体系采取的是国有资产监督管理局——国有资产投资经营公司——股份公司的三层次经营管理框架。新的国有资产监督管理委员会的框架建立在国有资产战略性调整取得了很大成绩的情况下。国有资产经过战略性调整后,国有企业的个数将大大减少,一般的竞争性行业的大量国有中小型企业的国有资产将逐步退出,而且随着公司法人治理结构改革的深入和规范,国家对企业的行政干预也将受到极大的制约。这时,国有资产监督管理委员会不再存在,以层次的增加来减少国家直接面对国有企业数量的问题。所以,有些个别企业的国有资产可以直接由国资委管理,采取国有资产监督管理委员会——股份公司的两层次经营管理框架。因此,如果说,老的国资局是一律采取三层次经营管理框架,那么新的国资委大多数国有资产是通过三层次经营管理框架来管理,少量国有资产可以采取两层次经营管理框架来管理。

"三级国有资产管理机构设置"是指中央政府和省、市(地)两级地方政府设立国有资产监督管理机构。在老的国资局的情况下,关于国有资产监督管理机构设置到哪一级,没有明确的规定。而在新的国资委的情况下,明确规定国有资产管理机构设置在国家、省、市(地)三级政府。

在阐述了老的国资局和新的国资委的主要区别后,我们具体地分析一下两者之间的具体区别。第一,两者监管的范围不同。原来的国资局监管众多的进行股份制改造的国有企业,不仅面广,而且量大。现在的国资委是在国有经济进行战略性调整后成立的,国资委所要监管的主要是国有大型企业中的国有资产。国家国资委当时直接监管的企业共有189家,到2010年4月中央国资委管理的国有企业只有126家,各个地方国资委直接监管的国有企业数量也极其有限。

第二,国资委定位不同。老的国资局的定位,更多的是直接管理企业,现在国资委的定位,主要是履行出资者职责。出资者的职责或权利主要有三项:一是资产受益权;二是重大经营决策权;三是重大人事任免权。国务院国资委管辖的126家大型国企中,50家部级企业领导人由中组部任免,其他76家国企领导人由国务院国资委任免。出资人的权力已很接近所有权。新的国资委强调的是如何从行政管理向产权管理转变;强调的是如何由所有权缺位转变到所有权到位而又不越位;强调的是由国有资产管理到国有资本管理的转变。这有助于政企的彻底分离,从根本上解决所有者缺位的问题。

确切地说,出资者职能是"老板"职能,而不是"婆婆"职能,监督管理应是资本控制,而非行政控制。"婆婆"职能是社会公共管理职能,"老板"职能是出资者职能;"婆婆"是依据行政隶属关系对国有企业进行直接的行政控制,如采取关停并转、上划下放、总量调控等方式;老板是依据出资者身份对国有企业实行资本控制,如选择合并分立、增资扩股、破产退出、拍卖转让等产权变动方式。按照我国的国资法精神,国资委定位为国有企业的出资者,而不是监督管理者。二者本质上不同。要严格把二者区分开来,以避免"婆婆加老板"的弊端出现。国务院国有资产监督管理委员会的地位,与财政部等国家部委以及其他机构有一个很重要的区别,那就是它不是作为一个国家行政机关出现的,而是以国有资产出资者代表的身份出现的。从这个意义上说,作为一个国家行政机构的公权利的权利和作为出资者代表的私权利的权利是完全不同的。出资者的权利不管是法人作为出资人、自然人作为出资人,还是国家作为出资人,或是外资企业作为出资人,在地位和权限上本身是一致的。但是仅凭老板职能,若不能规范运作,就足以把企业管死。由此看来,国资委要成为一个合格的出资人代表,除了找准角色定位之外,至少还需要迈过三道关卡:一是国资委的治理结构;二是国资委的职能整合;三是国资委的外部监管。如何才能实现出资者职能真正到位呢?一是必须一体化行使股东各项权利;二是必须从宏观到微观、从整体到局部、从决策到执行全面调整工作思路;三是要按照政府级次、产权级次逐步到位;四是出资人到位方式应是"上面千条线,董事一线牵"。

第三,履行出资人职责的主体不同。由"分级管理"向"分级行使产权"转变,大大调动了地方政府理财的积极性,并有助于形成多元化的产权格局和建立规范的法人治理。原来的国有资产监督管理体系实行的是国家所有,国家履行出资者的职能;新的国资委实行的是国家所有,国家(中央政府)和地方分别履行出资人的职责,即"统一所有、分级行使、授权经营、严格监管"的体系。调动了中央政府和地方政府的积极性,提高了监管效率。

地方国有企业普遍达不到"三力"(国有经济活力、控制力、影响力)的要求。地方国资委未来以什么为"主业"？一个重要的方向就是基础设施——城市的基础设施和城市的地产。这个领域往往是地方国有资产的重要组成部分。

有许多人指出,国有资产为什么实行"国家所有,中央和地方分别履行出资者职责,分级管理"的管理体系,而不实行"国有资产分级所有,中央和地方分别履行出资者职责,分级管理"的管理体系呢？后者不是更有利于调动地方的积极性吗？

为什么国家国资委掌握国有资产所有权,而地方国资委只是代行出资人职责,而不具有国有资产的所有权？因为国家国资委有能力,更有必要统一调度地方各国资委的资产存量和增量部分,以确保全国一盘棋。从这个意义上说,国家国资委和地方国资委之间具有类似行政隶属关系的性质。上级国资委具有某种类似于转移支付的功能,可以将经济发达地区的国有资产充实到相对贫困的地区去。尽管这样可能使得下一级的国资委相对于上一级国资委缺乏必要的激励和约束机制,但有利于整个国民经济在发展过程中,实现地区之间和产业之间的平衡发展。因为如果各级国资委是分立的,并独立拥有国有资产所有权,会产生一系列问题,这就是经济相对发达地区的国资委所拥有的国有资产存量较多,资产收益可观;经济欠发达地区国有资产存量较少,资产收益也很少,很可能内地省区的国资委所管辖的资产还不及沿海一个地级市所管辖的国有资产多,结果国资委分立在增强国有资产价值增值的同时,也可能带来区域经济发展失衡加剧的消极面。特别应该指出的是,各地区国有资产数量相差很大,主要原因是因为新中国成立后,国家对各个地方投资不同,对一些城市国家投资数额巨大,另一些城市国家投资非常少,如果把"国有资产国家所有"改为"国有资产中央和地方分别所有",意味着国家原来投资到哪个地方的国有资产就归哪个地方所有了,而国家对各个地方投资的数量又极不均衡,这将进一步加大地区之间的不平衡,特别是东西部之间经济发展的不平衡。而且这种不平衡产生的原因是大家不容易接受的。这会引起很大的矛盾,甚至出现经济和社会的动荡。

不管是中央政府管理的国有资产,还是地方政府管理的国有资产,都由国家来履行所有者职责,国家如何实现国有资产的所有权职能呢?从法律上来看,国家对国有资产的统一所有包含两层含义:一是确保国家对所有国有资产享有最终支配权;二是在中央和地方都必须有一个明确的主体集中统一代表国家行使国有资产的所有权。国家所有决定国家作为最终所有者对国有资产仍然保持有立法权和终极处置权,国家或中央国资委对国有资产保留的所有者权利主要体现在4个方面:一是确定国有资本的控制范围;二是确定国有股转让的规则和程序;三是确定国有股转让收入的使用方法;四是确定统一资本预算格式和程序。

中央和地方履行出资者职能的国有资产的范围划分,主要考虑了4方面的因素:一是行业和企业的重要性,中央政府履行出资者职责的是关系国民经济命脉和国家安全的大型国有企业的国有资产、基础设施和重要的自然资源等。其他国有资产由地方政府履行出资者职责。二是企业原有的隶属关系。中央所属企业的国有资产由国家国资委监管,地方所属企业的国有资产由地方国资委监管。三是投资关系,即要考虑是国家直接投资建立的企业和地方投资建立的企业。四是强调和考虑各地方的利益平衡。不能造成各地方履行出资者职能的国有资产数量上的过分悬殊。五是按不同地方经济发展状况和实际需要。

国有资产的最终所有权归国家,其意义在于有利于中央做到分权合理、集中有度、责权明确,既能充分调动地方政府的积极性,又不使中央政府失控,达到分权基础上的集中。

也有一些研究机构认为,应承认地方政府的国有资产所有权。"分税制"的成功推行要求我们将其原理贯彻到国有资产管理领域来,否则会出现制度结构的不协调。出现诸如地方政府的财政收入在流量状态下属于该政府所有,但一旦投资兴办企业就变成中央政府所有的逻辑矛盾。这是有道理的。对于以往国有资产投资较少的经济地区,中央可采取一次性核定、分年度兑现的专项财政补偿政策,支持这些地区的发展。

两级国资委之间的关系:

一是在极特殊情况下,表现为一种准"行政隶属"关系。在特殊条件下,经过合法的程序,国家国资委有权调拨下级国资委的资产,以保证全国一盘棋和经济整体发展的需要。《企业国有资产监督管理暂行条例》第九条指出:"发生战争、严重自然灾害或者其他重大、紧急情况时,国家可以依法统一调用、处置国有资产。"

二是"指导监督"关系。国家国资委对地方国资委的工作有"指导监督"的职能。但权限划分要明确,既要避免管得太多,直接干预地方的国有企业改革和国有股转让等事务;又要避免"失控"造成的国有资产流失。

三是经济契约关系。国家国资委和地方国资委之间的产权关系和交换关系是按照公开透明的法律和政策确立的,是按照双方自愿的原则,通过公平竞争的方式完成的。并且受各级人大体系的监督和制约。它们之间的一切问题都依据法律和契约来调整。

第四,国资委的权威性不同。新成立的国资委作为国务院的特设机构,其对国有资产监督管理的权威性明显增强,结束了多头管理的状况,有助于监管效率的提高和有关激励约束机制的建立和落实。按照中共"十六大"的精神,新的国资委实行的是权益、权利、义务和责任相统一;管事、管资产和管人相结合。特别要强调的是"管事"是管出资者的事,而不是管企业具体的生产经营。一是要避免其插手不应由出资人行使的权利;二是避免其干预企业法人财产权和经营自主权。

第五,国资委运营模式不同。新成立的国资委由于能充分地履行出资者职责,并且监管的国有企业数量有限,因此,不一定都要通过建立国有资产投资经营公司,而建立链条很长的委托代理关系,可以根据国家授权,依据法律和现实情况要求,直接指导企业改革和重组、向企业派监事会成员、对企业经营者进行奖惩和通过统计、稽查对所管理的国有资产的保值增值情况进行监管。

新的国资委不仅具有价值目标,而且还具有工作目标。新的国资委的价值目标有两个:一是国有资产的保值增值。为了保证国有资本保值增值,国资委要对国有企业的经营者进行各种考核,如经济效益指标,包括利润、净资产收益率;如资产经营目标,包括资产保值增值状况。二是国有资产的有效使用。要把国有资产主要用在关系国家经济命脉和国家安全的重要部门和关键企业。一般的竞争性行业和部门主要由民间资本去经营。

新的国资委的工作目标主要有三个,一是对国有资本(经济)进行战略性调整。为了使国有资产发挥"四两拨千斤"的作用,要实现国有资本的三个收缩、三个集中,即收缩层次、跨度、比重,并向优势产业、先导性产业、基础性产业、公益性产业和大型企业集中。国有控股大集团的改革,对以全世界为市场的,要实行"聚变",通过整合壮大核心竞争力;对以全国为市场的,如果是垄断、竞争不充分的,要把它拆开,通过"裂变"以实现充分竞争。国家国资委立足于做大做强,地方国资委立足于兼并和重组。二是推进国有企业改革,国有资产监督管理体制改革是要适应和促进国有企业建立现代企业制度的需要。三是维护出资者权益。

国资委成立后,做了一系列工作,进行清产核资,摸清家底,这是建立责任制度的基础;国有资产管理强调阳光透明,进场交易;强化审计和外部监督,保证透明度;改革经营者选任制度,向社会公开招聘等。

为了适应国资委的工作目标,我国国资委建立了国有资产经营业绩的考核办法。按照依法考核、分类考核和约束与激励机制相结合的原则,建立年度考核与任期考核相结合、结果考核与过程评价相统一、业绩考核与奖惩紧密挂钩的考核制度:以业绩合同的方式考核年度企业国有资产经营业绩,以资产经营责任制的方式考核任期企业国有资产经营业绩,把国有资产经营的近期目标与中长期目标统一起来,把对经营者激励与约束机制统一起来,从而提高国有资产的竞争效率。

2004年国家国资委以与企业签订业绩考核合同的方式对企业启动目标管理。国资委要求两年内,中央企业中的各企业必须做到3个"3":第一个"3",是主业不能超过3个;第二个"3",是子公司不能超过3级;第三个"3",是3年以内必须做到同行业的前3名,达不到的要尽快找婆家,进行重组。中央级企业做大做强,为此要主辅分离、收缩战线,所以国家国资委做出了主业不能超过3个的改革目标;并要求地方企业进行兼并重组,实现提高"企业强度"的目标。企业强度的指标是指企业在国内或国际同行业中是龙头老大,或前几名。

第二节　国有资产三层次经营管理框架中的四层次授权经营关系

前面我们已经谈到了,国有资产的三层次经营管理框架是指国有资产监督管理委员会—国有资产投资经营公司—股份公司的三层次经营管理框架。国有资产的三层次经营管理框架形成了国有资产四层次授权经营或委托代理关系,这就是全国人民与国有资产监督管理委员会之间的第一层次授权经营或委托代理关系;国有资产监督管理委员会与国有资产投资经营公司之间的第二层次授权经营或委托代理关系;国有资产投资经营公司与股份公司之间的第三层次授权经营或委托代理关系;国有企业内部的股东会、董事会与经营班子之间的第四层次的授权经营或委托代理关系。国有资产四层次授权经营或委托代理关系存在的理论依据分别是:全民所有制采取国家所有制形式;政府的社会公共管理职能与政府的国有资产监督管理职能分开;政府的国有资产监督管理职能与国有资产营运职能分开;国家的出资者所有权与企业的法人财产权分开。

国有资产所有权在人民代表大会手里,政府代表国家掌握国有资产的管理权。对自然资源财产的所有,全国人大一般是通过立法进行,政府依法进行管理。对行政财产,政府通过预算取得。预算要通过人大审批。行政财产的使用,人大通过法律,政府依法使用,如《政府采购法》等,政府对国有公司财产的使用表现在对财产的宏观决策上。

国家是国有资产的所有者,代表着全体人民掌握国有企业的所有权。国家(具体来说是国有资产监督管理委员会)委托一些国有资产投资经营公司代表国家以出资者的身份经营国有资产,承担国有资产保值增值的责任。国有资产投资经营公司再把国有资产作为资本投入企业,授权企业为国有资产保值增值从事生产经营活动。国有资产投资经营公司掌握着国有资产的产权的代理权,为国有资产保值增值负责。国有企业掌握着企业的法人财产权和经营权。在国有企业内部股东作为出资者享有资本终极所有权,是所有权主体;董事会作为公司法人代表掌握企业的法人财产权,是企业法人财产权的主体;经营者受董事会聘任掌握着公司的经营管理权,是企业经营权主体。在这一节,我们主要分析国有资产三层次经营管理框架和四层次授权经营或委托代理关系。

一、国有资产的第一层次授权经营或委托代理关系

国有资产第一层次授权经营或委托代理关系的内容,是在国家政权的强制

性作用下,全体人民作为生产资料的所有者把全民财产所有权交给国有资产监督管理委员会去行使。

全民所有制是一种生产资料归属全体劳动者的所有制形式,全体劳动者是生产资料的真正所有者。在社会主义经济条件下,全民所有制具备了最高的社会化程度和公有性质。而全民又是一个广泛、分散的概念,劳动者既不能直接经营企业,不能在市场交易过程中进行选择、决策、签约和履约,不能决定资产收益的分配比例,又不能选择和淘汰企业的经营管理者。劳动者这个理论上的所有者在实际上并不能执行所有者的职能,不是具有行为能力的民事主体。因此,全民所有制和一般资本所有者存在着"本质上"的差别,这个差别就是不具有个性化和人格化的行为特征。由于全民所有制是一种生产资料归属全体劳动者共同所有的公共产权制度,或总有权制度。全体劳动者只能作为一个共同体共同行使产权。这种公共产权制度具有非排他性和外部性,为了克服国有资产监督管理过程中的"搭便车"行为,由国家来代表共同体成员行使公共产权成为一种必然的、合理的选择。由于全民所有制的这一特点,与我们目前还没有找到一种能够保证实现劳动者当家做主的具体财产组织形式和监督管理形式,使劳动者的主人翁地位表现为一种单纯的、抽象的、虚拟的和理论上的一个概念。

全民所有制在现阶段采取国家所有制的形式,生产资料由全体人民所有到国家集中所有,无需获得每个初始委托人的授权,而是以颁布法律的形式完成授权经营或委托代理过程。这表明自上而下的授权经营或委托代理关系并非以自愿性契约为基础,而是以行政权力为基础的强制性的授权经营或委托代理关系。具体行使国有产权的自然人都是并非拥有剩余索取权的政府官员。

按照《国有资产法》的精神,履行出资者职能机构分为两类,即国资委和各级政府授权的有关部门。国资委不再实行监管职能,强调人大常委会的监督、审计监督、舆论监督和社会监督。国资委作为出资人,将以特殊民商法主体的身份参与企业的监督,行使股东权,而非管理监督权。

第一层次授权经营或委托代理关系的作用和意义,是构造出政资分开的条件,使国有资本所有权主体行为资本化,即以国有资产的保值增值为目标,并建立起能够对代理人进行有效激励和约束的所有权行为主体,为法人资产制度的建立创造必要的条件。

国有资产监督管理委员会,是受人民代表大会和政府的委托,代表国家行使国有资产所有权的特设机构。特设机构,是为完成特定目的、经过特殊立法形成的特殊组织,类似于国外的特殊法定机构。国资委的"特设机构"的定位表现在两点,一点是国有资产监督管理委员会的"超政府性",即它不是一般的行政机构;另一点是国有资产监督管理委员会的治理结构和运作机制的"准企业性",即它既不能按照行政机构的思维方式行事,也不能全按照企业化、商业化的思维方式行事。

按照于2009年5月1日生效的《国有资产法》精神,国有资产监督管理委员会应该是一个航空母舰级的资本营运中心和航空母舰级的控股公司,它应该是一个特设的法定的出资人法人。国资委应该是一个"干净的出资人"和"5人关系结构",即"出资人、委托人、经营人、监管人、司法人的关系"。

国有资产监督管理委员会的职能主要有两个:一是享有国有资产的受益权;二是国有资产监督管理委员会直接或通过各个国有投资经营公司授权经营国有资产的中介机构,全面监督和管理国家在非金融领域的经营性的国有资产。需要指出的是,国资委主要履行出资者职责,并逐步把监督职能分离出去,由人大行使,作为一个纯粹的出资者。

目前中央国资委不管理土地、水、矿产和森林等自然资源性的国有资产,而这部分国有资产由国土资源部管理;国有经营性的金融资产也不由国有资产监督管理委员会管理,而由中国人民银行和银监会管理(有些地区现在已把经营性的国有资产,无论是金融类的还是非金融类都进行统一监管);至于非经营性国有资产,目前由财政部管理。国有资产监督管理委员会的管理方式是以价值管理为核心内容的管理,并且对自然垄断行业国有资产的管理和对竞争性行业的国有资产的管理目标和管理方式存在巨大差异。在资产组合上,国资委把非营利机构、政府部门的国有资产和事业单位的国有资产,以及资源性的国有资产排除在管理范围之外,是为了避免管理对象过于庞大导致的管理者顾之不暇,管理效率低下。另外,金融类国有资产如果也由国资委管理,而不由另一个国有资产管理机构来管理,会产生要求定向放贷的压力或者回避企业的改革等一系列问题。

国有资产监督管理委员会"监督管理"的主要内容有:一是对出资企业负责人实施管理。包括任免国有独资企业的总经理、副总经理、总会计师及其他负责人;任免国有独资公司的董事长、副董事长、董事,提出总经理、总会计师等的任免建议;依照公司章程,提出向国有控股公司派出董事、监事人选,推荐国有控股公司的董事长、副董事长和监事会主席人选,并向其提出总经理、副总经理、总会计师人选的建议。

二是对出资企业重大事项实施管理。依照法定程序,决定所出资企业中的国有独资企业、国有独资公司的分立、合并、破产、解散、增减资本、发行公司债券等重大事项；作为出资人，决定国有股权转让；对所出资的企业的重要子企业需要进行监管的，由国务院国有资产监督管理委员会另行制定办法，报国务院批准；国有资产监督管理机构可以对所出资企业中具备条件的国有独资企业、国有独资公司进行国有资产授权经营。

三是对企业国有资产实施管理。负责企业国有资产的产权界定、产权登记等基础管理工作；协调其所出资企业之间的企业资产产权纠纷；对所出资企业的企业国有资产收益依法履行出资人职责，对所出资企业的重大投融资规则、发展战略和规划，依照国家发展规划和产业政策履行出资人职责，为防止企业国有资产流失，要求国有资产监督管理机构建立企业国有资产产权交易监督管理制度，加强对企业国有资产产权交易的监督管理；所出资企业中的国有独资企业、国有独资公司的重大资产处置，需由国有资产监督管理机构批准的，依照有关规定执行。

过去，国有资产监督管理委员会不能成为国有资产保值增值的责任主体。从理论上说，国有资产监督管理委员会的性质和职能决定它不可能对国有资产保值增值负责，因为国有资产监督管理委员会的基本职能是监督和管理国有资产保值增值，如果国有资产监督管理委员会是国有资产保值增值的责任主体，就等于说，自己监督管理自己，这在逻辑上是说不通的。从实际上看，国有资产监督管理委员会无法承担国有资产保值增值的责任。国有资产数额巨大，又分布在许多国有企业中，要想管理好庞大的国有资产，并使其保值增值，国有资产监督管理委员会作为所有权主体无法单一地面对所有国有企业。因为，这样一方面存在难以解决的技术难题，并且由此带来高昂的交易费用，另一方面又会使国有资产出资人不明确，国有资产保值增值责任无法落实。解决上述问题的出路是，在国有资产所有权集中统一的前提下，实行国有资产产权分散，具体来说，国有资产监督管理委员会要委托一些国有资产投资经营公司，代表国有资产监督管理委员会以出资者的身份经营国有资产，并承担国有资产保值增值的责任。

应当指出的是，国有资产监督管理委员会的工作人员并不是真正的国有资产的所有者，他只是代表国家行使所有权职能的代理人；并且国有资产保值增值得好，并不意味着国有资产监督管理委员会的成员收益最大化。因此，国有资产监督管理委员会的成员也有存在机会主义行为的可能性和现实性。

二、国有资产的第二层次授权经营或委托代理关系

国有资产第二层次授权经营或委托代理关系的内容,是国资委作为国有资产所有权代理机构,把国有资产的产权授予国有资产投资经营公司去行使,从而在国资委与国有资产投资经营公司之间形成出资者和承资者之间的授权经营或委托代理关系。

国有资产第二层次授权经营或委托代理关系的作用和意义表现在两个方面,一方面是通过建立国有资产投资经营公司,实现国有股权的受益权和控制权相分离,实现国有资产监督和管理职能与国有资产营运职能的分离。这对于塑造国有企业"老板"解决所有权缺位问题起到了积极作用,在一定程度上遏制了企业乱集资、乱担保,遏制了企业内部人控制和财产非法转移,提高了国有企业的财务安全性。另一方面,建立国有资产投资经营公司这个国有资产管理体系的中间层次可以以管理层次的增加来换取管理对象的急剧减少。专业部门撤销后,无论是综合经济管理部门,还是国有资产管理部门,或者企业工委、组织部,都难以直接面对我国数量如此庞大的国有企业,设立中间层次就可以以管理层次的增加来换取管理对象的急剧减少;并且由于国有资产投资经营公司是一个搞资本经营的特殊企业,由它代表国家管理其投资的国有企业,可以在一定程度上避免政府对企业的行政干预。当然,国有资产投资经营公司这个中间层次的存在,也常常会产生较强的政府色彩,如用审批、指示和批示等方法来管理企业。

国有资产投资经营公司,是接受国资委委托,以价值形式经营国有资产,并且对国有资产保值增值负责的一种特殊的法人机构,是上连国资委、下连国有企业的一种中介组织。国有投资经营公司是国家授权设立的,以国有资本为注册资金,通过控制母公司的一定份额,控制和掌握其他子公司的重大经营决策权,进行国有资本运营和实现国有资产保值增值。

国有资产投资经营公司是以产权经营、控股扩张为主的经营国有资产的特殊企业。国有资产投资经营公司通过产权交易市场变动产权关系,或对其他公司进行参股、控股等交易活动,来实现本公司资产的保值增值,提高资产的配置效率。

国有投资经营公司的设立必须经过国家批准或授权,而不像一般公司那样登记设立,而且国有控股公司主要以某一行业或跨行业的控股、参股、收购、兼并、重组等方式进行以产权管理为核心的资本运营。纯粹控股公司是指单纯从

事股权收购和控制活动而本身并不从事生产经营活动的公司。混合控股公司是指既从事股权控制又从事某种实际业务经营的公司。

国有资产投资经营机构有两种类型。(1)作为特殊企业法人的国有资产投资经营机构,这类国有资产投资经营机构包括两部分:一部分从企业脱胎而来,指将大企业或企业集团的母公司改组成为授权经营的国有资产投资经营公司。如一汽集团、上汽集团等。另一部分是从政府分离而来,指将全国性行业总公司和政府的行业主管部门改组成为授权经营的国有资产投资经营公司。20世纪80年代以来,我国先后建立了石化、船舶、包装、有色金属、航空和航天等多家全国性行业总公司。这两种途径的根本区别是:前者企业性强,后者更多地带有行政的非企业色彩;前者有利于竞争,而后者更容易造成垄断;前者更有利于国有大型企业集团的扩张和实力增强,由于企业集团是按资本原则进行的,因此更有利于保证国有资产的安全。对后者要注意有效地防止行业垄断,防止出现一个行业只有一个控股公司的"大一统"局面,防止将政府的行政官僚作风带入企业,造成企业低效率。(2)国家授权的特定经营部门,包括邮政、少数军工及金融机构等。

需要指出的是,还有一部分社会公共、公益事业资产,对于这些国有资产按照法律规定政府可依法出资设立国有独资企业,其管理体制另行规定。

国有资产投资经营公司的职能是:收取国有资产收益;审定出资企业的重大决策;向其出资的企业派出国有产权代表;通过持有国有企业的股份,代理国家操作国有股份。在工作范围上,既要对国有股进行管理,又要在适宜的情况下,出售国有股份。

关于向出资企业派出国有产权代表问题。国资委委派的产权代表有三类:一是向出资企业派出董事会成员;二是向出资企业派出监事会成员;三是向出资企业派出财务总监。这三类产权代表在责任方面有所不同。出资者委派的董事会成员,通过董事会中的表决权,体现出资者的意志;出资者委派的监事会成员,通过对出资企业董事会的决策和经营班子的经营管理活动的监督,保障出资者的利益;出资者委派的财务总监,作为出资者的财务代表,专项监管出资企业的财务活动。

三、国有资产的第三层次授权经营或委托代理关系

国有资产第三层次授权经营或委托代理关系的内容,是国有资产投资经营公司将其出资企业的法人财产权与经营权授予企业。国有资产投资经营公司与

其投资的企业之间不是政企关系,而是企业与企业之间的关系。前者是搞资本经营的特殊企业,后者是搞生产经营的一般企业。原则上前者是不搞实体经营的。

国有资产第三层次授权经营或委托代理关系的作用和意义,是确立企业的法人财产权,实现公司法人财产权独立化,从而为现代企业制度的确立创造出基本的条件。

通过第三层次的授权经营或委托代理关系,可以为实现公司法人财产权独立化创造条件。企业法人财产权制度是以终极所有权多元化为前提的。保持国有制的性质与建立企业法人财产权是一个悖论,保持国有制性质与政企分开也是一个悖论。因为,要保持企业的国有性质,必须由国家独资或控股企业,国家参股而没有控股的企业只能是国资企业,而不能称为国有企业,这是由股份制企业的性质取决于控股权的规定所决定的。既然要保持企业的国有性质,国家就一定要控股企业,由国家控股企业,国家是企业的最大股东,国家对企业的行政干预就不可避免,在国家对企业的行政干预避免不了的情况下,企业的法人财产权就经常得不到落实。所以说,保持国有制的性质与建立企业法人财产权是一个悖论,保持国有制性质与政企分开也是一个悖论,因为在国家控股的情况下,国家对企业的行政干预常常很难得到很好的遏制。

第三层次的授权经营或委托代理关系,只是实现公司法人财产权独立化的前提条件,而不是充分条件。要真正实现公司法人财产独立化,还需要具备其他一些条件,如国有股可转让;持股主体多元化、分散化;不同所有制企业相互持股等。其中最关键的是国有股有可转让性,因为如果国有股不可转让,现有的国有企业"一股独资"、"一股独大"的局面就得不到改善,持股主体多元化,企业法人相互持股的局面就无法形成,企业法人财产权独立化也就成为一句空话。

被国有资产投资经营公司授予法人财产权的国有企业,具有创造价值和利润的功能,具有使国有资产保值增值的功能。但国有企业不是国有资产保值增值的责任主体。因为:第一,企业没有受益权,无能力对国有资产保值增值负责。受益权是出资者的所有权,即产权的重要组成部分,是出资者所有权在经济上实现的一种重要形式。企业只有收益权,没有受益权,收而不受。如果承认企业对其利润的分享权,将会不可避免地造成对出资者受益权的侵占,影响出资者的积极性,同时,也说明出资者行为不到位。第二,从法人责任来看,企业对国有资产保值增值责任行不通。企业法人财产包括资本金和负债两部分,企业以法人财产中的负债部分承担国有资产保值增值责任是不可能的,用"资本金"来对企业保值增值负责,实际上是国家或其他股东对国有资产保值增值负最终责任。第三,如果企业对国有资产保值增值负责,就否定了建立国有资产投资经营公司的必要性和出资者对企业经营者监督管理的必要性。国有资产投资经营公司建立的目的之一在于使国有资产保值增值有一个明确的责任主体。

另外,国有资产还存在第四层次的授权经营或委托代理关系。国有资产第四层次授权经营或委托代理的内容,是国有控股企业的股东会和董事会将其企业的控制经营权授予企业的经营管理者,从而实现国有企业所有权与控制经营权分离,充分发挥经营管理者的聪明才智,实现国有资产保值增值。

国有资产第四层次的授权经营或委托代理关系的作用和意义,是完善公司治理结构,落实企业的法人财产权和完全经营权,明确各自职责,提高资产经营效率。

目前,我国国有资产监督管理体系存在许多问题,首先,国有资产监督管理体系中的关系还没有完全理顺,国有资产监督管理部门或国有投资经营公司并没有以股东或董事身份向企业派出国有资产的出资人,企业也搞不清楚究竟谁代表国有资产出资人。有人认为,国有资产出资人代表是党委书记;有人认为,国有资产出资人代表是职工代表大会代表;也有人认为,董事长和总经理才是真正的国有资产出资人代表。其次,存在着委托代理结构行政性代理太强、代理层次太多、代理层级之间缺乏约束和多头代理等问题,增强了代理成本,降低了代理收益。

建立有效的国有资产监督管理体系必须做到:既要坚持国有制,又要使代理机构和代理人尽心尽力地管理和经营好国有资产,使国有资产保值增值。这需要解决很多问题,包括相关的各级组织、企业和个人都要十分关心爱护国有资产,但又不能允许任何组织、企业和个人把国有资产据为己有;既要解决国有资产所有者到位的问题,又要克服国有资产所有者越位的问题;既要建立企业的法人财产权,保障企业的独立性,又要防止企业法人侵犯作为所有者的国家的利益,避免内部人控制,还要解决谁是真正的国有资产出资人代表的问题。

第三节　国有资本预算体系

长期以来,我国一直没有建立一个完整的国有资本预算体系。近些年来,在人大代表、政协委员和企业家的不断呼吁下,2007年我国开始对国有资本预算体系的建立进行尝试,现在初步建立了国有资本预算体系。这一节我们就这一问题进行阐述。

一、国有资本与国有资产的区别及国有资本的性质

从字面上看,国有资本是资本,具有资本的一般属性即价值增值的属性;另一方面,国有资本又不同于其他的社会资本,它要在增值的同时实现政府的目的,因此,它的增值性就要受到政府目的的制约,不能片面地强调保值增值。从理论上说,国有资本是属于人民的,是通过人民代表大会授权政府经营管理的,在根本上要符合全体人民的利益。

国有资产是指在法律上由国家代表全民拥有所有权的各类资产。根据传统的划分方法,广义的国有资产包括经营性国有资产、行政事业性国有资产和资源性国有资产。在计划经济体制下,三者都被纳入了公共财政预算体系,这显然是不合理的。如果以资产是否已盈利最大化为目的的角度来划分,国有资产又可以分为经营性国有资产和非经营性国有资产,我们所说的国有资本就是指经营性国有资产,即投入社会再生产过程、从事生产经营活动的资产,它们存在于各类国有及国家参股、控股的企业中。但是,我们的国有资本经营预算不但包括经营性国有资产而且也包括已经开发利用的资源性国有资产,即一般竞争性领域经营性企业的国有资产和自然垄断行业的资源性国有资产。

国有资本与国有资产从概念上看是有联系的,它们都是全民所有的财产,都要求保值增值。但这两个概念也有较大的区别,国有资本是国家投资于经营性企业中的固定资本、流动资本、无形资本的总和,可以在经营活动中不断流动,不仅能在流动中保值,而且能在流动中不断增值。国有资产则是指国家依据法律取得的,或用各种方式投资在各领域、各部门以及在海外形成的经营和非经营性的财产,即中华人民共和国境内和境外的全部属于国家所有的一切财产,其中很大一部分(如行政事业单位财产)流动性不强,不可能做到保值增值。可见,国有资产的范围比国有资本范围要大,国有资本只是国有资产中最具活力的一部分。

国有企业的本性包括两个方面:一是全民性,即国有企业的财产是全民的,国有企业的股份每个公民都有份,这与股东持股股份公司没有区别。二是公共性。既然国有企业是全民的,那么它的收益就要回归全民,或者说要回报全民,这与股东从其所持的股份公司中领取股息红利,没有任何区别。

公司治理

资本总是表现为资本一般性和资本特殊性的统一。一般性也可以称为资本的经济属性，是资本的本能属性，即能够带来价值的价值；资本特殊性是指资本由于出资人、分布领域、表现形式等方面的不同，因而存在自身的特殊性。国有资本相对于私人资本而存在，其资本特殊性在于出资人的不同。由于出资人总是意味着社会生产关系中的个人或群体，可以称为资本的社会属性，这种社会属性决定了资本所最终服务的对象，即资本的产生、存在、增值的最终目标是为了满足出资人福利的最大化。因此，国有资本既然是全民所有，那么其必然要满足全体国民的福利最大化。由于国有资本主要存在于各类国有企业中，则国有企业必然也有着和一般企业不同的社会属性，即在追求利润最大化的同时，还要满足全社会人民福利最大化的要求。

国有企业是一种介于公益法人与盈利法人之间的特殊法人，具有福利性与营利性双重特性，其本质并不在于市场经营，而在于实现社会功能。所以对国有企业来说，应该讲的是在实现社会功能前提下，如何更有效率。而非国有企业都是一般盈利法人，以实现企业利润最大化为唯一目标，社会公共利益不是非国有企业所追求的。也就是说，国有企业全部或部分地以公共利益为目的是天经地义的。而对国有企业的评价标准，应综合权衡社会性与利润性，当目标发生冲突时，福利性应高于营利性。这就是国企与私企的本质区别。

经营性国有资产，一方面要作为市场经济资源配置的核心主体，归私法调控；另一方面，它归全民所有，涉及公共利益要求用一些公法进行调整。

二、国有资本预算体系的建立及其内容

财政收支的记录称为"预算"。现代预算必须是法定程序批准的，政府机关在一定时期的财政收支计划。国有资产预算是国家以所有者身份对企业国有资产实行存量调整和增量分配，而发生的各种收支预算的主要组成部分，是国有资产投资利润上缴、分配和使用制度。所谓国有资本经营预算，指的是政府针对国有企业经营性收支的计划，即政府作为股东，对国有企业的利润提取分红和进行再分配，也就是国有企业的资本收益如何使用的问题。国有资本经营预算是国有资本财政活动的"游戏规则"，是国有资本财政制度的集中表现。

改革开放前，即 1978 年前我国实行的是财政统收统支，企业利润全部上缴；改革开放初期的 1978~1993 年，我国进行了国有企业放权让利改革，国有企业将利润部分上缴。1993~2005 年我国建立了国有资本经营预算，国有企业上缴利润曾一度暂停。国务院于 1995 年颁布的《中华人民共和国预算法实施条例》

给予了复式预算法律地位。至此,单一预算制时代结束。我国虽然从1993年就正式提出建立国有资本经营预算,但是,一方面由于当时国企经营状况不好,无利可分,另一方面由于当时政府职能转变和国有资产管理体制改革、社会保障体制改革未能及时跟上,国资局隶属于财政部,混淆了税收与国有资本收益的界限,这就决定了国有资产管理不可能从财政中独立出来,从中央到地方,社会公共收支与国有资产收支仍然混编在一个预算中,使得建立国有资本预算管理体系的设想一直仅仅停留在理论上,并没有真正付诸实施。自1994年的税制改革以来,国有企业就再也没有向国家上缴过利润,直至2005年。

2006年随着我国经济体制改革的不断深化,国有资本经营预算体系不断完善,恢复了国有企业上缴红利的制度。2007年5月30日,国务院常务会议决定,从2007年开始在中央企业进行国有资本经营预算试点,即政府作为股东,对国有企业的利润提取分红和进行再分配,至此,国有企业向国家分红已成定局。这是我国提出国有资本经营预算以来的一项实质性的改革,对我国国有企业改革和预算体系的完善起到重要的推动作用,也标志着我国建立国有资本经营预算进入了实质性的阶段。

在2006年1月23日举行的全国国有资产监督管理工作会议上,国资委主任李荣融提出,国资委将从2006年起正式编制中央企业国有资本经营预算。当年的《政府工作报告》中也再一次要求,要"完善国有资产监管体制,健全国有资本经营预算制度、经营业绩考核体系和国有资产重大损失责任追究制度"。中央层面的国有资本经营预算终于开始付诸实践,国有资本经营预算体系的建构也进入了实质性的阶段。2007年9月8日,随着《国务院关于试行国有资本经营预算的意见》的公布,我国国有企业长达13年未向国家股东分红的历史即将结束,中央企业将率先开始向国资委上缴收益。我国国有资本经营预算是财政体制改革和国有资产管理体制改革的一项重要内容,它的建立与完善有利于防止国有资本的流失和浪费,促进国有企业建立现代企业制度,增强企业内部约束机制。同时,国有资本经营预算管理一直都是国有企业改革迫切需要解决的重要问题,自我国提出建立国有资本经营预算起就已经成为众多研究者关注的课题。此次国企分红政策的提出,更有利于确保政府双重职能的分离,从而强化国有资产所有者职能,使得国有资本经营预算这个十几年来仅仅停留在文件中的问题有了实质性的进展,国家终于在尽出资者义务的同时,也即将享受出资者应当享受的权益了。

国家预算(复式预算)的构成:第一,公共预算;第二,国有资本预算,国有资本预算是国有资本投资利润的上缴、分配和使用制度;第三,社会保障预算。

国有资本预算是国家以所有者身份对企业国有资本实行存量调整和增量分配,而发生的各种收入预算,是政府预算的主要组成部分。它包括两部分:一是国有资产经营预算(常态预算),指国有企业利用国有资产从事经营性活动,获得利益;二是国有资本经营预算,指将国有资产整体出让或者出让部分股权,从而获取收益。建立国有资本经营预算管理体系对完善政府预算框架、维护国有资产出资人合法权益、调整国有经济布局等都有着重要意义。

国有资本经营预算与政府公共预算都是复式预算的重要组成部分,二者之间必须相互独立又相互衔接。国企分红到底是用于企业进行再投资还是用于支付社保欠款等公共支出?哪种开支可以最大限度地服务于全体人民?要解决这个问题,只有将两种预算相互衔接,共同统一在公共财政的框架下,使得公共资源的使用尽可能地满足人民利益的需要。从已经公布的文件看,如何落实相互衔接的原则,是否已经制订出了切实可行的措施,还不是很清楚。如果相互衔接的原则不能充分落实,国有资本经营预算就很容易演变为一个孤立的、预算外的预算,国企分红的改革最后会变成国有部门的自我扩张。

从内容来说,国有资本经营预算主要包括收入和支出两部分。国有资本经营预算的收入来源于国家以国有资本所有者身份所取得的国有资本经营收益。预算支出是指为取得预算收入所必须发生的补偿性支出。国有资本经营预算的支出要以国有资本经营预算收入多少来决定,即确定支出预算要根据国家在一定时期内从政府公共预算中能得到多少结余,从国有企业税后能集中多少收益的实际情况,科学、合理地安排必需的支出。根据《国务院关于试行国有资本经营预算的意见》(2007年9月颁布)的规定,国有资本经营预算的收入是指各级人民政府及其部门、机构履行出资人职责的企业(即一级企业)上交的国有资本收益,主要包括:国有独资企业按规定上交国家的利润;国有控股、参股企业国有股权(股份)获得的股利、股息;企业国有产权(含国有股份)转让收入;国有独资企业清算收入(扣除清算费用);以及国有控股、参股企业国有股权(股份)分享的公司清算收入(扣除清算费用)等。国有资本经营预算的支出主要包括:资本性支出;费用性支出;其他支出。其中,资本性支出主要用于根据产业发展规划、国有经济布局和结构调整、国有企业发展要求,以及国家战略、安全等需要,安排的资本性支出;费用性支出用于弥补国有企业改革成本等;其他支出在必要时可以用于社会保障。总之,国有企业的分红主要用途是,国有经济布局和结构调整,支付国有企业改革成本和充实社保基金。

通过国有资本预算,可以实现对国有资本收支行为的全方位的监督与管理。由于我国的市场经济实际上是政府主导的市场经济,所以国有经济在国民经济中占有至关重要的独特地位,有必要建立一套切实有效的监督、管理和评价体系来确保国有资本的保值增值。国有资本经营预算站在出资人的角度,体现出委托代理的关系,对国有资本经营者的经营行为进行预算约束,通过明确的制度安排来减少委托人和代理人之间的信息非对称,从而规范代理人行为、降低代理成本,防止国有资产流失,确保国有资本保值增值。建立国有资本经营预算,对于完善国家预算体系,建立社会主义市场经济体制,是非常必要的。该预算不仅是国资委履行国有资本出资人职责的必要手段,又是国有经济布局和结构战略性调整的客观需要;既是对国有资本管理和运营进行评价考核的有效途径,也是促进各类国有企业健康稳定发展的重大举措。通过建立和编制国有资本经营预算,可以调整国有企业的再投资行为,通过国有企业的再投资实现政府对国民经济的宏观调节和控制,促进国民经济稳定、协调发展。通过对国有经济进行结构调整和对国有资产的优化配置,真正做到国有资本的有所为和有所不为。总之,国有资本经营预算编制的最终目的应是监督国有资本是否为民所有,而不是为增值而增值。

三、国有企业向国资委的分红

根据公司治理理论,"凡不用于投资的利润"都应该作为分红分给股东。我国国有企业从 1994 年开始就不分红了,因为国有企业进行战略性改革以来面对的一个严重现实,是大部分国有企业处于亏损状态。为了顺利推进改革,政府在信贷以及税收等政策上给予国有企业长期的过渡性优惠,国有企业分红不可能实施,尽管从法律上讲,国有企业应该向作为股东的国资委进行分红。

国有企业向国家分红,这在世界上许多国家是一种通行做法,是一个不折不扣的国际惯例。为什么我国国有企业一定要向国资委分红呢?从理论上说,一是国有企业分红是国有企业的性质所决定的,也是现代企业制度的要求。作为国有资本所有者,国家享有国有资本收益权,还要保证国有资本的保值增值,并对国有资本收益进行分配和再分配,巩固国有经济在我国经济中的基础地位和主导作用。没有建立单独的国有资本经营预算前,公共财政预算和国有资本预算混编在一起,难免会造成资金相互挤占的问题,不利于清晰地反映我国财政的全貌。通过编制国有资本经营预算,就可以明确资产所有者的权益,从而为巩固和发展国有经济提供了保障。二是国有企业分红有利于提高企业投资效率,减少浪费。

从实践上说,一是宏观上国有经济战略性调整逐步完成,从企业制度形态上国有企业已完成企业改制和主辅分离;二是在一些地方社保基金欠账较多,民众在医疗、教育、养老等方面的保障仍然缺乏,需要强化国有企业分红的社会责任;三是国有企业利润较多,尤其是垄断性企业,这不仅出现了分配不公平的现象,而且这些企业将利润用于更多的投资行为,在某些领域,会使得一些宏观调控的政策打折扣。

国有企业如何分红?按常理来说,分红应该重视对激励的考虑。分红多了,企业没有了积极性;少了,对收入分配关系调整也作用不大。分红比例即提取多少利润上缴国家和保留多少利润在企业中用于再投资,可以看作上述两个方面的问题的均衡。由于我国国有企业没有上缴红利的先例,企业习惯于大部分利润留在企业内部进行投资,因此,在贯彻国有资本预算初始阶段,分红比例不宜过高,否则对企业的竞争力和盈利的积极性都会有影响。

另外,国企分红不宜搞"一刀切",应该"一企一策"。在具体确定分红比例的时候,应当首先考虑企业所处的成长阶段和所面临的投资选择的盈利前景。如果所面临的投资的业务属于成熟阶段,盈利丰厚但增长潜力已经基本穷尽,再投资的回报率将会很低,那么,合理的分红政策应该是,用较高分红率来把利润或资金拿走,投资于别的业务。而企业处于成长期、具有高增长前景的业务,即使有利润可分,合理的分红政策也应该是低分红或不分红。此外,应当注意的是,即使对于同一企业,往年的分红率和今年的分红率也不见得一定要相同,因为今年该企业可能面对一个去年尚不存在的投资机会。其次,社会公众对不同行业分红的期望值不同。例如,公众对于石油石化、煤炭、电力、电信等资源性或垄断行业企业向国家分红的呼声,明显强于其他非垄断行业,而对于农业等基础行业,老百姓则认为国家不仅不应该分红,还应当继续加大投入。

按照财政部发布的《中央国有资本经营预算编报试行办法》规定,国企分红区别不同行业,分三类执行:第一类为烟草、石油石化、电力、电信、煤炭等具有资源型特征的企业,上交比例为10%;第二类为钢铁、运输、电子、贸易、施工等一般竞争性企业,上交比例为5%;第三类为军工企业、转制科研院所企业,上交比例三年后再定。

据介绍,目前国有及国有控股企业共11.3万多户,国资委截至目前只管理其中126家中央企业及各级地方国企;在国资委监管势力之外还有5大类国企,包括80多个国家部门下属的6 000多家国企,中央一级约30多家国有金融企业,以及铁路、烟草、邮政以及科教文卫等行政事业单位下属的非经营性转经营性国有企业。目前,除了中国烟草总公司,这些企业的税后利润绝大部分均留在企业内部作为自有发展基金。

2009年全国国有企业,不含金融企业利润总额为1.34万亿元,其中央企利润近7 000亿元。最近国资委明确表态,提高国有企业分红比例。

参考文献

1. 冯子标:《人力资本参与企业受益分配研究》,经济科学出版社 2003 年版。
2. 段文斌:《企业的性质、治理机制和国有企业改革》,南开大学出版社 2003 年版。
3. 王国成:《企业治理结构与企业家选择》,经济管理出版社 2002 年版。
4. 张志宏:《现代企业资本研究》,中国财政经济出版社 2003 年版。
5. 焦斌龙:《中国的经理革命——企业家的政治经济学分析》,经济科学出版社 2003 年版。
6. 苏武康:《中国上市公司股权结构与公司绩效》,经济科学出版社 2003 年版。
7. 何玉长:《国有公司产权结构与治理结构》,上海财经大学出版社 1997 年版。
8. 王守安:《效率分配激励》,企业管理出版社 1998 年版。
9. 李健:《公司治理论》,经济科学出版社 1999 年版。
10. 芮明杰:《国有控股公司运行管理》,经济科学出版社 1999 年版。
11. 安蓉泉:《国企经营者激励约束机制研究》,经济科学出版社 1999 年版。
12. 张维迎:《企业理论与中国企业改革》,北京大学出版社 1999 年版。
13. (日)奥村宏:《股份制向何处去》,中国计划出版社 1996 年版。
14. 林毅夫等:《充分信息与国有企业改革》,上海三联书店 1997 年版。
15. 张维迎:《企业的企业家——契约理论》,上海三联书店 1995 年版。
16. 朱东平:《从现代企业理论看所有制与效率》,上海财经大学出版社 1995 年版。
17. 易宪容:《现代合约经济学导论》,中国社会科学出版社 1997 年版。

18. 张春霖:《企业组织与市场体系》,上海三联书店 1994 年版。

19. 杨小凯:《当代经济学与中国经济》,中国社会科学出版社 1997 年版。

20. 钱颖一:《现代经济学与中国经济改革》,中国人民大学出版社 2003 年版。

21. 荣兆梓:《公有制实现形式多样化通论》,经济科学出版社 2001 年版。

22. 杨瑞龙、周业安:《企业的利益相关者理论及其应用》,经济科学出版社 2000 年版。

23. 丁栋虹:《中国企业家的兴起——理论与制度的研究》,中国出版集团东方出版中心 2003 年版。

24. 李维安:《中国公司治理原则与国际比较》,中国财政经济出版社 2001 年版。

25. 方竹兰:《人力资本与中国创新之路》,经济科学出版社 2001 年版。

26. 姜秀华:《治理内核与综合业绩的相关性研究》,上海财经大学出版社 2003 年版。

27. 魏后凯:《市场竞争、经济绩效与产业集中》,经济管理出版社 2003 年版。

28. 周小川:《转轨中的风险应对》,广东经济出版社 2001 年版。

29. 郑京平:"我国国有大型企业治理结构的难点及对策",《经济研究》2004 年第 2 期。

30. 曹廷求:"公司治理理论面临的三大挑战",《山西财经大学学报》2003 年第 5 期。

31. 崔之元:"美国 29 个州公司法变革的理论背景",《经济研究》1999 年第 4 期。

32. 何家成:"把握共同性,探索有效性——公司治理结构、机制与效率的国际比较(上)",《中国证券报》2004 年 3 月 11 日。

33. 香港大学课题组:"民营上市公司为何绩效高",《中国证券报》2003 年 12 月 8 日。

34. 尹奉廷、李振伟:"大股东 15 种不当行为有 8 大成因",《上海证券报》2004 年 4 月 16 日。

35. 何家成:"结合国情完善公司董事会制度——公司治理结构、机制与效率的国际比较(下)",《中国证券报》2004 年 3 月 12 日。

36. 晓亮:"正确理解建立现代产权制度",《中国改革报》2004年1月17日。
37. 毕生:《万科模式控制权之争与公司治理》,东方出版社2017年版。
38. 邓聿文:"反思公司治理",《中国经营报》,2017年5月8日。
39. 石贝贝:"公司董秘在融资中的作用",《经济学家》2016年第4期。